命令已经执行

罗马纳粹大屠杀的记忆之争

L'ORDINE È GIÀ STATO ESEGUITO

Roma, le Fosse Ardeatine, la memoria

（Alessandro Portelli）

[意]
亚历山德罗·波尔泰利 著

张见微 译

GUANGXI NORMAL UNIVERSITY PRESS

广西师范大学出版社

·桂林·

图书在版编目(CIP)数据

命令已经执行：罗马纳粹大屠杀的记忆之争 / (意)
亚历山德罗·波尔泰利 (Alessandro Portelli) 著；张见微
译. -- 桂林：广西师范大学出版社，2023.8
　　ISBN 978-7-5598-1983-3

　　Ⅰ. ①命⋯ Ⅱ. ①亚⋯ ②张⋯ Ⅲ. ①纳粹大屠杀－
罗马 Ⅳ. ①K152

中国国家版本馆CIP数据核字(2023)第089764号

This book was originally published in Italy by Donzelli Editore under the title L'ordine è già
stato esequito
copyright © 1999, 2005 Donzelli Editore

著作权合同登记号桂图登字：20-2023-026号

MINGLING YIJING ZHIXING:LUOMA NACUI DATUSHA DE JIYI ZHI ZHENG
命令已经执行：罗马纳粹大屠杀的记忆之争

作　　者：[意]亚历山德罗·波尔泰利
译　　者：张见微
责任编辑：谭宇墨凡
内文制作：燕　红

广西师范大学出版社出版发行

　广西桂林市五里店路 9 号　邮政编码：541004
　网址：www.bbtpress.com

出 版 人：黄轩庄
全国新华书店经销
发行热线：010-64284815
北京华联印刷有限公司
开本：860mm×1092mm　1/32
印张：18.25　　字数：365千
2023年8月第1版　2023年8月第1次印刷
定价：118.00元

如发现印装质量问题，影响阅读，请与出版社发行部门联系调换。

Toward New Lines

BY UNITED PRESS

The London radio said Pope Pius appeared on the balcony of St Pete
today as crowds cheered and Allied troops marched through Rome.

By ROBERT V. VERMILLION

Allied Headquarters, Naples, June 5 (UP)—The 5th Army completed
occupation of Rome, first Axis-held capital in Europe to be liberated, d
swept on without pause across the Tiber River today in close pursuit of G
man forces fleeing in disorder toward a new defense line possibly 150 m

to the north.

American tank and in
try vanguards already
streaming north of Rome
der orders to annihilate
enemy armies when A
headquarters announced
triumphant liberation of
religious capital of the w
in a special communique
the 271st day of the Ita
campaign.

"Troops of the 5th Arm
cupied Rome on the nigh
June 4-5," the commun
said. "Leading elements
passed through the city
are across the Tiber in
places."

(Adolf Hitler was reported b
ficial German news agency
have ordered his force
withdraw northwest of Rom
avoid drawing the ancient ci
into the battle area. The cla
the radio Atlantic said the
mans were rushing three div
from southern France and two
ers from northern Italy in a
tempt to stem the Allied tide)

"A Steppingstone," Says Clark
(Lt. Gen. Mark W. Clark,
mander of the 5th Army, calle
today Rome a "steppingstone
toward the complete surrende
Germany" in a message to a sa
group committed in London.)

Despite the Nazi declaration
Rome as an open city, Ge
tanks machine gunners and as
offered sporadic resistance thre
out the ancient capital yest
and last night in an attempt t
lay the Allied advance, which,
ered more than 15 miles in the
24 hours.

Allied fighters and fighter-b
ers swarmed out ahead of th
vancing ground forces and ra
enemy hail of bullets and bom
retreating German tanks, truc
other vehicles clogging roads a
scamper to bumper as far nor
Lake Bolsena, 50 miles above I
At least 600 tanks and other ve
were destroyed or damaged y
day alone.

The increasing destruction
enemy transport, his lack of a
quate reserves and the overwh
ing numerical and armored sup
ority of the Allies raised hopes
that the 5th Army may be al
overtake and destroy a consider
portion of the retreating
before they reach their next
log line anchored on Florence

2 Scribes Touring Rome Meet Storm of Kisses

Packards Are First Snubbed as Nazis Until Bartender Recognizes Them

By REYNOLDS AND ELEANOR PACKARD

Rome, June 4 (Delayed) (UP)—Just 20 minutes after the
last enemy tank had rolled past, we reached the center of
Rome tonight and found that the Germans had left the
city 95 percent intact.

A few fires set by the Germans
still were burning and railway yards
were in ruins as a result of Allied
raids but Rome as a whole was sur-
prisingly little changed from the

the last Allied flags to fly in Rome
since the United States entered the
war.

Our trip through the streets of
Rome and its suburbs and been in
the nature of a triumphant tour
Never before had we been kissed so
often or so much. Men and women
alike overwhelmed us with their
kisses.

Turn Back Six Times

We had a bad case of jitters get-
ting into Rome. At least six times
we lost our nerve and turned back
only to talk ourselves into turning
around and heading for the capital
again.

The sniping and shelling was so
bad that sometimes we felt like
minesweepers. Once or twice we
got ahead of the tanks leading the
column.

Once inside Rome I chaps waded
knee-deep through water spilled by
a broken water main to greet us
Though well-dressed and neat the
women told us they had been suf-
fering from malnutrition for mor
than two years and had had no mea
for the past four months, no egg
and no gas.

Clapping, cheering Italians threw
armsful of roses on the American
tanks and into the jeep as we rum-
bled through the streets.

Although the hostile Italians
sought to kiss or shake hands with
us, many seemed only to want to
touch us as if it would bring them
good luck.

time we left it for an internment
camp two years and 25 days ago
following the United States entry
into the war.

Our jeep was fourth in line in the
first Allied column reaching Rome
at 8.30 p.m. The three tanks ahead
of us sped off in pursuit of eight
German Mark IV's tanks while we
headed for the bar of the Grand
Hotel for a drink of Italian cognac

Suspected of Being Germans

The Italians at the bar at first
thought we were Germans and would
not drink with us, but when Peter
the bar man and the manager of
the hotel recognized the atmos-
phere changed abruptly.

Five minutes later the American
Stars and Stripes and the British
Union Jack were hung from the
hotel's flagstaff over the doorway—

Jeep Starts for Rome, Meets Some Trouble

By JAMES E. ROPER

Rome June 4 (Delayed) (UP)—As
we reached the outskirts of Rome
today the word went around that
the Germans had pulled out and
all we had to do was ride right into
the city.

But we found out differently as
our jeep rolled down streets, His-

rope the small-arm fire from the
Italians clinging to our tank
They included Sgt. Donald Rea
Lynbrook, N.Y.

As we started again for Rome, we
received a radio message that
enemy machine-guns were on the
left. Twice the tanks tried to get
over the hill, but both times heavy
German artillery shelling made

---

for their liberation by
bouquet of flowers to a
utskirts of the city.

D. R. EXPECTED
WARN AXIS
TIONS TONIGHT

ill Proclaim Rome's
ll in 15-Minute
oadcast to World

hington, June 5 (UP) — Presi-
Roosevelt will proclaim the
Rome to the nation and the
tonight in a 15-minute bro
hat expected to warn the Axis
tes, perhaps for the last time
hey must get out of the war
or face the same certain de-
tion awaiting Germany.

F.W.T. The address will
adcast by all major networks
hortwaved to Europe and the
f the world.

White House announcement
simply that the Chief Ex-
would speak on the fall of
came as members of Con-
and other high officials hailed
ll of the first Axis capital to
armies aiming at Berlin.

Roosevelt was expected to ex
his gratification for preserva
Rome's historic and rei-
shrines and to reassure Pope
XII that the Allies would ob-
the sovereignty and sanctity
Vatican.

gressional leaders trad great
fance into the fall of Rome
will have a great psycho-
effect, particularly in the
s," said Senator Joseph C.
oney (D., Wyo.)

e Republican Leader Joseph
artin Jr., Massachusetts, said
ca rejoiced "over the con-
ion of the capture of the first
an objective."

目 录

导　言 001

第一部分　罗马

第一章　地点和时间 037

第二章　二十年：法西斯主义及其不满 091

第三章　战争行为 125

第二部分　阿尔帖亭洞窟

第四章　抵抗运动 167

第五章　拉塞拉路 231

第六章　大屠杀 296

第三部分　记忆

第七章　奇怪的悲怆：罗马的死亡、哀悼和幸存　　345

第八章　记忆的政治　　393

第九章　后浪　　481

叙述者　　525

注　释　　541

导　言

天上的父，永远充满爱的上帝
全能的王，请赐予我的缪斯以力量。
一个可怕的事实撕裂了我的心
让我的手在书写时不住抖颤。
罗马，这座玫瑰与百花齐开的园子，
被一群陌生人霸占，
他们主宰着我们的首善之地。
但带来邪恶者休想有好下场。

——埃吉迪奥·克里斯蒂尼，1957 年 [1]

1. 不曾有过要求

1944 年 3 月 25 日，罗马的报纸刊登了一则来自国家通讯社*的公报，由驻罗马的德军司令部于前一天晚上 10 点 55 分发布。内容如下：

> 1944 年 3 月 23 日下午，犯罪分子发动袭击，向沿拉塞拉路行进的德国警察队伍投掷炸弹。三十二名德国警察罹难，另有数人受伤。这次卑怯的伏击由巴多利奥—共产主义分子实施。目前调查仍在进行，以弄清这一犯罪行为在多大程度受到英美煽动。
>
> 德军司令部决心粉碎这些残忍的匪徒行径。没有人可以破坏德意两国的重新合作而不受惩罚。鉴于此，德军司令部已下令，凡一名德国人被杀，就会有十名巴多利奥—共产主义罪犯遭枪决。命令已经执行。[2]

> **万达·佩雷塔**　那一幕记忆犹新。我们三个人，那时我们还很小，和我母亲一起，面对着一堵墙。母亲用半高的声音念着张贴在墙上的布告，最后一句话是："命令——已经——执行。""命令已经执行"这句简短的话一直留在我的脑海里，它与阿尔帖亭洞窟有关。[3]

---

* 意大利文版为"官方的斯蒂法尼社"，该社创办于 1853 年，是意大利第一家通讯社，本为半官方性质，但在 1922 年墨索里尼夺权后，改组为国家通讯社，后于 1945 年 4 月 29 日解散。另，本书有意大利文版和英文版两个版本，针对不同背景的读者，在材料的选择、编排，以及行文表达上都有区别。中文译本依据英文版，但会参照意大利文版，或者直接吸纳到正文中，或者在脚注中予以必要的说明。

*

1944 年 3 月 23 日，在纳粹占领罗马期间，与共产党有关的地下抵抗团体"爱国行动组"（GAP），袭击了一支德国警察分队，造成三十三名德国人伤亡。不出二十四小时，德国人便展开报复，在阿尔帖亭路的一个废弃采石场——即后来的阿尔帖亭洞窟，杀害了三百三十五名囚犯。翌日，梵蒂冈官方报纸《罗马观察报》刊登了德国通讯社的公报，连同一则社论："面对这样的事件，任何诚实的灵魂，出于人性和基督徒的情感，都会深感痛苦。一边是三十二名受害者，一边是三百二十人为逃脱逮捕的罪犯而牺牲……我们并不想加入争端，而是想超越其上……恳请不负责任的各方尊重他们无权牺牲的人的生命，尊重注定会被殃及的无辜者，也敦请需要负责的人明白他们对自己、对他们应去守护的生命、对历史和文明的责任。"

*

这两个事件以及对其记忆和意义的争夺，揭示了罗马的历史和身份、意大利民主制的矛盾和冲突，以及武装抵抗的伦理问题。本书将通过涵盖一个多世纪的历史和记忆，来探讨这两个发生在二十四小时之内的事件。

行动与反应、攻击与报复、罪与罚——这种可怕的对称性将主导人们对事件的记忆，仿佛事情从开始到结束只有两段文字，此前和此后什么都没有发生，仿佛从拉塞拉路袭击到阿尔帖亭洞窟大屠杀的一连串事件是一个自成一体、无可避免的循环。一旦"命令已经执行"，秩序得到恢复，就再没什么可说的——我们不妨将整个事情埋葬，正如纳粹把尸体埋在行将崩塌的山洞里，埋在成堆的黑土和垃圾之下，以掩盖气味。

民众的信念，加上因受大众报刊、媒体、教会和保守势力操弄而发生政治性歪曲的记忆，催生了一种被广泛采信的叙事，即德国人本来要求游击队员自首，只是后者并未照做，他们才展开报复。这种叙事反过来又滋生了大量针对相关游击队员以及整个反法西斯斗争的诋毁。然而，上文援引的德军新闻稿表明了一个简单的事实，而且该事实在战后的审判中得到了那些纳粹指挥官不情愿的确认：报复是在袭击发生后不到二十四小时内进行的，而且是在完成之后才宣布的。并没有要求游击队员自首，也没有给予他们这么做的机会，更不必说真的花力气去搜查所谓的"罪犯"。

半个世纪以来，所有这些在档案和出版物中都已公开记录。然而，事件的真相却被流行的信念，以及充斥着无知与误传的叙事遮蔽，这些叙事把责任颠倒过来，并不指责德国人实施了大屠杀，反倒指责游击队员造成了大屠杀：如果不是他们"不负责任"的行为，如果不是他们没有去自首以防止报复，大屠杀根本不会发生。这种叙事之所以很难抗拒，是因为它具有一种反主流叙事的吸引力。它让人们在抵抗运动作为共和国建国运动这一官方故事之外有了可替代的选择，虽然它也利用了在国家公共生活中远非边缘或次要的制度性力量，包括政府机构、政党和媒体。所有这一切被一个常识性的信念焊接在一起：一个人不会连肇事者都没有试图去找，就对三百三十五名无辜者实施报复。

在此意义上，《罗马观察报》的社论是个典型。它用"受害者"（德国人）和"罪犯"（游击队员）这类字眼，把袭击描述为犯罪行为，而在阿尔帖亭洞窟被杀的人只是"被牺牲"。这样一个富有宗教意味的词，天主教派报纸不大可能以中立的、顺带的方式使用。"牺牲"，作为成圣的行为，是对罪过的补偿，是犯罪后必要的净化和救赎。也许是不经意地，但意味深长的是，教会的机构似乎暗示在阿尔帖亭洞窟发生的，是某种礼仪性的事件。

《罗马观察报》的社论还给人一种印象，即德国人在决定实施大屠杀之前曾试图逮捕罪犯。他们并没有——但我不知道教会方面是否对此有过任何更正或修改。罪责从纳粹刽子手向"卑怯"和"不负责任"的游击队员身上转嫁，由此滥觞。那些同教会和天主教界关系密切的媒体和消息源，将同政治右翼一道扮演主要角色，多年来不断固化这种印象，使其渗入公众想象的血脉，毒化人们对这一事件，以及对抵抗运动、对共和国的身份与起源的记忆。这正是纳粹报复行动真正的、长期的成功之处。

*

在萌志写作本书的那天，我向一位朋友提到阿尔帖亭洞窟。这位非常聪明、受过高等教育、毕生都在从事左翼活动的女性的反应是："我只是在私底下问你，换别的地方都不会说：他们为什么不去自首？"我的朋友不知道，袭击和报复的消息是在大屠杀实施后才发布的，因此德国人并没有提出自首的要求，而游击队员也没有自首的机会。她也不知道，在1950年代的一桩案件中，法庭曾宣布参加袭击的游击队员无需对德国的报复行为负责（最高法院于1999年春作出了类似判决；这种指责一直在流传）。[4]

事实上，如果不是前党卫军上尉埃里希·普里布克这位纳粹刽子手在阿根廷被指认，随后于1994年引渡到意大利，并于1998年被判处终身监禁，使得争议再次爆发，我本来也不会知道这些。我从未赞同游击队有罪的理论，不过本书的缘起，部分在于我很好奇自己在多大程度上也受制于这种深深扎根于常识的错误信念。

1997年11月的一个星期六上午，在阿尔帖亭洞窟安放受害者遗体的地下墓室，我无意中听到一群老太太的对话。她们先是参观了附近的热门圣地神爱殿（Divino Amore），慰藉了自己的虔诚，然后来到洞窟，为眼前所见深深触动。然而她们坚信纳粹只是"奉命行事"，对游击队员则愤恨不已："然后他们把金质奖章颁给了在拉塞拉路安放炸弹的人，可对我来说这个人该枪毙。因为倘若他真的是英雄，他会挺身而出说，'放过这些人，冲我来，我才是你们要的人'。"

一位叫萨拉·莱奥尼的学生曾到我在罗马大学的办公室找我，告诉我一件奇妙的事："那些在拉塞拉路扔炸弹的人里，有一个叫卡拉·卡波尼的，借宿在我祖母家。于是他们不停地告诉她，你得去告发，否则会有两百人被杀。她却决定不这么做。"这个故事纯属子虚乌有，就如同其他许多故事一样，旨在增强叙述者对历史上某一重要事件的亲身参与；而且讲到游击队离开拉塞拉路之后的行动，这远远不是唯一错谬（顺便提一句，炸弹不是"扔的"）。后来，萨拉·莱奥尼的姑妈解释道，那个在拉塞拉路事件前后同她父母待在一起的人，其实是卡拉·卡波尼的母亲。不过她也说自己还记得，当时就游击队员是否需要自首有过激烈的讨论。

贝卢斯科尼政府副总理詹弗兰科·菲尼是后法西斯的民族联盟党书记，并作为发起人推动意大利右翼正式脱离其法西斯起源和身份，他解释道："哪怕那些曾在社会共和国〔1943—1945 年墨索里尼在纳粹扶植下建立的政权〕里战斗过的，直至最后仍是法西斯主义者的老家伙，也认为这样的袭击行动是合法的。被视为卑怯的是他们没有去自首这一事实，尽管每个人都知道后果，因为大家都知道报复法则。"地下游击队"爱国行动组"成员、拉塞拉路袭击事件的组织者之一马里奥·菲奥伦蒂尼则评论道："在罗马，你要是向十个人问起拉塞拉路的事情，大概会有三个人理解和支持爱国行动组，两个人不知该说什么，还有五个人反对。"这种民意状况是基于几项广泛传播的假定：报复是自动的，因此游击队员应该能预料到；如果游击队员自首，这一切本可以避免；行刑者对屠杀没有责任，因为他们只是在执行命令。如此一来，在拉塞拉路被杀的德国士兵和在阿尔帖亭洞窟遇害的人们，似乎同为游击队的受害者——正如朱塞佩·法布里尼雄辩地指出的，他们都是"养家糊口之人"。

也许可以说，在拉塞拉路和阿尔帖亭洞窟的故事中，最极端的右翼话语同中庸的常识实现了无缝对接，这样的融合令人对关于阿尔帖亭洞窟的流行但错误的叙述深感不安。我记得 1994 年在一次关于欧洲纳粹大屠杀的会议上，许多历史学家和人类学家非常震惊地发现基亚纳河谷奇维泰拉和其他社区存在"分裂的记忆"。[5] 其实他们只要读过保守派和温和派媒体多年来写的文章，或者在酒吧、理发店和火车上听过普通人的聊天，就会让自己有更多的心理准备。遗憾的是，政治家、历史学家和人类学家的尊严让他们显然认为这些东西都上不了台面。确实，从专业的角度看，反游击队的文献经常是可鄙的；而由政治家和知识分子培养的错觉——在反法西斯上达成了普遍的共识——导致人们相信，在诞生于抵抗运动的、实行民主的意大利，法西斯主义已经名声扫地。鉴于此，知识分子和政治左翼并不觉得有必要注意这些叙述和流行的信念——直到发现自己突然需要面对它们——而经过多年历史修正主义和否定主义的洗礼，这些叙述和信念已变得傲慢而具侵略性。

2. 罗马的历史感

正是在罗马涅大道，在塔索路

3 月 23 日成了那些

让我们经历残酷时代的人的纪念日 [6]

德国人对他们极为警惕

在每条大街设立了巡逻队；

要报仇的人耐心已耗尽：

或拿起手榴弹，或拿起枪，

让德国人倒在了拉塞拉路边

——埃吉迪奥·克里斯蒂尼，1957 年

不必奇怪民间诗人会唱到拉塞拉路和阿尔帖亭洞窟，唱到罗马涅大道（抵抗运动的男男女女在那里受尽法西斯的折磨）或者塔索路（他们在那里被赫伯特·卡普勒及其副手埃里希·普里布克指挥的党卫军关押和拷打）。由于受害者人数众多，加上围绕他们的记忆存在着无休的争议，阿尔帖亭洞窟已然成为罗马记忆和情感中的一个开放性伤口（open wound）。只要划开记忆的表面，故事就会涌出。罗马到处是这样的故事，它们以这种或那种方式，触及所有的罗马人。我几乎不用走出办公室，就能从学生和同事那里，收集到许多与萨拉·莱奥尼的家庭神话不一样的故事。

至于我，只有在这本书快写完的时候，我才发现皮洛·阿尔贝泰利这位最著名的受害者之一，曾是我母亲的哲学老师；

　　而我家的房子，正是建在另外两名受害者马里奥·卡佩奇和阿尔弗雷多·卡佩奇小时候追逐打闹的那块场地。一位来自真扎诺的，跟着我做学位论文的学生是另一名受害者的孙子。另外，据我的一位亲戚说，我父亲的一位朋友在拉塞拉路事件后也被捕且短暂关押过。

　　我从同事和学生那里，以及后来在整个城市听到的故事，许多都是家庭叙事，先蹭历史事件（"我在那里"或者"我父亲在那里"），继之以脱险的经典叙述："我家里一直流传着这种说法，我爸爸说那天他就在那前后脚经过拉塞拉路；他听到了尖叫声，但不明所以，直到后面才知道是怎么回事。他认识的许多人都在反复讲述同一个故事桥段：'你瞧，那人在我前头也许就比我多走了二十步，然后在他们封路的时候被带走了，我还活着真是个奇迹。'"（安东涅塔·萨拉奇诺）

　　其他的故事是关于记忆、姓名、地点和仪式的："我也有一段个人的回忆。我班上的一个女孩，也是我朋友，她祖父就死在阿尔帖亭，而我住处附近的广场上有一块牌子，上面写着他死在阿尔帖亭洞窟，然后她经常给我讲这个。我就是这样第一次接触到这个我几乎一无所知的事件，非常直接。他姓齐科尼，但我不知道他的名字"（尼兰·斯里瓦斯塔瓦）；"［我父母］曾加入行动党［持民主左翼立场的反法西斯组织］，他们经常跟我讲起那时候的事，特别是关于阿尔帖亭洞窟。他们有两个好友在阿尔帖亭遇害，一个是皮洛·阿尔贝泰利，另一个叫皮耶兰托尼。"（卡拉·加布里埃利）

万达·佩雷塔 阿尔帖亭洞窟对外开放时，我母亲抓住我们三个小女孩的手，把我们带到了那儿。当时还不是现在的样子，在我的记忆中，它一直是某种非常柔软的东西。因为地面很柔软，因为有沙土，你走在柔软的地面上，就像走在一张大地毯上。空气中还有晚香玉软绵绵的香气，从那时起我再也受不了身边有这种花，因为我感觉自己从中闻到了阿尔帖亭洞窟里的死亡气味。

最后，有的叙述者还描述了与城市空间的关系："一个人可能对发生的事情缺乏具体的了解，但无论如何他还是会知道，因为他生活在罗马，生活在那个街区，每年都会有一些仪式什么的，不断的纪念让它免于沉入忘川。我住在 EUR 区 *[附近]，所以经常从阿尔帖亭洞窟旁经过。我记得，作为一个孩子，我自然要问那是什么。我还记得自己曾被带到那里，当时我还小，真的是被眼前可怕的景象吓到了，那么一大片都是坟墓。"（阿莱西娅·萨尔瓦托里）

*

三百三十五人意味着三百三十五个家庭的三代人，既包

---

* EUR 即 Esposizione Universale di Rome（意为"罗马万国博览会"）的大写字母简称。1935 年墨索里尼为准备举办 1942 年世博会，决定在罗马以南的近郊建设新市区，作为博览会场地，因"二战"爆发而中断。战后意大利政府接手，将该区重新定位为罗马的中央商务区，至 1960 年代基本建成。

括近亲，也包括远亲；因为每个受害者和每个幸存者都有朋友、同事、党和工会的同志、同学、教友和邻居。阿尔帖亭洞窟的故事如同一连串的同心圆，可以不断外扩，直到辐及整座城市。只有在那些家里是在战后一代移居到罗马的郊区年轻人中，我才发现这个故事不为所知，或者只是学校历史书中的一个模糊的细节。换句话说，谈论阿尔帖亭洞窟及其记忆，就是在谈论罗马。

安东尼奥·帕帕加洛，跟他的叔叔彼得罗·帕帕加洛神父、他的朋友兼导师焦阿基诺·杰斯蒙多（两人都在阿尔帖亭洞窟遇害）一样，来自同一个南方小镇，他说：

> 他们邀请了好多次，让我去泰利齐的一所学校演讲，我不喜欢那个地方，也不知道如何在公开场合发言。校长说，"讲吧，讲点什么吧"。他把我留在讲台上，我不得不硬着头皮。我说："孩子们，这样吧，让我给你们举个例子。就拿杰斯蒙多和彼得罗神父来说，他们来自你们所在的城市。想象一个漏斗；然后他们被丢了进去，而这两人在理论上是对立面：我的叔叔，一个天主教神父，而杰斯蒙多是一个自由思想者，一个共产主义者。怎么会这样，在这两个人通过漏斗之后，你再也分不清哪个是彼得罗神父，哪个是杰斯蒙多。因为他们的身份融合在一起，而我们无法说一个就比另一个更像神父，或者另一个更像共产主义者，如果我们所说的共产主义是指对邻人的利他主义。

"在阿尔帖亭洞窟，你会发现我的父亲［一位空军将军］，但你也会发现一个十四岁的孩子，你还会发现神父、工人、文员、军人、宪兵——你刚才说的也许是对的，阿尔帖亭洞窟是整个意大利悲剧的象征，因为那里聚集了一切，代表了一切。它不过是罗马街上到处都在发生的事情的象征。"（薇拉·西莫尼）在阿尔帖亭洞窟遇害的有天主教徒、犹太人和无神论者；有的没有政治背景，大多数人则有不同的政治理念：各类共产主义者、社会党、自由党、行动党、基督教民主党和君主派。有军人，也有平民；有贵族、小贩、体力劳动者、商人和律师。一些人是抵抗运动的积极参与者，并且不惜抛头颅；有些人只是在错误的时间出现在错误的地点，而被随机围捕。还有一些人则是因为没有放弃他们的犹太身份和信仰，或者干脆是为了凑数，而被列入其中。意大利民主的"奠基人"之一维托里奥·福阿写道："每当想起阿尔帖亭，我都会近乎自然地想到生命线的统一、汇合……他们杀害犹太人是因为他们是犹太人，而非因为他们的思想或行为；他们杀害反法西斯主义者是因为他们的思想或行为；他们杀害与抵抗运动无关的人，只是因为他们是数字，需要用来填补配额。"[7]罗马的每个街区、郊区、贫民窟——特拉斯泰韦雷和蒙泰萨克罗，托皮尼亚塔拉和特里翁法莱，波蒂科多塔维亚和琴托切莱，泰斯塔乔和拉斯托尔塔——都有人死于阿尔帖亭洞窟。有很多人是在这座城市出生，但罗马也是一个人们从很多地方来到这里的地方，而在阿尔帖亭洞窟里，可以看到始于意大利其他地方（阿布鲁齐、普列、都灵、罗马的山区）和外国（卢森堡、匈牙利、土耳其和乌克兰）的生命的终结。

在罗马，历史是大写的。历史的重负似乎挫败了记忆，使之变得歇斯底里，或者看起来无关紧要。很多时候，历史远离人们日常的生活，或者沉重地压在他们身上，要把他们压垮。这就是为什么罗马和阿尔帖亭洞窟之间的关系如此重要。在写这本书的时候，我重新认识了"我的家乡"的街道和建筑。我去看了圣彼得大教堂和古罗马斗兽场，但我也发现了罗马其他的历史遗址和纪念性建筑，倒不是阿尔帖亭洞窟的陵墓，而是一些巨大的民众住房项目，像城市一样大、热闹、美丽：在特里翁法莱，琴乔·巴尔达齐曾在那里把一代反法西斯主义者培养成行动党；在泰斯塔乔，住户们在院子中间放了一块石头，以纪念在阿尔帖亭洞窟和奥斯维幸遇害的邻居；在梅拉伊纳谷，一栋曾被称为斯大林格勒，即使在今天依然是阶级意识堡垒的经济公寓楼，其正门上多了一块牌子，以纪念在阿尔帖亭洞窟遇害的邻居。阿尔帖亭洞窟不是纳粹在意大利或欧洲实施的唯一的大屠杀，也绝不是最恶劣的。但它是唯一的"大都市"大屠杀，是唯一在大城市的空间里冷血实施的大规模处决，其受害者的多样性综合了大都市里的人生百态。这就是为什么它对记忆和身份有着如此强烈的影响。死者唯一的共同点是他们的性别：他们都是男人，而这一事实突出了女性在幸存和记忆中的角色。

阿尔帖亭洞窟是一个象征性的旋涡，将城市的空间及其一个世纪的故事汇聚在一起，所以谈论它就等于谈论20世纪罗马的整个历史，正如那首共产主义老歌所宣称的，这是一座"从未被驯服的反叛之城"，迥异于陈词滥调和刻板印象，它既积极又被动地，既以集中的方式又以分散的方式抵抗纳粹，并为此付出了如此可怕的代价。

3. 背景

罗马是一座古老的城市，却是一座相对较新的首都，正如意大利是一片古老的国度（country），却是一个相对年轻的国家（nation），作为民主国家甚至要更年轻。直到1870年，罗马仍是教皇国（包括意大利中部的大部分地区）的首都。意大利的其他地区则被分割成小国和外国属地，只是到1861年才在前撒丁国王的领导下实现统一和独立。直到1870年意大利军队才进入罗马。教廷要到1929年与墨索里尼的法西斯政权达成协议，才承认新的事态；从那时起，特别是在第二次世界大战之后，它系统地干预了意大利的政治。在社会冲突、埃塞俄比亚和利比亚的殖民战争，以及第一次世界大战的创伤性经历中成长起来的现代的、民主的意大利，随着1922年法西斯主义的崛起而出现了戏剧性的迂回。虽然法西斯政权延续和加速了意大利生活的某些方面的现代化，但它监禁和流放政治反对派，废除言论和新闻自由，破坏工人阶级的组织，并使得民众的生活和工作条件变得更糟。与此同时，它通过蛊惑人心的家长式政策，制造意大利是一个恢复了罗马帝国荣耀的大国的假象，来寻求人们的认同，并且不时地取得了成功。

在这段时间里，反法西斯的地下组织在国内和流亡者中都很活跃：共产党、社会党和行动党（一个受社会主义影响的激进自由主义团体）是最有组织的反对派，但自由主义者和一些天主教徒也保持着异议。对法西斯政权的支持在占领埃塞俄比亚后达到顶峰，但在与希特勒的纳粹德国结盟，以及 1938 年歧视犹太公民的种族法颁布之后，这种支持开始退潮。

1940 年意大利加入战争后，意大利军队在北非的失利、在俄国战役中的灾难性参与，盟军在西西里岛和萨勒诺的登陆，战争对生活条件的影响，以及镇压的加强，消解了民众对政权的信心。1943 年 7 月 19 日罗马遭到空袭，法西斯政权走向了尽头。墨索里尼被赶下台 *；彼得罗·巴多利奥将军的新政府于 1943 年 9 月 8 日与盟军签署了停战协议（几个月后，意大利加入了盟军一边）；同一天，德国人占领了罗马，并开始控制意大利的中部和北部地区。在德国人的指使下，墨索里尼建立了所谓的意大利社会共和国（RSI）。

在德国人接管后，对德国占领和墨索里尼傀儡政府的抵抗也随即开始。9 月 9 日至 10 日，罗马军民在圣保罗门的

---

* 1943 年 3 月都灵和米兰的工厂大罢工之后，墨索里尼已失去统治阶级的信任。7 月 19 日罗马受到盟军轰炸后，政权高层中的"异见人士"开始策划宫廷阴谋。7 月 24 日，法西斯大委员会对墨索里尼投了不信任票。第二天，国王下令逮捕他。

战斗 *，拉开了一场大规模斗争的序幕，这场在山上和城市展开的斗争，一直持续到 1945 年 4 月 25 日宣布解放。抵抗运动由民族解放委员会（CLN）协调，该委员会涵盖了大多数反法西斯政治党派：共产党、社会党、行动党、基督教民主党、自由党和其他小团体。效忠于国王和巴多利奥政府的军事人员（因此被贴上"巴多利奥分子"的标签），则通过"秘密军事阵线"（FMC）参与抵抗运动；持不同意见的共产主义者和左翼人士则创建了意大利共产主义运动（PCI）——"红旗"†。虽然民族解放委员会的政治领导权是共享的，但实际的战斗主要由共产党和行动党组织的队伍进行（分别被命名为"加里波第旅"和"正义与自由"）。正如历史学家克劳迪奥·帕沃内表明的，抵抗运动结合了三场不同但有重叠的战争：一场摆脱德国占领的民族解放战争，一场反对资本主义的阶级战争，以及一场反法西斯分子同希特勒和墨索里尼

---

* 由于愿意阻止意大利的"布尔什维克化"，巴多利奥政府同英美的停战谈判进展得特别快，对于希特勒可能的反击，却没有做好应对准备。当德国人在停战消息传来的同一天入侵时，巴多利奥不但没有下令意大利军队反击，反而跟国王一起逃跑。德国国防军迅速占领了几乎整个半岛，只有罗马人进行了顽强抵抗。

† 以帕尔米罗·陶里亚蒂为首的"官方"共产党试图建立一个所谓的人民阵线，即整个意大利民族团结起来反对希特勒，不分政治或阶级。对于"红旗"来说，所有意大利人的团结意味着工人阶级同不再相信墨索里尼及国王的将军和工业家的团结，这是有违教义的。他们提出工人阶级的统一战线，想把反对法西斯主义的战争转变为反对所有资本主义的阶级战争。于是他们的战争不是意大利爱国者对德国的战争，而是改变意大利本身的斗争。

的意大利支持者之间的"内战"。[8]

德国对罗马的占领持续了九个月，从 1943 年 9 月 8 日到 1944 年 7 月 4 日。这是一个充满饥饿、恐惧、盟军的轰炸、镇压和大规模驱逐的时期，以驱逐犹太人（从 1943 年 10 月 16 日开始）和阿尔帖亭洞窟大屠杀为顶点。在这段时间里，游击队运动一有机会就打击德国人，特别是通过由共产党组织的地下小分队"爱国行动组"。爱国行动组最成功的行动是 1944 年 3 月 23 日在罗马市中心的拉塞拉路袭击了一支纳粹警察分队，造成三十三人伤亡。第二天，德国人在阿尔帖亭洞窟展开报复。

战后，领导了抵抗运动的民族解放委员会各政党，联合组建了意大利政府。1946 年的公投结束了君主制，建立了共和国；1948 年，新宪法获得批准。就民主而言，这是西方国家中最先进的宪法之一，其基础是建立在抵抗运动经验之上的参与性的、平等主义的民主概念。然而，与此同时，在美国方面的影响之下，共产党和社会党被排挤出政府联盟。自左翼在 1948 年的选举中失利之后，基督教民主党一直执政到 1992 年因受到腐败指控而解体*。成文宪法的反法西斯基础在很大程度上被"冷战"和天主教会的影响掩盖；宪法的许多规定从未得到实施。

---

* 指 1992 年的"净手运动"，意大利的检察人员从米兰一家养老院院长的受贿案查起，顺藤摸瓜地查出 1200 多起贪腐案件，涉及八位前总理、五千多名政经人士，引发政坛大变革。

整个 1950 年代，左翼让抵抗运动一直活在记忆之中。这既是因为左翼赞同抵抗运动的民主精神，也是因为抵抗运动使得共产党和社会党可以合法地自居为民主共和国的共同缔造者。1960 年代后，中左翼政府（基督教民主党和社会党联盟）恢复了抵抗运动作为国家基础的叙述。然而到那时，对抵抗运动的记忆已经沦为一种爱国的仪式，其激进的、参与性的信息被掏空了。确实，进步人士和左翼的舆论也普遍认为意大利的体制太过民主，以至于无法建立起有效的政府。当以贝卢斯科尼为首的，包括意大利社会运动党（后改名为民族联盟党）的新法西斯主义者在内的右翼联盟赢得 1994 年的选举时，修改宪法的运动得到了历史修正主义的支持，该主义试图挑战抵抗运动作为意大利国家基础的意义。2002 年，贝卢斯科尼政府宣布要着力清除掉历史教科书中的反法西斯"偏见"。这一背景更加凸显了阿尔帖亭洞窟的历史和政治意义。一方面，大屠杀被铭记为德国人在本国首都犯下的最耸人听闻的战争罪行，堪称最能象征着纳粹占领的残酷性。另一方面，今天主流意识形态的反游击队、反法西斯话语，其中一个强有力的因素，便是这一神话性叙事，即指责抵抗组织带来了大屠杀而没有阻止它。

4. 故事开始和结束的地方

如果在互联网上搜索"阿尔帖亭洞窟"，你会看到一个旅游信息网站，上面有一个关于该遗址及其历史的英文页面。

它是这样开头的："1944 年 3 月 23 日，一枚炸弹在拉塞拉路爆炸，炸死了三十二名德国士兵。德国决定报复，每死一个德国人就杀十个意大利人偿命。"[9]

人类学家布鲁斯·杰克逊说，故事生成了它们自己可以接受的现实的边界：在故事开始之前，没有任何值得一提的事情发生，在故事结束之后，也没有任何事情发生。[10] 叙事的开端扰乱了秩序，而结局则恢复了秩序。大部分关于拉塞拉路和阿尔帖亭洞窟的历史文献都将其视为一个单一的、自我封闭的事件，本书的目的则是质疑这一路径。首先，我将试图证明，游击队在拉塞拉路的行动跟纳粹在阿尔帖亭洞窟的大屠杀不是一个事件，而是两个。它们之间的关系不可否认，但也问题重重。其次，我将试图表明，二者是一系列事件的一部分，这些事件并非从拉塞拉路的爆炸开始，也不是以党卫军引爆洞窟，以埋葬受害者的尸体而告终。

故事之所以不是从那里开始的，是因为受害者的故事并非从那里开始的。而且，拉塞拉路事件虽然确实是游击队在罗马进行的最引人注目的行动，但与流行的看法相反，它并不是第一次行动，甚至不是第一次导致德国人伤亡的行动。然而，之前的袭击都没有引发自动报复。

故事之所以也不是在那里结束的，是因为阿尔帖亭洞窟并非纳粹在罗马实施的唯一的，也不是最后的大屠杀。在这之前和之后，有七十二名政治犯在布拉韦塔堡遇害；1943 年10 月 23 日有十名男性在彼得拉拉塔遭到处决；十名妇女因从奥斯蒂恩塞的一家面包店拿面包而被定罪；1944 年 6 月 4

日罗马解放这天，有十四名囚犯在拉斯托尔塔被撤退中的德国人杀害。在哪一种情况下，都不存在游击队的"挑衅"来为德国人提供犯罪的"动机"或者"正当依据"。而且我们不应忘记大规模驱逐以及由此造成的数千人死亡：1943年10月16日，一千二百名犹太人遭到逮捕并被驱逐出境，接下来的几个月，又有八百名犹太人受到同样的对待，只有极少数幸存下来；数百名宪兵也被驱逐；数千名身强体健的男性被从街头带走，送到德国和前线从事强迫劳动；1944年4月，夸德拉罗工人阶级街区的七百名男性遭到逮捕，并被驱逐。还有所有其他的战争面孔：空袭、饥饿、逃兵、躲避法西斯征兵的人、露营的难民、宵禁。

故事并没有以大屠杀后的秩序恢复结束，最主要的是因为，阿尔帖亭洞窟不仅是那么多故事通往的地方，也是无数其他故事出现和衍生的地方。这是一个公众围绕意义和记忆展开斗争的故事，斗争不仅在符号、牌匾、铭文和仪式上，也依然在媒体和法庭上进行：关于这个"丑陋的故事"的审判和诉讼在半个多世纪后仍在继续，人们依然为此不惜动起拳脚来。更让人痛苦但几乎总是无声无息、不为所知的，是那些受害者遗属——他们的父母、妻子、子女、孙子女和兄弟姐妹——的生活和情感中弥漫的重负和紧张。书写公众对大屠杀的哀悼史，就是去重新读解半个世纪以来政治气候的变异，从"冷战"到1960年代再到盛行修正和否定的当代；书写私人哀悼的故事，就是去试图理解大屠杀之后生活如何能够继续下去。阿尔帖亭洞窟的历史，如罗伯特·卡茨出版于 1965 年的开创性著作的书名所说的，正是"死于罗马"的历史，但在更广泛的意义上，因为它是这座城市（包括其机构和居民）如何阐述（有时一致，经常是相互冲突或无视）这一由荒谬而残暴的个人之死组成的大规模死亡的意义的历史。

二十三岁的阿达·皮尼奥蒂结婚才几个月，丈夫和其他三个亲人就在阿尔帖亭洞窟遇害。据了解，他们无一人参与抵抗运动，只不过在袭击当天，恰巧出现在拉塞拉路附近。她说：

> 在 1944 年的事情发生后的那些日子里，没人去谈论它，也没办法谈论。我工作了四十年，即使在办公室，每当他们问起我一些事，大多数时候我都不会说什么——因为他们总是这样反应：哦，就怪那个放置炸弹的人。我装作没听见，因为他们的反应总是一样的：这不是德国人的错，错在放炸弹的人。他们会说，如果他自首了，德国人就不会杀他们。但哪里有这么说，哪里有这么写？德国人什么时候这样说的？什么时候？他们没有说一个字，没有贴任何布告——他们是事后才这样做的，在已经杀掉了三百三十五人之后。因为我们每天都有在关注整桩悲剧；我告诉你，当我们在报纸上读到那篇报道时，我几乎昏过去，而我嫂子就在我身边。你甚至不能和她讲道理，因为她说：什么，你在为那些放炸弹的人辩护？我没有为任何人辩护，而是事情就是这样，你不能颠倒黑白。

将罪责推到游击队员身上，也就驱除了这样一些女性的经验，她们的存在本身扰乱了已经平息下来的良心的安宁。对于她们每个人而言，要接受自身遭遇的原因和起源是很困难的，也是很痛苦的，不是所有人都能得出相同的结论。那些参与了拉塞拉路袭击以及其他不得不杀人的行动的游击队员也是如此。卡拉·卡波尼说："制造死亡或破坏的行动会反过来摧毁你，每一次割掉你的一部分。"他们需要漫长而复杂的努力才能接受这些事件，但每个人得出的结论不同，有的会积极地捍卫记忆，有的则保持沉默，有的从此以政治活动为生，有的则远离政治，转向专业或知识工作。

5. 口述资料

> "报仇"的意思是"举报罪行"，"公之于众"。记录本身也是复仇。
>
> ——汤婷婷《女勇士》[11]

口头资料和书面资料的区别之一是，后者是文件，而前者总是行为。口头资料不应视为名词和物体，而应视为动词和过程；不是记忆和故事，而是正在进行的回忆和讲述。书面文件往往是匿名的或非个人的，口头资料则不然。故事和记忆可能包括与他人共有的材料，但回忆者和讲述者始终是个人，他们承担着铭记的任务和讲述的责任。1944年10月16日被驱逐的犹太人中唯一的女性幸存者塞蒂米亚·斯皮齐基诺说:"在集中营时,我做了一个承诺,一个庄严的承诺,向我的同伴们,她们不是被挑出来杀掉,就是死于疾病或虐待。我反抗了,我不知道是该诅咒上帝还是该向他祈祷,我一遍又一遍地重复,主啊,救救我,因为我必须回去讲述我看到的。"

然而,正如许多灭绝营的幸存者戏剧性地发现的,讲述需要有一个愿意倾听的人在场。口述资料的一个不同之处在于,它们是研究者在找到叙述者后,倾听并询问他们而得的成果,里面有着共同的努力。

我也感到我个人对这个故事负有责任。我第一次感受到"举报罪行"的冲动是在1994年的一个夏日,在以贝卢斯科尼为首的右翼联盟赢得选举几个月后,战后欧洲第一次有一个公开回归法西斯主义的政党(意大利社会运动党、后改名为民族联盟党)重新掌握国家权力。那天,我发现我住处对面的纪念碑上画了一个大大的黑色纳粹党徽,而这座碑是用来纪念1944年6月4日在拉斯托尔塔被纳粹杀害的十四个人的。当我看到附近的工匠们在讨论如何以最好的方式消除这种侮辱时,我觉得作为一个公民,我有责任用我所掌握的一切手段——也就是用我的本职工作来回应法西斯主义的死灰复燃。

然而,这个故事呼唤着我,不仅是基于公民道德方面的原因,还因为它对口述史的实践和理论构成了知识和方法论上的独特挑战,同时也是机会。口述史基本上是创造关系的过程:叙述者与受述者之间,过去的事件与现在的对话性叙述之间。历史学家必须兼顾事实的和叙事的、所指的和能指的、过去的和现在的层面，以及最重要的，在所有这些层面之间的空间工作。但是，不仅是作为研究者的我和与我交谈的叙述者认为必须做这项工作。有许多人惠助我转录访谈；其他人只是接受了完全是象征性的报酬。他们这样做不是为了我，而是为了需要讲述的故事。

现在，阿尔帖亭洞窟事件既是实际发生的，又是被热切地回忆着、矛盾地叙述着的。关于它的书籍已经出了很多，各式各样的都有，以至于我们不免会想，用华盛顿·欧文的话说，它已经被大量的历史学家弄得不可认识。[12] 我不打算加入他们的行列，所以本书不包含任何对新事实的揭示或发现。就事件的实质顺序而言，我依靠的是现有学术研究的怀疑论和结论。除了受访者提供的一些个人文件，我的文献资料是书籍、论文、新闻报道和法庭记录，这些都是以前出版过的，可以现成获得。我使用它们主要是为了建立一个成问题的但貌似合理的事件框架，对照这个框架可以衡量和检验记忆与叙述的创造性。

因此，我并不像一般人对口述史的想象那样，"只用口述资料做历史"。然而，口述资料是我感兴趣的。首先，它们讲述的很个人、私密的情感和故事，为大多数历史学家、文化机构和官方媒体的注意力所不及，他们过度看重"事实"的狭隘定义，对"事实"之前和（最重要的）之后的生活几乎一无所知，直到在普里布克受审期间才重新发现，就像它们被冻结在时间之中。通过这些口述，我们可以填补这一时间上的空白，并去理解阿尔帖亭洞窟之于相关人士和罗马市的意义发生了怎样的转变。这些故事作为一种工具，使我们能够重建人们在记忆上展开的斗争，探索物质事实和个人主观性之间的关系，并感知到每个人在谈论和面对死亡时，方式不一且会发生变化。

其次，我特别着迷于讹谬的故事、神话、传说和沉默的广泛存在，比如围绕这两个事件所编织的那些。尽管口述史小心翼翼地将事件和叙事、历史和记忆区分开来，但它这样做是为了将叙事和记忆当作历史事实。当一个不正确的历史重构成为流行的信念时，我们不仅要纠正事实，还要审问自己，这种常识是如何和为何形成的，有何意义和用途。这就是口述资料独特的可靠性（reliability）所在：即使它们没有如实地讲述事件，这些差异和错误本身就是事件，可以充当线索，让我们了解欲望和痛苦随着时间推移所起的作用，以及对意义的痛苦探索。

在当下这样一个时刻，这就更有必要了，因为关于记忆的斗争，已不仅涉及历史学家之间的辩论或者派系之间对过去的指责，也成了我们的共和国和我们的民主（它们正是从那些事件中产生的）的认同或存或亡的基础。

6. 资料的创建及使用

关于口述资料的创建和处理，需要做一些技术性说明。本书基于大约二百个采访，时间长短不一（少数采访，特别是对年轻人的,从十分钟到半小时不等;一个超过十二小时;大多数都在一个半小时到三个小时之间)。有些叙述者不止采访了一次。在某些情况下,我还记录了集体访谈、学校的临时会议、公开辩论、仪式和纪念活动。所有的采访都由我在 1997 年 7 月至 1999 年 2 月期间录音。我还使用了一些早期的录音,这些录音或由我本人,或由其他人录制,但我参与了项目(这种情况有三四例)。约三成的访谈是由我转成文字的,其余的分给了别人。我得到了叙述者的口头授权(通常是在磁带上),以便在本书中使用这些采访;我向他们中的大多数人展示了他们被引用的话,并由其提出修改和澄清的建议。

受访者的选择是基于以下标准:

● 我选择了阿尔帖亭洞窟大屠杀受害者的亲属,以便在那些因参与公共记忆斗争而受到关注的人和那些不太显眼或比较沉默、有时对事件持矛盾态度的人之间寻求平衡。意大利解放烈士家属联合会(ANFIM)向我提供了我请求的所有帮助,但我也没有局限于有组织的亲属圈子;

● 采访了游击队员,包括在拉塞拉路发动袭击的爱国行动组的成员,以及那些其他组织的成员或者曾在城市的其他地方活动的人,以了解拉塞拉路事件发生的背景;

● 为了记录受害者居住过的城区,以及游击队曾采取行动的地区,如特拉斯泰韦雷、泰斯塔乔、特里翁法莱、梅拉伊纳谷、犹太区、夸德拉罗、托皮尼亚塔拉等，我还采访了一些没有直接参与但对重现当时的环境有帮助的人；

● 还采访了右翼记忆的承载者，特别是年轻人。这并非只是出于某种抽象的多元主义概念，而是因为他们拥有我无法以其他方式获取的信息和经验，也因为不能通过假装另一方不存在来发动一场记忆之战；

● 还有一些人没有直接参与，世代和社会背景各有不同，但他们与城市和城市记忆的关系很重要，或者他们能帮助我理解事件的影响范围超出了那些人身受到影响的人；

● 还有许多年轻人，年龄在十五岁到二十五岁之间，有我儿子的朋友、我所在系的学生，也有其他学校的学生，我想了解他们所知道的情况，并调查作为事件／地方的阿尔帖亭洞窟的意义和认知如何随着世代的更替而发生变化。

我把本书构建成多声部的叙事，由不同长度的片段组成的蒙太奇，乃因为不可能使用所有数千页的记录，也因为口述史不仅仅是故事的收集，还是它们的解释和再现。解释始于资料来源的选择，继续于研究者在访谈中的积极作用，并在作者发声的公开评论中以及编辑和剪辑组合所隐含的意味中达到顶点。当然，本书作出的解释，无论明确的还是隐含的，责任都在我，这就是为什么它以我的名字出现。

　　引文只能做到尽可能地逐字转述，因为如果不破坏叙述者的语言选择和叙述策略，就无法提取其中隐含的意义。然而，出于空间和可读性的考虑，我频繁地进行了内部剪切、组合和转置。我希望印出来的文字能保持与口头表达相同的质量（quality）。我不相信文字转录的"客观性"和"忠实性"，转录会把扣人心弦的口述变成枯燥的书面文字。我的编辑干预程度与每段引文的事实性成正比：如果事实性功能占上风，就会有更多的编辑，如果我试图引起读者对讲话质量的关注，就会有更少的编辑。此外，我还考虑到了受访者对自我塑造（self-fashioning）的欲求，我们在大多数访谈中都是自发地使用口语，通常是方言，但有些人不愿意我直接引用（其中很多内容不可避免地会在翻译中丢失）。我试图保留叙事在其中得以形成的对话性、谈话性背景。最后，唯一的客观标准是，我不会把受访者没有说过的一个字归于他们。

　　在写作过程中，所有的采访都装在我的脑海中，但我没有足够的篇幅来完整地引用它们。在把叙述者的声音彼此交织在一起并融入我自己的声音时，个人叙述的整体性有可能会被打碎。为了弥补这一局限性，我把整个故事分批地放在每一章的开头，然后以个别故事的较长节选作为结尾。我希望这样能让读者至少深入了解一个人，并对叙事的节奏有更充分的认识。我没有时间和精力来进行许多我本该进行的采访。因此，我必须向那些我采访过但书中没有提及，或只是零散引用的人表示歉意和谢意，也向那些因为我没有去寻找

或没有找到他们，或者因为他们不再愿意谈论这些事情，而
没有出现在书中的人表达歉意。

7. 名字的时间

2000年10月下旬。在罗马塔索路的一个房间里（以前
是纳粹监狱，现在是一个博物馆），年轻的演员阿斯卡尼奥·塞
莱斯蒂尼根据本书的第一版进行了独角戏表演。他以讲述一
个可怕故事所需的所有温柔，将书中的故事与他自己的个人
和家庭叙述交织在一起。阿达·皮尼奥蒂和加布里埃拉·波
利告诉我的故事现在是他的了，通过他，这些故事又回到了
一个听众群体中。

2002年12月。意大利杰出的音乐家焦万娜·马里尼坐
在我的客厅里，第一次唱起她读完本书后创作的长篇民谣。
她花了三年时间苦苦思索，才把它熬成十分钟。事件发生时
她还是个孩子，她记得家里有讨论过，记得受害者的名字。
她说："这个故事需要被讲述。"

一本由故事组成的书，其功能是产生其他故事，为回忆
和讲述的引擎提供动力。因此，一旦这本书完成了，我就无
法关上它。它不断被读者讲述、回忆、讨论的需求和欲求重
新打开。这个故事一直在呼唤我，声音甚至比一开始的时候
还要响亮。

2000年11月15日，在罗马卡比托利欧山的市政厅：
卡拉·卡波尼的自传《以女人之心》举行了发布仪式。卡拉

是抵抗运动的主角之一，也是本书的主角之一。当我的目光
投向会场时，我看到许多张美丽的面孔，头发已灰白，聚集
在这个象征着他们这代人仍然活着的人周围。讲台上的发言
者中，只有我不属于那一代人，对此我不是很理解。然后卡
拉慷慨地提到了我的书，我就明白了。有过好多次，抵抗组
织的成员和阿尔帖亭洞窟大屠杀受害者的亲属都问我，虽然
是只言片语，话也说得不是很直，但意思能听出来："我们走
后，谁来讲述这个故事？"

　　我的口述史工作大多源于阅读威廉·福克纳的《押沙龙！
押沙龙！》的经历。在那本书中，年轻的昆汀·康普生想知
道，为什么在所有人中，老罗莎·考尔菲尔德小姐要把她的
生活故事独独讲给他听。后来他明白了：她告诉他这个故事
是因为他已经知道了，这样他就能把它跟其他的故事和激情
交织在一起，继续讲下去。卡拉·卡波尼和阿达·皮尼奥蒂
并没有像罗莎小姐选择昆汀那样"选择"我；是我找她们的。
但因为我听了她们的故事并把它们写了下来，所以我必然会
继续讲述它们。

　　这时我在实践中知道了我在理论上知道的东西。传统是
一个过程，在这个过程中，哪怕只是重复，也是一项关键而
必要的任务；每一次沉默，都是记忆的精致花边上的一道不
可修复的裂缝。正如乔莫·肯雅塔*说过的，每一位老人的

---

*　乔莫·肯雅塔（Jomo Kenyatta，约 1897—1978），肯尼亚独立后的第一
　任总统。

去世，意味着一座图书馆被烧毁了。不仅在非洲，在我们的世界亦是如此，每一个反法西斯分子的沉默，意味着一片自由被烧毁了。卡拉·卡波尼在她的书发布两周后去世。但她已经讲述了她的故事，并帮助我讲述了我的故事。

*

多年以来，我参加了许多纪念阿尔帖亭洞窟大屠杀的仪式和典礼。我希望本书像所有的仪式一样，既是对历史和记忆的叙述，也是对历史的积极干预（今天，记忆本身已经成为一种重要的历史事实）。因为，正如普里莫·莱维所说，"它发生过，所以它可能再次发生"。仪式的用途，如果有的话，就是要抵制这种回归。

我在阿尔帖亭洞窟见证的所有仪式和典礼中，最让我感动的时刻是点死者的名字。名单似乎长得没有尽头，一些听了半个世纪的亲属甚至对此感到厌倦："总是同样的事情，名单上的名字，你在那里站三个小时，就是把所有的名字听一遍。他们应该多做一点，多说一点，可他们做的只是摆一个漂亮的花圈，念这些名字,然后出去吃午饭。"（加布里埃拉·波利）其他人仍然很感动："每年他们点名时，他们宣读所有人的名字的名单时，你会真切地感受到他们每个人还活着，每个人都是不同的。"（阿德里亚娜·蒙泰泽莫洛）对于之前没有看过的我来说，它再次证明了"三百三十五人"既是一个象征性的集体实体，也是三百三十五个具体而独特的个人。如果念他们的名字需要这么长的时间，那么杀死他们肯定也需要很长的时间。这场死亡是多么缓慢、多么漫长啊！

那么，让我们开始吧：费迪南多·阿尼尼、安东尼奥·艾罗尔迪、泰奥达托·阿尔巴内塞、皮洛·阿尔贝泰利、伊瓦诺埃·阿莫雷蒂、阿尔多·安杰莱、维尔吉利奥·安杰利、保罗·安吉利尼、乔瓦尼·安杰卢奇、布鲁诺·安纳鲁米、拉扎罗·安蒂科利……

第一部分　罗马

第一章

地点和时间

维托·阿尔塔莱、切萨雷·阿斯特罗洛戈、拉法埃莱·阿韦尔萨、卡洛·阿沃利奥、曼弗雷迪·阿扎里塔、乌戈·巴利沃、乔瓦尼·巴利纳、阿尔多·班齐、西尔维奥·巴尔别里、尼诺·贝纳蒂、多纳托·贝内迪琴蒂、拉拉·贝拉尔迪、埃利奥·贝尔纳贝伊、塞孔多·贝尔纳迪尼、蒂托·贝尔纳迪尼、阿尔多·贝罗尔斯海默、乔治·莱昂内·布卢姆斯坦、米凯莱·博尔贾……

阿达·皮尼奥蒂 我们与修士在圣卡利斯托［的地下墓穴］交谈，他们告诉我们，看到那里了吗，他们就埋在那。我们急忙去看。看到什么呀？什么都没有，就是个垃圾场。除了垃圾，什么都没有——想象一下，那些垃圾堆在那，我们不得不穿过它们。边上是一条通道，他们拖着他们，从那里把他们抬进去。所以我们进去了——好多苍蝇，我无法告诉你我们发现了什么。一股恶臭，让你无法呼吸，是人的尸体腐烂的气味。我们只往里走了一点，路就被堵住了。这边那边都被堵住了，因为德国人引爆了两颗炸弹，把他们困在了里面。你看，他们把他们扔在地牢里，所有的人。所以后来，每天都有人去看，我们也看过了——事实上，过了一段时间，他们开始带来失踪者的照片，希望——你知道——有人可能认出他们，说他们在别的地方见过他们——我是说，这是种幻想，只能靠幻想生活。就是这样。

不过，后来他们开始挖掘尸体时，我们每天都去。我记得他们找到我丈夫的时候我就在现场，我夫兄安杰洛是前一天找到的；第二天他们找到了我的……我的丈夫。他们在他腿上发现了我夫兄的钱包。因此，我丈夫先死的，然后他死了……然后他们杀了他。一个在另一个上面。就是这样。但你能看到什么呢？你能辨认出什么？什么都没有！他们把他们堆在一起，所有的都在那，那些渗出物，那些会让你失去了你的……我不知道，那些你看到后会让你发疯的东西。他的脸……有什么可看的，他的脸都是歪的。然后皮肤也已经发黑，没别的了。太可怕了，除了可怕还是可怕。

1. 开始

"开始究竟是什么？"以色列作家阿摩司·奥兹问道，"对一个故事而言，到底有没有一个真正名副其实的开始（incipit）*？或者说，难道在开始之前，不是一直存在着一个开始——潜藏着，但一直在那里？"[1]

这个故事该从哪里开始？从游击队在拉塞拉路实施炸弹袭击（1944 年 4 月 23 日），从意大利国家崩溃和纳粹占领罗马（1943 年 9 月 8 日），从法西斯主义垮台（1943 年 7 月 25 日）开始，还是比这些更早？所有的叙述者都在时间上往回移动，寻找另一个开始，以赋予故事形态和意义。萨巴托·马尔泰利·卡斯塔尔迪将军也在阿尔帖亭洞窟遇害，他的传记以他在上一个世纪的出生为开篇："现在是 1896 年 8 月 19 日下午 1 点，阿尔贾诞下了她的第一个孩子。"甚至党卫军上尉埃里希·普里布克，这位阿尔帖亭洞窟大屠杀的实施者之一，也试图通过回到过去来解释自己。"我，埃里希·普里布克，于 1913 年 7 月 29 日出生在柏林−亨尼希斯多夫……"[2] 当我开始讨论这个写作计划时，朋友们告诉我，应该从 1943 年 10 月 16 日，也就是搜捕和驱逐罗马犹太人的这一天写起；其他人则把起点定得更远，定在法西斯政府颁布歧视意大利犹太人的种族法那天："1938 年 11 月 11 日——没有人会忘记这一天。"[3] 也许我们应该再往前推。

---

*　中世纪时抄本的开端用语，意为"（本文自此）开始"。

阿尔帖亭洞窟的象征意义，跟它所发生的城市空间、它的意义和身份密切相关。因此，本章要讲的是大屠杀的深远背景，发生这段历史的城市，以及生活在其中的人们。

　　　阿道夫·凡蒂尼　　故事得从本世纪初说起。我父亲来自一个极其贫穷的家庭，他住在阿布鲁齐乡下一个叫科皮托的小村庄。我祖父是做砖头的，他们那时都是用手揉捏黏土。不上学的时候，父亲会和祖父一起去那些窑场制砖。他们住在村子里最陡峭的地方，到处都是石头；冬天，水从山上流下来，与牲口排出的秽物混在一起，因为所有房子的底层是马厩。后来我父亲离开村子，去了美国。当我母亲试图对我父亲出生的小屋进行翻新时，他们挖出了过去马厩的地板——她把马厩变成了一个客厅。他们还发现在门阶的混凝土上刻着："社会主义万岁。"我说的是一个世纪前……

　　"我们的村子名叫奥里科拉［位于阿布鲁齐］。爸爸很穷，他是个农民。我们的收成分为两部分，一部分给种地的人，另一部分给——我们怎么称呼他——地主。但地主说话不算话，拿走了一切。然后就发生了罢工。"（阿达·皮尼奥蒂）在世纪之交，贫穷、剥削、政治压迫促使农村人口到其他地方寻求更好的生活。移民既是阶级斗争之外的一种选择，也是阶级斗争的一种形式。数百万人移民到美洲；数万人，特别是来自南方农村的人，涌向新统一的意大利的首都罗马，那里需要人手进行重建和扩张。

　　奥尔费奥·穆奇　我出生在罗马的圣洛伦佐，住在
这个街区的都是无产者。我父亲是一名木匠，也在总工
会（CGL）下面的木工联合会当书记。他是一个无政府
主义者，一个有信仰的无政府主义者。他是 1884 年出
生的，而在 1908—1910 年，他已经是一名活动人士了。
我祖父参加了［1874 年］第一国际在贝内文托发动的起
义。当然，他们失败了，并遭到宪兵的逮捕，总是宪兵，
他不得不离开贝内文托，带着孩子们来到罗马。来罗马
的时候，我父亲已经两岁了。

　　阿达·皮尼奥蒂的丈夫在阿尔帖亭洞窟遇害；阿道夫·凡
蒂尼的父亲是 1943 年 12 月在罗马的布拉韦塔堡遭处决的第
一批游击队员之一；奥尔费奥·穆奇是"红旗"的政委，这
个从左翼中分裂出来的团体，在阿尔帖亭洞窟损失了六十多
名成员。三人的记忆涵盖了意大利社会反对派运动的所有
空间和时间：1874 年第一国际和无政府主义创始人米哈伊
尔·巴枯宁在贝内文托附近的马泰塞山领导的起义；农村的
贫困和社会主义理想的诞生；移民，美国；南方农民争取权
利和土地的斗争……奥尔费奥·穆奇于 1998 年去世。"社会
中心"*的年轻人在他的出生地圣洛伦佐的一条街上，为这位

---

*　社会中心（Centri Sociali）指的是通过对公共、私人或废弃空间的占有后

老人竖起了一块牌子，他的生活和记忆可谓包含了意大利所有的反对派历史。

　　阿道夫·凡蒂尼　那时，我父亲在村子里设法上到三年级，因为那个学校没有更高的年级。他很年轻的时候，就加入了早期的社会主义圈子。当他无法再上学时，他哭了；然而，十六岁时，也就是1910年，他与一群移民一起坐船去了美国。[在波士顿]他当挖掘工，到了晚上就去上夜校。他加入了那里的无政府主义团体，并为一份名叫《火花》的报纸撰文。阅读杰克·伦敦的作品让他感到兴奋，他进而用"杰克"作为自己文章的署名。他是萨科和万泽蒂*的朋友；我哥哥至今还保留着萨科和万泽蒂从监狱里写给他的感谢信，因为他在1922年回到了意大利，为营救他们而开展活动，在一些集会上发言……1920年、[19]22年那会儿，似乎有可能出现一场剧变、一场革命——受到形势的鼓舞，他便回到了意大利。

产生的自我管理机构。这种现象在20世纪八九十年代的意大利很流行。

*　尼古拉·萨科（1891—1927）和巴尔托洛梅奥·万泽蒂（1888—1927）是意大利移民中的无政府主义者，1920年在美国马萨诸塞州一家鞋业公司的抢劫案中，被指控谋杀了一名警卫和一名工资主管，七年后以电刑处死。该案引起了全世界的关注。

2. 磁铁

意大利在 1861 年独立后的第一个首都是都灵，位于皮埃蒙特，曾是萨沃伊王朝的权力中心。1865 年，首都迁往佛罗伦萨，为最后迁往罗马做准备。1870 年，罗马从教皇的领地中解放出来，迁都得以完成。在二十年内，新都的人口从二十四万增长到四十六万。大约九成的增长来自移民。首先是新的民族国家的精英和官僚阶层，然后是规模更大的农村移民，他们成为新的工人阶级：石匠，煤气厂、自来水厂、面粉厂、屠宰场、集市的工人，以及第一批有轨电车的司机。[4] 从翁布里亚、阿布鲁齐、普利亚、马尔凯，以及罗马的乡下，农民工纷纷带着家人涌向罗马，法西斯主义后来试图阻止这种流动。这些第一代的新罗马人，他们的子孙有不少将成为制造拉塞拉路事件的游击队员和阿尔帖亭洞窟大屠杀的受害者：

布鲁诺·弗拉斯卡　我父亲来自维罗里［位于拉齐奥南部］，实际上是维罗里周边一个叫圣弗朗切斯卡的小村庄。我的祖父母是农民。他们可能拥有一小块土地，但大多数情况下，他们是佃农：一半的收成归地主所有，剩下的归自己。他们种植橄榄、葡萄和小麦，那些麦田很值得一看……现在大多变成了牧场……当你走到那里，看到地上长的都是草，这让人很是神伤。我在那里上学上到四五年级。我记得那些老式的毛坯房，如果它们今天回来，年轻人会心脏病发作的——那个时代真的很穷……事实上，我父亲村里的人在五十年代才开始过上好一点的生活，要等到他们来罗马当工人，当建筑工人，即使他们没有居民证……

在 20 世纪之初，卡佩奇家族在罗马坎帕尼亚地区沿着牛群路线从一个庄园迁徙到另一个庄园。安杰洛·卡佩奇回忆说："在一个地方待三个月，又在别的地方待半年，再换个地方待一年。因为养牛人的土地是租的。我父亲是一个农场工人，他照看牛群。他们换了好多地方，染上了疟疾，并因这种病失去了两个孩子。麻烦变着花样找上门，所以我们选择了把为数不多的财物装上马车离开，也许是从苏特里出发的，一直走到罗马城堡地区（Castel Romano），沿着卡西利纳路走了三十公里……[19]35 年，我们来到了这里[伊索拉—法尔内塞]。"安杰洛·卡佩奇的兄弟马里奥因参加了抵抗运动而在布拉韦塔堡遭处决；他的另一个兄弟阿尔弗雷多，时年十九岁，在阿尔帖亭洞窟遇害。

"那天被德国人屠杀的三百三十五名意大利人中，有十三人来自普利亚。"[5] 作为意大利南部的"脚跟"，普利亚是一块阶级压迫鲜明的土地，这里农业发达，但农场工人没落到什么好处，中间阶层更是穷困。十三人中有：律师泰奥达托·阿尔巴内塞；翁贝托·布奇（生于 1892 年），与他的儿子布鲁诺一起被杀；加埃塔诺·拉韦基亚（生于 1902 年），橱柜制造商；朱塞佩·洛蒂（生于 1903 年），粉刷工；乌乔·皮西诺（生于 1917 年），海军军官，"红旗"的军事指挥官；安东尼奥·艾罗尔迪（生于 1906 年），陆军将军；乌戈·巴利沃，律师；尼古拉·斯塔梅，歌剧歌手，"红旗"的领导人……神父彼得罗·帕帕加洛（生于 1888 年）和信奉共产主义的哲学教师焦阿基诺·杰斯蒙多（生于 1908 年）来自同一个小镇泰利齐。

> **安东尼奥·帕帕加洛** 我父亲有七兄弟，其中五个从事相同的行业，即制绳工。那时候没有机器，农业生产得靠手推车，所以他们赚了不少钱，在那个时代的工匠中，算光景比较好的。我记得在泰利齐，现在那里已经被砍得差不多了，我们经常去看戏，去海滩，我们会租一辆马车，去莫尔费塔……我父母生了十三个孩子，活下来的有七个；养一个孩子是一回事，养七个是另一回事。我母亲在五十岁的时候，整个人就不行了，又是肾炎又是啥的，谈这些事情并不丢人。我是最小的那个：你不能只分享财富，却不分担贫穷。

这些故事历时久远，涉及广阔的地理。它们始于意大利的各个角落，持续了几代人，最终汇聚到阿尔帖亭路的黑暗洞穴中。

> **布鲁诺·弗拉斯卡** 我父亲去了非洲；亚的斯亚贝巴［埃塞俄比亚的首都，当时是意大利的殖民地］的所

有人行道，就是由他工作的公司修建的。后来他回来了，我猜他是想结婚，所以回到了家乡。他找到一个人给他介绍，好笑的是，这个人正好是我妻子的祖母，他说："嗯，我回来了，现在我想找一个好女孩成家。"这位女士对他说："有一个好女孩现在在罗马，她在罗马工作"——因为我的外祖父母和我母亲都在罗马工作，在西斯蒂纳路附近的一家酒店。当他们告诉他她在罗马，而且是个好女孩的那一刻，他们说他感到浑身发冷，我母亲说，"那是死亡的战栗"。事实上，他们相遇了，结婚了，他搬到了罗马，而他正是在这里遇到了死亡。

3. 建筑热

切莱斯蒂诺·弗拉斯卡定居在罗马市中心一条叫拉塞拉路的街道上。他的妻子经营一家洗衣店，而他则是一名泥瓦匠。正如历史学家伊塔洛·因索莱拉写到的，"1870年代，来自拉齐奥或阿布鲁齐的农民和农场工人，在自己的村庄陷入贫困后，曾站在蒙塔纳拉广场或法尔内塞广场上，等待罗马城四周那些疟疾肆虐的村子雇他们去播种、收获和打草"。他们成为1880年代伴随着罗马人口激增的"建筑热"所需要的成千上万的建筑工人。[6] 在这些现代罗马的建设者中，有一位是在拉塞拉路行动中扮演主角的爱国行动组成员的祖父，而且祖孙俩同名。

　　罗萨里奥·本蒂韦尼亚　我祖父是在 1870 年后不久来到的罗马。他［是一名建筑师］的工作对科学知识的要求很高，专业性很强；巴勒莫的蒙代洛［海滩郊区］就是他建的。他出生于巴勒莫，他的家族则来自科莱奥内，他的先人曾因追随独立英雄加里波第而遭波旁王朝的国王处决。加里波第在阿斯普罗蒙特山的时候，身边有三位上校，我祖父的父亲温琴佐·本蒂韦尼亚就是其中之一；我祖父的叔叔弗朗切斯卡·本蒂韦尼亚于 1856 年被处决，他是［意大利统一运动英雄卡洛·］皮萨卡内的朋友。[7] 我祖父罗萨里奥是共济会会员，也是一名激进党成员，曾在罗马［进步的］内森*政府（1907—1913）担任副市长。他起草了 1911 年的城市规划，建造了第一批工人阶级街区，如奥斯蒂恩塞、泰斯塔乔等。他还规划设计了朱利亚谷和威尼托路。

　　建筑热需要建筑材料。"在罗马的南郊，在圣保罗门和圣塞巴斯蒂安门［阿皮亚路的起点，阿尔帖亭路乃该路的支路］的外面，沿着松散的粒状凝灰岩地层或在其上发现了石质凝灰岩，这种红色的火山砾构成了火山灰，而火山灰与石灰混合时，能在空气或水中硬化。最好的火山灰是棕红色的，

---

*　即欧内斯托·内森（Ernesto Nathan，1848—1921），出生于伦敦，1870 年搬到罗马。作为罗马的首位市长，他不属于此前一直控制着城市政治的土地所有者精英，而且对道德化的政治的重要性怀有深刻的信念，任期内竭力规范罗马在成为首都后城市周围密集暴增的建筑项目。

在许多地方都有开采,既用于城市的建筑,也用于出口。"[8]20
世纪初,采石场和制砖厂如雨后春笋;在建筑热的顶点,不
下一百七十座采石场散布在南郊。[9]所谓阿尔帖亭洞窟(Cave
Ardeatine),即阿尔帖亭采石场,是建造罗马的材料来源之
一。大屠杀之后,这个名字将被改为 Fosse Ardeatine, 即阿
尔帖亭"坟墓"(或"沟")*。

　　新的建筑行业与旧的工匠手艺混杂并融合在一起。铁匠
如恩里科·费罗拉(1901 年生),房屋油漆工和清漆工如阿
尔多·埃卢伊西(1898 年生于威尼斯),都是死在阿尔帖亭
洞窟的民众反法西斯主义(popular anti-Fascism)的主角。
许多在阿尔帖亭洞窟被杀的人来自木材行业:他们是橱柜制
造商、木匠、细木工、房屋油漆工。有些人是移民,如安东
尼奥·加拉雷洛(1884 年生于坎帕尼亚的贝内文托)、奥泰
洛·迪佩佩(1890 年生于阿布鲁齐的基耶蒂)、安东尼奥·马
尔焦尼(1900 年生于拉齐奥的奇维塔韦基亚)和温琴佐·萨
科泰利(1897 年生于普列的安德里亚);其他是土生土长的
罗马人,如奥拉齐奥·科尔西(1891 年生)、费尔南多·诺
尔马(1907 年生)、翁贝托·斯卡托尼(1901 年生),以及
年仅十五岁的杜伊利奥·奇贝伊。

　　　　奥尔费奥·穆奇　那时我父亲是个木匠,[为公共

---

* 需要说明的是,作者在书中基本上是用 Fosse Ardeatine 这个称呼,而译
　文都是处理成"阿尔帖亭洞窟"或"阿尔帖亭洞窟大屠杀"。

住房项目〕做窗套和窗框。他在 1908 年结的婚，租住
在一间公寓里；因为是工会书记，他不肯接受项目公寓，
说"不想以后人们说我靠着书记的身份受到了优待"。
所以我们没有属于自己的家。我上面有一个哥哥，生于
1909 年；我自己是生于 1911 年；我下面还有个弟弟，
生于 1913 年，已经过世了，妹妹则是生于 1916 年。所
有这些时间我们都住在圣洛伦佐，在那里我们有一个小
公寓，我是说，一个房间，加厨房和厕所，再加一个小
房间，这就是我们成长的地方。

　　工匠们是罗马工会和激进运动的一个关键群体，他们
把自雇的个人主义（self-employed individualism）和阶
级意识、古老的传统和现代相结合。[10]弗兰科·巴尔托利
尼是一位前游击队员和熟练的工匠，他指出："工匠，熟练
的手工艺人，作为一类人、一个社会阶层（order），很少
被提及；但在〔法西斯主义统治下的〕那些日子里，我们
是靠自己的手艺谋生的，因为在罗马市中心没有工厂。工
匠本质上是独立的，其中一些人有某种〔文化〕背景。他
们当中出过干部，也有和我一起〔在抵抗运动中〕战斗
的同志们：彼得罗·贝内代蒂和〔圭多·〕拉托帕托雷
〔两人都在布拉韦塔堡被处决〕、〔翁贝托·〕斯卡托尼、
维托里奥·布塔罗尼、〔安东尼奥·〕加拉雷洛，以及其他
许多人〔都在阿尔帖亭洞窟遇害〕。"

4. 国家的心脏

1870 年迁都罗马后，"移民到罗马……的情况有两种：先前从都灵调到佛罗伦萨的政府工作人员，以及跟随他们的商人和服务人员；从罗马的农村地区和南方来的形形色色的人，他们想来这里发财，或至少是改善境况，找个小活维持生计……"[11]

如果我们把注意力从大众阶级转向由公务员和专业人士组成的中产阶级，阿尔帖亭洞窟大屠杀受害者的地理分布就更加广泛。随着罗马成为国家机器的中心，许多企业都把总部搬到了这里，而人口的增加为文员和管理者带来了就业机会，为律师和医生带来了客户，为教师带来了学校。来自意大利南部和中部的农民移民，跟来自其他地区（包括北部）的中产阶级移民混杂在一起。换句话说，阿尔帖亭洞窟大屠杀并不只是罗马人的伤口：通过打击首都，它打击了整个国家，既在象征性的，也在字面的意义上。

塔索路的纳粹拘留所和酷刑室现在是一个博物馆，那里的墙壁按照职业分类，列出了阿尔帖亭洞窟大屠杀受害者的名字。上班族是最大的群体，有八十七人。商人有七十一名，军人有四十六名（以及三十九名产业工人和二十七名工匠）。城市发展的特点之一是中产阶级的壮大，而这些人本是这一过程的主角和延续者。他们中的许多人来自附近的中部地区或来自南部，也有的来自艾米利亚、托斯卡纳、马尔凯、皮埃蒙特和威尼托。在阿尔帖亭洞窟被杀的十一名律师中，有的来自罗马和拉齐奥，有的来自南部（普列、撒丁岛），还有一些来自托斯卡纳或皮埃蒙特。

　　人口的增加和社会构成的变化带来了教育的发展，吸引了教师和教授来到罗马。其中有来自的里雅斯特的保罗·彼得鲁奇，他曾被德国军事法庭宣判无罪，却在阿尔帖亭洞窟遇害；来自撒丁岛的萨尔瓦托雷·卡纳利斯，一名行动党成员；来自帕尔马的皮洛·阿尔贝泰利，他是反法西斯主义者的老师和抵抗运动的主角；以及来自巴里附近的泰利奇的焦阿基诺·杰斯蒙多。彼得罗·因格劳当过杰斯蒙多的学生，后来成为富有魅力的共产党领袖，他写道："我早在 1933 年就认识了焦阿基诺·杰斯蒙多，那时他在我就读的福尔米亚的中学教书。当时的意大利社会笼罩着顺从和懦弱的气氛，杰斯蒙多教授大胆的勇气把我们惊到了——这也是他后来被捕的原因。他公开挑战法西斯主义，在教科书的选择上也是如此：他让我们阅读［贝内代托·］克罗齐和［加埃塔诺·］萨尔维米尼等自由派作家，尽管他知道他们是政权的眼中刺。"[12]

　　这种视敌人为无物的勇气将导致焦阿基诺·杰斯蒙多暴露身份，继而被捕、受刑，最终死在阿尔帖亭洞窟。"实际上，他是爱国行动组的第一任政委。"罗萨里奥·本蒂韦尼亚说，而且他对一代游击队员（包括拉塞拉路行动的主角）的理论和道德形成作出了决定性的贡献。另一位参与拉塞拉路行动的爱国行动组成员卡拉·卡波尼回忆说，"杰斯蒙多经常来我家讲课"；罗萨里奥·本蒂韦尼亚记得，他解释了为什么"德国士兵是我们应该打击的敌人"：

"那他们不会报复吗？"我们反对道。

"确实会报复。"他回答说。"要知道，"杰斯蒙多告诉我们，"我们的行动不是一群恐怖分子的孤立行为，在群众中没有影响和回声。我们是一场绝大多数人都参与的斗争中的先锋队。敌人也知道这一点：这就是他们为何要采取报复行动，而且不只是在意大利。"[13]

5. 士兵

意大利解放和统一的主导力量是皮埃蒙特王国；因此，在政府和王室从皮埃蒙特王国的首都都灵搬到罗马后，"许多人都觉得，罗马不是落入意大利人之手，而是落入皮埃蒙特人之手"，他们构成了官僚机构和军队的骨干力量。[14]

*

在非常保守的中产阶级街区蒙特马里奥，有一个小广场是以朱塞佩·科尔德罗·兰扎·蒙泰泽莫洛命名的，这位中校参谋是地下组织"秘密军事阵线"的领导人，在阿尔帖亭洞窟遇害。街角有一家酒吧，我进到里面，问年轻的老板和一个女孩是否知道广场命名者是谁。"是谁，菲亚特的总裁？"老板讽刺道。待我解释一番后，他们睁大了眼睛。在路牌旁边，一道黑漆的涂鸦叫嚣着："普里布克的荣誉和自由"。我不知道涂写者是否意识到，在一个以受害者命名的地方纪念凶手是一种讽刺。另一只手试图用红色纠正它，将 libero（自由）改为 boia（凶手），但无济于事。隔得不远处，另一道涂鸦用红漆写道："反对军事开支"。恐怕军事英雄蒙泰泽莫洛中校也不会喜欢这句话。

　　阿德里亚娜·蒙泰泽莫洛　我们家族来自皮埃蒙特，我们知道的家族故事可以追溯到几个世纪前。最早的先人好像叫科尔德罗，来自十字军东征时期；我想他一定是西班牙人的后代。他参加了十字军东征，回来的路上，留在了皮埃蒙特。科尔德罗家族有几个分支，其中一支是科尔德罗·蒙泰泽莫洛。后来，我父亲又加上了另一个名字——兰扎，因为他的祖母姓兰扎，是她那个家族的最后一名成员，所以他把它加到了我们的姓氏里。

　　论传统，我们是一个军人家族，海军军官和陆军军官都出过一些。没错，我们是一个大家族，到处有我们的堂亲和表亲。我祖父是九个孩子中的第六个;[我父亲]有两个兄弟：他自己是陆军军官，担任总参谋，两个兄弟则是海军军官。不幸的是，小的那个，在战争头一年就死了。他在爱琴海担任一艘潜艇的指挥官，没有回到陆地，一直也没找到。大的那个，在经历了许多变故之后，也加入了地下军事组织。

　　我们家一直留在皮埃蒙特，我们的籍贯其实是蒙多维，在蒙多维附近有一个叫蒙特泽莫洛的小镇。我们搬到罗马是因为［第二次世界］大战期间，父亲奉命到最高指挥部工作，我们来罗马陪他，然后就留了下来，因为那是一段在历史上如此有生机，如此重要的时间，我们已没有心思回到都灵。

　　二十七名军人在阿尔帖亭洞窟被杀。军队从意大利各地抽调人员到罗马的中央总部。在阿尔帖亭洞窟遇害的人中有南方人，如萨巴托·马尔泰利·卡斯塔尔迪、乌戈·德卡洛利斯、罗伯托·伦迪纳、罗密欧·罗德里格斯·佩雷拉，都来自坎帕尼亚。北方人，则有逮捕墨索里尼的军官乔瓦尼·弗里尼亚尼（拉文纳）、掷弹兵部队的现役军官和"红旗"的军事指挥官阿拉迪诺·戈沃尼（费拉拉）、海军少尉菲奥伦佐·塞米尼（热那亚），以及骑兵队长曼弗雷迪·阿扎里塔（威尼斯）。

　　薇拉·西莫尼［我父亲］参加过1915—1918年的"一战"，获得过四枚银质奖章、两枚铜质奖章和一枚战争十字勋章。在卡波雷托［意大利军队遭受耻辱性失利的地方］，他坚守岗位，并因此获得了银质奖章，我想我应该告诉你这件事，这样你就能了解他有多勇敢。那是卡波雷托的一个据点，我父亲只带着一小队士兵，但是外国的公报，德国的公报，随后说："我们正试图攻下这个据点，但它是不可战胜的。"他守了三天，敌人以为有相当多的守军。之后，这个据点被攻占了，使用了毒气，我父亲被俘虏了，在集中营里得知了儿子的出生。

奥尔费奥·穆奇的父亲也参加了"一战"，但军衔不同："当资产阶级的儿子们想着祖国的荣誉时，无产阶级的儿子们，包括我自己，担心的是家庭的破灭，因为自1911年入侵利比亚以来，之后又入侵阿尔巴尼亚，战争已经融入他们的血液。事实上，1914年，农民们，可怜的基督徒们，是为了给那个自称意大利国王的侏儒戴上皇冠而参战的。战争期间，我父亲在前线；我哥哥死了，他们不准他请假回家看他。然后1916年，我妹妹出生了；他们才给了他假期，他在家里待了九个月。他是一个从不戴帽子的人，为的是不必摘下帽子向上级敬礼。非常坚定。我们，我们所有的孩子，都唱着反对政府、反对国王的诗句，被邻居们看作叛徒。"

阿尔曼多·布西是一名共和党人，在"一战"中失去了左眼；他在德国当过俘虏，逃出来后，在波希米亚为革命而战，"二战"期间加入了行动党的军事委员会，面对一帮法西斯分子的严刑拷打宁死不屈，最后死在阿尔帖亭洞窟。[15]恩里科·费罗拉的两个兄弟在"二战"中丧生："他们是志愿参加的，有去无回。他还有一个兄弟，被法西斯分子打得肺部破裂，不治而亡。"（朱塞平娜·费罗拉）唯一剩下的兄弟恩里科在阿尔帖亭洞窟被杀。

罗伯托·洛尔迪、萨巴托·马尔泰利·卡斯塔尔迪（得过一枚银质奖章、两枚铜质奖章和两次嘉奖）和乌戈·德卡洛斯（得过两枚银质奖章）是第一次世界大战中的职业军官；他们都在下一场大战中丧生，死于阿尔帖亭洞窟。温琴佐·"琴乔"·巴尔达齐是一名志愿兵："四个兄弟都自愿参加了第一次世界大战，回来后都成了残废，还有一个死于伤病。我想琴乔加入'人民敢死队'时只有十六岁；他的大腿被手榴弹击中，安上了银色的钢板，余生都得一瘸一拐地走路。"（阿尔贝托·巴尔达齐）作为敢死队的老兵，战后不久，琴乔·巴尔达齐成为人民敢死队的创始人和灵魂人物，他们与法西斯主义进行短兵交接的斗争，直到最后一刻。

6. 在圣彼得大教堂的阴影下

　　卡拉·卡波尼　我父亲那边的祖先有四分之一的贵族血统——破落的贵族，境况很可怜，已经失去了一切。他们来自阿斯科利皮切诺，自 17 世纪以来一直是造纸的行家。所以他们的房子里有那些非常古老的书，因为他们似乎曾经是威尼斯的纸张供应商，从安科纳港运过去的……所有这些古老的纸张后来都丢失了，散落到四方，这是一件悲惨的事情，因为他们卖掉了自己的官殿，破产了。我的曾祖母翻译过亨利克·显克微支［的《你往何处去》］。她的德语说得很好，因为她母亲是德意志犹太人，她来自维也纳，嫁给了一个意大利人——我说的是 1820 年代，上个世纪初。他们经常来罗马，我的曾祖母和我的曾祖父，因为他是梵蒂冈国家的邮票和邮戳纸的供应商，他用他的马车把它们带到罗马。那时彩票刚刚发明，他的这位妻子，西尔维斯特里女爵，为此着迷得不行，并砸了大量的钱。我发现了一张她写字的纸，字迹很细，上面列出了她的赌注——我是说，在那个时代，赌注是一千里拉！你知道一千里拉意味着什么？意味着一个女孩的嫁妆。[巴托洛梅奥·]皮内利还为她画过肖像。

罗马在1870年才成为国家的首都，但它一直是教会的首都。正如画家巴托洛梅奥·皮内利和诗人焦阿基诺·贝利所描绘的，彼时的罗马带着乡土气息、风景如画，骚动的民众、小贵族、无处不在的教士和崛起的乡村商人，让这座城市的精神气质混杂着父权、不敬与虔诚。"我这里有一份文件，里面有一封邦孔帕尼王子的信，写给我的先人安东尼奥·蒂托尼，他是一个大地主，拥有许多农场，并且是教皇和在罗马保护教皇的法国驻军的唯一供应商，他想在罗马买一套房子；信中说，'你是我唯一能卖给的人'，这房子在拉塞拉路。"（安东尼奥·卡泰马里奥）

罗马归入意大利后，除了那些与教会有联系的旧家族，现在又多了跟教会和军队都有联系的新家族。朱塞佩·蒙泰泽莫洛的一个儿子是枢机主教，当过梵蒂冈驻以色列大使；空军将军朱塞佩·西莫尼的一个兄弟是枢机主教、梵蒂冈驻美国大使、受过勋的随军神父、法兰契斯卡·加布里妮修女*的告解神父，据他的侄女薇拉·西莫尼说，"赞美上帝，

---

* 法兰契斯卡·加布里妮（Francesca Cabrini，1850—1917），意大利裔美国人，罗马天主教会封圣的首位美国人。

传递弹药"[*]这句话便是出自他。

　　然而，罗马也吸引了一些更为低微的教士，例如参加地下军事组织的神父朱塞佩·莫罗西尼（罗伯托·罗西里尼的电影《罗马，不设防的城市》的主角原型），他后来在布拉韦塔堡被处决。费迪南多·乔治是"爱国神父的杰出典范"，他收集武器，并跟行动党和地下军事组织一起组织破坏行动；他是阿尔帖亭洞窟大屠杀后尸体最早被发现的人之一。[16]普里莫·万努泰利神父是反法西斯分子的老师；彼得罗·佩科拉罗神父是 1944 年 4 月 3 日圣彼得广场的和平示威者之一。还有彼得罗·帕帕加洛神父，"他 1925 年来到罗马，作为年轻的教士，一名副神父，在一些教堂服务，之后又在拉特兰的圣约翰教堂、神爱圣殿等教堂待过。我叔叔是名副其实的神父，如果神父意味着利他主义，他做到了极致：他真正感受到了自己的使命，无论是谁来敲他的门……"（安东尼奥·帕帕加洛）

　　彼得罗·帕帕加洛神父因向难民和地下组织成员提供假证件而被捕。"他说，只需要一张照片和一枚印章——一枚神秘的那不勒斯印章，就可以让所有那些不幸的迷失者和被通缉者获得合法的难民身份，这些人被可怕的迫害旋风席卷而来。"[17]法西斯分子在帕帕加洛神父的公寓里还逮捕了罗伯托·伦迪纳，一位地下军事组织的上校。他们一起死在阿

---

[*]　《赞美上帝，传递弹药》为"二战"期间的名曲，由美国最为成功的歌曲作者之一弗兰克·罗瑟（Frank Loesser，1910—1969）谱写。

尔帖亭洞窟，这是军队和教会之间的另一种联盟。彼得罗的
侄子安东尼奥说："他的使命害了他，我相信一个神父以这
种方式死去，意味着他是一个名副其实的神父，一个真正的
神父。"

　　安东尼奥·帕帕加洛　我想是在 1927 年，他被分
配到 SNIA Viscosa*。那是一个有三千名工人的［化学］
工厂，他们三班倒，昼夜不停地工作。由于有很多人涌
到罗马工作，找不到房子住，许多年轻的工人来自意大
利南部，所以老板在工厂里建了一栋膳宿公寓，面向
年轻的工人，这样他们就不用到处找地方住了，而是可
以从那里得到食宿，当然要付钱……宿舍是由两位神
父——我叔叔和［……］，以及修女们管理。

　　SNIA Viscosa 的一些部门有点危险，有毒，所以有
时一些工人会翘班，而［经理们］会打电话到膳宿公寓，
询问有谁想加班。帕帕加洛不接受：工人已经干了七个
小时，出于贪婪或需要［让他们做更多］，是不对的。
那些地方很危险，你只能在那里待一定的时间。因此，
他和管理层之间产生了分歧。至于后面的事，简单地说，

---

* SNIA（Società di Navigazione Italo-Americana，意大利—美国航运公司）
由都灵金融家里卡多·瓜利诺于 1917 年创办。1920 年代初，开始大规
模生产人造丝，改成新名称 SNIA Viscosa（Società nazionale industria e
applicazioni viscosa，国家人造丝制造和应用公司）。1926 年，该公司已
成为世界第二大人造丝生产商。

他离开了，最后落脚在梵蒂冈。

1870 年以前，梵蒂冈是一个下层社会的中心，几乎为整个罗马的人口所依赖：打小工的、施舍的、跑腿的、搞交易的、做手艺的和从事贸易的，都扎堆在这里。意大利的统一以及后来法西斯主义的发展，使得它的这一功能有所减弱，但从未消失。

乔瓦尼·祖凯雷蒂　祖凯雷蒂家族在梵蒂冈已经到了第三代，当然，他们现在仍然在那里。当我们还是孩子时，我和哥哥会去梵蒂冈吃早餐：白面包、黄油、牛奶。我叔叔在面包房工作：面包、奶制品，什么都有。梵蒂冈的警卫看到我们两个小双胞胎也不拦；我们向它们走去，白面包、黄油和一切……

卡拉·卡波尼　我们住在一个带花园的房子里，房东的工作是给梵蒂冈博物馆修复古代盔甲。想象一下，我们这些小姑娘，还有挂在墙上的那些曾经属于穿着银色盔甲的骑士的盔甲。他对它们进行了抛光，我想他还会接点私活。我们在法布里卡门路一直住到 1930 年。它被称为法布里卡门［意为"工程门"］，因为它挨着历史可以追溯到圣彼得大教堂开始建造那会儿的卡瓦莱杰里门［意为"老城门"］。这就是为什么这条路被称为福尔纳奇路［意为"窑炉路"］，因为他们在这里烧制瓷砖和砖头；而法布里卡门路的得名则是因为建造圣彼得大教堂这一伟大的工程。

在圣彼得大教堂后面，挤在卡瓦莱杰里门、通往台伯河大堤的贾尼科洛山隧道和城市铁路站之间，几乎被他们帮助建造的纪念碑所掩盖的，是被小巷隔开来的棚屋，属于一群年代久远的、不断换人的无产阶级。1925年，市政府与私营企业签订合同，拆除了罗马总督菲利普·克雷莫尼西所谓的"这种阿比西尼亚村庄"，取而代之的是"一个真正杰出的住宅区"——当然，住的人也不同。然而，十五年后，到第二次世界大战开始时，这些房子和它们的主人仍如从前。[18]

> 卡拉·卡波尼 那就是所谓的popolino，即小人物住的地方。实际上，这是法西斯分子使用的一种说法：popolo、popolino、popolam——小人物，populace——意思是"普通人"。他们是工人，不过是罗马建筑工人的那种工人：没有固定的工作，没有稳定的住所，他们住在窝棚里。

"在某种程度上，这是一个普通人的街区，因为它就在［梵蒂冈］门外，在隧道那边。［战争期间］隧道里总是挤满难民；他们用隔板当墙，把一个个家庭分开来，在里面生活、吃饭、睡觉、做任何事情。"（乔瓦尼·祖凯雷蒂）在这个处处得留心眼、讲策略才能立足的罗马，乔瓦尼·祖凯雷蒂和他的双胞胎兄弟皮耶罗一起长大，后者十一岁时在拉塞拉路的爆炸中丧生；而在同一条街上，在同一座圣殿和纪念碑的阴影下长大的卡拉·卡波尼，是领导这次袭击并放置炸弹杀死他的爱国行动组成员。

　　乔瓦尼·祖凯雷蒂　我外祖父十七岁时来到罗马，衣衫褴褛，饿着肚子；之后他回去把他的孩子们带到这里。他的手很巧，会玩纸牌把戏；他从那不勒斯来罗马就是干这个的。之后他加入了一个团伙，一个类似于黑手党的组织［通过吓跑竞争对手来廉价购买典当的珠宝］："他们不让你买东西，他们还会威胁你。"但我外祖父无法不让自己惹麻烦，因为他谁也不怕。然后到了1929年，他设法获得圣彼得广场照片的特许经营权，在圣彼得大教堂对面已经［在1920年代法西斯的城市改造中］拆除的斯科萨卡瓦利广场*，开了一家小照片店。

　　卡拉·卡波尼　想象一下，我记得当时我还是个孩子，那些路†［圣彼得大教堂附近的古老的窄街］都还没

---

* 原文的广场名为Sforza Cavalli，疑应有误。另，该广场似乎是在1936—1937年间拆除的，而非1920年代，为了修建西起圣彼得广场、东到圣天使堡的协和大道。

† 原文为borghi，borgo（意为"村子"）的复数形式。博尔戈（Borgo）为罗马的第十四个区，位于圣彼得广场与台伯河之间，其主要道路都是东西走向，除了现代修筑的协和大道称为Via，其他都称Borgo。

拆掉。在特拉斯蓬地纳路，有一个卖蔬菜的女人，带着一个煤炉和一口大锅；她经常煮菊苣，自己洗，然后煮熟，做成一个个大球出售，像这样，你知道，她有一个篮子和所有这些熟球，我母亲会买。你知道她为什么这样做吗？她瘫痪了，他们让她坐在椅子上，下面有一个洞，而她穿了一条大围裙在前面遮着。她会把这个东西推来推去——她的块头很大……不过这种奇奇怪怪的事，我记得很多……

7. 罗马诸山

乔瓦尼·法焦洛神父　那天上午，我母亲的兄弟和表弟去拉塞拉路和薄伽丘[路]送酒；结果，炸弹爆炸了，他们试图逃跑，但我母亲的表弟跑得不够及时，被逮捕了。后来他被杀掉了[在阿尔帖亭洞窟]。[他叫]埃托雷·龙科尼。我母亲的兄弟倒是设法逃脱了，没有被抓住。被抓住的那个人，被带到了天皇后[监狱]，然后……但他真的什么都不知道。我的意思是，他没什么特别的，就是个工人，可能思想上倾向于共产主义……

埃托雷·龙科尼，1897年生于真扎诺，是一名反法西斯主义者。1920年代，像许多反法西斯主义者一样，他曾被流放到撒丁岛和卢卡尼亚七年。"他是个零售葡萄酒的小贩，去了一趟拉塞拉路，给那附近的小旅店送酒，然后事情就发生了。当时他正和店主们一起吃着午饭，大家都被逮捕了；不过其他人都放了回来，独独我父亲被留下，因为他们查了记录，发现他是一名反法西斯主义者。他再也没有回来过。"（阿尔弗雷多·龙科尼）除了埃托雷·龙科尼，还有三个真扎诺人在阿尔帖亭洞窟遇害，分别是伊万诺·斯卡廖利（1921年生，农场主），塞巴斯蒂亚诺·西尔韦斯特里（1915年生，农民）和维托里奥·布塔罗尼（1915年生，司机）——他曾在1943年9月8日参加罗马保卫战，并在抵抗运动中同行动党、"红旗"和爱国行动组并肩作战。

真扎诺是罗马城堡地区的红色心脏，该地区的一连串山城从阿尔班山俯瞰着罗马，是反叛思想和戏剧性斗争的熔炉，在那里既能感受到吸引着它们的首都的现代性，也能看到小农和农场工人的古老的贫困，以及封建庄园的持续存在。

"是的，是在［18］98年：叛乱是因为食品价格不断上涨，而在真扎诺，实际上发生了一场革命、一次暴动。"（莱昂纳多·博卡莱）那些年，面粉税把劳动人民逼到了饥饿的边缘。意大利各地都爆发了抗议活动；在米兰，巴瓦·贝卡里斯将军向示威的工人开火，国王为此给他颁发了一枚勋章。在真扎诺，有两人被杀。

蒂贝里奥·杜奇　我是［18］99年出生的，不是［18］98年，但我有听那个年代过来的人讲过。1898年5月8日，全城沸腾了，而真正开始行动的是年轻人——不是男人，是女人！她们拿着一件外套，称之为 pollacchera，红色的，用拐杖尖顶着，可以说在尖叫，说她们想吃东西。她们想要秤，公平秤，以检查面包的重量。沿着街道，示威就这样开始了；然后冲突，冲突爆发了。我的意思是，士兵向人群开枪，总是这样。死了两个人——恰好一个叫帕切［意为"和平"］，另一个叫滕佩斯塔［意为"风暴"］。之后是镇压、逮捕和监狱。

乔瓦尼·法焦洛神父　毕竟，真扎诺的共产主义是可以理解的，因为那里都是穷人。儿时，上午从学校放学后，我们会去父亲的葡萄园帮忙。从一个广场经过时，我们会看到一群群的人，手里拿着锄头，等着被雇佣。他们说，如果一个人没接到活就回到家里，他的妻子不会把锅放在火上。他们什么都没有，除了一双手；如果他们没有被叫去工作，他们能做什么？这就是为什么他们接受共产主义。他们没有研究过它的理论，他们没工夫；但它给了他们希望。

1898 年后被取缔的农民和农场工人联盟在 1907 年重新成立。"战斗来了，而且很血腥"，蒂贝里奥·杜奇说。七十年后，在谈到"血腥"的破坏时，杜奇要求关闭录音机——对于以葡萄酒为中心的文化来说，砍伐葡萄树是一种悲剧性的伤害。"我的意思是，即使有人听说，也已经这么久了……那么多葡萄树被砍。他们孤立无援，也没别的武器和手段，因为他们在罢工，没有东西吃。"经过两年的斗争，"老板们允许农民实行六小时工作制，并让他们有可能通过组织来谈判工资"。就在那时，大约十岁的丹多洛·斯皮内蒂学会了社会主义的"十诫"歌："……第六诫，我的孩子和你们的一样，都必须有学可上；第七诫，如果你没有心，当大爆炸来临时，就离得远远的……"

　　　　阿尔弗雷多·龙科尼　至于我的父亲——我现在就告诉你。我从十三岁起就没有了父亲，因为他被政治流放了七年。再次见到他时，我已经二十岁了。他被流放是因为法西斯分子举着旗帜从街上经过时，他没有向他们敬礼。他们抓住他，打他，要整他，把他发配到了岛上，就是这样。他是一个无政府主义者；在那些日子里，还只是孩子的我们就已经开始高喊共产主义万岁，窗外的妇女一直叫我们闭嘴，"如果被他们逮到，他们会把你们关进牢里……"

我记得 1970 年代的某个 4 月 25 日，这天是战胜法西斯的纪念日，在真扎诺，六名前游击队员在一家小剧院的舞台上讲述抵抗运动的故事：阿皮亚路上扎破德国卡车轮胎的四棱钉，炸毁纳粹的火车和护送车队，被民众隐藏和保护的难民，小规模的枪战……[19] 每个叙述者都力争超越其他人，往更远的过去追溯，想在一个很特别的反向叙述中，找到所有这些事情的开端：1920 年代和 1930 年代的反法西斯主义，

1910 年代社会党的胜选，世纪之交的斗争，1898 年的叛乱……

> **莱昂纳多·博卡莱** 从历史上看，真扎诺民风彪悍，甚至在 19 世纪也是如此。在 19 世纪，那时教皇国还在，真扎诺人总是骚乱连连。我记得——反正老人们是这么说——枢机主教雅各布尼曾邀请教皇陛下去他在真扎诺的家里做客。于是所有饿着肚子的真扎诺人都堵在了教皇的马车前（不知道那时候的教皇是谁，想必是庇护九世）；他们围在那里，差点要把马车淹没掉，教皇就从窗帘后面发话说："这些人是怎么回事？他们想要什么？"然后人们也没那么多礼貌，扯着嗓子喊道："圣座，大面包！圣座，大面包！"因为面包的价格倒是没有变，一个巴约科*一个，面包师们却把面包做得越来越小，而你得掏同样的钱。过去的人这样跟我讲的。

工会组织者、真扎诺市前市长萨尔瓦托雷·卡波格罗西在他的回忆录中写道："农场工人每天的工资是一里拉，工作从黎明开始，在日落时分结束，标志是万福玛利亚的钟声——但真扎诺和拉努维奥的教士们跟地主达成默契，总是比规定的时间晚敲钟。"[20] 城堡地区"几个世纪以来直接受教会的

---

* 巴约科（baiocco），一种货币面值，最初价值相当于一个先令，主要用于意大利中部，意大利统一后消失。

等级制或男爵家族控制",别墅和宫殿(包括教皇的夏宫甘多尔福堡)点缀着这片土地的风景;[21] 然而,普通人的命运是农村的贫困,穷到足以激起他们的怨恨,但又不至于让他们绝望到无法组织。通过夏季从罗马来的度假者和观光客,或者像埃托雷·龙科尼这样的酒商来回走动,社会思潮传到了城堡地区。结果是从家长制的依附感中产生了一种反叛的共和主义,进而激发了地下的烧炭党和意大利统一运动中的加里波第红衫军。

> **翁贝托·图尔科** 我外祖父是来自那不勒斯的一名铁路建筑工,他在拉努维奥小镇工作,负责维护来往于罗马与那不勒斯之间的铁路。外祖父在某种程度上是工人阶级的精英,因为他是一名铁路工人,在那个时代,铁路工人很重要。他是个社会党人,把社会主义带到了这个由无政府主义者和共和主义者组成的小镇。我父亲告诉我,他们有一个仪式,先是切开手指放血,然后用刀刺伤某种木偶,我的意思是,类似于共和党人的奇怪的入会仪式。

这种躁进的、藐视权威的共和主义,在城堡地区和教皇之城的民众社区中很活跃,是罗马社会主义和共产主义的根源;但它也通过人民敢死队的反法西斯斗争,流向明显带着精英主义气质的激进民主运动——行动党及其游击队"正义与自由"的大众灵魂。温琴佐·"琴乔"·巴尔达齐,人民敢死队的创始人，罗马人民运动中的传奇人物，于1898年这个动荡之年出生在真扎诺：我们将会看到1921年他在圣洛伦佐和特里翁法莱的街垒阻挡法西斯的进入，（在多年的监禁和流放之后）1943年9月8日他在圣保罗门保卫罗马。[22]那些年里，城堡地区的家族还为行动党提供了别的成员：维托里奥·布塔罗尼（来自真扎诺）；马里奥·因特雷恰拉利（1922年生，鞋匠，来自蒙泰孔帕特里）；埃德蒙多·丰迪（一名参加过"一战"的残疾老兵）；伊塔洛·普拉和斯帕尔塔科·普拉兄弟（来自韦莱特里的清漆工和铁匠，其名字就表明了他们家族的信仰*）。皮洛·阿尔贝泰利说，斯帕尔塔科·普拉是一个"天不怕，地不怕"的人，一手策划了对琴托切莱军用机场的袭击和破坏行动，"总是第一个向与他发生冲突的警察巡逻队开火"。[23]他们都在阿尔帖亭洞窟遇害。

8. 屋大薇门廊

最好把犹太人列入名单，而不是意大利人……

——党卫军二级突击队中队长赫伯特·卡普勒

……因为犹太人掌握着所有的资本，他们掌控着

---

*　伊塔洛（Italo）意为"意大利"，斯帕尔塔科（Spartaco）应是指角斗士、起义领袖斯巴达克斯。

罗马的经济命脉，不是吗？此外，像所有新教徒一样，他们总是试图积累资本……

　　　　　　　　　　　　　　　　——安东尼娅·比安基

　　阿尔贝托·富纳罗　我是 1953 年在罗马出生的，我的家庭在罗马已经生活了很多年——根据我能够从犹太社区档案中得到的信息，我想至少从 1700 年开始——谁知道呢，也许可以追溯到更远……但不幸的是，这些文件在纳粹搜捕社区图书馆时被销毁或带走了。我先前提过，我父亲是个工人，母亲是家庭主妇；祖父母，我想是商人；我的外祖父和一个姨妈被驱逐到了奥斯维辛集中营；我父亲这边，他的兄弟阿尔贝托·富纳罗，我的名字就是沿用他的，在阿尔帖亭洞窟被枪杀。一般来说，特别是在罗马，犹太人习惯于用父亲的名字给自己的孩子命名；我祖父的名字叫拉扎罗，他可能是罗马唯一叫拉扎罗·富纳罗的人。当我父亲把我出生了的消息带给他时，他说："听着，我不想你用我的名字给他取名；给他取我那个死在阿尔帖亭的可怜儿子的名字吧。"

　　"哦，我是一个地道的罗马人。因为我们犹太人是罗马真正的罗马人。"（塞蒂米亚·斯皮齐基诺）"我深深地感到自己是罗马人，处在罗马的传统之中，罗马犹太人是唯一可以追溯到几代前的罗马人，对这座城市的熟悉，就像呼吸的空气一样理所当然。"（克劳迪奥·法诺）至少从公元前 2 世纪开始，罗马一直有一个犹太社区。当然，犹太文化也有流动的传统：在阿尔帖亭洞窟，像所罗门·德鲁克和乔治·莱昂内·布卢姆斯坦这样出生在利沃夫（现属乌克兰）的人可以为证。但是，如果我们浏览一下阿尔帖亭洞窟大屠杀受害者的名单，可以发现犹太人的身份和罗马的出身之间有着惊人的对应关系：犹太人不到罗马人口的一半，但在阿尔帖亭洞窟被杀的本地罗马人中，他们却占了一半。

　　　　阿德里亚诺·莫尔登蒂　　市场［屋大薇门廊*］的文化深深地浸透了罗马性；你会在这里发现贝利†笔下的人物，但多了一种特征，并非真正的顺从，更像是驱魔，因而有讽刺的才能，有巴洛克式的幽默，这使得它独一无二。怀有这一坚定的信念：鉴于离［圣彼得大教堂的］穹顶这么近，一个人不可能不成为犹太人。我有一个理论：与梵蒂冈的接近，其作用有点像那不勒斯的维苏威火山。维苏威火山随时可能爆发，有庞贝在那里提醒我们，这就是为什么那不勒斯人很疯狂，这是一座哲学家的城市。在罗马，我们有梵蒂冈，所以——我的意思是，

---

* 屋大薇门廊为罗马的一座建筑遗迹，以奥古斯都的姐姐小屋大薇命名，在442 年的地震中受损，从中世纪到 19 世纪末期，被用作鱼市场。这一带也是罗马的犹太人聚居区。

† 应指罗马诗人朱塞佩·焦阿基诺·贝利（1791—1863），以罗马方言创作了两千多首十四行诗。与其保守的政治观点和循规蹈矩的生活方式相反，这些讽刺诗嘲笑了教会的仪式感和公认的道德原则，表达了对社会不公的反抗，但并无真正的不敬，而只是记录了暂时的叛逆情绪。

有这样一个传统，许多人都信以为真：我母亲就确信这是罗马《哈加达》[犹太人出埃及的故事]的一部分。世界上所有的犹太人中，只有罗马的犹太人被允许吃火腿。为什么呢？因为我们很痛苦，住在离敌人一百码的地方。

克劳迪奥·法诺　我的曾祖父算是半个拉比，因为他经历了犹太区的最后几年，那时你无法获得教育，所以他并非完全自学成才，而是从先前来到那里的那些人身上学了些东西，这些人与我们今天所说的自由世界是隔绝的。事实上，在罗马，他们还讲述了这样一个故事：在几个有个性、有文化的拉比死后，罗马就没有拉比了，因为没人愿意来欧洲最后一个仍然开放——确切地说，是封闭——的犹太区。所以最后他们找到了一个从以色列来的无赖，后来社区不得不把他赶走，转而让三个好歹有些知识的人，搭成一个拉比三人组，我的曾祖父就是其中之一。这差不多是 1850 年代的事；犹太区是在 1870 年开放的。

许多犹太人参与了争取意大利统一和独立的斗争，随后意大利政府在 1870 年后开放了罗马的犹太区，让犹太社区对意大利国家产生了强烈的认同，这种认同一直持续到 1930 年代末。

　　皮耶罗·泰拉奇纳　我的祖父生于1860年。他非常清楚地记得意大利人，即神射手部队*解放罗马的时候。犹太区在1848年罗马共和国†时期就已经开放了。共和国被推翻后，他们重新把大门竖起来，但态度要温和得多。根据他的记忆，早在1870年，虽然实际上他们仍然住在犹太区，但他们会定期出去，晚上回来。像大多数出生在犹太区的罗马犹太人一样，他小时候是在犹太区念的书，主要学《托拉》。所以他非常虔诚，他有一个很大的希伯来语藏书室，读过很多用希伯来语写的书。我们这些后辈脑袋里可能就不会装那么多条条框框，也不会好好守安息日。例如，他不会坐公共汽车，不会做某些事情。我们却做了。所以我想说，我们是信徒，是的；但在遵守教规方面要差得多。

　　阿德里亚诺·莫尔登蒂　我拥有的［犹太遗产］也要归功于我的祖父，以及这个家族、这个地方——祖父迪诺是家族中最具犹太性的存在，他受过教育，会说希伯来语，在幻想着同化之余还保留着对犹太教的认同。

---

* 因为撒丁王国较穷，养不起大量骑兵，行军速度快的神射手部队便应运而生。初次与公众见面是在1836年的阅兵式上。以相对松散的编制作战，有权独立射击，主要负责保护行军速度较慢的己方部队，但在有需要时也作为特种冲击部队。最著名的行动便是发生在1870年9月20日，利用炮兵在奥勒良城墙上炸出的缺口突袭罗马并最终夺取。

† 1848年罗马共和国是1848年革命的产物，但成立于1849年2月，仅维系了四个月。

他的父亲了解封闭的犹太区，他的祖父会说希伯来语，不会讲意大利语；尽管对罗马的解放感到欣喜，但是没办法。看看大会堂[*]吧：它更像马志尼的作品，而不是摩西的。在那里，犹太人失去了他们的头脑：只要读一读［犹太方言诗人克雷申佐·］德尔蒙特的十四行诗就明白了。他有一首非常有趣的作品，是关于骑士十字勋章的，当时犹太人开始被授予骑士称号，并从国家得到这些十字勋章，他们不知道该不该接受，最后接受了，但又拿勋章开玩笑。市长内森——人人都知道，但不会说——是一个犹太女人的儿子。我的意思是，他们都相信，一切都结束了，我们和其他人一样是公民，但事实根本不是这样。即使是这样，这也不能成为放弃一切的好理由，不是吗？

"我外祖母克拉拉出生在那不勒斯。她父亲曾是加里波第义勇军的志愿者，或者至少他试图成为志愿者，因为他曾离开那不勒斯想去参加第三次统一战争［1866年］，但国王不希望加里波第的人参战，所以他从未上过战场，最远去了特伦蒂诺，但只是在等待，然后回来了。"[†]（埃斯特尔·法诺）

---

[*] 指罗马大犹太会堂，位于台伯河沿岸，建筑风格有意选择折中主义，以作为自由的象征。

[†] 意大利文版中埃斯特尔的采访内容很长，为便于上下文理解，摘录如下：那不勒斯意味着现代世界和解放，也意味着世俗世界，因为你知道，罗马的犹太区直到1870年才开放，而在1830—1840年，罗斯柴尔德家族就已

埃斯特尔和她的哥哥克劳迪奥是在阿尔帖亭遇害的乔治·法诺的孩子，他们讲述了一个很有代表性的中产阶级犹太家庭的故事，其中结合了智性的追求和商业的追求。一方面，母系一方沉浸在相对解放的那不勒斯的自由主义智性遗产中。（"他们谈论进步和自由，几乎绝口不提宗教：身为犹太人意味着他们可以比其他人更早地适应进步。"）另一方面，父系一方对罗马犹太区的孤立和封闭感到不满。"罗马是一个沉睡的小村庄，"埃斯特尔说，"这里没有中产阶级，天主教以各种形态存在，而且它们呼吸的好像不是现代的空气。犹太区依然自成一个世界，在语言上也是如此。它有一个薄薄的资产阶级外壳，其余的东西还不如工人阶级街区，不如贫民窟。"然而，她的哥哥克劳迪奥也讲述了一个崛起的商人阶级是如何积极进取的：

经对那不勒斯国王施加影响，让其实行欢迎犹太家庭的政策；后来是否发生了这种情况我不知道，但在1860年，那不勒斯成了人们逃往的地方，罗马的犹太区已经窒息得让人无法生存。我的这位外曾祖父埃利亚在十二个兄弟姐妹中排在最后，他去了［那不勒斯的］大姐家。他应该是1845年出生的，1866他已经在那里了，可能十五岁的时候他就去了那里，谁知道呢……然后［外曾祖父一家］特别穷，鞋子是教皇捐助的，一个鸡蛋分成三份，便是一顿晚餐。但这是一个有着知识抱负的家庭，而且统一运动的思想在那里传播……在那不勒斯，我的外祖母和她的兄弟接受了实证主义教育；她父亲让她独自在西班牙人聚居区散步……1901年我外祖母嫁到罗马一个富裕但专制和传统的家庭，是包办的婚姻，对她来说这一定很不容易；不过，尽管她完全服从于丈夫的权威，但她向所有人传递她从父亲那里吸收的世俗信息：拒绝拘泥于仪式，把普世主义信念置于宗教之前。

　　克劳迪奥·法诺　我外祖父有一家蕾丝店，那个时代，蕾丝都是从英国进口的。所以他萌生了一个想法——在这个犹太区生活的废墟上——把他的儿子送到英国去。于是这个儿子去了英国，学习蕾丝制作，掌握了某些技术。回到罗马后，他开始在城堡地区挨家挨户教妇女制作蕾丝。他给她们线，把工作分给她们，然后再回去收，她们做的蕾丝会作为英式蕾丝出售。

　　"我来自一个有六个孩子的大家庭，一个小资产阶级家庭。我父亲是个小商人，小到不能再小。"（塞蒂米亚·斯皮齐基诺）罗马没有罗斯柴尔德家族。当我们在阿尔帖亭洞窟大屠杀的受害者名单中看到"商人"这个类别时，我们不应联想到富裕的商人和金融资产阶级（乔治·莱昂内·布卢姆斯坦，1895年生于利沃夫，"银行家"），而应该想到罗马本地经济的小贸易和服务部门（犹太人和非犹太人），介于街头生活和中下阶层之间。从街头小贩（如帕西菲科·迪塞尼、莱昂内·福尔纳罗、塞蒂米奥·富纳罗和切萨雷·米迪）的小生意到大一点的家庭作坊（米凯莱·迪韦罗利在父亲阿蒂利奥的店里工作，父子俩皆遇害），再到推销员和经纪人，直到其源头仍植根于这种环境的更大一些的企业。"罗马收破烂的大多数是犹太人。他们当时有这么个角色，是因为在那个时代，回收碎布、废纸之类的［很重要］。我母亲会把她所有的破烂都放在一边，现在我们都扔掉了，但我母亲那时会把它们收好，为了换几个杯子啥的，这就是罗马城的经济。"（翁贝托·图尔科）这些是犹太人在罗马被容忍的，因此也是必要的活动，直到法西斯主义甚至连这种小买卖也禁止他们从事。

即使是比较富裕的中产阶级，也受到法西斯政权的影响。埃斯特尔和克劳迪奥兄妹的外祖父的公司成了国王的供应商，并靠女裤和军事用品发了财。后来公司衰落了，部分原因是年轻一代对这个行业不太感兴趣，部分原因是法西斯主义和战争造成的限制。

克劳迪奥·法诺　战时他们无法得到原材料，战后又被盟军征用了两年。在此期间，我外祖父的一位合伙人还被驱逐［到了灭绝营］，他也没有儿子愿意跟着他做生意，我舅舅在种族法颁布后逃到了美国，你可能听说过他，保罗·米拉诺*。他完全就是个商人，而按照家里的氛围，从商不如追求知识高贵……

9. 纪念碑：泰斯塔乔、特里翁法莱……

里盖托·费鲁贾　我叫里盖托，来自泰斯塔乔，生于 1930 年 4 月 6 日，一个共和党人的儿子——他们是

---

* 保罗·米拉诺（Paolo Milano，1904—1988），意大利知名文学评论家。因 1938 年法西斯种族法，搬到巴黎，继而在 1940 年搬到美国，在纽约生活过十五年之后回到罗马。

真正的［共和党］，不像今天的共和党。他们是真正的烧炭党，从骨子里反对法西斯。他是个渔民，靠从河里捞鱼为生，然后有一天，卫兵来家里抓他，把他带到警察局，关了好几个晚上，因为有一个大使或者什么人要来［所有的颠覆者都遭到了围捕］——他就这样被带走了。这里到处是乡下。泰斯塔乔很危险，时常有亡命之徒和盗匪出没。泰斯塔乔以持刀械斗而闻名，法律在这里被视为无物。

　　作为罗萨里奥·本蒂韦尼亚的祖父帮着规划和建造的街区之一，泰斯塔乔被设想为工人阶级的模范街区，打算用来安置从事"喧嚣的行当"（clamorous arts）的工匠和产业工人。然而，承建公司在1872年以极其优惠的条件与市政府签订合同后，却没有完成该项目。1907年，"国家发现自己面对的是一个伪自由企业沉重的负面遗产，这个企业已经证明自己缺乏经营能力，政治观念反动，喜欢搞阶级偏见"。当时，泰斯塔乔还没有完工，几乎无法提供任何服务，"完全可以被描述为一个被抛弃的街区"，人口却"很拥挤，每个房间平均住2.4人还是最好的情况，最拥挤的住宅，一个房间平均要住4.8人"。[24]

　　随着时间的推移、人口的增长，以及犹太家庭从邻近甚至更拥挤的犹太区涌到这里，小型商业活动开始出现。"然后，渐渐地，这个地方变得文明起来，建筑物拔地而起，教堂和屠宰场应需而生，如今……泰斯塔乔是一个有人情味的街区，而且在泰斯塔乔可以吃得很好。无论你去哪里，食物都不错。"
（里盖托·费鲁贾）

> **瓦莱里娅·斯皮齐基诺** 没错，我出生在泰斯塔乔的一个犹太家庭；我父亲是一名商人，卖家用亚麻布和地毯。他出身贫寒，九岁就不得不离开学校，也就是说，他只有二年级的教育水平，但他嘲笑我们，因为我虽然拿到了文凭，却没有他的数学好。他从事各种行当，当苦力，上门推销画，经营这家商店，他人缘非常好。我还能十分清晰地记得焦利蒂冰激凌店，开在阿梅里戈·韦斯普奇路的拐角处，他们家的卡萨塔和焦利蒂杯*伴随着我长大……

从台伯河到圣保罗门，大众化的泰斯塔乔平地和精英化的阿文蒂诺山丘之间的分界线是一条宽阔而笔直的街道——马尔莫拉塔路。1943 年 9 月 8 日，罗马保卫战在这里打响；1944 年 6 月 4 日，解放日，盟军的坦克在这里游行；1960 年 7 月，罗马的工人与骑警在这里发生冲突。

泰斯塔乔矗立在古罗马河港的所在地。它的名字源自一座堆积着古代陶器碎片（testae）、可以俯瞰整个街区的山丘。

---

* 焦利蒂为罗马名店，创建于 1890 年。卡萨塔是一种含有蜜饯或干果和坚果的那不勒斯冰激凌，焦利蒂杯由巧克力冰激凌、奶油冻和冰镇萨芭雍组成，可以追溯到 1920 年。

今天，这一大堆"记录了二十个世纪前罗马商业"的碎片，被小餐馆和时尚的音乐俱乐部所点缀，而曾经是货栈和码头、商场和公共仓库所在的土地，现如今被公营住宅占据。在马尔莫拉塔路 169 号一栋公营住宅的院子中央，矗立着一块方形大理石，一边刻着拉丁文铭文：ex horreis reis publicae（"来自共和国的仓库"），另一边是时间更近的铭文："为了恢复意大利的正义和自由，阿道夫·卡维利亚、切萨雷·泰代斯科倒在阿尔帖亭洞窟，纳粹受害者吉列尔莫·卡维利亚、拉扎罗·迪波尔托、达维德·莫雷斯科、马里奥·米拉诺、马里奥·纳蒂利死在德国的集中营。"

　　福尔图娜塔·泰代斯科　我们先是住在德尔马雷路附近的代菲耶尼利路；一户人家把两个房间转租给我们，我们就搬了进去。再后来，我姐姐在泰斯塔乔找到一个地方，在马尔莫拉塔路 169 号。她在 4 月结的婚，有一个小女儿，我没有孩子，所以她租了这个公寓，现在还住在那儿，而我在住了二十二年之后，搬到现在这个地方。事实上，他们把我丈夫带走的时候，我就住在那儿。那个地方过去住着屠夫、鱼贩子、水果商……做什么买卖的都有。现在已经变了，因为他们有很多人来自意大利下层，不是说他们不好，而是他们身上有某种不一样的东西。那里的那块碑，不只是献给我丈夫的，也是给另一个死在阿尔帖亭洞窟的人的，他叫卡维利亚，住在我们楼上。其实，[从 1943 年 10 月 16 日的纳粹搜捕中]

逃出来后，我还搬去了同一栋楼的另一间公寓，因为我当时已经有八个月的身孕。我儿子是在那户人家出生的，他们现在已经去世了，而他是在那里出生的。

这种由地方当局建造的、巨大的方形住房在整个罗马有不少，中间是个大院子，四周有几十座楼梯通向上面，很具有年代感。特里翁法莱位于城市的另一边，是另一个工人阶级街区。"埃罗伊广场8号是我叔叔琴乔·巴尔达齐住的地方，我住的地方，我出生的地方，是一切真正开始的地方。"（阿尔贝托·巴尔达齐）和马尔莫拉塔路169号一样，建于1920年代初的埃罗伊广场8号，也像一座城市一样充满人和故事，像一座堡垒一样紧密。

阿尔贝托·巴尔达齐 实际上，我们的街区有七座楼梯；每座楼梯五层，总共一百零五套公寓。它们都被分配给了新婚夫妇，都是新婚夫妇，而他们的孩子也在这里出生。我们这些孩子肯定有五十个，我们一起长大。是的，那是一个堡垒，我们非常亲密，今天依然如此；我们这些仍然活着的人，不时会聚在一起，我们谈论的都是那个时代，因为那是最糟糕的时代，在今天也就最值得回忆。我所有在那扇门里出生的朋友，都是在反法西斯中长大的。我从小就呼吸着反法西斯主义的空气，作为一个男孩，它自然而然地进入了我的血液。他们都是工人。住在二楼的温琴佐·萨科泰利是一名橱柜制造商，但我认为他已经退休了，因为他身体不好，年龄也摆在那。费尔南多·诺尔马住在朱利奥·切萨雷大道，在朱利奥·切萨雷电影院对面——他在阿尔帖亭洞窟［遇害］。萨科泰利也是如此。在阿尔帖亭洞窟，至少有八十人是我们的朋友，都来自这个街区、这个地区。

巴尔达齐回忆说，住在埃罗伊广场 8 号的其中一个家庭是翁贝托·布奇家。"他是一个法西斯分子，总是穿着制服，但他是一个好人，我打小就认识他，和他儿子一块长大。有一天，这个叫布奇的人拦住我说：'听着，我一直没机会见到你叔叔琴乔，但我想和他谈谈。你知道，我曾经参加过法西斯，但我想加入"正义与自由"。'我叔叔说：'我不认为应该让他加入，但可以给他一些报纸。让他读一读，然后我们再谈。'一天晚上，我去了他们家，带着那些报纸，不幸的是，它们成了他们父子的死因。就在那天晚上，在当地线人的告发下，臭名昭著的法西斯科赫团伙搜查翁贝托·布奇的住所，在他儿子布鲁诺的床下发现了一份《意大利自由报》，于是逮捕了他们俩。我永远不能原谅自己，因为是我把报纸带给了他们……而它们把他们带到了天皇后监狱（Regina Coeli）。傍晚 6 点左右，布鲁诺·布奇的姐姐来到我们家哭诉，说他们被捕了。不幸的是，他们最后被带去了阿尔帖亭洞窟，两个人都是。"

10. 佩利恰路

　　佩利恰路位于特拉斯泰韦雷的中心地带。在佩利恰路8号的大门上，有一块纪念牌，上面写着："在阿尔帖亭洞窟 /恩里科·费罗拉 / 为了正义和自由的理想而牺牲 / 行动党纪念 /Q.M.P."。街对面一家酒馆的老板看到我在看纪念牌，便走了出来，并评论道："我猜 Q.M.P. 的意思是 Qui Muori in Pace（"在这里安然地死去"）。但我不确定，因为我没受过教育。我所知道的是，恩里科·费罗拉是我们家的一个朋友，和我姐夫一起被捕……我姐夫随后被带到奥斯维辛，从那里回来后，脑子就不清楚了。他已经去世两年了。德国人夺走了他的生命，也夺走了他的理智。"

　　特拉斯泰韦雷——字面意思是"台伯河对岸"——声称是"真正的罗马人"的家园，但也是"真正的反法西斯主义者"的家园，比如共产党人、砖瓦工马里奥·梅尼凯蒂，他和安东尼奥·葛兰西一起在乌斯蒂卡岛流亡，是九个孩子的父亲。"每次他们把他带走，他都会从监狱回来，他不听道理，心里只想着做那种事，而只有我知道有多少个夜晚我没睡觉，为了让他离我远点！但过了一会儿，我就睡着了。所以——我们必须对这些事情坦诚相待，我曾尝试过一次，我会告诉你实话，去做［堕胎］，但这几乎要了我的命，差点让所有其他的孩子无人照顾……"（伊娃·马涅里·梅尼凯蒂）

　　瓦尔特拉·梅尼凯蒂　他来自一个贫穷的家庭，因为我祖父是一个车夫；他是一个特拉斯泰韦雷人，我父亲是一个真正的第七代特拉斯泰韦雷人。我们住在那附近，在特拉斯泰韦雷的佩利恰路；我们隔壁是一个共和党人，被德国人杀死了。他也是一个反法西斯主义者，一个真正的反法西斯主义者，我知道他也经常和我父亲见面，虽然他是一个共和党人［而我父亲是一个共产党人］。事实上，当我去他们家的时候，因为我和他的女儿是童年时的朋友，在他床边的墙上有一幅朱塞佩·马志尼［民族独立和1849年罗马共和国的英雄］的画像。

隔壁的共和党人是铁匠恩里科·费罗拉，"正义与自由"和行动党的成员，继承了马志尼和加里波第的起义传统："［他的］父亲，我的祖父乔瓦尼，在寄宿学校读的书；之后他溜出学校，去和加里波第并肩战斗。历史的渊源可以一直追到那。"（朱塞平娜·费罗拉）恩里科·费罗拉是罗马抵抗运动最有效的武器的制造者，也即三棱钉或四棱钉，类似美国矿工罢工时使用的"波杰克"（bobjack）。从罗马到安齐奥和卡西诺前线的道路上散布着这种钉子，它们将德军车队拦在路上，将他们的轮胎撕成碎片。"第一枚三棱钉做好后埋在一个花盆里。［警察］三番五次来搜查房子，但从来没有发现。他们还为行动党印制了一些文件，由爸爸带回家，折叠起来，然后到晚上——我也会跟着一起去——挨家挨户，悄悄地把它们从门底塞进去。"（朱塞平娜·费罗拉）

阿妮塔·费罗拉　我清楚地记得我们以前住的地方。因为……从我出生到十八岁，甚至更大一些，我都是住在特拉斯泰韦雷。而且……事实上，我仍然想念……我的意思是，那里现在已经重新装修过，我很好奇被改造成了什么样。你知道，我们离开是因为那里已变得令人无法忍受，那些老房子，有虫子和蟑螂之类的东西，我的意思是，我们无法继续住下去。那种过时的房子，厕所在厨房里，窗户朝向庭院……

伊娃·马涅里·梅尼凯蒂　我们住在特拉斯泰韦雷的一个地下室，里面爬满了蟑螂——我没办法向你解释我们在那种地方是怎么过活的。那是一个大房间，角落里有一个马桶。马里奥把它弄得像个壁橱，我们都住在这个大房间里，和所有孩子一起……以及老鼠；我们晚上在地板上放了一盆水，到了早上就会被老鼠弄得黑乎乎的。有吃的时候我们就吃，没吃的时候就饿肚子。

瓦尔特拉·梅尼凯蒂　然而，我们的房子总是挤满人，因为前来的同志都非常团结——而且他们中的许多人也帮助过我们。我记得，例如，有一个屠夫总是给我们送肉。你看，住在特拉斯泰韦雷的人当中也有小偷。但那里几乎就像一个大家庭。他们中的一些人是我们的邻居，我记得很清楚，他们会出去偷东西，但他们有爱心，当有需要时，他们会第一个给钱，为像我们这样的人，为那些在监狱里的人。

朱塞平娜·费罗拉　佩利恰路——一条狭窄的巷子；到了夏夜，年长的女士们会搬着椅子或凳子坐到路边聊天，孩子们则在路上玩耍……大部分是劳动人民。在我们对面的一楼住着一个人，经常推着小车出去，他是个水果小贩。还有水管工和搬运工——在佩利恰路的尽头，就在贾尼科洛山下的切德罗巷，住着阿涅塞［·安杰卢奇］，她的丈夫在阿尔帖亭洞窟遇害，不幸的是她的女儿尚嗷嗷待哺，她的肚子里还怀着一个男孩，后来才出生。而且那里都是马厩。在贾尼科洛山下的切德罗巷，有一些人在屠宰马，主要是马，还有猪。母亲会把那些成捆的肉搬到餐馆，为我们搜刮一些杂碎。这很危险，因为你知道他们会对在黑市工作的人做什么……母亲并不是真的在黑市工作；她只是得到了一些小东西的补偿，在那些日子里……

特拉斯泰韦雷位于台伯河与贾尼科洛山之间，1849年朱塞佩·加里波第曾在这里领导短命的罗马共和国，最后一次绝望地抵抗前来恢复教皇权力的法国军队。关于这次战役的记忆一直延续着。因此，作为一名加里波第支持者的儿子，恩里科·费罗拉以加里波第妻子的名字阿妮塔为他的小女儿命名是合理的。阿妮塔·费罗拉四岁时，父亲在阿尔帖亭洞窟被杀，她是在城市另一边的一座孤儿院长大的。她对父亲的印象只来自几张照片，"没有一张好的，而且现在都褪色了，"她指出，"在贾尼科洛山下的安杰洛·蒂托尼路，有一个共和党的支部，我记得那时……你知道，他们会举行会议和舞会，而且——他们在墙上挂着我父亲的画像。现在那个地方早已不复存在，已经被拆掉了"。褪色的照片，变化的房子，绅士化的街区（"到我离开的时候，大部分特拉斯泰韦雷人已经搬走，新来的大多是陌生人、外国人"），共和党俱乐部的关闭，画像的消失，在孤儿院度过的岁月（"分离，去寄宿学校，已经是一个很大的创伤"）——太多的东西横亘在她和父亲之间。她说："可以说，我的记忆已经被切断了。"但她的姐姐还记得。

*

　　朱塞平娜·费罗拉　我有一个小盒子，一个大约这么大的盒子。从来没有人知道它在哪里。我把那个盒子用一把小钥匙锁着，是那种很小很小的钥匙，钥匙藏在一个……这就像一条锁链，你必须找到一件东西，才能找到另一件东西。我在盒子里面保存了我父亲的背带；还有一些他在订婚之前写给妈妈的日记，时间可以追溯到［19］21—［19］22 年，纸页已越来越发黄。我在想，当我离开这个尘世时，应该把它们留给谁？也许，到时候，我会有勇气销毁这一切。

　　阿道夫·凡蒂尼　然后悲剧发生了……有十三个人被杀，他们来自蒙泰萨克罗。我们有一位同志负责管理［党］小组；我们筹集资金的时候，他会在口袋里的一张纸上准确记下每一笔款项的数目——五十里拉或一百里拉——以及捐款人的名字。一天晚上，他被捕了，但他设法扔掉了名单；不过到了深夜，挨不过德国人的无情殴打，他把他们带到了我们这里。

　　于是他们来到我家；我爸爸建了这个小房子，它有两个房间，有门厅和厨房，然后他又建了一个有两个房间的小房子。我一个人睡在这；我给自己做了个书柜，我开始变得——我是说，我当时十六岁，正在攒钱，我记得那种鲍嘉式的帽子当时很流行，我正在攒钱给自己买一顶。但就在这天夜里，门突然被推开，一盏聚光灯射进来，一个可能是党卫军的军官，带着机关枪……他们抓住我，把我带到隔壁。我爸妈和我两个兄弟都在那……他们打了我父亲一个小时，然后把他放下，抓住我，把我带到旁边的房间。那个德国少校会说意大利语，还有另外十几个党卫军，他们知道我们在房子里放的所有东西。我告诉他们，"我什么都不知道，我只是个学生"。

　　过了一会儿，他们让我躺下，开始打我。我躺在一张桌子上，用皮鞭打我的那个人不会说德语，嘴里叽哩哇啦的，让我赶紧交代。打完第一下后，我告诉自己，"我得挺住"；但后来我意识到，我做不到，太疼了。所以我想，"我就扮演我实际的角色——我只是个男孩，所以我必须扮演一个毫无戒心的学生的角色，什么都不知道，就这样"。所以每隔一段时间，他们停下来，把我拽起来，我就说："看，我什么都不知道，我只是个学生……"半小时左右后，他们就放弃了。然后我的父亲，他们把他的手绑在背后，把他带到门外的小巷子里，那里停着三辆车，在其中一辆车里，我看到［那个已经招供的同志］全身都是绷带。我说，"这就是带他们来的人"。然后我们去了蒙泰萨克罗，在那里他们逮捕了另一名同志里瓦，并把我们带到天皇后监狱。

每天早上，我们都会点名，以确认有多少同志在夜间被处决。星期四，我母亲会给我带一个包裹；我们被允许有一包食物。也许她会做肋状通心粉，并拿一小块羊皮纸塞在里面，捎给我们一些消息。在一个星期四，我们去小办公室拿包裹，得知我父亲的身体已僵硬到不能动弹：他们把他打坏了。"他们让我受审……听着，别担心；我将申请赦免……"在星期四——我想星期五是1943年的最后一天——我的狱友没有让我看到报纸，不让我看。因为第二天早上，《消息报》上有一个小段话，说在布拉韦塔堡处决了三名颠覆分子，三个土匪。但我没有听说，我是在解放后才知道的。

……路易吉·博南尼、曼利奥·博尔多尼、路易吉·布鲁诺·迪贝尔蒙特、马尔切洛·布奇、布鲁诺·布奇、翁贝托·布奇、弗朗切斯科·布恰诺、阿尔曼多·布西、加埃塔诺·布泰拉、维托里奥·布塔罗尼、莱奥纳尔多·布特克、朱塞佩·卡尔代拉里、卡洛·卡米索蒂、西尔维奥·坎帕尼莱、伊拉里奥·卡纳齐、萨尔瓦托雷·卡纳利斯、雷纳托·坎塔拉梅萨、阿尔弗雷多·卡佩奇……

第二章

二十年：法西斯主义及其不满

……奥塔维奥·卡波齐奥、费鲁乔·卡普托、埃马努埃莱·卡拉乔洛、弗朗切斯科·卡廖利、费代里科·卡罗拉、马里奥·卡罗拉、安德烈亚·卡萨代伊、阿道夫·卡维利亚、朱塞佩·切拉尼、奥雷斯特·切罗尼、埃吉迪奥·凯基、罗穆阿尔多·基耶萨、阿尔多·弗朗切斯科·基里科齐、弗朗切斯科·恰瓦雷拉、杜伊利奥·奇贝伊、吉诺·奇贝伊、弗朗切斯科·奇内利、朱塞佩·奇内利……

阿达·皮尼奥蒂 我可以告诉你发生在我身上的事：至于其他的，你已经知道了。我们住在诺门塔纳路；那天我们去看我丈夫他哥，他住在那里［即四喷泉路，在拉塞拉路的拐角处］。我丈夫说"我们走吧，我们走吧，我们走吧"，似乎迫不及待地要去那里。于是事情就发生了，整个的事情。本来我们去的那天，也就是3月23日，他是要去理发的。所以我们走在路上的时候，我说，"翁贝托，你不是应该去理发吗？"他说："嗯，等我们回来的时候再去。"只消五分钟，结果就会大相径庭。

我夫兄在四喷泉路有一家商店，隔壁就是他住的地方。所以我丈夫留在店里。我去他家找我嫂子。五分钟后，或者不到五分钟，我几乎还没来得及坐下，只听到一声巨响；然后又是一声——这会是什么？会是什么？……

我夫兄和我丈夫从商店里跑回家里来："别担心，这没什么的，他说———定是公共汽车爆胎的声音。"他这么说也许是想让我们平静下来，我们都很不安，所以我们待在那里。"会是什么呢，会是什么呢，德国人会不会来，会不会……""如果德国人来了……"我夫兄说，这是他说的最后的话；在那之后，他再也没有出声，再也没有说话——我丈夫以及另外在场的两个人也是，因为他们有四个人，四个人。他说，"不要担心，我们什么也没做，我们是本分的人，他们已经认识我们很久了。所以他们能对我们做什么？在他们发现我们是谁之后，他们会放我们走。我是说，即使他们要抓我们"。但是恐惧，我们心里装满了恐惧。

事情发生后大约半小时，有人敲门。用的是步枪枪托，想象一下。我夫兄走到门口边；他几乎还没来得及打开门，他们就开始用枪托打他。他摔倒了两次；我们试图把他扶起来，但没有用，他们把步枪对准了我们——

来的是意大利人，还有德国人。主要是意大利人。我是
说，德国人也不是什么好东西。他们看到了男人，这是
他们需要找的。我丈夫的表哥［即安东尼奥·普罗斯佩
里］有三个孩子，最小的女孩才五岁。他抱着这个小女
孩；一个人把她从他身上扯下来，扔给他的妻子，他的
妻子抱着另一个孩子。然后他们把他带走了。他们带走
了我夫兄、我丈夫、我夫兄的外甥，还有我丈夫的表哥。
总而言之，他们在带走之前，被打得个半死。

1. 工人阶级的世界：圣洛伦佐与地狱谷

圣洛伦佐有一栋建筑在 1943 年 7 月 19 日的盟军空袭中
被切成两半，在这栋建筑的墙上多年来一直可见一个巨大的
涂鸦："法西斯主义的遗产"。1990 年代，当这个街区的工匠
商店被时新的小餐馆和俱乐部取代时，也许是为了使这个地
方绅士化，这幅涂鸦被抹掉了。这种肉眼可见的修正主义姿
态，将一些陈旧的隐喻变成了字面意思：粉饰历史，抹去过去。

*

阿尔帖亭洞窟大屠杀是对法西斯二十年独裁统治的最高
总结。本章以及下一章都是关于那个时代的。我们从法西斯
统治下的罗马的地理和历史开始：旧的工人阶级街区和法西
斯政权造成的新贫民窟，异议的持续和增长，在中产阶级、

知识分子以及工人阶级的新生代中形成的反法西斯意识。然后在下一章，我们将继续讨论反犹太主义、殖民主义、种族主义和战争——意大利在境外和本土进行的战争，包括政权对本国犹太公民的迫害——的历史。所有这些都为阿尔帖亭洞窟大屠杀的出现铺平了道路。

罗马的法西斯主义始于 1921 年 11 月 9 日。那一天，新成立的法西斯党首次在罗马召开全国性集会。当载着与会者的火车抵达位于工人阶级街区圣洛伦佐的车站时，那儿发生了抗议活动，一名叫古列尔莫·法尔塞蒂的铁路工人被火车上的子弹打死。圣洛伦佐的人民走上街头，将法西斯分子击退。又过了一年，他们才得以在罗马举行大规模集会。

圣洛伦佐是一个紧凑的"城中村"，诞生于 1884—1888 年的建筑热中，夹在铁路、公墓和后来的大学之间。在 20 世纪初的几十年里，"其人口约为 4.5 万，但每套公寓都住着三四个家庭……我们生活在最沉闷的贫困中。我们为面包而奋斗，为每一块面包……"（乔瓦尼·弗拉特）

圣洛伦佐的老居民喜欢把这里描述为一个"完全无产阶级的街区"。（奥尔费奥·穆奇）实际上，住在这里的，除了受雇于建筑业、铁路和服务业的新工人阶级，还有由手工业者和工匠组成的旧底层。[1]

拥挤和不卫生的条件导致了"污秽、不道德和犯罪多发"，[2] 但也带来了一种反叛精神，一种"本能的仇恨"，这种"健康的阶级本能"一直根植于当地的身份之中。"即使是小偷，我的意思是，粗人、文盲、生活在极端边缘的穷人"，也会团结起来，不让法西斯分子进入他们的街道。[3] 然而，更加独立自主、更少受到法西斯歧视的工匠，才是圣洛伦佐"反叛精神"（乔瓦尼·弗拉特）的支柱，在转向社会主义和共产主义之前，他们信奉共和主义和无政府主义。圣洛伦佐是由琴乔·巴尔达齐创立的无产阶级自卫反法西斯组织"人民敢死队"早期的一个分队所在地。

在古列尔莫·法尔塞蒂被杀那天，来自罗马各地和邻近城镇的工人参加了所谓的第一次圣洛伦佐战斗（还有两次分别发生在 1922 年 5 月 24 日和 10 月 30 日，它们在记忆中融合成了该地区的身份叙述）。工匠的商店变成了武器的锻造车间，来自全城的砖匠们加入了战斗，来自奇维塔韦基亚的码头工人制造了炸弹，来自特尔尼的钢铁工人送来了弹药，妇女和儿童从窗户和屋顶投掷铺路石 * 等各种东西。[4]

> 奥尔费奥·穆奇 ［法西斯分子］来了——当时正在修路，地上有松动的石头——所以我带领邻居的孩子们，开始用这些铺路石做街垒，我们还把石头带到周围的屋顶上，从那里向［法西斯分子］投掷。换句话说，我十一岁时就在我的第一个街垒上战斗。萨尔迪街的［一个女人］站在她家窗户后面，每当看到他们经过时，就

---

* 特指 sampietrini（圣彼得石），为火山熔岩形成的四方玄武岩块，自 16 世纪开始用于铺设罗马的公共道路和广场。因其广泛使用，很容易成为骚乱的首选武器。

砰的一声扔石头，他们不得不紧贴着墙，然后派装甲车［把她］赶出去，我想你现在还能看到那面墙上的洞。[5]

战斗从圣洛伦佐蔓延到了罗马的其他无产阶级街区。第一次世界大战的老兵阿尔多·埃卢伊西是一名房屋油漆工和清漆工，他带人沿着台伯河冲向保护法西斯分子的警察，从而使巴尔达齐和他的手下得以"冲向法西斯分子，并将他们痛揍一番"。[6] 我们将再次见到阿尔多·埃卢伊西：他在圣保罗门与琴乔·巴尔达齐并肩作战；在塔索路的纳粹监狱与皮洛·阿尔贝泰利一起落难；以及最终在阿尔帖亭洞窟遇害。这场战斗持续了五天，造成七人死亡，二百人受伤（包括巴尔达齐）；人民敢死队用歌声庆祝他们的胜利："罗马始终属于布尔什维克——锤子、镰刀和玉米穗将永获胜利"。[7] 法西斯分子从未原谅过圣洛伦佐。

维托里奥·马洛齐的身影也出现在 1921 年的那场击退法西斯的斗争中，他后来又参加了西班牙内战，当了多年政治犯，并在 1944 年作为抵抗运动的领导人被处决。他是一名砖匠，来自工人阶级扎堆的奥雷利亚谷，这座由窑洞和砖厂组成的山谷烟雾缭绕，被称为"地狱谷"。"他们说，有一位教皇，我不记得是哪位，从圣彼得大教堂向外看，问道，那是什么地方？是地狱谷吗？因为那些林立的烟囱……这就是地狱谷这个名字的由来。"（特雷莎·穆索尼）

然而，这个名字也指出了"在窑炉的高温、灰尘、汗水，以及计件生产的驱动节奏中度过的'地狱般的生活'"。[8]*"奥雷利亚谷的砖匠有一种独属于他们的同质性，一种阶级的坚韧。他们是一群高度熟练的工人，在罗马有着悠久的传统。他们几乎就像一个宗族，以在窑场制造砖头为生，因为［该地区］靠近一些大的黏土层，于是这个阶层，这个非常同质化的工人群体便成长起来了，其中一些人的技术非常高超。"

（阿尔多·纳托利）

特雷莎·穆索尼 据说法西斯来到罗马时，每个人都沿着坎迪亚路跑，因为在坎迪亚路的起点有一个窑场，而我父亲在惊逃中被捕……他说他捡到了一把在地上发现的左轮手枪，是不是真的我不知道，但我相信我父亲。为此，他们逮捕了他，把他和其他一些人一起装上卡车，殴打他们，并把他们带到天皇后监狱。他在那里待了六个月，然后给放出来了，但我母亲说——你知道，那时我爸爸经常给她送礼物，像金链子啥的——她总是告诉我，"我们甚至不得不当掉床垫来付律师费，落到家徒四壁的境地"。

在圣洛伦佐，"法西斯主义的遗产"的涂鸦已被抹去；在奥雷利亚谷，几乎整个街区和有关它的记忆都被夷平。[9]

---

* 意大利文版此处还有：另一些人则带着对神话的怀旧情绪，将奥雷利亚谷描述为一个具有伊甸园特征的地狱，里面住着"好罪犯"。

窑场在 1950 年代关闭，工人们的自建房在摇摇欲坠后，已被巨大的项目取代。"如果你愿意，我可以带你去'人民之家'看看［这里以前是所有的工人阶级机构的所在地］。如今它被遗弃了，因为大约十年前，他们把整个地区都拆了，建了那些巨大的红色建筑，是共产党批准这么做的。"（特雷莎·穆索尼）在杂草丛中，在一扇紧闭的大门和一只看门狗的后面，我瞥见了另一块牌子，缅怀"奥雷利亚谷的五位烈士／为了我们的自由／倒在压迫者的枪口下"。他们分别是在布拉韦塔堡被处决的安德烈亚·凡蒂尼、奥古斯托·帕罗利、维托里奥·马洛齐，以及在阿尔帖亭洞窟遇害的安德烈亚·卡萨代伊和阿尔贝托·科齐。

2. 历史悠久的街区：庞特、雷戈拉、托尔迪诺纳……

　　乌戈·斯卡托尼　我有一个姐姐，患有精神病，过着受迫害的生活，没错。她比我大一点——当时我十一岁，她十三岁。她总是把爸爸的衣服，他的换洗衣服带到天皇后［监狱］，有那么一大包。后来有一个法西斯分子告诉她："拿回去吧，他们已经不在这里，他们把他们都杀了。"我姐姐一听晕了过去，他们不得不把她抬回家。从此她再也没有缓过来；事实上，她已被诊断患有精神病，丧失了民事行为能力。她至今仍生活在受迫害之中，害怕法西斯分子，不能看电视新闻，一听到"法西斯"这几个字就发抖。她是我父亲所受迫害的受

> 害者……我们住在科罗纳里路，离圣彼得大教堂不远。
> 有一天晚上，我去纳沃纳广场、庞特、雷戈拉和科罗纳
> 里走了一圈。那里完全变成了旅游景点，就是这样。在
> 那里变得流行之前，人们住在商店里。现在都是古董店、
> 餐馆、冰激凌店之类的东西。

　　如果一个人走在罗马市中心历史悠久的街道上，寻找巴洛克式的教堂、喷泉和雕像，他会发现另一段历史的痕迹。斯克罗法路 39 号如今是前法西斯政党民族联盟党的总部所在地，在这栋老建筑的正门上有一块牌子，是纪念阿尔贝托·马尔凯西的，他在阿尔帖亭洞窟遇害。在不远处的斯泰莱塔路，有两块石头纪念的是多梅尼科·亚福尔特、安东尼奥·朱斯蒂尼亚尼和罗萨里奥·彼得雷利；几个街区外的特莱维喷泉旁边，有一个朱塞佩·切拉尼的纪念碑。在纳沃纳广场的艺术奇观、特里同路的优雅商店和风景优美的西班牙台阶之间，罗马的墙在相互交谈。在圣西尔维斯特广场的中央邮局前面，有一块石头列出了在阿尔帖亭洞窟、战俘营和抵抗运动中遇害的邮政工人。在圣西尔维斯特广场和孔多蒂路、马尔古塔路这两条时尚购物街之间，有一块纪念"红旗"军事组织者乌乔·皮西诺的牌匾，与纪念 17 世纪雕塑家洛伦佐·贝尼尼的一次访问的牌匾相对。在附近，一道黑色的涂鸦再次叫嚣着："释放普里布克"。

　　20 世纪初，"1870 年之前已经住到城里的罗马人，作为教皇首都的下层阶级，依然住在老城区，文艺复兴时期的街

区和苏博拉区"。当罗马成为意大利的首都时，"他们的生活
和生活条件都没什么变化"。[10] 后来，为了彰显帝国气象，
在城市重建中追求大手笔的法西斯分子，对古老街区进行开
膛破肚，并将这里的人口迁走。然而，在第二次世界大战结
束时，人们仍然可以在罗马的这一部分，辨认出根深蒂固的
古老的"罗马性"。除了其他之外，这也是一种饮食文化。
在阿尔帖亭洞窟遇害的阿尔贝托·马尔凯西开了一家小餐
馆，他经常在那里给同志们提供免费的食物；在布拉韦塔
堡被处决的电车工人和游击队员圭多·拉托帕托雷曾召集
大约四十名同志在小餐馆，一边吃着面包喝着酒，一边举行
政治会议。[11]

> 乌戈·斯卡托尼　我记得，我记得当时法西斯掌权，
> 我父亲受到迫害，被警察监视了两年；每晚他必须在 8
> 点前回家。每次领袖［即墨索里尼］发表讲话，他们都
> 要提前十天来接他。作为一个孩子，看到自己的父亲受
> 苦，我就想，这些人想从我父亲身上得到什么。总是在
> 监狱里，总是在铁窗后面……这就是事情的开始，我还
> 是个孩子，目睹他们伤害我父亲，我恨他们。

作为一个反法西斯主义者，翁贝托·斯卡托尼无法长期
做一份工作，他靠时而当房屋油漆工，时而当汽车拆解工勉
强维持生计。"他的藏书很齐全，列宁和马克思的著作都有，
解放后，党要求把他所有的书用来建立当地的图书馆。"（乌

戈·斯卡托尼）他是"一个无政府主义者，一个典型的罗马工人，和妻子养着几个小孩，他总是很饿，因为他把食物给了孩子们，给自己留的很少……他热爱希腊哲学家，总是引用普罗泰戈拉和苏格拉底的话"。和他的朋友罗萨里奥·本蒂韦尼亚一样，斯卡托尼也有托洛茨基主义背景；和他附近的其他爱国行动组成员一样，他加入了共产党，但也同情"红旗"的异端分子。[12]

> 　　乌戈·斯卡托尼　我妈妈是一个左翼，一个共产主义者。我爸爸遭过的罪，她也一点没落下。她和我父亲志同道合，在各方面支持他，从未抛弃过他。别的女人会说："和这样一个被迫害的人在一起图什么呀？"但妈妈还是一个共产主义者，一个同志。她经常站在等着领取救济食物的队列里，去面包店［为争取面包而］示威……

作为爱国行动组的天然环境，在这些反法西斯的街道上，罗马抵抗法西斯的早期火种得以在整个政权期间保留：在庞特区，一群群"老同志"后来汇聚到"红旗"的抵抗运动中；整个20世纪二三十年代，阿尔多·埃卢伊西让行动党在托尔迪诺纳扎下了根，延续着1921年他在人民敢死队开始的抵抗。

> 　　布鲁诺·埃卢伊西　每当那些法西斯暴徒来的时候，

他都不会容忍，[1922年的]一个晚上，他们刺伤了他，他被送进医院……我母亲不得不经常往警察局跑，因为只要有小规模的示威，阿尔多准会被抓入狱。但话说回来，他就是这样的人。他的朋友[说]：“你甚至不能和他一起去看电影！因为如果他们播放《青年》[法西斯国歌]，每个人都会站起来，唯独他一动不动，结果每次都会打起来……”没办法，他就是不愿吃独裁那一套，仅此而已。

在这些街道上，人的命运交汇在一起，只是后来又被偶然分开。1944年3月10日，罗萨里奥·本蒂韦尼亚和阿尔贝托·马尔凯西这两个游击队员都曾参加过袭击托马切利路的法西斯游行队伍的行动；两周后，前者将成为拉塞拉路行动的主角，而后者将在阿尔帖亭洞窟被杀；然而，如果不是因为环境，他们的命运可能会逆转。在这些街道上，在针对法西斯共和国国民警卫队的炸弹袭击行动失败后，卡拉·卡波尼得以逃脱，但翁贝托·斯卡托尼、圭多·拉托帕托雷和阿尔曼多·布西被俘。拉托帕托雷和布西在布拉韦塔堡惨遭折磨和处决；斯卡托尼则在阿尔帖亭洞窟遇害。

　　卡拉·卡波尼　[我和一位女同志]在圣母平安堂跟[拉托帕托雷的]父亲碰头，带着给入狱者家人的红色援助金。然后在这个教堂里——我记得它很漂亮——他告诉她：“没有希望了：他们会杀了他，会杀了他。"她说："不，我不这么认为，只要等待……盟军要来了，几天后就会到这里，届时他们会审判他和所有的人……""不会有审判的。他受伤了，他们会杀了他，会用酷刑折磨他，会杀了他！"他很绝望。她试图安慰他。而就在他离开后，她拉着我的肩膀说："他是对的，他们会杀了他。"

那是1944年3月初。几天后，本蒂韦尼亚和卡波尼来到阿尔贝托·马尔凯西的小餐馆，发现那里空荡荡的，而他的妻子安东涅塔正泪流满面。原来几个小时前，四个党卫军进来，点了食物和饮料，吃完后把他带走了。"他们把他带到塔索路，把他打得遍体鳞伤。但他一个名字也没有吐露，一个字都不说。在他被关的牢房里，他用自己的血给儿子捎信：'乔治，多想想你妈妈。'被捕八天后，他被带到阿尔帖亭，肋骨已被打断，一只眼睛失明。"[13]

塔玛拉·埃卢伊西〔我母亲，也即阿尔多·埃卢伊西的嫂子〕告诉我，她去过天皇后监狱〔看他〕。她说他一直把手藏在床单下面。"怎么了，阿尔多，你不说点什么？"但他就是不说话。于是她把床单从他手上扯下来，原来他们为了让他开口，把他吊在空中，用枪托打他的胸口，把他手上和脚上的指甲都拔了下来。他们把他们都带走的那天早上，我妈妈获得了〔探视〕许可证。等到了那里，警卫却说："听着，你想见也没有用，因为他们半夜把他们带走了。但你可以想开一点，因为阿尔多不明白发生了什么；他上卡车的时候，已经快死了……"

乌戈·斯卡托尼　我父亲到处送《团结报》*;他把《团结报》放在邮箱里，在那些日子里，如果他们发现你口袋里有《团结报》，你就完蛋了，他们会杀了你。如今，每次看到《团结报》，我就告诉自己：为了这份报纸，我父亲当年可是冒着生命危险，今天他们却把它变成了跟别的报纸没什么两样……不过，当我成年以后，我想知道他为何要战斗，为了什么理想而战斗。所以我搜罗列宁和卡尔·马克思、[帕尔米罗·]陶里亚蒂、[安东尼奥·]葛兰西[意大利共产党的创始人]的作品，并下了一番功夫研读，以了解这些理想是否值得为之牺牲。我完全同意：同法西斯和纳粹作斗争时，不要去想他们的讹诈。

3. 高中生

马西莫·乌弗莱杜齐　好吧，一个人之所以是法西斯分子，纯属碰巧。明白吗？他们在学校里教我们法西

---

*　意大利共产党的官方报纸，由安东尼奥·葛兰西创立于1924年，已于2017年停刊。

斯文化；一个民兵部队的执政官会来向我们解释什么是法西斯主义，你明白吗？我们不可能听到另一方的声音，没有这样的事。如果有思想自由，我们可以听到他们的意见——兴许我们会改变主意。

薇拉·西莫尼 对我们来说，一切都有章可循。我们不知道自由这个词，我们在学校必须穿制服，我们应该只以法西斯的方式思考，我们不应该握手，因为这是被禁止的，我们必须行法西斯的礼。现在，即使谈论它也显得很荒唐。但这是真的；我们给彼此写信时，总是以法西斯的问候结尾，然后标注日期为法西斯时代第十一年或第十二年［某月某日］。

在从天皇后监狱和德国战俘营寄回家的信中，恩里卡·菲利皮尼·莱拉"将自己描述为一个家境良好的年轻女子，按照当时对女儿们来说理想的生活方式长大：在文雅的会客室谈话中接受文化的熏陶；音乐课，主要是弹钢琴，有时拉小提琴；水彩、绘画、刺绣……"[14] "我弹钢琴，我姐姐弹竖琴；我学了五年的竖琴，甚至在音乐会上演奏过，在'有着四十架竖琴的奎里诺剧院……'"（卡拉·卡波尼）

卡洛·利扎尼后来成了一名重要的电影制片人，他回忆起"一个长发飘飘、脸色苍白、很有浪漫气质的年轻人，对诗歌感兴趣，名叫马里奥·菲奥伦蒂尼。我当时毫不怀疑他将成为一名战士，成为罗马爱国行动组最英勇的成员之一"。[15] 是什么让这些家境良好的姑娘、这些浪漫的小伙子变成了秘密的活动家、武装的游击队员和战士，促使卡拉·卡波尼放下竖琴拿起枪、恩里卡·菲利皮尼·莱拉离开钢琴进入集中营、马里奥·菲奥伦蒂尼从诗歌转向武装斗争？

当然，家庭的影响也很重要：马里萨·穆苏的母亲是一名活跃的反法西斯主义者，卡拉·卡波尼的母亲"是高度解放的女权主义者玛丽亚·蒙台梭利的追随者。我几乎完全是自学成才，因为在他们驱逐犹太人之后，我实际上不再上学了，我是由我父母教的"。(卡拉·卡波尼)这两人都加入了制造拉塞拉路事件的爱国行动组。

许多前游击队员也回忆起他们的反法西斯老师。玛丽亚·米凯蒂特别提到了她的拉丁文老师"普里莫·万努泰利，我们都知道他是一个反法西斯主义者，一个极其非凡的人物"，还有拉法埃莱·佩尔西凯蒂，他将于1943年9月8日在圣保罗门作为英雄死去，"他比较年轻，来教我们时刚满二十岁……""我有一张我的十年级同学的合照，是在维斯康蒂高中的庭院里拍的，你可以从中认出一半的党员。"(卡拉·卡波尼)维斯康蒂高中是罗马最顶尖的古典高中之一，从这里走出了未来的游击队员和爱国行动组成员，如卡拉·卡波尼、劳拉·加罗尼、朱利奥·科尔蒂尼，以及有影响力的共产主义左翼领袖。今天，在该校主楼梯旁的墙壁上，可以看到反法西斯教师和神父普里莫·万努泰利的拉丁文铭文，纪念的是从前在这里念过书的罗穆阿尔多·基耶萨，他在阿尔帖亭洞窟遇害。

大多数年轻人都是相互学习——从同学、哥哥、堂表亲、邻居和朋友那里学习。许多未来的游击队员都来自 licei，即学术要求最高、最负盛名的公立学校，有的是学生（如未来的爱国行动组成员罗萨里奥·本蒂韦尼亚和帕斯夸莱·巴尔萨莫），有的是教师（如皮洛·阿尔贝泰利和焦阿基诺·杰斯蒙多，他们都在阿尔帖亭洞窟被杀）。

因此，作为死于阿尔帖亭洞窟的八名罗马学生之一，用拉丁文给罗穆阿尔多·基耶萨写铭文是合理的。法西斯主义用于其帝国宣传的古典传统和人文主义文化，将重新出现在塔索路纳粹监狱的墙壁上，作为最极端和字面意义上的抵抗工具。许多被折磨和杀害的人留下了拉丁文或希腊文的警句和经典语录。对于这些年轻人中的许多人来说，对法西斯主义的拒绝始于美学。"法西斯主义是卑鄙的。你从广播听到的消息是假的，然后你打开报纸，新闻是假的，每一个字都是假的。这就是法西斯主义。"（彼得·汤普金斯）

焦万娜·罗西 我们的骄傲之处在于不穿制服，逃避体育锻炼，并鄙视一切外貌和身材之类的东西。我们不喜欢所有这些展示主义，我们的穿着何止是朴素，完全称得上丑陋。一方面，我们在性方面受到抑制，我们在家里已经习惯了性抑制；[另一方面，]我们批评法西斯主义，因为法西斯主义对女性的宣传，普遍残酷到令人恐惧的地步，特别是对年轻女性。他们赞美她们的身体，说她们多么有用，多么美。

从艺术和文化的角度来看，战前的罗马是一个充满活力的城市，而艺术界和知识界成了异议的滋生之地。法西斯政权发现，可以给年轻的好事者一些回旋余地以作为权宜之计，让持异议者觉得法西斯是可以从内部进行改革的。电影制片人和游击队员卡洛·利扎尼回忆说："我们正是通过为《罗马法西斯报》撰稿，对法西斯电影美学的所谓'白色电话'*言论吐毒舌而发现彼此的。"异议也在新成立的电影实验中心†和一些戏剧圈子里扎下根。20世纪一些最伟大的画家，如埃米利奥·维多瓦和朱利奥·图尔卡托，都为抵抗运动出过力；主要作家，如瓦斯科·普拉托利尼和弗兰科·卡拉曼德雷伊，以及未来的教授，如卡纳·萨利纳里、瓦伦蒂诺·杰拉塔纳、朱利奥·科尔蒂尼和马里奥·菲奥伦蒂尼，都加入了爱国行动组。另一方面，十几岁的马里萨·穆苏被水牛比尔（Buffalo Bill）的漫画激起了英雄梦和从事武装斗争的热情："我当时很年轻，性格上比较务实……我对行动感兴趣。"[16]

"知识分子从一开始就觉得需要做点什么。在法西斯于[1943年]7月25日垮台之前，我们就有这种被法西斯压着的感觉，一种精神上的压迫感。那么，之后就需要去做点什么，

* "白色电话"指的是20世纪三四十年代意大利模仿当时的美国喜剧而制作的电影类型，里面往往会出现白色电话（作为资产阶级财富的象征）以及长着秀兰·邓波儿式卷发的孩子。这类电影提倡家庭价值观，强调尊重权威，肯定严格的阶级等级制和乡村生活，与法西斯政权的意识形态完全一致。
† 1935年4月3日成立于罗马，为宣传法西斯服务。1943年，德军占领罗马后，被迫关闭。

需要去行动、去参与……"（瓦伦蒂诺·杰拉塔纳）他引用了抵抗运动英雄贾伊梅·平托尔的最后一封信："战争使人们在身体上偏离他们的习惯，迫使他们用手和眼承认个人生活的前提面临着危险，并使他们相信在中立和孤立中无法得救……如果不是因为战争，我本来会是一个主要关注文学的知识分子……"[17]

"用手承认："合上书和钢琴，拿起武器。在她的自传中，马里萨·穆苏引用了贝托尔特·布莱希特的《致后代》："我们这些想为善良奠基的人／自己却不被允许当好人。"[18]

4.集中营：戈尔迪亚尼、
梅拉伊纳谷、普里马瓦莱……

戈弗雷多·卡佩莱蒂　我住在唐纳奥林匹亚。他们建造这些公营住宅，［所谓的］摩天大楼，以我的思维方式，不是为了给劳动人民提供一个家，而是为了将反对法西斯的人集中到战略要地，从而可以很方便地控制。这是我的看法。因为我父亲在罗马斗兽场［附近］有自己的房子，我就出生在那里，实际上他是在1930年他们修建帝国广场大道时受到的驱逐，然后被安顿在这些公营住宅中。唐纳奥林匹亚是一个洞，周围有三座山。德国人用三挺机枪控制着摩天大楼，你明白吗？他们把三挺机枪架在三座山的山顶上。你就可以知道法西斯干了什么，以及他们的做事风格。

　　第一次世界大战之后，"资产阶级的罗马与普罗大众的罗马渐行渐远"。在此之前，附庸阶级和他们主要依赖的统治阶级一直比邻而居；贫民窟和棚户区在新起的中产阶级街区内部滋生，与这些街区交换工作和服务。[19]这违背了墨索里尼将罗马缔造成不朽首都的构想。"卫生和体面"要求的不是让贫民窟变得清洁，而是防止其居民在社会、卫生和视觉上的接触传染。为了给法西斯主义用于展示帝国气派、举行仪式的大道（从斗兽场到卡比托利欧广场的帝国广场大道，从台伯河到圣彼得大教堂的协和大道）让路，罗马的古城中心被掏空，住在那里的无产阶级被驱逐到城市边缘的所谓 borgate（该词意指小村庄，但正确的定义是贫民窟），与从南方农村驱逐出来的劳动力混居。

　　市政府在 1931 年宣布，这些小村庄"从主要大道上看不到"，但它们处于宪兵和法西斯民兵的"监视"之下。直到 1960 年代一直住在那里的房屋粉刷匠奥古斯托·莫尔托尼说："戈尔迪亚尼村看起来就像一个没有守卫的集中营"；安杰洛·菲莱尼则说"小村庄的生活比集中营更糟糕"，这两种地方他都待过，"因为在集中营里，我们每人一张床，而且男女分开住；但在小村庄里，一个十六平方米的房间里，往往睡了八九个人，有时是十个人"。[20]

　　　　卡拉·卡波尼　　我在戈尔迪亚尼住过，那是所有小村庄中最糟糕的。它由棚屋组成，每间棚屋住四户人家，我的意思是说，门口就是床，你可以从泥土或混凝土的地面上看到木板，也可能什么都没有，但到了晚上，他们会铺上床垫，让孩子们挤在上面睡。而到了白天，他们会把它卷起来。你躺在上面的时候，能感觉到床似乎是湿的——他们在冬天抽烟；我记得1月或2月，我只在那里住了一个晚上——还有臭虫……

从历史悠久的街区迁到外围的新贫民窟，往往会造成心理上的创伤。"许多人拒绝搬迁，但时间不长；他们抵制，是因为[他们]几代人都住在那里，已经扎下了根，那里有他们的历史。法西斯可不管那么多，凡是看不顺眼的人，他们会抓住他们，赶到普里马瓦莱那些摇摇欲坠的又破又小的房子里。"（弗兰科·巴尔托利尼）"我仍然记得卡车开过来的时候，法西斯分子如何把我们连同仅有的几件破衣服一起装走；我母亲尖叫着，而我们这些孩子，在卡车上还以为这是一个节日。那是一段漫长的旅程，似乎没有尽头。他们让我们在一个地方下车，那里散布着一些小房子，脚下没一块好地。他们说这个地方叫普里马瓦莱。"（奥古斯特·莫尔托尼）[21]

*

1930年代末，伊娃·马涅里夫妇和他们的九个孩子被从特拉斯泰韦雷赶到了城市另一边的梅拉伊纳谷，住进了一栋巨大的公营住宅，"一座孤立于田野中的堡垒，一栋巨大的八层楼，有不少于十五个楼梯面向内庭"。[22]"梅拉伊纳谷很荒凉；它只是一座方形建筑，里面住着五百个家庭。然后在战争期间，他们还在梅拉伊纳谷后面建了其他的建筑，但这是一个饥饿和贫困之地。在那栋楼里，人们出门时不锁门——不是因为没有小偷，而是因为如果他们进来了，没什么可偷的。屋子里什么都没有！"（富尔维奥·皮亚斯科）战后，这栋巨大的建筑将成为一个工人阶级街区的中心，并获得一个新的、令人骄傲的名字："斯大林格勒"。在它的大门旁边，有一块纪念安东尼奥·皮斯托内西和伦佐·皮亚斯科的牌匾，他们住在这栋楼里，直到被告密者出卖。被捕后，他们在阿尔帖亭洞窟遇害。

　　正是在小村子或者贫民窟里，罗马的抵抗运动找到了它的群众基础。第一次武装对抗发生在 1943 年 10 月的彼得拉拉塔。夸德拉罗村则将是 1944 年 4 月最后一次大规模驱逐的现场。在托皮尼亚塔拉的广场上，有一块牌匾纪念来自附近的十三名在阿尔帖亭洞窟遇害的男子；在夸德拉罗的入口处，还有一块牌匾列出了另外五人。小村子的精神，一种阶级意识和身份，往往是初级的，但总是不妥协的。"红旗"最能体现这种精神。"所有的周边地区：托尼皮亚塔拉、夸德拉罗，罗马所有的周边地区，都有我们的同志在战斗。[移民、]穷人、普通人、勉强维持生计者。贫穷是如此厚重，你可以用刀切开它，这就是为何那么多人加入我们的行列。"（奥尔贫奥·穆奇）

　　沿着卡西利纳路（通往前线卡西诺的战略要道）的两个地区被重新命名为"托皮尼亚塔拉和切尔托萨人民共和国"：

在 1944 年 2 月的大部分时间里，纳粹不敢进到这里来，而游击队则在太阳底下行动。乌乔·皮西诺（后来在阿尔帖亭洞窟被杀）在广场上公开训练游击队员使用武器。罗萨里奥·本蒂韦尼亚回忆说："德国人守住了托皮尼亚塔拉，但在琴托切莱，完全不见他们的踪影。大约有一个月的时间，琴托切莱落入我们的手中。宵禁被取消了，晚上我们在酒馆里聚会，吃饭，喝酒，举拳敬礼，同志们穿着红衫或戴着红手绢进来。警察们都听从我们的命令。这种情况持续了二十多天，直到盟军在安齐奥登陆失败；然后德国人突袭了这个地区，杀死了我们二十五名同志，并将其他人驱逐到德国。[爱国行动组的组织者]瓦莱里奥·菲奥伦蒂尼，还有其他同志被抓，他们后来在阿尔帖亭洞窟遇害。"

游击队在贫民窟的主宰地位，使得他们不仅能够将纳粹挡在门外，还能为民众提供食物。奥尔费奥·穆奇回忆说，当游击队开始组织突袭面包店时，当地的警察局长会把他的人部署到别的地方，给他们行方便。"妇女们会去面包店，面包师得知她们是来抢劫的，也不阻拦，让她们把面粉、面包以及所有能拿的东西拿走，之后去找警察报告此事。警察局长收到他的报告后，会将其转交给游击队，而面包师会拿回他的面粉。想象一下，在托皮尼亚塔拉，游击队去到一个马厩，把那里的骡子、猪、羊都给没收了，然后就这么走在托皮尼亚塔拉的街上。他们给了主人一张凭证，战后他得到了补偿。"

贫民窟的愤怒还有其他表现形式，由生活条件以及对暴力和不公正的认识激发，但取向更加模糊。我被告知，在阿尔帖亭洞窟遇害的夸德拉罗人中有一个不是政治犯，而是因为偷窃电话线上的铜线而被捕的。然而，切断线路是典型的游击队活动：在饥饿的时候，盗窃的终点和破坏的起点在哪里？

叛逆与不羁、颠覆与犯罪之间的摇摆，最戏剧性的体现是"夸尔蒂乔洛的驼背"朱塞佩·阿尔瓦尼的神话——这个身材畸形但长着一张俊脸的年轻人，领导着一个"总是在反法西斯斗争和普通犯罪之间游移"的团伙。"'驼背'会去偷有钱人的东西，然后把它们送给……妓女，他帮助有需要的人，就是这样。"（菲奥里诺·菲奥里尼）战后，继续从事犯罪活动的他在不为人知的情况下被警方击毙，但在许多人的记忆中，他仍然是带着神话色彩的"社会土匪"[*]。

1944 年 4 月 10 日，复活节星期一，有三名德国人在酒馆被杀，血债被归到"驼背"名下。德国人抓住这个机会，用平民进行泄愤：1944 年 4 月 17 日从夸德拉罗驱逐了八百人，领头的正是几周前在阿尔帖亭洞窟指挥大屠杀的赫伯特·卡普勒。对德国人来说，这是使一个叛乱街区（这个"马蜂巢"窝藏着许多游击队员和叛乱分子）正常化的努力，同

---

[*] "社会土匪"（social bandit）这一概念来自英国历史学家艾瑞克·霍布斯鲍姆，并且有其严格的界定，在本书中可以宽泛地理解成"侠盗"或"义匪"，虽然触犯了代表着国家的法律，但因为国家与社会在正义上的对立，实在法上的罪行并非反社会的，反而让其享有作为"正义斗士"或"英雄"的社会声望。

时也是为了抓一些壮丁去德国或前线劳动。[23]

万达·普罗斯佩里　早上大约 7 点，我们听到敲门声。那是 4 月 17 日，星期一的早晨。我们打开门，门外站着两个德国人和两个党卫军。"丈夫在哪里？男人在哪里？"我们跟在母亲后头，紧紧拽着她的衣服，看到男人们都被装上了一辆卡车，而所有的女人都在尖叫、呼喊，德国人拿机枪对准她们，不让她们靠近。教区神父走了过来，提出要以自己为交换条件……你们不能杀光这些人，不能因为一个或两个人［的行为］而谴责所有人。但他的愿望落了空，他们带走了八百多人，把他们带到了德国……离开时，我父亲的头发还是黑的，等到回来时，已经全白了，因恐惧而变白，而且掉得差不多了。这就是整个故事。

5. 处于市中心的街道：拉塞拉路

布鲁诺·弗拉斯卡　那天他们为了拍摄电影《十个意大利人换一个德国人》［1951 年的一部关于阿尔帖亭洞窟的电影］*，来到拉塞拉路。我母亲出来的时候，他们正好在拍德国人倒在地上的场景，用上了红色的油

---

*　通译为《盛怒的党卫军》。另外，此处标注的时间似乎有误，上映日期应为 1962 年。

漆……谁知道她想到了什么——她开始尖叫，我不得不把她抱走……有些东西又回到她的脑海中；她又重新经历了那场悲剧。

在罗马的市中心，有一条狭窄的街道与优雅的特里同路平行，沿着奎里纳莱山——当时的国王便住在这里，现在则是总统府的所在地——的斜坡向下延伸，它的名字来自两个世纪前住在那里的一个家庭：拉塞拉路。

　　路易吉·卡泰马里奥　我们必须回到 16 世纪中叶，那时这条街还不存在；它只是一条小路，而宜人的奎里纳莱山上，都是些果园和葡萄园。枢机主教格里马尼当时非常有权势，他在买下这些果园后，开始扩建自己的葡萄园。他在这样做的时候，发现了一些古罗马的遗迹，这些遗迹今天仍然在那里。我认为是皇帝安东尼·庇护时期的浴场。在这些罗马浴室的顶部，他建造了我们看到的建筑［蒂托尼宫］。起初，它只是一座带葡萄园的小乡村别墅：只有两层，没有翼楼，建于 17 世纪。

"那条街住的都是底层大众，所有的孩子都在街上玩，我也是这样。我们都互相认识：我教母就住在街对面，还有所有的亲戚，我们都住在拉塞拉路，彼此很熟。"（西尔维奥·吉廖齐）"拉塞拉路始终如一：你不能在历史的中心动筋骨，所以房子还是那些，可能就是重新粉刷过，已看不到老店过去

的样子。我们重新装修了我们的建筑正面，但他们让我们留下炸弹的痕迹。"（布鲁诺·弗拉斯卡）

　　战争的痕迹在拉塞拉路仍然可见。沿着这条街道走到一半，有一条短街将其连到特里同路，也即薄伽丘路，而就在这个拐角处，圭多·沃尔波尼住过并被党卫军从中带走的大楼的正面和侧面，仍然有被爆炸吓坏的德国人向窗户狂射时留下的子弹孔。"我们的楼房到处是洞，现在还留有几个；后来我们重修楼房正面的时候，我想他们把一些洞去除了，但是艺术委员会要求我们保留，就像路口的那些洞一样。"（布鲁诺·弗拉斯卡）"在家里，有一些东西会提醒我们：如果你看到被劈成两半的门框，那是爆炸后留下的。好多年，墙上的装饰用的都是爆炸后的窗格玻璃碎片。你可以听到人们在隔壁房间的脚步声，因为地板被损坏了。"（路易吉·卡泰马里奥）

　　"那时我才十岁。我们在拉塞拉路开了一家酒吧，酒吧现在还在那，在街角，为家族所有。我父亲当时在农业部工作，三十五岁。"（西尔维奥·吉廖齐）罗莫洛·吉廖齐挂着"出售冰块"牌子的酒吧，位于拉塞拉路和薄伽丘路的拐角处，因此有两个入口，1944 年 3 月 23 日，也就是袭击当天，"红旗"的三名游击队员在这里开会，计划实施一次破坏行动。根据历史学家和"红旗"的辩护人罗伯托·格雷莫的说法，他们选择在那里碰头，是因为该酒吧属于"社会主义者罗莫洛·吉廖齐，他在后面有一些房间，（由于老板的政治倾向）反法西斯主义者可以在那里聚会"。罗莫洛·吉廖齐的儿女自豪地坚称，他们的父亲对政治完全不感兴趣。也许，他们作为孩子并不了解父亲的政治活动。无论如何，他们宁愿在自己的回忆中，将父亲塑造成一个纯然的不知情的受害者。[24]

  利亚娜·吉廖齐 我完全记得那个房子；我记得那个酒吧，记得很清楚，非常清楚。我告诉你，我还能闻到酒吧的气味，因为我们下面有一个地窖，气味是从那里飘上来的……这些东西一直驻留在我心中。我还记得，我们的公寓在一楼，走在上面的时候，地板会晃动，不是很结实，是砖头铺的地，走在上面像跳舞，我现在还能感觉到。然后是记忆中的百叶窗会虚掩着，从街上传来汽车、人和喷泉的声音……酒吧附近有一个饮水喷泉，那是我们这些孩子玩耍的地方，我们会一直玩水……是的，我完全记得这些事情；当然还有在酒吧里可能吃到的糖果和糕点，要吃就去拿。

  布鲁诺·弗拉斯卡 拉塞拉路［的老住户］已经所剩无几。这是我们的房子；我母亲开了一家干洗店；许多德国士兵把衣服送过来，所以他们认识我父母，以及我的姑姑们，她们也在这里工作。但是当时租房的人都离开了。有一位［阿达尔吉萨·］皮尼奥蒂夫人，我想她有三个亲人进了阿尔帖亭洞窟：丈夫、夫兄，以及她的表哥，我猜，富尔维奥·马斯特兰杰利，因为她娘家姓马斯特兰杰利。母亲总是告诉我，这位女士和她同一天结婚，然后同一天守寡，因为两个人的丈夫都死了，

> 她们甚至住在同一栋房子里，因为在我母亲之前，是皮尼奥蒂夫人住在这里……所以命运这种东西……现在她也过世了。至于其他家庭，我更多是和那些住在拉塞拉路的人保持着联系，现在他们都已经不在了……例如［罗莫洛·］吉廖齐，他是下面那家酒吧的老板；如果你从窗户看出去，我可以指给你看。还有基耶萨小姐，她是我的老师，她也有一个兄弟［罗穆阿尔多·基耶萨］在阿尔帖亭洞窟遇害；当我见到她时，我们会谈论这个话题。现在只剩下我们几个人了，我们总是尽力去［参加纪念活动］……

"他们本可以去别的地方采取更明智的行动，也许是在空旷的乡下：从尊重当地居民的角度来看，这是一场相当不得体的屠杀。"（薇拉·亚里亚）拉塞拉路是罗马的一条老街，在这里，下层阶级因靠近权力的宫殿而感到受到保护：奎里纳莱山的影子荫庇着他们的住宅和商店。虽然每天都有一个武装的德国排从这里经过，但他们认为战争只发生在罗马的其他地方，与他们无关。"我们感到安心；因为［德国人的围捕］不是在这里，在奎里纳莱山的后面进行，而是在更远的地方。拉塞拉路可能是最安全的地方。空袭的炸弹是落在圣洛伦佐，远离奎里纳莱山。当警报响起时，每个人都跑到［山下的］隧道里，因为我们就住在奎里纳莱山的下面，并确信它将会被放过。拉塞拉路与王宫平行，所以这个地区和梵蒂冈一样，不可能被轰炸。那么，他们为什么来这里搞幺蛾子，引爆那

个炸弹的意义何在？"（温琴扎·加蒂）

　　阿维尼奥内西路是罗马老城的另一条窄街，与拉塞拉路平行。战争期间，十一岁的皮耶罗·祖凯雷蒂在他叔叔的眼镜店里当学徒。"他是个好动的孩子，所以我父亲说，'我管不了他，让他去那里待上一阵子，给他点事情做'。我叔叔是个单身汉，我哥哥实际上是他的继承人，所以父亲是有意送哥哥去那里工作。然后事情就发生了……"1944 年 3 月 23 日，在从薄伽丘路拐到拉塞拉路的上班途中，皮耶罗·祖凯雷蒂被炸成了碎片。"[我父亲说]如果没有让他在那里工作，他就不会死。"（乔瓦尼·祖凯雷蒂）

*

　　特雷莎·穆索尼 ［奥雷利亚谷］就像一个村庄，他们互相认识，互相依靠，我怎么解释呢……我们［这些孩子］不能去 11 号，因为他们的手脚不干净，我们的父母会告诉我们，"当你经过那里时，看在天主的分上，不要听任何人的……"那个地方还在那里，但已经被遗弃了。那些小棚屋里的人都是些犯有轻罪的罪犯，心地善良的罪犯，他们会为对方做任何事。

　　妇女们没个闲，她们为富人、军队或宪兵工作，为他们缝制裤子和制服。她们在家里忙活着，或者有一个市场的小摊位和一片果园，她们会把地里种的东西，用马车拉到特里翁法莱的市场上去卖。

　　然后是酒馆，那里到处都是酒馆。有些男人会揍自己的妻子，大家都知道，或者怎么说呢，对孩子凶巴巴的……无非是因为穷，孩子又那么多，我是说，孩子只多不少。有些女人会对自己的丈夫不忠，所以在11月11日［"绿帽子"的节日］，我们会用黏土做成一个头，并在头上插两个角，然后用扫帚举着到处走，敲鼓、敲锅、唱诗，诸如此类的事情。即使有些家庭有点无赖，但我们都是团结的。

　　我父亲是一名制砖工，同时帮着窑场看门。我们有自己的房子，养一些鸡。就我而言，我认为我的青春期过得很美好。我有一个最好的父亲——我需要到后来才意识到这一点——因为那里的男人都会去酒馆喝酒，然后脾气变得有些坏，也许这也是他们的工作太艰苦使然，因为那时有所谓的车夫，他们用手推车运砖，把砖放在窑里的火里，你必须在凌晨2点到那里，整夜在高温中工作……他们的心胸变得狭促，心肠也变硬。但我父亲没有。我记得我们家有五个孩子，三个男孩和两个女孩，而爸爸老是在哼歌；每当回到家，虽然也很累，但他从没有打过我们，总是乐呵呵的。须知那时的父亲形象不像今天这样：父亲意味着得让孩子生畏。反倒我的母亲总是很严厉，事实上我小时候经常喊她"母狮子"，因为她有一头蓬松的头发，她在厨房时从来不笑，老是板着脸。她真的很勤劳。所以，这就是我对奥雷利亚谷的看法。

　　然后，等我再长大一点，战争来临，事情就有点难了，因为被征召入伍的男孩们开始离开，然后我们就置身于战争之中。奥雷利亚谷没有被轰炸，但在阿尔帖亭洞窟屠杀和美国人到来之前，游击队在这里活跃过一段时间。法西斯垮台时，出于某种原因，他们在窑洞里驻扎了一些士兵。[9月8日]停战后，意大利军队几乎分崩离析，所有的士兵都想逃跑，所以有人给他们衣服，给他们穿的东西；他们逃跑时，丢下了他们所有的东西，甚至包括武器。因此，母亲们会去捡毯子和锅，男孩们则去拿枪。他们会把枪埋起来，等待时机的到来。

　　这些男孩中也有我的哥哥；但爸爸意识到他们在窑洞下面开会密谋着什么，所以他说，你们最好都离开。[我父亲来自圣马力诺，那是一个独立国家；]圣马力诺发出公告说，他们将接收所有回来的人，给我们提供膳宿等；所以爸爸去找圣马力诺的领事，说要把他们都送走，因为他们不能留在这里。

　　我和阿尔贝托·科齐之间的故事没什么特别的……我想想，当时我才十五岁；我们对彼此有好感，大多时候是在教堂里看到对方，在天主教行动会*的那些团体。小孩子嘛，就是这样，"我喜欢这个……我喜欢那个……"当我不得不离开时，我依稀记得我们坐在一起，"我必

---

* 　成立于1905年，是意大利的一个广泛的天主教平信徒组织，由于被梵蒂冈禁止参与政治，未受到法西斯政权的反对。

须离开，但我会回来的"，我们说着这类孩子气的话，互相承诺会再次见面。之后，他跟我哥哥说了我们的事，我哥哥告诉他："现在还不是时候，我妹妹要走了，而我们必须留在这里。"所以我们互相说："等一切都结束，我们会再会，那时再谈论我们的未来，现在我们就让事情保持现状。"另外，在那个时候，说到就要做到。所以妈妈带着我和其他兄弟一起离开，他们留在这里。我们曾交换过照片，背后写着"我会等你"。

后来，这个男孩加入了游击队。他当时大约十八九岁，想做点什么，就像许多其他人一样。他们有一个朋友住在附近，他的家人他们很熟悉（我不会说出名字，他已经出狱，过得很好，所以我都不会提他的名字），他和他们在一起，但之后去给德军指挥部告密。他们计划采取点行动，散发一些传单；当男孩来到他应该递信的地方时，发现那儿没有他的朋友，有的是德国人，他们逮捕了他。

然后他被送上了法庭。有人告诉我，他几乎对整个事一笑置之，因为美国人已经接近罗马。他们判了他多少年我不记得，我想是三年，但他笑了，他说"我很快就会离开这里，美国人要来了……"不幸的是，美国人被挡住了，而那个聪明的家伙［本蒂韦尼亚］用一颗炸弹把三十三个德国人送上了天，他们便在天皇后监狱挑选偿命者，而他成了代价——这就是这个男孩的故事。回到罗马后，我听说了这件事。我对男孩的母亲说，"我想看看还剩下些什么"。我们去了那个山洞，东西还在那里，天啊，我还能看到粘着的头发……这让我很伤心。然后我拿回了我的照片。他在入狱时带着这张照片，之后转交给一个神父，那个神父把他所有的东西都还给了他母亲，包括我离开罗马后给他写的一封信,[我还以为]这封信从来没到过他手里。

在那之后，我们陆续听说了其他男孩的情况，都是我哥哥在附近认识的朋友，其中一个住在砖场边上，另一个住在那个奥名昭著的 11 号，他们都在阿尔帖亭洞窟遇害。一个叫帕罗利，另一个叫卡萨代伊。这就是我个人能讲的故事了。

……帕斯夸莱·科科、萨韦里奥·科恩、乔治·孔蒂、朱塞佩·科尔代罗、兰扎·蒙泰泽莫洛、奥拉齐奥·科尔西、圭多·科斯坦齐、阿尔贝托·科齐、科西莫·达米科、朱塞佩·达米科、马里奥·丹德烈亚、阿图罗·达斯普罗、杰拉尔多·德安杰利斯、乌戈·德卡洛利斯、卡洛·德乔治、菲利波·德格雷内特、奥多阿尔多·德拉托雷、朱塞佩·德尔蒙特、拉乌尔·德马尔基……

第三章

战争行为

……加斯托内·德尼科洛、菲达尔多·德西莫尼、扎卡里亚·迪卡普阿、安杰洛·迪卡斯特罗、切萨雷·迪孔西利奥、弗兰科·迪孔西利奥、马尔科·迪孔西利奥、莫塞·迪孔西利奥、萨洛莫内·迪孔西利奥、桑托罗·迪孔西利奥、阿尔贝托·迪内皮、乔治·迪内皮、萨穆埃莱·迪内皮、乌戈·迪诺拉、皮耶尔·多梅尼科·迪奥恰尤蒂、奥泰洛·迪佩佩……

阿达·皮尼奥蒂 之后，他们把他们带走，让他们举起双手，靠着［四喷泉路］巴尔贝里尼宫的墙站成一排，扣住不准走。

我们什么都看不见，因为我们在屋里。我们在一楼，但他们不准开窗户。过了一会儿，他们返回来，把我们也带走了。所以当我们从房子里，也就是我夫兄的房子里出来时，我们从他们的面前经过，他们举着双手，就像这样，靠着巴尔贝里尼官，有一张照片，你已经看到了……［他们］就这样生拉硬拽地让我们出来，一点也不照顾孩子们的感受，对我们毫无尊重，我的意思是，我们当时还很年轻，但毕竟也是女人，不是吗？我们从［那些靠墙站成排的男人］身边走过。所以他们看到了我们，也要把我们带走。

［德国人］把我们关在一个大房间里，女人和孩子，所有的人都在一起。他们把我们关了一整夜。没有水，没有一滴牛奶，什么都没有，可我们还带着孩子。整个晚上我们都在那里哭泣、尖叫；我们被锁在里面，甚至不能看窗外。过了一会儿——实际上是相当长一段时间，当时已经是晚上了，他们把［这些男人］带走了，带去了内政部。他们把他们都放在一起。在夜里，大约是凌晨2点左右，他们带着名单去叫他们想要……实际上是想要杀掉的人。而我丈夫是第一个被叫到的。

1. 种族法

当然，他们迫害了犹太人，可怜的基督徒们。

——维尔吉妮娅·卡兰卡

埃斯特尔·法诺　我父亲从来不是一个积极的反法西斯主义者——事实上，在1938年之前，他可能还是个亲法西斯分子。他非常保守，喜欢制服和军队——我有一张他穿制服的照片，还有一张骑马的照片，他喜欢骑马。他是一个三十六岁的英俊男子，心地善良，我认为他很有魅力……

克劳迪奥·法诺　他非常自豪，因为他是家族中第一个从大学毕业的人，拥有学位，而且他能够在军队中服役，成为一名军官——这在当时的犹太人中也非常普遍。不过当种族法颁布时，他们得上交他们的武器；我父亲，作为一名军官，拥有一把手枪和一把剑。在被要求交出他的剑时，他把它弄断了，就像其他人一样，因为一个军官是不会放弃他的剑的。

*

1938 年 7 月，《种族主义科学家宣言》宣称，"意大利人坦率地宣布自己是种族主义者的时候到了"。1938 年 11 月 17 日，政府颁布"保护意大利种族的规定"：禁止混血结婚，禁止犹太人从事一系列社会和经济活动。从那时起，禁令如雪片飞，越来越详细严格，且五花八门。1943 年，《维罗纳宪章》，即墨索里尼的意大利社会共和国的宪法，宣布"犹太种族成员是外国人；在这场战争中，他们属于敌人"。[1]

"在意大利，我们都很好地融入了社会——而不是被同化；这是不一样的，完全不同。人们认为这不可能在这里发生。"（西尔瓦娜·阿霍·卡利）"资产阶级家庭，完美的融合，完美的同化——我以为我是一个和所有其他人一样的人；当他们告诉你不是，你是另一个种族，一个低等的种族，这可不是一个小小的冲击。"（玛丽亚·泽维）意大利犹太人的解放是伴随着国家统一的进程而发生的；许多犹太人和其他意大利人一样，支持法西斯主义，既是出于阶级原因，也是因为他们认为法西斯主义是复兴运动的延续。[2] 罗马犹太社区前主席克劳迪奥·法诺说："法西斯分子和反法西斯主义者在犹太人中的比例，与在其他意大利人中的相同。许多人选择了为国效力，作为一种解放的形式。因此，法西斯主义正是在这种小资产阶级和中产阶级中取得了深远的影响，得到了他们相当大的支持。""在墨索里尼的第一届内阁中，内政部副部长便是一个犹太人，阿尔多·芬齐"；他将在阿尔帖亭洞窟遇害。[3]

"是的，我记得在种族法颁布前几年，像《保卫种族》《台伯河》这类糟糕的报纸就已经在流行，所以我父亲非常非常担心"；然而，"我们和其他人一样是公民，我们绝对没有想到会发生这样的事情"。（皮耶罗·泰拉奇纳）种族法之前的世界，呈现在记忆中的基调，是正常、亲密、温暖："犹太人聚居区很美好，是看得见的那种。在那里，有一些东西一直在，那就是温暖，家庭的温暖，虽然几乎都是穷人——有几个人过得很好，但他们不会显摆，这是一个风气很正的社区。"（塞蒂米亚·斯皮齐基诺）

突然间，这些正常人发现自己变成了二等公民：他们不能在军队中服役，不能成为未成年儿童的监护人，不能拥有或管理雇员超过一百人或具有军事价值的企业，不能拥有超过一定规模的土地或建筑物，不能在政府、与政府有关的机构或公共机构、银行、保险公司中工作，不能拥有收音机，名字不能列入电话簿。法西斯报纸刊登"丑陋、钩鼻、头发卷曲绞缠、长得像黑人一样的犹太人"（朱莉娅·斯皮齐基诺）的漫画，观众为反犹电影欢呼，如威特·哈尔兰的《犹太人苏斯》（1940 年）。

权力越深入毛细血管，也就越荒谬。犹太人不能拥有收音机，不能饲养信鸽，甚至被禁止从事传统的收破烂的生意。"种族法非常严厉*，尽管不排除不少人无视并违反个别规定。还有一些行政法规——你不能雇一个雅利安女佣，你的名字得从电话簿上删除。于是人们保存 1938 年的电话簿来查询号码。"（克劳迪奥·法诺）"我们被禁止去奥斯蒂亚［的海滩］。在我们家，我母亲有时会说犹太罗马方言，有一次她让我'go resciud'，意思是要小心，不要被认出来，因为我们被禁止待在奥斯蒂亚——'不要 davare'，意思是不要说话。"（瓦莱里娅·斯皮齐基诺）

皮耶罗·泰拉奇纳的父亲是一名销售员，失去了他最重要的客户；克劳迪奥·法诺的父亲是一名商业顾问，试图躲在一些朋友的办公室的后面继续工作，但没有成功；朱莉

---

* 意大利文版此处的表达：意大利好人的故事，我是不怎么信的，因为种族法非常严厉。

娅·斯皮齐基诺的校长召见她的母亲："听着，夫人，很不幸，我们收到党的命令，您的女儿不能再和基督徒儿童在一起了。"

皮耶罗·泰拉奇纳　我是真的被从学校赶出来的，而我完全知道我是一个循规守矩、相当好学的男孩。这是一个创伤，因为我立即想到，如果我不能接受教育，我的生活还能有什么成就。然而，后来他们组织了犹太学校——当时我刚上五年级，马上就去那里就读，所以实际上没错过什么东西。去了犹太学校后，我基本上立即就适应了。*

克劳迪奥·法诺　回过头来看，这里面有一个对身份的发现，但也是一个真理的时刻。因为有些人认为，通过迅速地改变信仰，他们就可以幸免于难，拯救自己。这本身就给了那些没有这么做的人一种尊严感——当时受洗很容易，也许心理上会有所保留……这是历史教给我们的期望，有些时候你必须重申你的真实身份。[我是说]那些犹太人，受过教育的和没受教育的，他们是

---

*　意大利文版接下来还有一段玛丽亚·泽维的访谈：我当时读大学，同卢乔·隆巴尔多·拉迪切、阿利卡塔是好朋友……种族法出台时，我说好吧，我们必须去美国，这个国家把我们当奴隶，当二等公民。卢乔对我说，"如果你母亲生病了，你会怎么做，让她一个人待着？现在意大利就像你生病的母亲，你有义务留下来，冒一点风险，为赶走这帮人而战斗"。

大多数，在似乎通过追溯受洗可以逃脱受迫害时，他们说不。这是对尊严的一种考验。好吧：我父亲没有积极参加抵抗运动，[但]他作出了选择；我承认，他没有其他选择，但在 1938 年他作出了选择。

"我之前从不认识任何犹太人，因为西西里岛没有犹太人，自从 1492 年西班牙人消灭了他们或者把他们赶走后。所以我甚至不知道犹太人是什么，而我的许多朋友是犹太人，许多女孩是犹太人……反犹太主义的到来，对我来说是一个非常沉重的打击——但我说的是德国的反犹太主义，那时意大利还没有。我对政治的兴趣，始于对德国反犹太主义的认识。"（阿尔多·纳托利）"[反对法西斯]是有原因的，但最根本的原因是针对犹太人的行动，我看到我的犹太朋友被学校开除了。"（玛丽亚·特雷莎·雷加德）"1937 年，种族法运动开始时，我选择了站边，成为一名坚定的反法西斯主义者；我当时十五岁，或者十六岁。"（罗萨里奥·本蒂韦尼亚）马里奥·菲奥伦蒂尼的犹太父亲本与犹太世界失去了所有的联系，被种族法激怒的儿子找到罗马的首席拉比，要求皈依："'出于对犹太人的声援，我想成为一名犹太教徒，可以吗？'注意，他非常练达，没有马上回答，隔了一会儿才说：'告诉我，你受过割礼吗？'我笑了：'没有！'我的意思是，我必须接受割礼，在二十二岁时，这不是一个令人愉快的前景。"菲奥伦蒂尼没有改变信仰，但这并未阻止党卫军逮捕他的父母（他们设法逃脱了）。不久，他第一次看到德军的一个排在拉塞拉路列队行进，认出了与那些带走他父母的人"同样的腐绿色制服"，他觉得自己应该做些什么。

2. 非洲、西班牙、俄国……

> 我们从维托里奥国王那里得到的是五场战争
> 以及二十年强制性的法西斯主义……
> ——多梅尼科·萨维 [4]

1934 年 10 月，一场旨在宣传意大利空中力量的大型航展即将开幕，"一战"英雄、王牌飞行员萨巴托·马尔泰利·卡斯塔尔迪将军写信给墨索里尼，说意大利空军尽是些老旧的和装备不良的飞机。他写道："国家的未来岌岌可危"，"领袖，这里需要的是一些只有您才能给予的严厉打击"。打击迅速到来：几天后，马尔泰利·卡斯塔尔迪"因缺乏军事素质和品格"而被暂时免职。第二年，退伍成为永久性的，且没有工资。[5]

我们将再次遇到他：在圣保罗门的罗马保卫战中；在"秘密军事阵线"开展的台伯河游击战中；他将被捕并在塔索路遭受酷刑，最后在阿尔帖亭洞窟遇害。私人的怨恨当然不足以激励他走上这样一条路，并一直坚持着。相反，萨巴托·马尔泰利·卡斯塔尔迪在墨索里尼政权的巅峰时期就已经意识到，法西斯正在欺骗意大利人民。也许，比起战争的失败，让这么多新近但同样正宗的反法西斯主义者睁开眼睛的，是意识到他们被一个不负责任的谎言拖入了战争。达尔达诺·费努利将军写道："人民以绝对的理解来忍受战争的所有牺牲，我们不能对他们撒谎……让他们相信我们采取的手段的优越性，以及并不存在的胜利。"他也在阿尔帖亭洞窟遇害。[6]

卡佩奇家族有六个儿子上了战场，分散在俄国、意大利和南斯拉夫。有两个会在布拉韦塔堡和阿尔帖亭洞窟遇害。阿尔多·埃卢伊西的母亲说，她的四个儿子都参加了战争：两个在俄国，两个在抵抗运动组织。

> **布鲁诺·埃卢伊西**　我是 1941 年 7 月 11 日去的［俄国］，在 1941 年 10 月赶上了第一场暴风雪，而我们什么都没有。到后来，冬装才到了。一个由一百五十三或一百五十四人组成的步枪连，只有六件毛领大衣——当然，谁得到了这些大衣？军官——他们不可能留给士兵，不是吗？至于防护罩，他们给了我们五十三只……所有的骡子都死在了路上，天气太冷，它们实在扛不住。

"我认为士兵们完全了解意大利军队在面对这场战争时是多么缺乏准备；所以，是的，他们服从了。他们之所以去打仗，是因为这是他们的职责所在，而他们也非常清楚这一点。"（阿德里亚娜·蒙泰泽莫洛）"我父亲年轻时去过美国，亲眼见识过他们的工厂是如何每五分钟造出一架飞机，每三分钟造出一辆汽车；所以他知道美国人的效率。当美国宣布参战，墨索里尼却说什么'美国不能伤害我们'，这时父亲已经看到所有这些男孩都死了，死于不负责任的人。听到儿子在阿拉曼沙漠战役中丧生的消息传来，西莫尼将军说：'我并不恨那个向我儿子开枪的新西兰人的手，只恨那些连武器和水也不提供，就把他送进沙漠的人。'"（薇拉·西莫尼）

布鲁诺·埃卢伊西　所以，当我们向前行进时，你也许会在冰面上趴一整天；而当你们占领那些小城镇时，你会发现只有老人、孩子和妇女——也许还有床底下的机枪，明白吗？所以——这些事情，不仅仅是德国人干的，我们也干了，我承认。你到了那里，发现了老人和两个女人——你把老人带走，杀掉。但事情就是这样：趴在雪地上的一天快要结束时，你到了那里，杀了人就走。

审判赫伯特·卡普勒的意大利军事法庭并不认为战时针对平民的报复行为本身就是战争罪：它自己的军队也犯下了同样的罪行。在埃塞俄比亚，在暗杀意大利指挥官格拉齐亚尼将军的行动失败后，几天之内，德卜勒利巴诺斯修道院的一千多名修士和平民被意大利以处决等方式杀掉。[7]1941年12月，在南斯拉夫的意大利占领军遭到游击队的攻击后，黑山的普莱夫列山村"被摧毁和烧毁，男人当场杀死，房屋烧毁，家当散落"。大屠杀之后，"妇女们几乎疯狂地在冒烟的家园废墟中游荡和哭泣"。[8]卡拉·卡波尼回忆说，曾在非洲作战、后来在塔索路被折磨致死的军官卢恰诺·卢萨纳向他的年轻同志们讲述了意大利在埃塞俄比亚的暴行，以教育他们，法西斯和纳粹一样是敌人。然而，这种记忆的大部分已经被"心地善良的意大利人"的神话以及只有德国人才骨子里凶残的刻板印象取代。

在殖民战争期间和战后，有许多善良的意大利人前往埃塞俄比亚。有些人可能是被帝国的大业吸引，但大多数是迫于生计。切莱斯蒂诺·弗拉斯卡去亚的斯亚贝巴修路；切萨雷·泰代斯科也去了，还有罗莫洛·吉廖齐："他离开时充满了热情，说他回来时，他们会给他法西斯党员证，他就可以找到一份工作；而的确，他被聘为农业部的一名办事员。"（西尔维奥·吉廖齐）

早在 1912 年或 1914 年，达尔达诺·费努利就在利比亚参与清剿那些反抗意大利殖民化的"巢穴"，并在埃塞俄比亚获得了银质奖章。[9] 歌剧歌手和空军军官尼古拉·乌戈·斯塔梅，曾在埃塞俄比亚作战，之后又被派往西班牙，参加国王的另一场战争，而在对面的战线上，有一位来自奥雷利亚谷、信奉共产主义的砖匠维托里奥·马洛齐。两人将站在反法西斯的同一边死于罗马，一个在布拉韦塔堡，一个在阿尔帖亭洞窟。[10]

"宣战的那一天对我来说是一场悲剧。巴黎沦陷的那一天，我哭了。巴黎毕竟是巴黎，是革命的首都，我哭得像一头失去母亲的小牛。"（罗萨里奥·本蒂韦尼亚）十四岁的学生帕斯夸莱·巴尔萨莫因对轴心国的最终胜利表示怀疑而被意大利所有的公立学校开除[*]；他加入了共产党和在拉塞拉路行动的爱国行动组。上小学时，戈弗雷多·卡佩莱蒂写了一篇关于拿破仑当初如何在俄国取胜的文章。"他们在读完后告诉我，我是一名共产主义者。我哭了，因为共产主义者这个词，按照我被教育的方式，我想象自己是一头怪物，我能说什么呢，一个罪犯，一个杀人犯。然而，就在那时，我开始向党靠近。我的意思是，如果这是我的想法，而他们告诉我我是一个共产主义者，那么，共产主义者是什么呢？"

薇拉·西莫尼　我哥哥去世后，我父亲不接受他的死亡，既因为他是他的独子，也因为这是一种无用的、愚蠢的死亡。他有了异心。我们——妈妈、爸爸、姐姐和我——便去向教皇寻求帮助，属灵上的帮助。教皇随即在他的私人书房里接待了［我们］。[11] 我现在还能看到这一幕，就像照片里一样，看到我父亲和教皇拥抱在一起。我父亲刚一开口，准备讲述整个悲惨的情况，教皇却打手势，示意他安静下来，然后俯下身子，拔掉桌上电话的电源插头，说"将军，现在你可以说话了"，并且给他看插头，"我们这里被间谍包围了"。然后他们开始交谈，这两个身材相当的人说着同一种语言，我记

___

得教皇的话："这就是降临到地球上的邪恶"——〔他是指〕法西斯主义和纳粹。教皇对意大利的悲剧感同身受，他们可以无拘无束地谈论一切，谈论他们知道意大利正在走向的这个巨大的悲剧。

3. 从天而降的战争：圣洛伦佐，1943年7月19日

1943 年 7 月 19 日上午 11 点，悲剧在罗马的上空兑现。这个自以为可以免于战争恐怖的城市突然发现自己很脆弱。盟军的第一次空袭对准了工人阶级街区圣洛伦佐，造成2800—3000 人死亡，一万多人受伤。[12]警报响起时，时为医科学生的罗萨里奥·本蒂韦尼亚刚刚结束在圣洛伦佐附近的大学医院的值班。

> **罗萨里奥·本蒂韦尼亚**　我连忙跑上去，帮着把病人集中到地下的病房，而这时伤员和死者开始陆续到来，或者在被抬进来时死掉的人，加起来有数百人，场面令人痛心。综合医院〔圣洛伦佐附近的大学医院〕的每个房间都成了手术室。到处是沾满灰泥和血迹的被撕碎的衣服，地板上积着一摊摊的渗出物、血迹、污垢和呕吐物，情形如同地狱一般。我们就这样忙活了一下午、一晚上，只是躺在地上睡了几个钟头，然后又继续工作，而在我们合眼的时候，伤员不断涌来，一直持续到第二天晚上。第二天傍晚，我已经筋疲力尽；到了晚 8 点，天还未全黑，

我骑着自行车回家，看到一条无尽的队伍，人们正在运着他们的家当，用手推车，用孩子的婴儿车，用任何他们能找到的工具。这幅令人心酸的画面，是一刻钟前我的双手在综合医院浸入过的鲜血的续集。这一行绝望的人含着泪地运着他们设法从废墟中抢救出来的少数破碎的东西，让人不忍心看。

卡拉·卡波尼匆匆赶到医院寻找她的母亲，并作为志愿者留下来帮忙。"让我印象最深的是那些被炸死的人，他们的肤色令人难以置信，粉红色的，就像被涂上去的。他们看起来像木偶，因为他们的腿和胳膊都处于荒谬的姿势中，完全不正常……沃尔西路的孤儿院已经倒塌，孩子们在废墟下，他们说'他们还活着，你可以听到他们的哭声，听到他们的尖叫声和呼救声'。"[13]

詹弗兰科·卡波齐奥　在蒂布尔蒂纳路的一座桥上，我看到一匹马把双腿昂举在半空中，喷着血，从好多个洞眼喷着血。它被机枪扫射过。然后我父亲在那附近挖掘，从那里你可以听到，我也可以听到这些话——如果你不介意的话，我会重复这些话——一个祖母带着一个孩子，她保护着这个孩子，结果死了，你只能听到这个孩子尖叫着说他想出来；我父亲在挖掘，用他的指甲和其他人一起挖，但他们没有成功。有横梁，我记得是铁横梁，他们被卡在下面。我的耳朵里仍然有这个声音，这个孩子用罗马方言说，"是美国人干的，这帮狗娘养的"。请原谅我的表达。"是美国人干的，这帮狗娘养的。"这个小男孩。然后他就死了。

"我对圣洛伦佐空袭的感觉主要是非政治性的，也就是说，对一场大屠杀，对一场大型的……当然不是对盟军、轰炸机等的仇恨。不，不是仇恨。我想说的是，我当时的直接感受是惊讶和恐惧——圣洛伦佐是一座开放的坟墓，这样的场面……不是在电影中，而是在现实中上演，看到冒烟的建筑物的废墟、被切成两半的建筑物……"（马里萨·穆苏）第二天，在卡西利纳路的一面墙上，有人用方言写道："宁可美国人在我们的头上，也不要墨索里尼在我们的球上。"[14] 罗马人民知道谁该受到指责，盟军的空袭不过是对轴心国地毯式轰炸英国的回应。空袭过后，圣洛伦佐充满感激之情地欢迎了教皇的来访，但拒绝了国王，而墨索里尼认为自己最好微服前去视察。

然而，很难忽视实际投下炸弹的是谁。安东内洛·布兰卡当时六岁，他记得自己曾问过父亲："如果他们是来解放我们的，为什么要杀我们？"反法西斯的记忆很正确地将我们城市的毁灭归咎于法西斯和德国人，但它忽略了在个人叙事的字里行间出现的一种模糊性。"他们并不关心炸弹会投到哪里，他们只是轰炸，仅此而已。我想，美国人并不比德国人好到哪里去。"（里纳·德尔皮奥）朱塞佩·博尔贾的母亲在穿过街道前往防空洞时，遭到低空飞行的盟军飞机的扫射；

他的父亲则在阿尔帖亭洞窟被纳粹杀害。"我该［为我的母亲］责备谁呢？我责备美国人：那件事是美国人干的，而不是德国人。他们也不是什么好货。他们为什么要轰炸圣洛伦佐，一个工人阶级街区？"

卢西亚诺·皮佐利当时待在一栋离任何军事目标两公里远的建筑里，大楼被毁，他却奇迹般地幸存了下来，他说，"对圣洛伦佐和铁路货场的轰炸，并非经过精心策划的、有针对性的突袭，而是旨在恐吓"。突袭的目标是铁路和军工厂，但它们也是为了在民众中散布恐怖和愤怒，并向政府传递信息。7月19日的突袭与7月25日法西斯的垮台有关；8月13日的突袭与第二天宣布"不设防的城市"有关；9月8日的突袭则与签署停战协议有关。

当罗马被轰炸时，墨索里尼正在意大利北部的费尔特雷与希特勒会面，由蒙泰泽莫洛上校充当翻译。[15]会面是失败的；几天后，也即7月25日，法西斯最高机构——大议会投票反对墨索里尼的政策。这意味着该政权的终结。同一天晚些时候，墨索里尼被乔瓦尼·弗里尼亚尼上校和拉法埃莱·阿韦尔萨上尉指挥的一支宪兵队逮捕。两人和蒙泰泽莫洛一样，都将在阿尔帖亭洞窟遇害。

马西莫·乌弗雷杜齐 我们预计会发生一些事情；7月25日那天，甚至我们［在法西斯学生组织］中的许多人也改变了想法。我们当时十八岁左右，没有方向，无所依傍。并非因为我们是法西斯分子，而是因为看到

我们的结局是多么悲惨。你想想……我们信奉的是法西
斯主义的不朽这个最荒唐的想法，实在难以相信法西斯
党这个庞然大物居然会倒下，这是不可想象的。确实，
我们被吓呆——吓呆了。

"人们开始大喊：'他走了！他已经走了！'起初我想，
这可能是一个陷阱；这时电话开始响起。第二天早上，我
出现在罗马的大街上：这是令人难以置信的，非同寻常，
每个人都在街上，演讲、散传单、喊叫……"（阿尔多·纳托利）
法西斯主义的符号和标志被破坏和抹除。酒保奥泰洛·莱
奥纳尔迪爬上他住的房子前，凿掉了法西斯的标志 *；后来，
当纳粹占领罗马时，"他被打上了标记，他很容易被识别。
他是'红旗'的一名游击队员；在进到塔索路的监狱且被
折磨了一个多月后，他在阿尔帖亭洞窟遇害"。（翁贝托·图
尔科）†

　　7月25日没过几天，新首相彼得罗·巴多利奥将军宣
布战争将继续进行。8月13日，罗马再次遭到轰炸。

---

* 这里的房子属于国家雇员住房研究所（INCIS），该公共机构成立于1924
　年，旨在建造（有时也会购买）出租给国家文职和军事雇员的建筑物，优
　先考虑工资较低的雇员。

† 意大利文版还有玛丽亚·泽维的一段话：街上的每个人，包括我们，都不
　明白自己正处于危险之中。我记得是1943年8月，我待在家里，仍然在
　我父母的房子里，朱利奥·科尔蒂尼过来找我，说"玛丽亚，要当心，躲
　起来；德国人会来，他们会占领罗马，会用你做肥皂"。

4. 祖国的死亡和重生：圣保罗门，1943年9月8日

帕斯夸莱·巴尔萨莫　当时是早上6点，我们开完会出来，站在九月二十日路[*]的拐角处，听到了发动机的声音。那是王室的车队在逃跑。十二名警察骑着摩托车在前面开道，当四辆黑车驶过时，我们每个人都叫出了自己认识的人物的名号——巴多利奥、国王、王子、王后……

1943年9月8日，意大利和盟国签署停战协议；第二天早上，国王、政府和军事指挥部放弃了罗马这座城市和他们的岗位，使得军队无令可行，人民失去领导，秩序分崩离析。从这时起，所有人都必须根据他们对自己的想法来选择。许多士兵以国王为榜样：战争结束了，我们回家吧。其他人，不管是军人还是平民，则感受到了对祖国的更广泛和更高的忠诚，以及对身为意大利人的更深的自豪，而这要求他们打一场战争，用军事上注定的失利去赢取道义上的胜利。

卡拉·卡波尼　8日晚上，我和母亲站在窗前，看到天空中有闪光，还听到了雷声，隆隆作响的，但我母亲说："这不是雷声，是枪声，他们在战斗……"

---

[*]　长约1公里，连接四喷泉路与皮亚门广场，以1870年9月20日意大利军队攻陷罗马事件命名。

　　"9月8日晚上10点10分，撒丁岛掷弹兵第一团驻守区的5号哨所，打响了保卫罗马的第一枪。"[16] 当时德国的一支空降兵部队要求允许他们通过一座桥向北撤退；在谈判进行时，他们抓住了意大利哨兵并将其俘虏。哨所里的士兵们作出反应；战斗持续到第二天早上，造成三十二名意大利人和二十八名德国人死亡。在同一天夜里，其他陆军部队则抵制了德军从南边进入罗马的行动。[17]

　　　　卡拉·卡波尼　9日上午，一群人沿着图拉真广场走来，喊道："来吧，不要待在家里了！让我们去圣保罗和士兵们一起并肩战斗！"有些人拿着猎枪，有些人拿着手枪……于是我说："妈妈，我要去！"妈妈说："你疯了吗？你以为你要去哪里？""嗯，我想去看看，看看发生了什么。"我立即穿上短上衣、裙子和罩衫，跑了出去。我在马雷路追上了他们，我一边跑着一边问："你们要去哪里？去哪里？"他们中的一个人说："你看看这个——我们嗓子都喊破了，看看来了谁？一个女孩！"

　　民众自发站出来支持士兵。面包师奎里诺·罗希和他的嫂子帕斯夸·丹杰洛，同士兵们一起待在掷弹兵团的战地指挥部里，直到它被德国人占领，而他们被冷血地枪杀。多梅尼科·切基内利、卡尔米努乔·迪耶利-巴里莱和玛丽亚·迪耶利-巴里莱在照顾死者和伤者时被杀害。修女特雷西纳用她的十字架作为武器，试图阻止一个德国人从一名死者的胸

口取下一条金链；他把她打得很惨，七个月后她死了。[18] 在
那些日子里，共有二十八名女性死于非命。

　　卡拉·卡波尼　这时，加尔巴泰拉的那些修女站了
出来，那里已经有了第一批伤员，她们开始照顾他们。
她们把他们排成一排——我不知道她们从哪里找到的他
们——就像一整排的遗体，给他们擦干净脸，让他们躺
下。修女们把裙子掖起来，一直掖到这里，以保持清洁，
因为有污垢，有尘土拖进来；她们很奇怪，小腿穿着黑
色的长袜，看起来像舞者。然后，我……我不知道，我
意识到这没用。

　　我还碰到一群妇女，她们拿着那些——你知道，用
来洗衣服的铝锅，里面装满了煮熟的土豆。她们说这是
"为士兵准备的"。所以，你可以看到她们已经有了组织。
我跟着她们一起去分发食物，我们做了我们能做的……
然后修女们告诉我们，"来吧，姑娘们，我们必须组织
起来，因为这里的人正在战斗，他们可能会受伤，而红
十字会又指望不上……"

　　许多叙述揭示了那些在关键事件中感到自己有心无力的
旁观者的挫败感。卡洛·利扎尼回忆说，同志们来找他要武
器，而"我只有一沓鼓动［人民］斗争的［爱国主义］诗歌，
于是他们生气地离走了。他们要的是枪，不是诗"。[19]

　　"我们四处寻找武器，但没找到，甚至徒手攻击了朱利

奥·切萨雷大道的一个步兵营,结果被步枪击退。"（罗萨里奥·本蒂韦尼亚）卡尔博尼将军向共产党提供了火枪和手枪。人民敢死队的老领袖琴乔·巴尔达齐缴获了一卡车的武器，并在圣约翰区分发，他得到了"［马里奥·］奇里奇、［维托里奥·］布塔罗尼和［阿尔多·］埃卢伊西的帮助"，而这三个人后来都死于阿尔帖亭洞窟。法西斯分子和德国第五纵队从后面进攻；一支军队包围了巴尔达齐的武装志愿者。"这非常接近于一场悲剧，因为我绝不会把武器还给他们，特别是那些我认为仍然是法西斯分子的人。"巴尔达齐写道。幸运的是，马尔泰利·卡斯塔尔迪将军设法进行调解，避免了流血。[20]"我们等待着安东内洛·特龙巴多里在卡尔博尼将军的帮助下为我们搞到的武器，一直等到 10 日下午，然后事情败露了，这些武器没有来，所以［我们］白等了。"（帕斯夸莱·巴尔萨莫）

前线被推到了圣保罗门，然后在金字塔、乔托大道和马尔莫拉塔路之间，分散成无数个场景和插曲。"枪声在响，但你永远不知道他们在向谁开火；没有队伍，没有战线，没有街垒，没有地点，统统没有。"（卡拉·卡波尼）在附近的圣萨巴和乔托大道的房屋门前，"来了一些意大利士兵，他们正在逃跑中，穿过我们的花园，此时意大利军队已经溃散；他们脱下军装，我们给他们换上便服……然后来了一个可怜的小伙子，他已经瞎了，倒在我们家的门口。之后又来了一个，死在我们的门廊上……"（玛丽亚·马尔切利）"每家每户都在帮忙，尤其是女人出了很多力。你可以从中看到一种巨大的团结，因为人们都从家里出来，为保卫罗马而战。我在那里没有看到党；我看到的是勇敢的人，他们三五成群，自发而来。"
（玛丽亚·特雷莎·雷加德）那天在圣保罗门附近参加抵抗的人中，
有几十人将在几个月后死于阿尔帖亭洞窟。

许多士兵离开部队回家后停止了战斗；然而，还有一些
人回家后并未放弃。9月8日，阿尔弗雷多·卡佩奇离开他
在意大利北部服役的部队，回到伊索拉－法尔内塞，"他试遍
了各种能让自己上路的法子，花了两个月时间——［回到家
时已变得］面目全非，穿着一只女人的鞋和一只男人的鞋，
衣衫褴褛……"（安杰洛·卡佩奇）他和他的兄弟马里奥同当地
的一个游击队取得联系："1943年圣诞节前夕的一个晚上，
德国人抓住了他们，当时他们正携带着武器。肯定是伊索拉－
法尔内塞的某个公民告发的。他们一个被带到天皇后监狱，
另一个被带到塔索路"。马里奥于1月31日在布拉韦塔堡被
处决；阿尔弗雷多于3月24日在阿尔帖亭洞窟遇害。

在圣约翰门，掷弹兵部队的两名职业军官——圣图奇少
校和法戈·戈尔法雷利上尉领导了最后的防御，他们用来自
圣克罗齐仓库的有轨电车堵住这座古罗马大门，几乎打掉了
最后一发子弹。"我们知道这是徒劳的，但这是对荣誉和尊
严的展示；你是站着死的，不是舔着别人的脚死的。"（西格蒙
德·法戈·戈尔法雷利）战斗持续了两个小时；小规模的冲突在
斗兽场周围和中央车站继续进行。到11日下午，才宣布投降。

卢坎·卡尔佩特　第二天早上，我们从奥皮奥山
回到阿尔巴尼亚广场，我们无法走过去，因为有很多尸

　　体——可怜的士兵，有些甚至随身带着信件，那里有他
　　们的秘密——我看到了明信片、信件，还有血淋淋的树。
　　所以，为了避免路过泰斯塔乔，我们绕道阿文提诺山，
　　从另一边下来。但我还是看到了尸体和血，太可怕了。

　　他们为什么要战斗？一位军事史学家说，军队战斗的原
因"只有一个，那就是'遵守祖国的神圣法律'"。[21] 对于共
产党游击队员玛丽亚·特雷莎·雷加德来说，"重要的是爱国；
我之所以去，不是因为共产党叫我去的"。"但是，十五六岁
或者二三十岁的同志一开始反对纳粹，不是为了拯救祖国，
而是为了让祖国摆脱奴役，从资产阶级和资本主义的压迫下
解放出来。我们'红旗'是在这个［理想］之下战斗的。"（奥
尔费奥·穆奇）圣保罗门也许不是一场民众起义，但也不仅仅
是一场军事事件。在那里，民众和军队并肩作战。安东尼奥·卡
尔瓦尼，一个十六岁的男孩，"走到圣保罗门，拿起一位［倒
下的］掷弹兵的军装穿上，然后投入战斗。有好多人说自己
不清楚何去何从；但这个男孩知道该走哪条路，并且走了上
去"。（奥尔费奥·穆奇）军装从死去的士兵那里传递给男孩志
愿者手中具有象征意义：当那么多士兵扔掉军装换上便服时，
许多平民反过来穿上军装，拿起武器。在战斗人员中，严格
的区分不再成立，军人与平民不可分割。
　　掷弹兵队长、"红旗"的军事指挥官阿拉迪诺·戈沃尼（在
阿尔帖亭洞窟被杀），便属于这样一个游走于边界的人物。9
月8日，他正在休假中，穿着便服，把他的军用手枪落在了

家里。"我的父亲，他的兄弟，告诉我，他和我祖父去了一趟圣保罗门，为了给他送枪。"（弗拉维奥·戈沃尼）"他是一个革命者；他的任务是在罗马掀起革命，发动起义。"（奥尔费奥·穆奇）

试图区分预备军官阿拉迪诺·戈沃尼——他本来完全可以待在家里——穿着便服，拿着父亲和兄弟送来的枪去战斗时，是作为革命者还是作为掷弹兵，毫无意义：也许在那一时刻，两者都是。我们如何对萨巴托·马尔泰利和罗伯托·洛尔迪进行归类，这两位（被赶出军队的）空军将领"带着两把猎枪"到达圣保罗门？在圣保罗门受伤并在阿尔帖亭洞窟遇害的尼古拉·乌戈·斯塔梅是空军上尉还是歌剧演员，是掷弹兵还是"红旗"激进分子？在罗马保卫战中有三名牺牲的掷弹兵获得金质奖章，分别是职业军官路易吉·佩尔纳、预备军官温琴佐·潘多尔福，以及拉法埃莱·佩尔西凯蒂，这位残疾老兵是一名高中艺术史教师，他"穿着便装，旋即拿起武器，冲向火线"。[22]

在罗马，我们只在圣保罗门和阿尔帖亭洞窟发现军人和平民在一起，不是同化，而是平等。谈论一些人而不包括其他人，等于否定了他们二者。他们带着不同的动机而来，从爱国主义到阶级本能。对一些人来说，这是一个周期的结束：西格蒙德·法戈·戈尔法雷利在圣保罗门英勇战斗，被俘，逃脱，然后带着自己责任已尽的感觉回家。对另一些人来说，这是另一个周期的开始，这个周期将随着抵抗运动的开展而继续。保守的历史学家想到国家的崩溃，称这一天是

"祖国的死亡"；另一些人想到参加战斗的志愿者，称其为"第二次复兴运动"。[23] 他们都是对的，但只对了一半：一个并不把所有人作为目的的旧祖国死了，而一个新的祖国——来自许多人的愿景和勇气，即使不是来自所有人的共识和参与——正在努力诞生。

5. 屋大薇门廊，1943年10月16日

塞蒂米亚·斯皮齐基诺 ［关于］阿尔帖亭洞窟，我是回来后才知道的。我有一个很好的朋友，她的父亲就死在那里。而我和他的女儿非常亲密，我们过去经常骑自行车去玩，她父亲也会一起去。他是一个非常好的人，非常和蔼。她说："你听说过我父亲的结局吗？"我说，"好吧，我给他带点花"。然后我就去了。我身边的人斥责她——"她刚从灭绝营回来，你就带她去阿尔帖亭洞窟？"我说："你认为这对我有那么大的影响吗？"对于一个去过奥斯维辛的人来说，需要的不仅仅是这些……

皮耶罗·泰拉奇纳 随着9月8日［德国］的占领，我们的大麻烦才真正开始，而我想当时我们并没有意识到——罗马已经被宣布为一个不设防的城市，加上有梵蒂冈在这里，这让我们觉得，在罗马我们是相当安全的。第一次打击是在9月，卡普勒提出了五十公斤黄金的要求；这是一个很大的打击，因为他们立即暴露了他们真正的意图。

1944 年 9 月 26 日，罗马犹太社区的领袖被传唤到德国大使馆。党卫军最高指挥官赫伯特·卡普勒在那里向他们宣布：除非在三十六小时内交付五十公斤黄金，否则将有二百名犹太家庭户主遭到驱逐。"我父亲和我祖父是负责这些事情的委员会的成员。我父亲的想法是，我根本不相信他们；[但]筹集黄金这种事情我们必须去做，为了良心上的清白。我的意思是，如果我们不去做，到时发生了什么，他们会问我们为什么不做。"（克劳迪奥·法诺）

在这段非常紧张的时间里，犹太人带来了他们拥有的东西。"我拿出了我的一枚钻戒，我丈夫拿出了他的婚戒。"（福尔图娜塔·泰代斯科）一些非犹太人也进行了捐献。"我记得我带去了一枚胸针，是我祖母给我的，很薄，但它是非常纯正的金子，因为是我祖父做的，还有两条金链子。"（普奇·彼得罗尼）教皇通过非正式的渠道，承诺在必要时会借出（而不是赠送）所缺的余额；但并不需要。[24] 纳粹试图在重量上动手脚，卡普勒拒绝提供收据。他后来解释说："当你拿走敌人的武器时，你不会给他们的步枪开收据。"[25]

有些人感到这下可以放心了："因为我们有一个德国军官的承诺。"（皮耶罗·泰拉奇纳）其他人则意识到这只是个开始："在他们把黄金交给纳粹后，爸爸凭着他的直觉匆忙赶回家，收拾好行李，带着我们离开。每个人都说，你这太夸张了，他们想要的只是黄金。他说，不，不，他们不只是要黄金。"（朱莉娅·斯皮齐基诺）两天后，乔治·法诺带着他的家人躲了起来："所有听说此事的人都说他疯了，居然不相信[德国人]。"（克

劳迪奥·法诺）

　　因此，当 10 月 15 日晚上传来警告，说纳粹准备突袭犹太区时，人们并没有认真对待。然而，"那天晚上很安静——因为实施宵禁，路上没有电车，总是很安静——安静到能听到靴子来回走动的声音。我们听到了第一声响，便向外面看去，只见他们正在把隔壁的犹太人带走"。（塞蒂米亚·斯皮齐基诺）"我姐夫的一个亲戚过来说你们得离开，快跑，因为他们要把犹太人带走。但是我丈夫——当时我怀孕在床——安慰我别担心，说我去看看发生了什么，我猜他们只是要把男人带走……然而，等他到了蒙特萨韦洛，他看到了卡车，看到了德国人正在把儿童和妇女带走。回到家时，他整个人已发狂：快，快；穿上衣服，我们快跑，我们快跑。他在屋大薇门廊看到了即将上演的灾难。"（福尔图娜塔·泰代斯科）"那时我们有一个房子，非常大，有四个房间，而且可以说很漂亮。但有两个房间，是一个在另一个的里面；我们便躲在这最后一个房间里，然后把所有东西都打开，这样如果他们进来，就会觉得［家里没人］。哪知我最小的妹妹，也不知她当时脑子是怎么想的，很害怕，就跑了出去，她从前门下去后，恰好遇到前面有德国人，便又往回跑，结果我们都被抓住了。"（塞蒂米亚·斯皮齐基诺）这次围捕行动遍及整个城市，从黎明延续到傍晚。共有 1259 人被带走，包括 363 名男子、689 名妇女和 207 名儿童；有 237 人被认定为非犹太人，在第二天释放。在被驱逐的 1023 人中（包括一名当晚出生的女婴），只有 15 人生还。唯一的女性是塞蒂米亚·斯皮齐基诺。

被驱逐者在梵蒂冈附近的一所陆军学院里关了两个晚上。"我姐姐和所有在 10 月 16 日被带走的人在学院里待了两天——两天。我从未听说过有修女和修士去，也没听说教皇有派过人。"（福尔图娜塔·泰代斯科）梵蒂冈什么也没说，而是采取"半官方措施"，以争取释放皈依天主教的犹太人以及混合婚姻的成员。德国驻梵蒂冈大使给柏林写信说，"教皇尚未允许自己卷入对驱逐罗马犹太人的任何示范性谴责"。[26]同时，经梵蒂冈批准，教会人士和机构冒着极大的危险，在修道院和教区藏匿并拯救了不下四千五百名犹太人。[27]

*

"对犹太区的突袭是那些只有德国人才能做到的蠢事之一。事实上，这不是意大利人干的，不是我们的政府干的。"（马西莫·乌弗雷杜齐）然而，10 月 16 日之后，德国人把迫害犹太人的任务留给了意大利法西斯分子。[28]"毫无疑问，每个幸存的犹太人背后都有一个非犹太人帮助他，甚至是冒着生命危险；但每个被驱逐的犹太人背后，都有一个法西斯分子告发他，这一点同样毋庸置疑。"（皮耶罗·泰拉奇纳）

这次突袭是一个关于躲藏、逃跑、分离、不确定和恐惧的故事的开始。怀孕八个月的福尔图娜塔·泰代斯科躲在她位于马尔莫拉塔路的大楼里的非犹太人邻居家里；她的儿子就在那里出生。之后，为了不给邻居惹麻烦，她搬到了宝血修女会的修道院，当纳粹来搜查时，她带着孩子在最后一刻逃离了那里。乔治·法诺一家在弗拉米尼亚路的一间公寓里住了几个月。"我们没有，怎么说，躲避的文化。那次犯的根本错误是，我们没有与邻居建立任何形式的联系。如果有人敲我们的门，我们也不会开，我们就待在里面，像老鼠一样安静。"（克劳迪奥·法诺）然后，这个家庭分开了。埃斯特尔和她以前的老师住在一起（她甚至还能上一段时间的学），其余的人则和一个家庭医生住在一起："一周后，女仆——她的未婚夫是法西斯分子——告诉我们，他们要来了，所以我们不得不离开。"父亲在一个个出租房之间辗转，家人们则被窝藏在蒙特韦尔德的一家由加拿大修女开办的修道院里。

"我认为，童年相当程度上是一个发明。我不认为那些年是我的童年，一点也不认为。向成年人的转变发生在 9 月 8 日左右，或者是 29 日，当我们躲起来的时候。从那时起，童年就不复存在了。"（埃斯特尔·法诺）孩子们在经历这些事件时，会不断地跨越现实、虚构与游戏之间的界限。他们总是在改变地方和身份：这是一场面具和表征的游戏：假身份证、假名字、虚构的身份。他们有着危险的、可识别的犹太名字和姓氏。于是埃斯特尔变成了焦万娜，斯皮齐法诺变成了乌尔巴尼。他们隐藏了自己的罗马口音，试图冒充南方移民。"我已经伪装得如此巧妙，以至于有一次有人问我，'在空袭中，你是如何设法 [从卡拉布里亚] 来到罗马的？'我说：'夫人！通过临时的手段！'"（埃斯特尔·法诺）孩子们学会了仪式和语言，知道背诵拉丁文祈祷词可以救命。

"这也是一场游戏。这是一场游戏，因为我们有家人和我们在一起。如果我们不得不单独做，那将是另一回事；但和家人在一起，它就是我们作为一个家庭团体做的游戏。"（埃斯特尔·法诺）孩子们感觉到游戏和悲剧之间的界限是不稳定的；具有讽刺意味的是，公然的虚构是把事情弄清楚的一种方式。埃斯特尔·法诺回忆说："我们做戏剧；我们编排节目，通过改造衣服来制作服装，以不同的方式穿着它们。我们还自己创作了所有的脚本。戏剧也是对我们所处现实的一种隐喻性的解放：你能够拥有一种虚构就是虚构，游戏就是游戏的状态，而这会让你感觉更好。"

告密者和间谍是这场面具和身份游戏的另一面。乔治·法诺也许是被某个发现了他的藏身之处的邻居出卖的，当时他让人把收音机带到他的租房里，为了收听英国广播公司的节目。切萨雷·泰代斯科走在街上时，一个告密者向法西斯分子指出了他。犹太游击队员马尔科·莫斯卡托则是在从山上回来寻找他的家人时，被塞莱斯特·迪波尔托认出——这位年轻的犹太女性，已经成为线人——并指给了法西斯分子。[29] 野心和挫折使得塞莱斯特·迪波尔托这个因其美貌而被称为斯特拉的女孩，告发了她的几十个同胞；然而，内部暧昧的灰色地带也可能有更积极的表现形式。

10 月 16 日，乔治·法诺已经带着家人躲了起来，但他的岳父母这时才准备离开。当德国人来到临街门时，他们的行李箱就放在楼梯平台上。天色渐晚，德国人不多，也很害怕。

克劳迪奥·法诺　他们的名单上有我们的名字，但似乎没有我外祖父母的名字。不过，如果他们上楼了，他们可以看到楼梯平台上的行李箱。这位［邻居］女士便下楼去，她的丈夫是一位上校，加入了黑衫旅［法西斯反游击队］，她在军校的儿子也加入了黑衫旅。这位女士会说德语。她找到德国人，问他们：“你们在找谁？他们都走了。”所以那些德国人没有上去。所以，黑衫旅的上校的妻子……

在同一个人身上，拯救个别犹太人的邻居与支持一个正试图杀死所有犹太人的政府的法西斯活跃分子之间是什么关系？在这种私人的美德与公然的共谋或漠不关心之间，在楼梯平台与种族灭绝之间，存在着一个不透明的区域，使得具体与抽象、个人与意识形态、私人生活与历史相互分离和连接。并非所有人都有心去跨越它：看到比自己的邻居更远的地方是困难的，也是危险的。但至少有些人看到了邻居：许多人并不反对法西斯主义或战争，但他们不惜冒着风险，付出代价，帮助逃亡者、逃兵和受迫害者。教会树立了榜样：对大规模的种族屠杀只字不提，却帮助和保护了成千上万的犹太人个体。

随着逮捕和围捕的继续，犹太人被带到天皇后监狱或者塔索路的纳粹监狱。一些人——如皮耶罗·泰拉奇纳和他的家人，被从那里带到奥斯维辛；另一些人，如切萨雷·泰代斯科、乔治·法诺和迪孔西利奥家族的七名成员，则被带到阿尔帖亭洞窟。大多数家庭都有这两种情况。“我姐姐，她丈夫［是在 10 月 16 日］被他们带走的，她哭着说：'那些去了阿尔帖亭洞窟的人会受到羡慕的。至少他们死在了这里，没有遭太多的罪。'想一想：关在陆军学院的两天，待在火车上的五天，只有天主知道他们一定遭受了什么，我姐姐和那个小女孩，我六十九岁的父亲，以及所有其他人。之后还有他们不得不目睹的东西在等着他们。"（福尔图娜塔·泰代斯科）

皮耶罗·泰拉奇纳　我记得我父亲进入天皇后监狱的时候，我们在登记处排队，面朝着墙壁，由一名党卫军监视，绝不允许说话；但我父亲觉得有必要对我们说点什么。他一定是感受到了正在打开的深渊。我还确切地记得他说的那些话，那些让人无法忘记的话。首先，他请求我们原谅他，但我真的不知道是为了什么。也许是为他没有保护好我们，谁知道呢。然后他说，"孩子们，任何事情都可能发生，但我对你们有一个建议：永远不要失去你们的尊严"。

好吧，让我们继续前进。但不幸的是——后来——保持我们作为人的尊严，终究是不可能的。

朱莉娅·斯皮齐基诺　他们把他们带走的那天，我表弟正好满十七岁。我想知道为什么那天他要告诉我那些可怕的话。当时我们在外面散步，他说："你知道吗，朱莉娅，今天是我的生日；但我觉得很难过，我感到好像有什么事情，有什么坏事要发生在我身上。"就在那天晚上，他们抓走了他。就在那天晚上，他们逮捕了他。在他的生日那天。两天后，他就……他就死在了阿尔帖亭洞窟。

当人们跟我说，"事情都过去五十年了，你怎么还在想……"，我无法让你看到那一幕。你要么有感觉，要么没有。只能是这样。因为我意识到，对你来说，五十年是一座山；但如果我告诉你，五十年对我来说就像两天前一样，我感受到的痛苦如此尖锐、如此剧烈，我仍在哭泣，仍在承受，可我没办法让你感同身受。我失去了一个六岁的孩子。那是我唯一的孩子，几年后我才有了现在这个。而且很多时候，你不知道我有多内疚——我告诉自己，你在说什么？你在亵渎上帝！——我觉我为他们感到的痛苦比这更强烈。

*

1944 年 3 月 21 日，春天的第一天，九岁的瓦莱里娅·斯皮齐基诺和她的家人躲在蒙蒂圣母路；其他亲戚，即迪孔西利奥一家，则躲在街对面她外祖父的五金店里。她的母亲煎了一些鱼；当时已过宵禁时间，但她还是让瓦莱里娅去给街对面的亲戚端一盘。"我敲了敲门，开门的不是我的亲戚，而是一个德国人。他们正在里面进行突击检查，翻找黄金之类的东西。我厚着脸走进去，把盘子放在床上，然后作势要离开，表现得非常自然，仿佛在说，'我不属于这里，我只是顺便进来'，因为我知道发生了什么；我动身出去，但那个开门的德国人用他的步枪把我推了回去。"

瓦莱里娅用罗马犹太方言问她的舅舅，"'我应该跑回家找我父母吗？'他说，'你疯了吗，你会害他们都被抓起来的'"。德国人打开大门，她看到外面停着辆卡车，车灯亮着，有梯子可以爬上去，意识到他们都要被带走。"先是我舅妈抱着十二天大的孩子爬了进去，接下来一个应该是我。"她踩上了第一级梯格，然后挣脱出来，跑上楼梯，尖叫着找她的爸爸。一名士兵在她身后跑来，手里拿着枪："我当时疯了，自我保护的本能是如此强烈，以至于没有意识到我是在充当诱饵，我去找我父亲的话，会让他们都被抓住。"

"我肯定让我父亲陷入了危险之中，我把他放在了我们所说的鲸鱼嘴里，因为他真的可能被杀死。"然而，她父亲在楼梯上见到了她，并出示了伪造的文件，证明他们不是犹太人。"我猜这个德国人并没有真正调查过。我很幸运，能蒙主眷顾。如果不是动作快，逃过了这一劫，我就去奥斯维辛了，到了那里连上帝也救不了我。"

瓦莱里娅受到了惊吓。和他们住在一起的一位难民女士给了她一杯白葡萄酒压惊；"喝完酒后，我盖上毯子，什么都不记得了。他们说我病了一个礼拜，后面的我都不记得了……不过那一刻的每个细节，我记得非常清晰。我记得我的外祖母，记得那些德国人在搜查，记得门边的那个德国人……如果我是个画家，我可以画出那个场景。"

囚犯们被带到了天皇后监狱；所有的男人都在阿尔帖亭

洞窟遇害："他们杀了我的外祖父、他的三个儿子和一个儿媳，以及他的一个儿子的三个孩子，整整三代人。女人们则被带到奥斯维幸，似乎她们一到那里就被杀害了。"

*

皮耶罗·泰拉奇纳　第六天下午早些时候，火车开动了，驶入奥斯维幸—比克瑙集中营内的车站。他们打开车门，我们立刻感到自己来到了地狱。在党卫军的呼喊声中，在狼狗的吠叫声中，我们尽可能快地下车，但不是所有人都能做到。我当时才十五岁出头，这对我来说很容易；但那些年老的或生病的人，只要动作有一点慢，就会立即遭到一顿乱棍的殴打。这就是奥斯维幸接待我们的方式。

然后是一阵混乱，一种无法形容的、可怕的混乱，因为许多人有亲属在其他的车皮上，所以很自然地要去寻找他们，看看他们是否还活着，处于什么状态。尽管德国人试图用殴打来维持秩序，我们仍不放弃对我母亲和妹妹的寻找，直到她们从火车尾部向中间走来时，我们才见到她们。

然后……我们拥抱在一起。所有人。我母亲……她马上意识到，这就是结局。我记得她给了，她给了我们她的祝福。她把手放在我们头上……这时她看到一些德国人举着棍子过来，她很害怕，不是为她，而是为我们感到害怕；她说，走吧，走吧。然后又补充了一句，说我们再也不会见面了。

好吧。

然后……我想原来是这样。

他们设法用自己的方式建立了秩序，他们把人分成两队，一队男人，一队女人。一群党卫军军官在女人的队伍前面排成一排，手里拿着棍子；女人的队伍开始移动……他们中的一个人会向她们指出，在这条队伍中，谁应该走这条路，谁应该走另一条路。灭绝行动开始了。

然后……可怕的场面出现了；他们试图夺走母亲怀里抱着或者手上牵着的孩子。因为母亲年轻，可以继续工作，而孩子们不能。所以……那些尖叫着的母亲，绝望地追着他们，试图抓住她们的……她们的孩子，有时她们成功了。她们不得不回到队伍中去，而当她们从那个作为医生的德国军官面前经过时，他会把她们送到大多数女人走的那条路。那就是，去死。

男人的队伍也是如此。我的父亲和祖父走了一条路；我的兄弟、我叔叔和我走了另一条路。他们把我们带到一个营房，那里的一些囚犯已经在帮助德国人处理到来的人，其中有一些是意大利人。他们马上告诉我们……也许［其他人］已经通过烟囱离开了营地。因为他们已经被送往，实际上会被立即送往毒气室，然后从毒气室送往焚烧炉。

所以在那里，旅途的疲惫，精神的困顿，饥饿，口渴……然后是一定程度的堕落，我们受到的打击，整个乱糟糟的局面，我们所处的混乱的状态……我们完全赤裸，被剥夺了一切，真的是一切，被剥夺了衣服，首先被剥夺了我们的亲人；还有我们随身带的为数不多的东西，我们的头发，甚至我们的身体——完全被剥夺了。一个囚犯用一只戴着黄麻手套的手，伸进一个我认为是装着杂酚油的桶里，然后把这种抗寄生虫药涂在囚犯身体的各个部位，从头……到私处，到脚。接着，我们站在一个填写表格的德国士兵面前，再没有比在一个穿衣服的人面前完全光着身子，更有辱人格的了……登记后，他们会给我们一个号码，这个号码也会被文在我们的左臂上；我们被告知，我们应该立即用德语背诵这个号码，因为我们的名字不再有任何意义，不再存在了。所以我们身上不再有任何人的属性，以至于德国人在清点我们的时候，不会说，比如520人，而是说520块。我们已经变成了碎片。

什么事情都可能要你的命。在分发食物时，囚犯们会围着那个负责分汤的军士，等他结束工作后，就一起冲向那只桶……桶里几乎不再剩下什么东西，只是在桶壁上黏着一些疙瘩。他们有时甚至会发生……非常激烈的争吵。如果碰巧有一个军士路过，看到了正在发生的事情——总是同样的事情，他会举起手臂，左臂的袖子，他们就会被直接送进炉子，送进毒气室。

我们的工作是挖水渠，以便下雨时水能够排走。在走了四五公里后，我们在 8 点左右到达工作地点，一直干到日落。总是受到鞭子的抽打，也不给一口水喝。为了防止脱水死亡，我们会在我们正在挖的水渠一侧放一根水管；液状泥浆会通过这根水管一滴滴地流下来。我们会在下面放一个碗，这就是我们喝的东西。其他什么都没有。所以，这一切总是伴随着挨棍子的噩梦，什么样的原因都有，甚至是没有原因——有人可能只是路过，便开始打我们。到了傍晚，我们经常不得不用我们的肩膀把那些疼得走不了路的同志扛回去。回到营地后，我们必须把他们排成一排去点名，把他们排在最后面，所有的人都排成一排。如果有人偏离了几厘米，那就要遭殃了——一个党卫军军士会走过来，举起左臂的袖子，记下号码，过了一两个小时，这个人就只剩下灰了。除了灰烬，什么都没有。

6 月底，开始有匈牙利的人来到奥斯维幸。已经在里面的人就必须为那些要进来的人腾出空间。因此，他们进行了筛选；我想从 6 月底到 9 月，我每两周就会经历一次……而且我记得，一个人成功通过的那一刻，可能会松一口气；但是，当你意识到你的朋友、睡在你邻铺的伙伴，甚至你在军营里认识的人，都不在了，那么，你就会被一种……我想是一种内疚感笼罩。这种负疚感并没有在我们获得解放时结束。你会不停地问自己：谁替我去死了？

据说，奥斯维幸的火葬场每天可以火化一万人。但在那个时期，每天进来的人比这个数字还要多。他们无法处理数量如此巨大的尸体，所以在营地的边缘挖了巨大的坑，然后一卡车一卡车地把尸体从毒气室里运出来，倒进这些坑里，等坑填满了，就把尸体点着。那……那……那气味，本来火葬场的恶臭就已经很可怕了，然后又是这些营地边缘的坑，风会把气味带过来，瘆人得不行。而且你还可以看到他们的活动，看到他们如何卸下尸体，看到一切。想想生活在一个每天杀死一万或一万五千人的地方意味着什么，在那里你知道一切、看到一切、听到一切……

我们住在 D 营，高压电流通过的铁丝网将我们与其他营区隔开。旁边的 E 营有点特别，那里住着完整的家庭。我是说，那里有孩子；有男人和女人，他们留着头发；他们也保留了自己的衣服。那是吉卜赛人的营地。一个充满生机的营地，因为那里有孩子，有到处跑的孩子，有呼唤他们的母亲，有晾晒在外头的衣服……他们甚至保留了他们的乐器，所以在晚上他们会弹奏音乐，对我们来说，这似乎是一片幸福的绿洲，因为那里有生命；而在我们这边，除了死亡，什么都没有。

1944 年 7 月底的一个晚上，我们听到了喊叫声，是党卫军在发号施令；然后我们听到了一阵骚动和喧嚣，听到了孩子们的哭声，因为他们在半夜被吵醒了。然后，突然间，一片寂静。第二天早上，我们做的第一件事就是去看发生了什么……那个营地没有一个人影，完全是空的，只有一片寂静，我想说的是一种令人心寒的寂静。我们立即意识到，他们没有被转移到另一个营地；只消看一眼那些堆积的东西就能明白，在那个夜晚，有八千人送死。

10 月，营地里发生了一场叛乱。在三号焚尸炉，被称为希腊人的叛乱，因为他们是定期地，大约每三个月一次，在毒气室和焚尸炉工作的囚犯——Sonderkommando 是他们的称呼——而现在反过来，他们被要求进入毒气室。他们意识到该轮到自己了，好像也得到了营地外的一些帮助，我不知道是怎么回事，反正他们把一些炸药弄进了焚尸炉和毒气室，炸毁了三号焚尸炉。而且，他们从德国人那里拿了一些武器；他们……我想他们也许坚持了半天，不超过半天；然后当然，他们都被杀了。

……安杰洛·迪波尔托、[莫塞的]贾科莫·迪波尔托、贾科莫·迪尔波托[曾是鲁比诺]、焦阿基诺·迪萨尔沃、阿尔曼多·迪塞尼、帕西菲科·迪塞尼、阿蒂利奥·迪韦罗利、米凯莱·迪韦罗利、所罗门·德鲁克、利多·杜兰蒂、马尔科·埃弗拉蒂、费迪南多·埃莱纳、阿尔多·埃卢伊西、乔治·埃尔科拉尼、阿尔多·埃尔科利、雷纳托·法布里、安东尼奥·法布里尼、乔治·法诺、阿尔贝托·范塔科内、维托里奥·凡蒂尼、萨巴托·阿马迪奥·法图奇……

第二部分　阿尔帖亭洞窟

第四章

抵抗运动

……马里奥·费利乔利、达尔达诺·费努利、恩里科·费罗拉、洛雷托·菲纳蒙迪、阿纳尔多·菲诺基亚罗、阿尔多·芬齐、瓦莱里奥·菲奥伦蒂尼、菲奥里诺·菲奥里尼、安杰洛·福凯蒂、埃德蒙多·丰迪、真塞里科·丰塔纳、拉法埃莱·福尔纳里、莱昂内·福尔纳罗、加埃塔诺·福特、卡洛·福斯基、切莱斯蒂诺·弗拉斯、保罗·弗拉斯卡、安杰洛·弗拉斯卡蒂……

阿达·皮尼奥蒂　　总之，到了第二天，他们让我们离开，在 10 点左右的样子，我猜是 10 点或者 10 点半。我们立即回到我嫂子家，想看看他们回来了没有。回来什么呀？屋子里连个人影都没有，除了一片狼藉，他们把能偷走的都偷走了。剩下的扔得到处都是，就像一个战场，不，就是。我嫂子说："没关系，这都不是事，还是让我们去弄清楚他们怎么了。"我们问了一圈，他们说，"是的，他们已经被带到内政部去了"。所以我们去内政部，走路去的，因为不远。在路上，我们碰到那些已经放出来的人。至于其他的人，他们被带到那个啥，那个阿尔帖亭洞窟，为了让他们如实交代。

他们还问我们，"怎么会呢，皮尼奥蒂一家不是已经回来了？他们怎么会在凌晨 2 点把他叫走？"我们说，"他肯定是知道什么人，所以他们才把他叫走的"。没想到他们是在挑选他们要杀的人。我们到达内政部时，刚好看到两辆遮得严严实实的卡车从里面开出来。我们就问那个人，怎么称呼来着，警卫；我们问他，"他们要把他们带到哪里去？"我们哭着、喊着，想知道点什么。他说，"嗯，我想是带他们去工作吧。我们怎么知道，他们没有跟我们讲。"我们就这么看着他们被带走。那么，我们来这里有什么用？我们去了塔索路。塔索路，什么都没有："他们不在这，他们从没来过这里。"其实他们是从内政部去了塔索路，装上其他人后，再去往阿尔帖亭洞窟。

所以，在他们被带走之后，我们每天都去塔索路，去天皇后监狱；我们跑遍了所有的地方，但没有人告诉我们任何东西。直到最后我们还希望他们是被带去工作了；不幸的是，希望在最后死去。我们不得不在半个月内写了两封信，去了解他们的去向。第二封之后，他们寄来一个信封，里面有四张纸，每张纸分别写着他们的名字，说人已经没了。用德语写的。我们不得不去找人读给我们听。这就是事情的结局。

1. 开始

马西莫·乌弗雷杜奇　我记得那天是3月23日［法西斯运动成立周年纪念］，德国人不允许［法西斯分子］在街头举行游行，或者说明目张胆的游行。［因此庆祝活动］是在威尼托路的行会部＊大楼内举行的，那里是法西斯党的总部。在仪式进行过程中，响起了爆炸声，听得非常清。我们是离得最近的，于是所有人都跑去看发生了什么。到了那里后，我看到一些人正被德国人按在巴尔贝里尼宫的栅栏上，举着双手……当然，这种场面很难描述，因为那些尸体被炸成了碎片，有三十三具或者三十二具之多……总之，难以置信。我看了一眼拉塞拉路，立即把视线拉了回来，因为……我被伤害到了，我想。然后，我们和其他人一起穿过特里同路，穿过附近的那些小街。我们什么也没听到，也没发现袭击者的蛛丝马迹。之后，我们回到行会部楼，在那里，我记得，

＊　意大利法西斯政权提出"行会国家"的理念，要求就业人员按行业组织起来，由政府加以控制。至1929年行会部（Corporations）部长由墨索里尼亲自担任。1939年，成立法西斯和行会会议，取代众议院。

我们在一种完全不同的基调中举行了 3 月 22 日的纪念活动，所有人都像被深深击中一般，震惊得不行。我开始感到亢奋，这亢奋在某种程度上也是恐惧。因为这是罗马第一次发生这样的袭击，而且是在罗马的心脏地带。

当我告诉马西莫·乌弗雷杜奇这不是第一次时，他感到既惊讶又怀疑。罗马市中心此前发生过多起游击队的袭击，造成了德国人的伤亡，而民众没有受到报复。[1] 然而，人们普遍想当然地以为，拉塞拉路事件是游击队在罗马的首次行动，并基于此而树立了一种信念，即报复是自动的和不可避免的——有一次袭击，便有一次报复。这也导致这个故事，即便是由年轻人来讲述，也总是以拉塞拉路开始："一个丑陋的故事……它始于袭击……"，"我只知道受袭击的是德军的一个纵队，但不记得为什么"（马泰奥·扎帕罗利，二十岁）；"因为意大利人对德国人的一次袭击，我想大约有三十名纳粹德国人在拉塞拉路丧命。之后德国人还以颜色，在阿尔帖亭洞窟杀掉了十倍的意大利人，不过老实说我不知道洞窟在哪里"（西莫内·博瓦，十五岁）。

不能怪年轻人无知。这个故事就是这么讲述给他们的，即使在学校的课本中："……在游击队的袭击导致三十三名德国士兵丧命后，有三百三十五名意大利人遭枪决"（阿尔帖亭洞窟大屠杀，1944 年 3 月 24—25 日）；"德国人对每一起袭击都进行了无情的报复，1944 年 3 月在罗马发动的那次尤其残忍，为了回应一起发现有三十二名德国士兵死亡的袭击，他们在阿尔帖亭洞窟枪杀了包括犹太人、反法西斯人士和巴多利奥派囚犯在内的三百三十五人"。[2]

报复是袭击的自动结果这一信念蕴涵着一种宿命感。动词主要是被动形式，主语是非人称的（"被杀死""被谋杀"），正如在一场不可避免的悲剧中，没有主体，只有受害者。人称主语的省略，往往是为了掩盖某些人的责任，而强调其他人的责任：例如，右翼在描述拉塞拉路事件时倾向于使用主动动词和明确的主语，而在谈论阿尔帖亭洞窟时，又回到非人称主语和被动动词："共产党的爱国行动组将十八公斤TNT 炸药混合着铁片藏在一辆垃圾车内，将隶属于党卫军的博岑警察团第十一连的三十二名士兵炸成了碎片［……］在德国人随后展开的报复中，有三百三十五人在阿尔帖亭洞窟被枪杀，对党卫军上尉埃里希·普里布克的审判不日将开始"。[3]

炸弹的爆炸声是一个完美的开始（incipit）。依照定义，在开始之前，什么都没有发生：报复"随之而来"。1944 年6 月 29 日，纳粹在位于托斯卡纳地区的基亚纳河谷奇维泰拉（当地的记忆也指责游击队）实施了大屠杀，在关于这次屠杀的描述中，是游击队的袭击打破了一个"小小的、充满着柔和与神秘魅力的古老世界"的宁静。[4] 战时的罗马，不可能有乡村柔和的宁静，但有"不设防的城市"这一美丽的谎言。炸弹是一切的开端，因为罗马这个"不设防的城市"本来是太平无事的。然而情况并非如此。

"拉塞拉路事件是一次暴力行为，发生在一个沦为战争与暴力受害者的城市……暴力被认为是对暴力局势的暴力回应。"（瓦伦蒂诺·杰拉塔纳）如果我们考虑大规模的驱逐、处决、空袭、围捕、饥饿和恐惧，那么拉塞拉路就不再是原因，而是结果："我们生活在这样一个城市，每天触手可及的都是这样的事实：不是告密者导致地下的同志被捕，进而遇难，就是法西斯党的巡逻队带走了在围捕中漏网的犹太家庭，要么就是这样的音信：'他倒下了'，就这么一句，再没别的。是你认识的某个人，他们在他那里发现了三棱钉，然后把他给处决了……这不只是一种恐怖的局面，而是持续的暴力。"（马里萨·穆苏）也许，我们应该从这里开始讲述这个故事。

2. 不设防的城市，被俘虏的城市

是的，如果能在死后知道他为何把炸弹扔在拉塞拉路，当然好。他说"我让意大利恢复了尊严"。他在说什么呢？罗马是一座不设防的城市。

——利亚娜·吉廖齐

朱塞佩·博尔贾　罗马，这座不设防的城市，既不被美国人，也不被德国人尊重——事实上，我们是他们的奴隶，仅此而已。你是什么意思，要来统治罗马？你是谁，希特勒——世界的主人？他们把我们当作奴隶，你不能说话，一个字都不能说，如果你听了英国广播公司的节目，那就糟了。什么都是秘密，一切都应化作沉默。

生活就是耻辱，加上饥饿和贫穷。我们每天只吃一百克面包。买土豆的队伍很长，买烧饭用的煤也要排长队。然后是对另一次空袭的恐惧，在第一次空袭之后，我们像地鼠一样奔跑，害怕被埋在废墟下……

　　翁贝托·图尔科　罗马是腐绿色的……在罗马，看到党卫军长官的制服，看到法西斯走狗舔他的靴子，感到很违和，明白吗？违和，因为所有其他的东西都带着一种灰色的悲伤，你可以在空气中看到、呼吸到这种悲伤……似乎整个气氛都沉浸在悲伤之中。这是一个痛苦的、饥饿的罗马。你看到人们在逃亡、憔悴、悲伤。似乎光明已经消失……我说的不是今天的感觉，是我当时的感觉。也就是说，你可能会在人行道上看到一具尸体，是被杀死的，但它并没有……它并没有带给你多大的震惊，就是这么回事。这个人是被德国人杀死的，他就躺在那地上。而你躲开了，你不想被卷入。我看到过好多人躺在地上，都是被杀死的。9月8日之后的两天，你如果出门，会看到［死去的］士兵还在被德国人的子弹打穿的吉普车上，那些在圣保罗门坚守的掷弹兵……在整个占领期间，罗马一直是这样，一座悲惨的城市。这是一个灰色的罗马。而这个罗马，正是阿尔帖亭洞窟的罗马。

　　1943 年 8 月 14 日，在受到第二次猛烈的轰炸之后，巴多利奥政府宣布罗马为"不设防的城市",不受双方战争行动的影响。盟军没有接受这一声明,尽管他们一度暂停了空袭。9月11日,在德国人占领该城之后,"不设防的罗马城司令"卡尔维·迪贝尔戈洛将军宣布,"德国军队将留在自由的罗马城的边缘"。[5]然而就在同一天,德国第十四集团军司令阿尔贝特·凯塞林元帅宣布罗马为"战争领土":德国战争法在此生效,罢工的组织者、破坏者和狙击手将被枪毙",电话将遭到监听,意大利当局应防止"一切破坏和消极抵抗的行为"。9月12日,党卫军二级突击队中队长赫伯特·卡普勒领导的警察部队进驻罗马。9月23日,德国空降兵占领"不设防的城市"的总部,逮捕了卡尔维将军。他的助手、参谋部上校朱塞佩·蒙泰泽莫洛则穿着便服逃脱。

阿德里亚娜·蒙泰泽莫洛 德国人俘虏卡尔维将军后,把他带到了德国。他们告诉他,如果愿意的话,他可以让自己的一名军官陪同,他问爸爸是否想和他一起去。但爸爸认为这样不行;如果去德国当俘虏,那他这个人实际上就完了。相反,他觉得自己可以做一些事情,他有一个组织者的头脑,可以让所有的东西都处于在手状态……无疑,家族的军事传统和对国家的爱产生了影响。于是他转入了地下。

"罗马,不设防的城市"成为一座被占领的城市与自己的过去脱钩的口号,却从未得到盟军的承认。德国人也从未如此对待罗马，而是将其当作开往前线的车队的中转站、德国士兵休整的地方，以及为战壕和德国工业提供劳动力资源的人矿。

　　薇拉·西莫尼　然后，意大利被这些外国人，这些不尊重民众的侵略者入侵了。在公共汽车上，我亲眼看见这些入侵者把车拦住——德国人站在前门和后门边，所有的人，不论老少，都不得不下车，然后被塞入卡车里；他们知道自己将一去不复返，因为他们要把他们带到德国去，他们无法给自己的家人捎信，什么都做不了。而我们只能看着，我父亲和我，我们只能眼睁睁地看着这样的悲剧。

　　戈弗雷多·卡佩莱蒂　一天早上我出去，正好遇到德国人开始从朱利奥·切萨雷大道赶人，我试图躲进某个地方，但其他的德国人也来了，把人群推挤到一起，就像是带着渔网来捕捉金枪鱼和鲻鱼，就是这样。他们把我们所有人带到复兴广场进行筛选，看我的面相比实际的要年轻，就把我扔了出来，至于其他的人，全都被装上卡车带走。

　　推搡、挤压、捕捉——卡佩莱蒂的鲻鱼、博尔贾的地鼠——既是对一座窒息的、半隐藏的城市的具体描述，也是对它的隐喻。凯塞林将军要求从这座"不设防的城市"运走一万六千名身体健康的男工；但只有三百人出现。[6]

　　阿达·皮尼奥蒂 ［我丈夫］怕德国人怕得半死，我可以这么说。他早上出去后，有时会脸色发白地回到家，我问他，"怎么了？"他说，"哎呀，他们进行了一次围捕，我们下了电车，我们本来在电车上，他们把车拦了下来，然后开始检查。我们总算是逃了出来……"他总是胆战心惊地回到家。这就是他害怕的，这就是所发生的。我们能有什么法子？

　　10月7日，德国人逮捕并驱逐了一千五百名宪兵；16日，他们突袭了犹太区；27日，一千人在蒙特萨克罗遭围捕，其中三分之一被强行送去做苦力。针对平民的战争无情地展开了，德国人在全市范围内采取了一系列围捕和大规模驱逐行动。[7] 许多被驱逐者再也没有回来。所有这些行为都与游击队的行动无关。

　　朱塞佩·博尔贾 3月初，1944年3月8日，爸爸没有回家。我们已经失去了妈妈；现在又不见爸爸回来——怎么回事，他一整天都没有回家，发生了什么，也许他生病了……他不在医院，他没有死，他没有在值班，发生了什么？我们去警察局，我们去了所有的地方，最后我们了解到，中央车站附近有过一次围捕，他被抓了起来，明白吗？从车站出来后，他被带上了8路电车，所有的人都被带到塔索路。他在那里关了一两天，然后被送往天皇后监狱第三分监区。从那天起，他都待在天皇后监狱，直到 3 月 24 日，大屠杀的那一天。

戈弗雷多·卡佩莱蒂的父亲是一名游击队员，曾派他给躲在圣庞加爵门附近的一家人送面包。"我走进去，[那个父亲]接过面包放在桌子上，孩子们像饿狼一样相互厮打起来。他们吃着面包，而他站在一旁认真地看着。他一粒面包屑都没有碰。我现在想起来都会起鸡皮疙瘩：他能够不碰一粒面包屑，看着自己的孩子用肘部相互推挤着，伸着舌头在地上和桌子上寻找面包屑，而这一切仅仅是因为他娶了一个犹太人。"

3. 让他们知道他们不是罗马的主人

> 我们在罗马干得很漂亮。没有人遭恨。卡普勒希望
> 罗马成为一座安宁的城市。
>
> ——埃里希·普里布克 [8]

"德国人开着吉普载着机枪傲慢地穿过威尼斯广场：这是我最鲜明的记忆之一。"（维托里奥·加布里埃利）9 月 9 日，反法西斯政党委员会——成员包括共产党、社会党、基督教民主党、行动党、自由党、劳工民主党——改名为民族解放委员会（CLN）。[9] 第二天，马里奥·菲奥伦蒂尼和露西娅·奥

托布里尼路经特里同路的拐角处："坦克从寂静中碾过，上面的德国人表情肃厉，我拉着她的胳膊——'我们已经到绝境了'［法语］——然后我们焦急地赶往皮内塔萨凯蒂、弗拉米尼奥、蒙特韦尔德，收集遗弃在军营里的武器，特别是炸弹和炸药。"（马里奥·菲奥伦蒂尼）

　　同一时间，"红旗"和"秘密军事阵线"也开始组织地下斗争。抵抗几乎是自发的，并没有严格的组织归属。

　　　　马里奥·菲奥伦蒂尼　　我们热络地进行各种会面，去最奇怪的地方见人。我来自"正义与自由"和共产党的加里波第旅；[10] 我的第一次接触是和费尔南多·诺尔马，他是一名来自"正义与自由"的橱柜制造商，被捕后在阿尔帖亭洞窟遇害。我们将各种武器集聚起来，立即在罗马发动了攻击，因为罗马有七座山，如果你选的地方好，你可以在车队经过时伏击它们。我们对车队采取了很多行动，投掷炸弹［在市中心］。

　　9 月 20 日，一枚地雷在埃莱奥诺拉·杜塞路＊的法西斯民兵营中造成"数人死亡"："一次由行动党的皮洛·阿尔贝泰利和乔瓦尼·里奇亲自策划和实施的行动"。[11] 两天后，在罗马北部海滩边的帕利多罗小镇，德国人准备处决二十二

　　＊　埃莱奥诺拉·杜塞（Eleonora Duse，1858—1924），意大利戏剧女演员，以演技闻名。

名平民，以报复一次从未发生过的袭击；在最后一刻，他们满足于只杀死宪兵萨尔沃·达奎斯托，他宣布自己是"唯一的肇事者"：这一事件将被上升到神话的高度。三周后，依然是在这个小镇，德国人杀死了六名逃兵役者。在这两起事件中，都没有游击队的任何行动。[12]

针对法西斯部长布法里尼·圭迪和法西斯刑讯专家巴尔迪、波拉斯特里尼的行动计划在最后一刻失败。10月初，共产党成立了"爱国行动组"——开展城市游击战的地下组织。

马里奥·菲奥伦蒂尼　10月初，朱利奥·科尔蒂尼、卡洛·萨利纳里、达尼洛·尼克利和我碰头，先是在西斯托桥，之后在圣天使桥。我们为自己设定的目标之一便是：德国国防军不再是不可战胜的；必须让他们知道他们不是罗马的主人，让他们感到自己处在充满敌意的人群中。我们将攻击他们的交通线、中转站，他们过境的和停放的车辆，他们的指挥部；尤其不能让他们肆无忌惮地在城市中行进。换句话说，我们想让罗马真正成为一座不设防的城市。因此，在拉塞拉路的行动——不是它本身，因为它必须与我们之前采取的许许多多行动放在一起看——在某种程度上是我们在1943年10月就已经提出的计划的顶点和高潮。我们的计划正是要攻击法西斯分子和德国人，让他们在罗马不得安生：他们休想成为这座城市的主人。

然后是 10 月 16 日，对犹太区的搜捕——再一次，没有游击队的"挑衅"。"既然卡普勒是以这种方式来遵守诺言，来尊重罗马'不设防的城市'的地位，民族解放委员会命令我们组织武装单元，在城里开展行动。"（帕斯夸莱·巴尔萨莫）抵抗运动使用了其最致命的武器：三棱钉或四棱钉。德国的车队搁浅在公路上，无法动弹，暴露在盟军的空中火力之下；在蒂布尔蒂纳路，由于挎斗在撞上钉子后失去控制，两名德国士兵死于车祸。德军指挥部宣布，"这种破坏行为如果再次发生，那些生活在事发街道或者附近的人，将受到严惩"。[13]换句话说，即便仅仅是破坏行为，民众也会遭到报复。

10 月 20 日，游击队员（据奥尔费奥·穆奇回忆，"是'红旗'的同志们"）和彼得拉拉塔区的居民闯入废弃的军事设施蒂布尔蒂诺堡，以寻找被遗弃的武器和食物，结果与德国警卫队发生冲突。两天后，德国人在一片草地上射杀了十个人。一个充当人质的男孩穿着一双不错的靴子；他们让他把靴子留下，放走了他，但抓了一个骑自行车路过的面包师来凑数。之后他们贴出了一张布告：一个"共产党团伙"的十名成员因"攻击持有武器的德国武装部队成员"而被判处死刑，"判决已执行"。这种语言预示着阿尔帖亭洞窟大屠杀的语言，但有一种重要区别：大屠杀的理由仍然是对"肇事者"的司法惩罚，而不是警察对没有参与的平民的报复。另外一个对阿尔帖亭洞窟大屠杀的预示是，那个毫无戒心的旁观者被杀是为了官僚主义的凑数之用。[14]当时并没有德国人伤亡。

10 月 28 日，爱国行动组以攻击法西斯哨所和军营的方

式，庆祝向罗马进军的周年纪念日；11 月 7 日苏维埃革命周
年纪念日，他们举行了公开演讲和示威："弗兰科·卡拉曼德
雷伊在首批组织起来的爱国行动组成员的护卫下，在菲乌梅
广场发表了一场演讲，集会以手榴弹的爆炸收场。那些巴利
拉 * 手榴弹几乎连一只苍蝇都杀不了……"（帕斯夸莱·巴尔萨莫）
"在形同侮辱的维托里奥·埃马努埃莱纪念碑的一侧，我
们用大写字母写道：德国人去死，法西斯分子去死。在西
班牙台阶下，我们画了一把锤子和一把镰刀——多年来它
们依然清晰可见，因为柔软的大理石吸收了颜料，你可
以看到我们所做的并为之抱歉的破坏，一个大大的锤子加
镰刀。"（卡拉·卡波尼）从 11 月中旬开始，游击队的行动越来
越强硬。11 月 18 日，法西斯军官在阿德里亚诺剧院集会，
一枚炸弹安置在格拉齐亚尼将军演讲的舞台下，但没有爆炸。
其他党派也成立了自己的武装团体。行动党在皮洛·阿尔贝
泰利和乔瓦尼·里奇的领导下，对交通路线进行破坏，撒四
棱钉，向萨比纳的游击队运送武器和炸药；他们中有八十四
名成员将在阿尔帖亭洞窟遇害。[15] 社会党地下武装（马泰奥
蒂旅）由朱塞佩·格拉切瓦领导；阿拉迪诺·戈沃尼是"红
旗"的军事指挥官。共产党的爱国行动组被分成八个"区"（四
个中心小组，即中央爱国行动组［GAP centrali］，在市中心

---

* 所谓巴利拉，即国家巴利拉组织，成立于 1926 年，为当时意大利唯一合
　法的青少年组织，1937 年并入意大利青年刀斧手。男性成员在军事训练中，
　会持有仿真枪或等比例缩小的步枪，即所谓的巴利拉火枪。巴利拉手榴弹
　应该是相同的性质。

活动），听从于意大利中部的加里波第旅和地区军事指挥部。为了安全起见，各个小组之间很少联络，在选择和实施行动方面拥有高度的自主权。

本蒂韦尼亚写道："我们的指挥官给我们的首要目标，是清除市中心的法西斯小队和穿制服的共和党人。"[16] 在很大程度上，这些行动靠的是个体的主动性，是一种"自由狩猎"。玛丽亚·泽维的一个伙伴是一位与爱国行动组有接触的警官，他"后来告诉我，'你知道，到了晚上，我时不时地会逮着一个人开枪'。他有一挺不错的机枪，不止杀过一次德国人"。卡普勒在受审时证实，"经常发现德国士兵的尸体漂浮在台伯河上"。

"红旗"主要在贫民窟和郊区活动："我们有某种默契：爱国行动组在罗马市中心作战，而我们在外围。"（奥尔费奥·穆奇）他们袭击德国人的卡车，切断交通线，偷窃武器和炸药。"我带着我十三个月大的儿子去与德国人作战，这样他们就无法识破……我、蒂里诺·萨巴蒂尼和［瓦莱里奥·］菲奥伦蒂尼一起去了琴托切莱［机场］，从德国人的手中夺走了地雷，那是一个可怕的时刻，事实上我们中的一人［朱利奥·卡米恰尼］受伤了。"（罗伯托·古佐）就像在类似行动中被俘的奥泰洛·瓦莱萨尼和伊拉里奥·卡纳齐，菲奥伦蒂尼和卡米恰尼将在阿尔帖亭洞窟遇害；蒂里诺·萨巴蒂尼则将在布拉韦塔堡被杀。

12 月 17 日，爱国行动组在威内托路杀死了一名随身携带着重要文件的德国国防军军官，之后这些文件被送到了盟军手中。12 月 18 日，爱国行动组成员古列尔莫·布拉西往法比奥·马西莫路一家德国人和法西斯分子经常光顾的餐馆投掷了一枚手榴弹；十人死亡，包括两名德国人。12 月 26 日，在一次极其大胆的行动中，马里奥·菲奥伦蒂尼骑着自行车，从天皇后监狱的德国守卫身旁经过。他下车后投掷了一枚手榴弹，造成多人受伤，然后又爬上自行车，在枪声中离开。作为回应，德国人禁止骑自行车，并把规定的宵禁时间提前。然而，无论这一行动还是其他行动，都没有遭到报复。

"德国人在意大利大道与威尼托路之间的地段设置了路障，用机枪和检查站将其保护起来。我想，我们从四面八方攻击了威尼托路周围的这个中心区域，因为我们炸毁了巴尔贝里尼路的一个车库，还炸毁了卡波勒卡塞路上的卡车。我们的想法是，主要在这个由德国人直接控制的地区展开行动。"（罗萨里奥·本蒂韦尼亚）18 日晚，在马里奥·菲奥伦蒂尼、卡拉·卡波尼和露西娅·奥托布里尼的支援下，本蒂韦尼亚朝巴尔贝里尼电影院门口扔了一枚炸弹，造成八名从前线回来休息的德国士兵死亡。[17]

卡拉·卡波尼 露西娅和我回过头去看有多少人被炸死。出现在我们眼前的是令人难以置信的场景，因为有些人是从背后被击中的，你可以看到那些弯腰尖叫的人的裸背，而其他人正把弹片从他们的身上拔出来。我们马上被捕了，想想我们多么愚蠢啊。但露西娅是在法国的双语区长大的，能说一口流利的德语，我便告诉她，

"如果他们拦住我们，由你来应付，而我保持沉默"。事实上，德国人认为我们是两个睡在隧道里的街头女。那天晚上，我们走过用墙围起来的隧道，进入一片灯火通明之中，那是一个由生活在那里的难民家庭组成的大营地。所以那是一次相当大的冒险。此外，实际上没有任何报复。

第二天，在威尼托路的另一头，爱国行动组袭击了德军总司令部和军事法庭所在的弗洛拉酒店。"炸弹出自乔治［·拉博，爱国行动组的炸药专家］的实验室，"弗兰科·卡拉曼德雷伊写道，"当我的手中握着这些沉实而紧凑的圆柱体，我有一种近乎怡然的感觉。"炸弹爆炸后，卡拉曼德雷伊在日记中继续写道："它们的轰鸣声在夜里扩散着，但其中并无任何粗暴或刺耳的东西，更像是一股突然升起的巨大气息，赋予了黑暗的寂静以活力。而我的内心充满了一种简单的、带着孩子气的快乐。人们在慌乱中跑来跑去，借着汽车的前灯，可以看到发光的沥青路面上一双双奔跑的腿。从弗洛拉酒店的方向，传来德国人和意大利人的呼喊声，手枪和步枪在胡乱地开火。"[18]

德国人再次隐瞒了他们的伤亡情况；"但是有人统计了一下，至少有六具穿着制服的尸体排在走廊上"。[19] 没有进行报复：在这一点上，德国人依然认为最重要的是不让城内的人知道有游击队在活动，并维护自己无敌的神话。他们取得了很大的成功，以至于这些事件几乎不再被人记住或提及。

4. 战争记忆

"有时还有一种区分会被提及：'哦，我幸运地从未杀过人，或者我希望自己从未杀过人。'这是什么意思？你当时手持武器站在那里，要么准备开枪杀人，要么无论如何要制造战端杀人——发动战争就是要杀人：无论谁站在哪一边，都愿意去杀人。他们会说，'但我手上没有沾血'；然而，你在那里，如果杀人的活是站在你旁边的人干的，但他之所以能够这么做，是因为你在他身旁，手持武器准备保护他，或者至少传递了弹药。"（罗萨里奥·本蒂韦尼亚）

马里奥·菲奥伦蒂尼　在 3 月 23 日前后，弗兰科·卡拉曼德雷伊、卡洛·萨利纳里和我每天都见面——这在以前是没有的。而且我可以觉察到卡拉曼德雷伊身上的痛苦。卡洛·萨利纳里没有流露得那么明显，因为他非常自制，瓦伦蒂诺·杰拉塔纳也是如此。然后——注意：在那里日子里，卡洛·萨利纳里几乎是呆滞的；也就是说，他从不多说话，但他甚至更加……我真的经历了……经历了弗兰科·卡拉曼德雷伊的痛苦。

在战争中，一个人不只是去献出自己的生命，也要夺取他人的生命；不只是冒死亡的风险，也要准备杀人。游击队战争与其他战争不同，与其说是因为其事业的正义性（所有的战争都宣称自己是正义的），不如说是因为它的战斗人员是自愿的，他们在每一次行动中都会重申自己的承诺。[20] 在战争过程中，游击队员也要为失误和过错负责，但没有一个游击队员会为了开脱自己而声称自己只是在执行命令。"我们是有选择的。如果有人不喜欢这么做，他可能是因为有道德上的疑难，或者政治上的理由，或者只是因为不同意——我不知道。每个人做什么都是他自己选择的。"（马里萨·穆苏）"[有些人]因为反法西斯的行动而感到非常痛苦，因为这些行动针对的是个体，是内战。我记得在一次行动过后，一个人告诉我，'听着，我再也不会干这种事了'。这并不是怯不怯懦的问题；他们中的一个被空降到北方，在抵抗运动中发挥了重要作用。"（马里奥·菲奥伦蒂尼）

> 阿道夫·凡蒂尼 有一天［来了］一位同志，带着一把手枪，里面有三发子弹。他说："去菲乌梅广场等一些法西斯分子"——就这样，没有准备，没有情报……我就去了，穿着我的战壕雨衣——当时我十六岁——我去了那里，幸运的是没有人从电车上下来。过了一会儿，就在宵禁前——"我们得回家了。"我上了无轨电车，在车上听到两个家伙在聊天，看起来像法西斯分子。我该怎么办？我要下车后向他们开枪？后来我放弃了，因为你怎能那样，也没有一个……何况我从来没有开过枪……

"我上医学院是为了不用打仗；我想，如果我被征召入伍，作为医生，我就不必杀人，而是可以尽我所能地救人。"（罗萨里奥·本蒂韦尼亚）他并没有被征召，但他仍然发现自己处于不得不杀人的境地，而且是冷血地杀人。第一次手上沾血之后，他写道，"我们处于恍惚之中……我射杀了一个人。我再也不能和我的朋友们打成一片了。现在在他们与我之间，出现了一道无可消弭的裂缝：我开始了游击战"。[21]这种裂缝作为记忆和叙述的困难反复出现：一方面是沉默（地下时期的遗产："这些事情我们决不能说，今天不行，明天、后天也不行，做事的人必须尽可能不知道自己做了什么"，马里奥·菲奥伦蒂尼说）；另一方面是讲述和解释的迫切需要。

　　游击队在他们的正义战争中，以良知之名所采取的行为，如果放在和平时期，可能会让他们的良知觉得"不义"："在那几个月里，你我的生命都是紧绷着的，如果看到有人向我开枪，我就会还击；这种事情在那时是合理的，但到了后来你得放弃这么做，否则你会让自己成为死亡的使者。"（马里萨·穆苏）在一个荒谬的时代，人必须悬置部分的自我。露西娅·奥托布里尼说："在抵抗运动中，我觉得自己好像在触犯戒律；我羞于求助祂。那是一个不同的时代。现在回想起来，我会说，真奇怪——那真的是我吗？"

　　　玛丽亚·特雷莎·雷加德　　好吧，其实我并没有过多地纠结于此。我想，为了把德国人赶出罗马，我们需要做点什么，就是这么回事。我肯定没有因为想到要杀人而感到开心。我的女儿们问我，"怎么会呢，你就没有考虑过这些事情？"事实上，我压根不去想它，因为如果我想了，我不知道，我可能就没有行动的力量了。我们就像被屏蔽了一样，想保护自己不受到影响，因为对于我们这样的人来说，它是如此不正常。对我来说，与其说是恐惧，不如说是想到如果我稍微放任一下自己，我可能就会崩溃。

"所以，"爱国行动组成员弗兰科·卡拉曼德雷伊在1941年的一篇日记中写道，"我告诉自己——并不存在一场战争，但个体都在面对战争；永远是个体，永远只有个体。"[22]他的日记中，有一页的内容很著名，以一种令人意想不到的方式，呈现了一个年轻的游击队员在拉塞拉路等待行动时的双重矛盾意识，他知道自己在做一件既正义又不义的事情："那天我在西班牙广场，等候德军的一个排出现在巴布伊诺路的尽头。想到这些人很快就会死掉，我一点也不在乎。不过当我站在午后的暖阳下，看到他们列队走过，'今夜星光灿烂'的咏叹调在我心头响起，泪水顺着我的面颊流了下来。"[23]

因此，"分裂的记忆"——介于"一点也不在乎"与不期然的泪水之间——萦绕着个人。游击队员是双重意识的承载者，背负着实施暴力的理由和拒绝暴力的理由。比较一下这两种说法：

马里萨·穆苏　当你听到［朱莉娅·］斯皮齐基诺，顺便说一下，你可能会在影像中看到这个美丽而杰出的女人，当你听到她告诉你迪孔西利奥家的男性都死光了，一个十六岁的男孩，一个十七岁的男孩，一个十九岁的男孩，一个二十一岁的男孩，还有他们的父亲和祖父，都在阿尔帖亭洞窟遇害了，剩下的一个十五天的婴儿，则进了奥斯维辛的毒气室——即使现在，只要一想到这，我就浑身……甚至不是仇恨，而是……请原谅我，这听起来很奇怪，而是：我们还没有杀够他们；我们应该杀更多。我知道这听起来很残忍，但事情就是这样。如果我想到，比方说，我用炸弹炸死了一个德国士兵，我不会去想他是一个母亲的儿子，或者一个小孩的父亲。我不会这样去代入。我看到的是塔索路的刑讯者，围捕犹太人的人，灭绝营的守卫……

露西娅·奥托布里尼　战争就是战争，对此你无能为力。我记得在恩波利塔纳路，卡车上满载着回家的年轻人，他们用德语［唱着］"在家里，一切都会好起来的"。有些事情永远不会离开你，我一直记得它们，一辈子都忘不了。譬如，被他们杀害的三百四十个人，他们总是萦系在我心头。因为我甚至不想听到这样的事，这不是懦弱，而是它很可怕，很恐怖，很骇人，我向你保证。有些人可以自由而轻松地写下它。我做不到，对我来说，敌人也是人。我感到万分的难过。这是非常痛苦的事情，我想它在我身上留下了烙印。同时，它也使我更加成熟；我不觉得自己是无辜的，没有人是无辜的，也没有人可以称自己有罪。

这些由不同的人表达的态度，不能认为它们是对立的，而应认为是重叠的：它们意味着认识到同一个人既是敌人又是人类（灭绝营的守卫也是父亲和丈夫，是"普通人"），以及对相应的行动和感受的需求。毕竟露西娅·奥托布里尼确实为炸毁那些满载着年轻人回家的卡车出过力；而马里萨·穆苏讲述了一个很典型的矛盾的故事。根据她的说法，游击队袭击了罗马法西斯联盟秘书乔瓦尼·皮奇拉尼和他的保镖乘坐的汽车；当他们走近的时候，他们发现有五个人受伤，但不知道哪个是皮奇拉尼。"我的子弹已上膛，正准备做我认为应该做的事〔即把他们都杀了〕，这时弗兰科〔·卡拉德曼雷伊〕制止了我：'住手，我们得到的命令，'他解释说，'是处决皮奇拉尼，而不是皮奇拉尼和其他所有人。'我如今认为，作为一个更成熟的和更负责任的人，他比我更敏感地意识到了处决刑讯者和谋杀犯，跟滥杀尚未确定罪行的敌人之间的那条细线。"[24]

弗兰科·卡拉曼德雷伊的日记跳过了这一事件发生的那个时期；卡拉·卡波尼和马里奥·菲奥伦蒂尼的讲述则大相径庭。不过撇开事实的重构不谈，这个故事本身就是一个重要的事实。如果事情确实如穆苏所说，它表明了游击队面对不必要的暴力的伦理观，以及游击队与他们的敌人之间的区别。如果不是，那么它意味着这一区别是如此有必要，以至于多年以来，记忆和情感都在努力敷演出一个故事来表现它。我们谈论的是分裂的记忆，但弗兰科·卡拉曼德雷伊的日记标题是"不可分割的生命"。敏感的知识分子与武装的战士，

对即将到来的死亡的必要冷漠与处理死亡时的忍痛，是不可
分割的。这就是为何露西娅·奥托布里尼在拒绝无辜和有罪
的分类时是正确的：她和其他人不接受《罗马观察报》社论
立即摊到他们头上的罪责（guilt），但承认个人负有全部责
任（responsibility）。说"战争就是战争"并不意味着不加
任何区别，也不意味着悬置理由和感受，而是意味着：我得
担负起我不会否认的理由（reasons），但我不希望看到用适
合所有季节（seasons）*的无辜者的异样眼光来评判。

　　　卡拉·卡波尼　例如，我们在［威尼托路］杀了一
　　名德国军官。由于我还未受过火的洗礼，他们告诉我："这
　　次轮到你了。"我觉得自己快要死了，讲真心话，因为
　　射杀一个人，而且是从背后开暗枪，我向你保证，这是
　　怂货才会干的事。我想喊住对方，说请原谅，这样他就
　　会转身，至少有时间回应……就这样，在穿过第一条街
　　后，和我一起的本蒂韦尼亚说："来吧，开枪吧"，但我
　　没有。当我们来到托伦蒂诺的圣尼科洛堂的拐角处，在
　　他的示意下，我胡乱地开了三四枪，他也开了枪，然后
　　我们就趴下。我记得这时下起了雨，但德国人有一个我
　　们应该弄到手的公文包，你知道，拿着这个公文包，撕

---

* "适合所有季节的人"源自罗伯特·惠廷顿对托马斯·莫尔的描述，意指
　随时准备应对任何突发事件，行为总是符合各种场合的人，也指在许多领
　域都取得了成功的人。

开它，就像撕开我们的心脏——想想看，我手里一直拿着枪，甚至忘了放进口袋里。

我们往下走，来到巴尔贝里尼广场，在那里，我陷入了严重的危机，我说，"不，不，这不可能，我们不能这么做"。这似乎不公平。于是本蒂韦尼亚开导我："瞧，是他们杀人在前，杰斯蒙多被严刑拷打，乔治·拉博［被杀害］，詹弗兰科·马太［在狱中］上吊自尽。这是一场斗争，你必须这样看待它，否则女人们就该待在家里"……你瞧，他想羞辱我……但我要告诉你的是，这是很难做到的事情。我认为这在很大程度上取决于一个事实，即杀人是违反自然的。[25]

"否则女人们就该待在家里"。玛丽亚·特雷莎·雷加德朗读了她获得金质军功章的原因："'被捕后，她被带到塔索路的监狱，在反复的审讯中，她始终保持着一种阳刚的、堪称典范的风度，守口如瓶……'我划掉了'阳刚'这个词：我告诉他们，听着，把'阳刚'删掉，我受不了。"

露西娅·奥托布里尼　［保罗·埃米利奥·］塔维亚尼给我颁发的银质奖章，他是当时的国防部长。我和两位空军将军一起受的奖。他把我当成了一名战士的遗孀，轻轻地问我，"夫人，您是他的妻子吗？"他以为我是那个受勋者的遗孀，以为他已经死了。我说，"你瞧，我才是那个获得勋章的人"。[26]

马里萨·穆苏回忆道，当瓦伦蒂诺·杰拉塔纳将她送到加里波第旅的军事指挥官乔治·阿门多拉那里，让她加入爱国行动组时，阿门多拉告诉她："依我之见，你的角色应该是站在瓦伦蒂诺身边，晚上给他缝补袜子。"阿门多拉这么说，可能更多考虑的是她的年龄（她当时只有十八岁）而非她的性别，但他的措辞很能说明问题。当然，当时"他和我都没有想到，几十年后将会兴起一场女性主义运动。但我也不知道如何缝补袜子"。[27] 如果说罗马的抵抗运动中有什么可以学到的话，那就是，虽然女人可以做与男人一样的事，但战争并非"阳刚"的神话，而我们总是借助这一神话来表征战争。

虽然在授予卡拉·卡波尼金质奖章的原因中提到了"与敌人斗争时的冷静的决心"，露西娅·奥托布里尼却说："在我的记忆中，她非常温柔。我记得有一天晚上在她家睡觉，天气很冷，床都冻僵了，因为是冬天，也没有暖气，什么都没有。她便找来一个熨斗，用加热的熨斗把我的床弄暖和，然后给我盖上被子——'现在睡吧。'还有一次，我们在一个煤窑里，我发起了高烧，身边却没有水；她二话没说，提起一个水壶就出去，然后带着一壶水回来了［在实施宵禁的夜晚］。而这不过是她的又一次本能的、自发的举动。"

　　玛丽亚·特雷莎·雷加德　是的，没错，有很多女性。但这不是一个女性主义的声明；不，我认为女性要更务实；可能她们看到这场战争是如此糟糕，谁知道呢，她们有更多的反应。显然，不可能有一种女性主义的心态，因为当时还不是时候，不过也许有一种女性有权利参与，有权利被计算在内的想法。

马里萨·穆苏回忆起1990年代的一次面向学生的演讲，在卢卡尼亚（位于意大利南部）的一所科学高中："这样非常好。学生们主要感兴趣的是感受。他们不太关心有多少人参与，扔了多少炸弹，行动是如何策划的。相反，他们问的是：你害怕吗？行动前一个小时你在想什么？如果你能取消行动，你会取消吗？你对死亡有何感想？"从前的游击队员已不再年轻，而且他们往往远离了当前的政治；年轻人也不再是1970年代的那些激进分子。现在我们有可能审视自己的内心，将抵抗运动不仅作为一个军事事件，而且作为强烈的私人经验来谈论。

卡拉·卡波尼　我们睡在一个地窖里，除了我之外，其他都是男人。想象一下，我母亲给了我一条产自马尔凯的羊毛被，简直有一吨重，那是为一张双人床准备的。一开始我自私地把它对叠，铺在身下，盖在身上。这时我看到其他所有人都睡在夯土上，于是我说，好吧，让我们把被子铺在地上，地上的湿气太重；我们四个人躺在上面，像腊肠一样排成一排。这种像幼兽挨着睡的方式，给了你些许安慰，让你感觉更加温暖。之后，也许有人带来一条薄毯，另一个人带来点别的什么，我们就这么把它盖在我们身上。你知道，这非常不舒服，就像乱交。但我必须说，我得到了同志们的尊重。

这不是说要否认"冷静的决心"，只是说它必须在相反的冲动面前产生和保持。甚至炸弹那可触的质量、"沉实而紧凑的圆柱体"，手枪的金属材质，都代表着一种延缓痛苦的具体性。每个人都找到了一种内在的防御形式：每次行动后，露西娅·奥托布里尼都觉得需要咬一口三明治；弗兰科·卡拉曼德雷伊会回到他的翻译法语经典作品的工作中；罗萨里奥·本蒂韦尼亚下棋，马里奥·菲奥伦蒂尼听古典音乐，帕斯夸莱·巴尔萨莫讲笑话，"以打破那种阴郁的气氛"（玛丽亚·特雷莎·雷加德）。他们都很年轻，几乎没有超过青少年的年龄，他们对变化，对生活的新意义，对死亡的临在，对依然活着感到兴奋。"我母亲［劳拉·加罗尼］告诉我，他们还在爱国行动组那会儿，［每个］晚上，都会换一个藏身处睡觉……我母亲说这毕竟不是在闹着玩；此外，她还在恋爱……我的意思是，他们当时非常年轻，必定感受到了自己是在拿生命冒险——他们的前辈已经死了，那些在他们之前的人已经被抓走了。"（安娜·科尔蒂尼）

马里萨·穆苏　我不认为在行动之前有任何恐惧。可能会非常紧张，但是恐惧，我不认为我们这些年轻人有。在行动过程中也没有，因为当你射击的时候，你置身于一片混乱中，无暇恐惧。当然，死亡的感觉是存在

的，在这个意义上，即一旦你被抓住——他们抓住了我，
判了我死刑——你预计到自己要被杀掉，会为错过你不
知道的事情而遗憾。也就是说，你清楚地意识到，你的
人生刚刚开始，就要画上句号，有太多的东西要看、要
知道，太多的事情要做。这个，是的。巨大的遗憾。

"这些事情我可以和谁讲？"露西娅·奥托布里尼想知
道。城市游击队不像山区抵抗运动那样，可以分享许多共同
的时刻；爱国行动组产生的不是游击队歌，而是私人的思想，
像弗兰科·卡拉曼德雷伊的日记或者卡拉·卡波尼的某些佚
失的诗。城市的游击队员之间几乎互不认识；他们单独行动，
或者分成几个小组。他们大多在饥寒和恐惧中独自生活。游
击队员焦万娜·罗西说："我甚至害怕回忆起某些身体上的困
苦会让你退化到什么程度。饥饿是可怕的，真的很可怕。因
为你感到身体在沉重地压着你，身体需要你吃东西——幸运
的是你没找到任何可吃的东西，因为你甚至会愿意为此而去
犯错，你明白吧？"

"我们知道我们会受到拷打和囚禁，然后没命，因为他
们随时可能杀死我们。但我必须告诉你，在有些时候，我特
别幸运——这非常奇怪，简直不可思议，我是说，我们信任
彼此。"（露西娅·奥托布里尼）"关于朋友、亲人之间如何失去
连带，我们每个人都有非常悲伤的回忆。"（焦万娜·罗西）连
带需要围绕新的关系来重建：游击队员再也不能回家了，他
们得和家人（家人往往并不知情或不同意）断绝一切往来；

而且他们认为自己的经历只能与极少数有相同经历的人进行交流。

> 卡拉·卡波尼　是的，有一种团结在我们中间出现，然后变成了亲情……我们是一个非常紧密的团体，明白吗，如同一个牢固的结。想想看，他们把你们放在一起，你们一起行动，一起学习，一起闹情绪，这里面有活生生的东西，你所有的情感都在里面。有恐惧，有勇气，有危险，有死亡在你面前，你看到了它，你随时可能把自己送给它。这让你疲惫不堪，你需要人际关系。而对我来说，和家人的关系彻底结束了。

在被判处死刑后，马里萨·穆苏的部分"遗憾"是"没有充分了解爱情"。[28] 那时还不是性解放的时代，但这些女游击队员已经超越了限制，她们将自己的身体置于危险之中，体验了种种未知的关系。对家庭的忠诚、天主教的教育和共产主义道德观，使得这些新的态度蒙上了污名，但体验的强度以及不确定感，让情况发生了变化。卡拉·卡波尼记得与一位同志的谈话："她想结婚，我的意思是说，符合宗教教规的婚姻；她把她的疑虑都告诉给了我，她曾为此苦恼但后来克服了所有这些事情……这次谈话非常私密、非常特别。身为年长者，我当然告诉她，'听着，我们甚至不知道我们能否活过这个月……忘记所有那些废话。如果你恋爱了，那就尽管去爱吧！'""我们没有谈及婚姻——当然，我们是一路走来的，他是我的第一个男人。这合乎逻辑。"（露西娅·奥托布里尼）"我们过的日子毕竟太苦，得忍受孤独、饥饿和可怕的生活条件……最后，还是得靠爱和被爱来慰藉自身。卡洛·萨利纳里的人性之处在于，他明白抵抗运动不会因此受到削弱，反而会更强大。"（罗萨里奥·本蒂韦尼亚）

"就拿我来说，我甚至没有想过我会与弗兰科·卡拉曼德雷伊成婚……我在6月13日结婚，是因为他在某一刻决定要这样做。他的坚持让我失去了主意——'啊，我只能嫁给参加过抵抗运动的人'。"（玛丽亚·特雷莎·雷加德）在罗马解放后的数周和数月内，爱国行动组成员陆续成家：卡拉·卡波尼和罗萨里奥·本蒂韦尼亚，露西娅·奥托布里尼和马里奥·菲奥伦蒂尼，玛丽亚·特雷莎·雷加德和弗兰科·卡拉曼德雷伊，马里萨·穆苏和瓦伦蒂诺·杰拉塔纳，安东内洛·特龙巴多里和富尔维娅·特罗齐；劳拉·加罗尼和朱利奥·科尔蒂尼此前已经结婚，其他人将会加入他们的行列。这些婚姻的结果与其他所有婚姻的没什么不同：有的被时间瓦解，有的坚如磐石。"然后，我们就这样相依相偎地走过了多年。真是再奇怪不过，因为一个人以这种方式结婚，有点冒险……"（玛丽亚·特雷莎·雷加德）；"就好像我们俩［是］一股力量，很奇怪，我们先后都参与其中。我们是一股力量［而］这支撑着我们走过了一生"（马里奥·菲奥伦蒂尼）。然而，坚持结婚的总是男人：

　　　　　卡拉·卡波尼　　相信我，我本来是反对的，我是在本蒂韦尼亚动身前往南斯拉夫参加抵抗运动的前一夜结婚的。因为我总是说不，我不想结婚，我不想结婚，我不想结婚。然后，因为我怀孕了，大概在 6 月或 7 月——"啊，你想拒绝我，我马上要去南斯拉夫打仗，可能会死，我想让孩子生下来，想给他起名字。"我的心一下子软了下来，否则我不会结婚。

对女性来说，游击队的经历随着城市的解放而告终。男人们则还要继续，去北方，去南斯拉夫，去和盟军携手作战。他们既是投身于事业，也是为了推迟一段经历的结束，这段经历是全方位的，其强度只能在与一个经历过它的人的关系中保持。这是一种男人无法以别的方式承认的需求："马里奥对我说，'你什么时候能有个假期？'嗯，想休假的话，得到暑假期间，要么是结婚，或者家里死了人。他回答说，'好吧，那就请假结婚吧'。"（露西娅·奥托布里尼）

5. 漫长的英雄主义：秘密军事阵线

保罗·德卡罗利斯　部队里不缺金质奖章、英雄和功绩……［但］我认为，解放战争中的英雄主义要比战场上的英雄主义更复杂。在解放战争中，你总是知道自己要做什么，但往往会失去行动的动力；而我父亲的英雄主义，我得说，在时间上延长了，因为……［1943 年］9 月 8 日：军队解体。10 月：他的数千名同事［遭到围捕和驱逐]……毕竟，他有三个孩子，还有一枚银质奖章；他是 1899 年生的，参加过皮亚韦河战役，所以他大可说他已经尽了他的那份力。他可以只是轻松地等待 [战争的结束]，然后穿上高级制服现身，穗带、星章、围巾、佩剑一应俱全……但他没有这样做。相反，他进了监狱，去受折磨。

德军在罗马的第一次围捕，针对的是被怀疑依然忠于国王，因而忠于巴多利奥政府的宪兵。10 月 7 日，德国人和意属非洲警察（PAI）包围兵营，在遭遇微弱的抵抗后，逮捕并驱逐了大约一千五百名宪兵。[29] 成功逃脱的人立即开始重组，其中最活跃的有拉法埃莱·阿韦尔萨、乔瓦尼·弗里尼亚尼、真塞里科·丰塔纳、罗密欧·罗德里格斯·佩雷拉；他们都将在阿尔帖亭洞窟遇害。11 月，在菲利波·卡鲁索将军的命令下，这些分散的队伍集结起来。在地下从事"系统的信息和监视工作"的宪兵人数据称有九千。[30]

与此同时，朱塞佩·蒙泰泽莫洛利用无线电与南方的巴多利奥政府重建了联系，并受命负责将效忠于合法的意大利政府和君主制的武装部队成员，重组为"秘密军事阵线"。乌戈·德卡罗利斯是他的参谋长。他们将在罗马进行自己的抵抗，有时也和游击队组织联手。[31]

　　阿德里亚娜·蒙泰泽莫洛　秘密时期的罗马令人难以置信。人们开始动起来，他们提供帮助，而他在这里

睡一个礼拜，在那里睡一个星期。在最后的日子里，他不得不每晚都换住处，因为不幸的是，有很多特务。当然，我们被绝对禁止靠近我们的房子，因为它处于监视之中。他害怕德国人抓走母亲或我们，作为人质勒索他。

保罗·德卡罗利斯　关于秘密时期，我记得的只是一些瞬间。当时我们躲了起来，因为我父亲是地下党，不仅他被通缉，家人也被通缉，原因不用说。我有一种危险的感觉，因为我得到叮嘱，如果他们拦住我，我只能说出母亲的名字。我记得有一天晚上，我们去一个远亲的家里看望我父亲，我很感激这位亲戚，因为他容留了我父亲一段时间。我父亲打扮成教士的样子，携带着一份伪造的证件，上面的名字和姓氏也是这位亲戚的。我只记得自己当时饿得不行，记得热过的玉米糊，以及一股挥之不去的霉味：那是1943年与1944年之交的凛冬。我们不怎么出去，把自己关在一座非常湿冷的修道院的两个房间里——之后我就什么都不知道了，因为我再也没有见过父亲。

"秘密军事阵线"的主要任务是团结人心。蒙泰泽莫洛给最高指挥部发电报说："饥饿的队伍容易散掉"，并要求"赶紧批准每天花费一百万"来支薪。同时，他还坚持要求政府和南方指挥部采取一些措施，"让大伙觉得他们是在参与一场意大利的战争"，并"令人信服地消除战争只是在德国人与英美人之间继续的印象"。[32] 罗德里格斯、丰塔纳和旅长安杰洛·曼卡便是在提取补贴部下的资金时,被赫伯特·卡普勒亲自指挥的党卫军分队逮捕的。[33]

> 卡拉·卡波尼　我知道卡波尼的地址,有一次我和他一起去自由广场给宪兵们发钱。我提着一个公文包,里面全是一千里拉的钞票,难以相信吧!我就这么跟着他,我们走啊走,走到了自由广场,我看到成群的宪兵在那里等着,穿得不伦不类……这取决于他们能找到什么,因为他们当然没有穿制服。有的仍然穿着军鞋,有的穿着凉鞋、木屐或别的什么,只要不是军用的。

"有一次,那时爸爸还在这里,他要求南方军事指挥部任命一位将军当秘密军事阵线的负责人,因为他是一名上校……于是他们任命了阿尔梅利尼将军,但实际上是爸爸在掌控一切。"(阿德里亚娜·蒙泰泽莫洛)即便最高指挥部也不得不承认,现在个人的"声望"比军衔更重要。[34] "在这种情况下,命令没那么重要,等级和职衔也没那么重要;不是说要有一名将军或者上校来告诉你'去被捕吧'。"(保罗·德卡罗利斯)

> 阿德里亚娜·蒙泰泽莫洛　当然,母亲非常希望看到父亲,她很想了解他的情况,同他见上一面。他却告诉她:"你看,我很忙,有很多事情要做,而最重要的是,

我们见面的话会很危险。但是我想，我们可以试着一周约一次，这次在这里，下一次在那里，这样我们至少可以看到对方。"我们也和母亲一样忧虑，我清楚地记得，在每周三的下午2点，她会去那些朋友的家里等着和爸爸见面，然后也是为了避免连累朋友，他们会去博尔盖塞公园之类的地方散步。而妈妈，我想得两三个星期三才能见到一次爸爸；当然，整个星期她都生活在期盼之中。

军事阵线存在于一个不同寻常的无人区，介于当下的特殊性与对延续性的需求之间。对誓言的忠诚和军官们的存在保证了合法性；但这样的观感犹存，即现在他们基本上都是志愿者。虽然文化和心理不同，但军人和爱国行动组成员处于相同的境地：他们的行动只是出于良知，他们随时可能退出，他们服从于军官只是因为这些军官赢得了他们的尊重。当然，爱国行动组成员自认为颠覆者，而军人自认为正统派。不过，军事阵线的组织结构图展示了对等级制的奇怪的颠倒。[35]阵线与其说是将军，不如说是上校、上尉和中尉的运动。像西莫尼、马尔泰利和费努利这些将军，都接受上校蒙泰泽莫洛的领导。许多参与抵抗运动的将军要么已经退役，要么处于现役的边缘。9月8日，已经退休的卡鲁索自发复出，担任宪兵的指挥官。在拉斯托尔塔被杀的皮耶罗·多迪，在阿尔帖亭洞窟遇害的维托·阿尔塔莱，都是预备役军人。西莫尼退役了（"他已经离开了军队，他本可以轻松地活着，但他不能忍受看到这么多年轻人被杀，以这种方式被我们自己人而不是敌人屠杀"，薇拉·西莫尼说）；马尔泰利已被空军除名；罗伯托·洛尔迪也因谴责意大利空军窝囊，于 1935 年被迫退休（以"年龄为由"——四十二岁），送往精神病院还不够，之后又遭到流放。[36]

　　蒙泰泽莫洛曾因在西班牙为佛朗哥作战而获得晋升；他"带着困惑但以一种完美的服从"接受了第二次世界大战，在非洲获得了奖章和奖赏；本着同样的服从精神，为了保卫一个在君主制中才能认出的祖国，他加入了抵抗运动。以"绝对非政治"为外衣的爱国主义，成为"秘密军事阵线"的意识形态黏合剂。[37]然而，9 月 8 日之后，意大利未来的社会和政治秩序不再理所当然；对国王的"非政治性"忠诚，实际上变成了在政治上站边，支持某一与其他观点不同或者相反的政治观点。阵线的目标是"向德国人开战，维护法律和秩序"；但这一秩序主要是社会秩序：任务是"秘密组织力量，以待时机成熟时，接管罗马的公共秩序，支持国王陛下的政府"。[38]这就是蒙泰泽莫洛被杀如此出人意料的一个原因："所有人都认为德国人会留下他，并在离开时让他掌管罗马，因为他们知道他能够维持这个城市的秩序，从而允许德国人抽身。"（阿德里亚娜·蒙泰泽莫洛）

　　保罗·德卡罗利斯　罗马是一座不设防的城市，所以阵线的计划是破坏物资、炸毁火车之类的，而不把造成德国人的人员损失作为主要目标；还有一个功能是为解放后的法律和秩序做准备。风险很大。武装团伙可能会抓住解放的机会颠覆政权；而宪兵是一支警察部队。只要盟军一来，他们就必须占领电台和政府各部，以防止共产党和爱国行动组捷足先登。

蒙泰泽莫洛在电报中写道："在大城市，由于随后可能遭到严重的报复，游击战无法非常积极地展开。"[39]下令不让在城里攻击德国人，当然是出于对民众安全的考虑，但也是为了解放到来时，罗马可以保持和平的局面，不至于失控。事实上，当盟军在安齐奥登陆后，行动的时间到来时，名义上属于阵线组织的宪兵，只有不到一半可用。[40]然而，拥护君主制的地下军队与组成民族解放委员会的诸党派之间的政治冲突，并不妨碍在战场上的合作。

玛丽亚·特雷莎·雷加德　蒙泰泽莫洛会见了阿门多拉［意大利中部共产主义抵抗部队的军事指挥官］，并告诉他，"12月的某某日，有两列火车将在罗马—卡西诺和罗马—福尔米亚线上行驶。派人去炸毁它们"。于是我们和行动党就去了……

乔治·阿门多拉当时是民族解放委员会的一位领导人，后来成了一位著名的共产党官员，他写道，蒙泰泽莫洛告诉他："我从未想过——我，一位君主派，而且我承认，我还是一名不折不扣的反共分子，居然会去和一个共产党人策划这样的行动。"[41]或许阿门多拉也不会想到，自己会和一位总参谋部的上校一起策划炸火车：也许，既站在对立面又站在同一战线的人之间也在进行相互的发现。至少有一些军人发现了新的政治前景和自主性，超越了不加批判的服从。蒙泰泽莫洛之所以与阿门多拉见面，费努利将军之所以联系共产党，是因为"只有这个党的信誉和能力是他可以指望的"。[42]事实上，"许多宪兵，许多我认识的并且一起战斗的军人，都支持武装反抗"。（马里奥·菲奥伦蒂尼）另一方面，左翼团体中也有军人或前军人，比如共产党的卢恰诺·卢萨纳，"红旗"的阿拉迪诺·戈沃尼。游击队和"秘密军事阵线"交换着信息和武器——包括在拉塞拉路事件中使用的手榴弹。阿门多拉写道，民族解放委员会中的有些人怀疑，盟军在安齐奥登陆之后，蒙泰泽莫洛在"秘密军事阵线"中遇到了意想不到的反对，他随后的被捕是故意挑起的，旨在破坏"左翼与军队之间日益增长的合作"。[43]解放后，在布兰卡乔剧院的一次集会上，共产党书记帕尔米罗·陶里亚蒂邀请他的同志们为君主派和宪兵的游击队鼓掌：他以"两面派"著称，这次可能也不例外，但即使是托皮尼亚塔拉街区的无产者和"红旗"的激进分子也被感动得站起来欢呼。[44]不知道在某些军营里，是否会有人邀请士兵们为共产党的游击队鼓掌。

*

1998年3月24日，阿尔帖亭洞窟。穿着华丽制服的宪兵，肃立在墓碑旁。很难说他们是否知道自己在纪念谁。在普里布克审判中值勤的宪兵，也从未被告知阿尔帖亭洞窟的遇害者中有他们的同事："我们不得不告诉他们：看，在那里，也有十二个你们的人。"（萝塞塔·斯塔梅）

6. 身份、忠诚与记忆

"其他学者表示，策划了拉塞拉路袭击事件的爱国行动组成员知道，如果不把自己交给德国人，那么在不可避免的报复行动，也即阿尔帖亭洞窟大屠杀的受害者中，将有他们的政治对手、当时正被关在监狱里的罗马行动党领导人。"（游击队档案，1998 年 9 月）[45]

　　1943 年 10 月的一个早晨，我和詹弗兰科·马太、乔治·拉博一起，在纳沃纳广场的一家露天咖啡馆吃早餐。我们是共产党的三位"爆炸专家"。除其他事情外，我们还谈到了被纳粹俘虏的风险，詹弗兰科说："在那种情况下，最明智的做法是自杀。只有这样，我们才能确保自己不会做任何不光彩的事。"他的意思是说，我们就不会背叛同志。

　　几个月后，詹弗兰科在狱中上吊自杀，而乔治·拉博在遭受严刑拷打之后被处决［……］

　　现在，法官先生，在您看来，二十出头的年轻人甘冒如此可怕的危险，不是为了对抗纳粹，而只是因为共产党人与其他抵抗人士之间的内部争执，这是否有丝毫

的可信度？（朱利奥·科尔蒂尼）[46]

　　在更倾向于自由主义的行动党与信奉共产主义的爱国行动组之间，当然存在许多分歧。但在激烈的地下抵抗运动中，这些差异并不重要，个人经常从一个团体转到另一个团体。曾帮助策划拉塞拉路行动的马里奥·菲奥伦蒂尼，是通过行动党的地下组织"正义与自由"加入抵抗运动的，并且在一段时间内既是行动党的成员，也是爱国行动组的一分子。参加过拉塞拉路行动的弗兰科·卡拉曼德雷伊，父亲是行动党的创始人之一，皮耶罗·卡拉曼德雷伊。爱国行动组成员马里萨·穆苏的母亲是行动党员。根据"其他学者"、受他们启发的媒体以及1997年一桩在罗马开庭审理的案件的说法，[47]菲奥伦蒂尼、卡拉曼德雷伊和穆苏在拉塞拉路的行动，是为了害死他们的朋友和同志费尔南多·诺尔马、翁贝托·斯卡托尼，或者为了让他们自己的父母的同志去死。

　　事实上，罗马法院的预审法官最后不得不承认，关于拉塞拉路行动是针对其他抵抗团体而非德国人的指控是完全站不住脚的。[48]然而在四个月之后，像《游击队档案》这种在每个报摊上都能买到的出版物，继续捕风捉影，好像判决从未下达一样。舆论和媒体依然无视数十年的公共记录、历史知识以及最近的司法判决，继续相信和重复臆想、不可靠的信息来源以及不受事实影响的神话。反过来，这种态度又是建立在反游击队主导叙事（master narrative）的另一个支柱

之上：抵抗运动不过是受共产主义阴谋主导的对立团伙之间
的战争。

毫无疑问，抵抗运动的领域中，也充满着政治张力、霸
权主义计划和宗派主义态度（例如，意共对"红旗"的敌意）。
但抵抗运动的成员身份并非单一的、不可改变的，依照僵化
的划分来思考它，是错误的。进行抵抗的，并非抽象的政治
力量，而是具体的个人，他们既有严重的分歧，也有共同的
目标——同德国人和法西斯分子作斗争。我们只需要记起在
阿门多拉和蒙泰泽莫洛会商之后，那列被行动党、爱国行动
组和"红旗"利用军事阵线提供的炸药和信息在韦莱特里炸
毁的火车。[49]"我们'红旗'和共产党的同志们一起战斗，
他们行动，我们也行动，我们一起行动，因为反对纳粹和法
西斯的战争是一场总体战，没有什么障碍能分开我们。对我
们这些普通士兵来说，没有任何区别；冲突只存在于领导层
之间。"（奥尔费奥·穆奇）然而，除了闹派系的领导人与真诚
的普通士兵这一通常的对比主题外，我们还必须看到另一种
区别，即抽象的政治力量同具体的情况和个人之间的区别：

马里奥·菲奥伦蒂尼　我在夸蒂乔洛时，由我负责
这一块。我手下有来自共产党的加里波第旅、社会党的
马泰奥蒂旅以及"红旗"的人，还有没有政治色彩的军
人和平民，以及前法西斯分子，也就是说，那局面非常
神奇，而我们一起战斗，看不出有任何区别。

这种共同的基础还表现为，不可能把每个人都归于一个且是唯一的政治身份和组织身份。根据各种实体的说法，在阿尔帖亭洞窟遇害的人中间，包括 62 名来自"红旗"的游击队员，40 名共产党员，84 名行动党人，46 名军人，265 名天主教徒，75 名犹太人，18 名共济会成员[50]，一些"非政治人士"，许多社会主义者……换言之，335 这个数字太小，无法包含他们所有的人。这一定意味着他们中有很多人不止一种身份，而试图将他们分割开来加以夺占，并非尊重他们的复杂性的最佳方式。

例如：如果我们发现来自梅拉伊纳谷的服务员安东尼奥·皮斯托内西，既出现在"红旗"的"烈士"名单上，又出现在行动党的"牺牲"名单上，然后我们知道他曾和费迪南多·阿尼尼的无党派学生组织共事过，我们的任务不是要解开这个结，一劳永逸地给他贴上标签，而是要在罗马抵抗运动的背景下——也许是在所有的背景下——重思整个有关党派忠诚和组织归属的观念。举一个不那么夸张的例子——我们该如何给费迪南多·乔治贴标签：慈幼会教士，军事阵线的合作者，行动党的游击队员，还是三者兼而有之，并且不止于此？[51]

这种出现在个人身上的情况，也适用于某些组织。费迪南多·阿尼尼创立的罗马革命学生协会（ARSI），成员既有来自好几个党派的年轻人，也有来自无党派的；而阿尼尼本人同时被贴上行动党人和共产主义者的标签。[52] 行动党则将战前的"正义与自由"运动同自由主义、自由社会主义和共和主义团体结合起来；它总是被描述为精英团体，"在知识分子、教授和高级专业人士中获得了很多同情"[53]，不过在罗马，它也是一支扎根于共和主义、无政府主义和人民敢死队传统的民众力量。"意大利共产主义运动"（红旗）聚集了"依违于真正的民主集中制……与无政府主义之间的老同志"，[54] 在法西斯主义中坚持下来的社会主义者和共产主义者小团体，自由主义左翼和社会主义者，反法西斯的士兵（比如在阿尔帖亭洞窟遇害的阿拉迪诺·戈沃尼和尼古拉·斯塔梅）。根据他们的一位前领导人罗伯托·古佐的说法，甚至"红旗"这个名字的采用，也不是出于意识形态的说服力，而是因为它对贫民窟无产阶级的吸引力。

　　当时，加入抵抗运动也是个人成长过程中的一个步骤，而所谓成长，即对自我和政治的逐步发现。大部分游击队员都很年轻，几乎都是青少年，在政治的沉默中长大。他们的选择受到环境、家庭关系和邻居的影响："他们最终是否会加入爱国行动组，还是'红旗'或者行动党，有时只是偶然的结果；也许他们是被一位兄弟或者表兄弟带着一起去的。"（妮科莱塔·莱奥尼）拉法埃莱·齐科尼是被他的邻居路易吉·皮耶兰托尼招募进行动党的；弗兰科·巴尔托利尼加入爱国行动组是因为他从战争中回来后，无法与"红旗"恢复联络；翁贝托·图尔科倾向于"红旗"则是因为他刚好认识奥尔内罗·莱奥纳尔迪："我加入了'红旗'，以为自己成了共产党员，直到解放后才意识到不是这么回事。解放后，我立即在1945年加入了共产党，党承认我的资历可以追溯到1944年，因为我在'红旗'的时候,是打心眼里认为自己是共产党员。"

死亡可以任意地将故事冻结在一个时刻,而这些故事的发展是无法预见的。只要想想那些后来的变化,譬如奥尔费奥·穆奇,他本是"红旗"的记忆和骄傲的承载者,最终却成为"重建共产党"(Rifondazione)的成员;或者弗兰科·巴尔托利尼,他在"红旗"与爱国行动组之间游走,之后加入了共产党,又在1968年离开,声称自己是"红旗"出身,并跟年轻的新左翼"工人自治"派(Autonomia Operaia)和社会中间派关系密切。许多当时的共产党员后来都脱离了党,或者干脆脱离了政治,像费迪南多·维塔利亚诺,他作为爱国行动组成员参与了拉塞拉路的袭击;许多君主制政府官员,当时都曾在国王的许可下,宣誓效忠意大利共和国。那些死去的人在死亡的那一刻被冻结了,记住他们当时的样子是对的——但否认他们有改变的可能,认为他们只能保持这种样子,是不公平的。

罗马抵抗运动有三支主要力量——"红旗"、共产党和行动党,其中两支在解放后不久就解体了,没有留下后继者以有机的方式主张他们的记忆:"我无法让城市以费尔南多·诺尔马来命名一条街道,因为他的身后并无一个政党来支持他。"(乔瓦尼·吉廖齐)"红旗"和行动党的许多积极分子和同情者,都流向了抵抗运动期间甚至都不存在的政治力量;更多的加入了共产党或社会党。因此,当(现有的)政党派代表出席在阿尔帖亭洞窟举行的纪念活动和仪式时,没有人代表行动党和"红旗"。

　　当然，这种情形为共产党的做法所强化，它在吸纳个体的同时也吸纳记忆，鼓励新成员将他们以前的经历仅仅当作其党员身份的前史。翁贝托·图尔科被"组织"进共产党时，其在"红旗"时期的资历获得了承认，而这正是对如下历史学原则的一次应用，即意大利工人阶级和革命运动在形式和经验上的多重性，只能作为共产党的有待于组织的史前史来考虑：[55]"我的曾祖父是一个无政府主义者，你知道那些打着大领结的老派无政府主义者……然后，当游击战争结束后，每个人都被组织起来了，我父亲成了一名传说中的共产党员。"（加埃塔诺·博尔多尼）

7. 安齐奥、布拉韦塔堡、塔索路……

> 我总是建议我的手下不要使用暴力。
>
> ——赫伯特·卡普勒 [56]

　　莱昂内［·金茨堡］*已死于罗马天皇后监狱德军分

---

*　莱昂内·金茨堡（Leone Ginzburg, 1909—1944），意大利编辑、抵抗运动英雄，作家纳塔利娅·金茨堡的丈夫，历史学家卡洛·金茨堡的父亲，生于敖德萨的犹太人家庭，1933 年参与创办意大利最负盛名的埃诺迪出版社，1942 年参与创立行动党，1944 年因伤势过重死于狱中。引文来自《家庭絮语》，这一句之前还提到："出版商曾把莱昂内的一幅小肖像挂在他房间的墙壁上。肖像中的莱昂内，头有一点儿下垂，眼镜低低地压在鼻梁上，一头浓密的黑发，一副露出深酒窝的面颊，一只女人似的手。"（译文据黄文捷，有改动）

监区的牢房中，在德国占领期间一个寒冷的 2 月。

——纳塔利娅·金茨堡 [57]

穿制服的中尉在楼上挥舞着鞭子，他在自己的心里是一名爱国者，而今天他将成为一名参议员。

——路易吉·平托尔 [58]

"［1944 年］1 月 22 日他们在安齐奥登陆时，我们接到了起事的命令。盟军是通过无线电向我们发出这一指令的；他们需要罗马有一些强有力的动作。他们敦促我们这么做，我们不是随意行动的。"（玛丽亚·特雷莎·雷加德）蒙泰泽莫洛有收到盟军的命令："必须以一切方式给敌人捣乱，切断他们的撤退路线，破坏他们的通信线路，让他们无论出现在什么地方都受到攻击。" [59] 阿门多拉写道："蒙泰泽莫洛告知我们，盟军司令部要求罗马的'各路人马'尽快投入行动。这是我们从蒙泰泽莫洛那里收到的最后一条消息。" [60]

阿德里亚娜·蒙泰泽莫洛   然后是那个可怕的星期三，妈妈去老地方等，爸爸没有来，她继续等，可怜的妈妈，你可以想象她当时的状态，因为她知道，她已经意识到发生了什么。她最后一次见到爸爸是在一周前，爸爸告诉她："瞧，盟军已经在安齐奥登陆，现在就是时间的问题。因为"——他说——"有五个警察组织在追踪我"，"他们正越来越近，我再也受不了了。我想我还可以再坚持八天，但之后我肯定就不行了，八天内他们会抓到我，如果抓到的话，他们肯定会处决我。"这是爸爸的原话。所以他很清楚自己正面临什么。七天后，他们抓到了他。

登陆两天后，美国战略情报局（OSS）特工彼得·汤普金斯来到罗马，在抵抗组织与盟军之间建立起无线电联系："指令的内容是为起事做准备。这是可以做到的：如果在博尔盖塞公园的上空空降人员，整个城市都将看到，他们就会挺身而出。从我在科尔索路的广播站，我可以看到德国人都在做什么，他们正在准备离开。"游击队员遵照指令发起了攻击。他们在普拉蒂和托皮尼亚塔拉杀死法西斯民兵，在琴托切莱袭击了一辆德国吉普车（造成两人死亡），在市中心炸毁德国卡车（造成六人死亡）。玛丽亚·特雷莎·雷加德在中央车站的休息区放置了一枚炸弹，那里拥挤着前往前线和从前线回来的德国士兵：伤亡人数仍然不详。[61]1 月 28 日，在阿奎拉多罗的袭击企图失败后，拉托帕托雷、布西和斯卡托尼被捕。29 日（经过一周的抗议和示威活动后，大学几乎被关闭），高中开始罢课。在但丁高中的外面，学生马西莫·吉齐奥被法西斯分子的子弹击中背部；三天后他在医院死去。[62]

对盟军登陆的欣快，导致了警惕的放松。[63]"我们以为盟军要来了，地下组织铤而走险，在公开场合采取行动……有好多人被捕。"（马里奥·菲奥伦蒂尼）但是盟军犹豫不决，德国人采取反击，封锁战线，纳粹重新控制了城市。1 月 22 日，西莫尼将军被捕；翌日，弗里尼亚尼、德卡罗利斯、阿韦尔萨被抓；25 日是蒙泰泽莫洛，与他一起的还有奥古斯托·伦齐尼、杰拉尔多·塞尔吉、弗朗切斯科·佩皮切利、安杰洛·曼卡、菲利波·格雷内特；再过一天，轮到了普拉奇多·马丁尼和他的合作者卡洛·扎卡尼尼、泰奥达托·阿尔巴内塞。马尔泰利和洛尔迪则已经在 16 日[*]被俘。他们都将在阿尔帖亭洞窟遇害。

1 月 31 日，一场大突袭席卷了纳齐奥纳莱路；数以百计的人遭到围捕，并被驱逐到前线或者去德国从事强制劳动。而就在同一天，十名游击队员在布拉韦塔堡被处决，其中包括维托里奥·马洛齐和马里奥·卡佩奇。2 月 1 日，十一名"红旗"游击队员（主要来自奥雷利亚谷）在布拉韦塔堡被处决。据称这是对克里斯皮路袭击事件的报复；然而，受害者已经被判处死刑。一如既往，行刑队由意属非洲警察组成。那些没有死于第一轮射击的人，被党卫军用手枪从后脑勺结果。[64]

2 月 3 日，非正规的法西斯科赫团伙闯入梵蒂冈，侵犯圣保罗大教堂的治外法权地位，逮捕了躲在那里的六十多名反法西斯主义者。梵蒂冈只是发出微弱的抱怨声。同一时期，在蒙泰萨克罗还发生了一些逮捕事件：费迪南多·阿尼尼、伦佐·皮亚斯科、奥兰多·波斯蒂·奥兰迪、安东尼奥·皮斯托内西的尸体将出现在阿尔帖亭洞窟。2 月底和 3 月初，"红旗"有几十名成员倒下：马尔科·莫斯卡托、彼得罗·费拉里、

---

* 意大利语版为"17 日"。

安东尼奥·斯蓬蒂基亚、阿尔多·班齐、彼得罗·普里马韦拉、奥尔内罗·莱奥纳尔迪被一名告密者出卖；另一位告密者则带着警察逮捕了奥塔维奥·卡波齐奥、多梅尼科·波利。阿拉迪诺·戈沃尼、乌齐诺·皮西诺、尼古拉·斯塔梅、埃齐奥·隆巴尔迪、乌尼科·圭多尼是在树林圣安德烈路的一家奶品店会面时突然被带走的。所有这些人都将在阿尔帖亭洞窟遇害。

"很不幸，我被关进了塔索路的监狱，和蒙泰泽莫洛在一起。因为被野蛮地毆打过，他看起来就像个疯子。我们的人也表现得很好，像杰斯蒙多啊，还有其他许多人。但蒙泰泽莫洛在我看来，是一个英雄。"（玛丽亚·特雷莎·雷加德）卡普勒后来说："老实说，蒙泰泽莫洛的勇气打动了我们。"[65]而他们表达尊敬的方式，便是把他几乎往死里打。一位女狱友后来告诉他的家人，"他的脸肿得不行，而且在他们对他下毒手之后，他得了红斑狼疮，发着很高的烧"。（阿德里亚娜·蒙泰泽莫洛）

　　　安东尼娅·比安基　特别是塔索路，看到那些关押他们的小房间——这让我很神伤。在那一刻，想到里面的人被折磨，真让人心痛，你知道吗？难以想象。在20世纪是难以想象的，五十年前也是不可想象的，它应该发生在中世纪，你知道。但它确实发生了。就在20世纪。一切都发生了。所以对我来说，这是我的一个心结。我就这么一直看着塔索路，在我的心里看着它，并想象着关在里面的人……

在卡普勒指挥下的德国警察总部,在塔索路——一条在罗马仍然意味着恐惧的街道——的高墙牢房里,达尔达诺·费努利的"脚底遭到毒打,连着几天几夜,双手都是反绑在身后"。[66] 萨巴托·马尔泰利·卡斯塔尔迪"除了脚底,凡是柔软的部位,都没逃过鞭子和各种拳头,"而他则回以"pernacchione"[表示嘲弄的嘘嘘声]。不过随后他说:"我在这里最惦念的是空气的缺乏。"[67] 在一个约合 1.95 平方米的牢房里,西莫尼被打到昏厥,然后被带出去假处决;但他只说了一句:"很抱歉我不是更年轻,因为我本想做得更多。"他在牢房的墙上刻了一个十字,并在给家人的小纸条上写道:"敌人的鞭子落在我的身上,我感受到的却是骄傲,是对祖国和家人的思念。"[68] 他的妻女向他的朋友帕切利教皇求助,但教皇能做的只是让她们获准进行最后的探望。

　　　薇拉·西莫尼　就这样我们看到了他。我还记得爸爸说的最后的话——他受到了严刑拷打,他坐在那像橱柜一样的牢房里,我们围绕着他——他拥抱了我母亲,他一边这样抱着她,一边看着我们,说:"我与神和人皆相和。"

莉娜·弗里尼亚尼是宪兵队军官乔瓦尼·弗里尼亚尼的妻子,她也被捕,并且被迫目睹丈夫遭受酷刑:"我发现他靠在墙上,脸被拳头和鞭子打得鲜血淋漓;八个人或者十个人围着他,每个人都向他发泄着野兽的本能:一个手里拿着一个大橡胶球打他的肚子，另一个把长长的针扎进他的肉里和指甲缝里。"[69]爱国行动组的炸弹专家乔治·拉博双手反绑在背后地关了十八天："他经受不住身体的重量压在已经肿胀腐烂的手上，不得不趴在地上，［……］由于缺乏血液循环，甚至他的脸上也出现了肿胀和血凝块。他的手腕环着一道被绳子勒出来的腐烂的沟［……］对于每一个问题，他都回答：'我不知道，知道了也不会说。'"[70]他就是在这种身体状况下，前往布拉韦塔堡就义的。

路易吉·索利纳斯是军事阵线的一名成员，他被吊在一根铁棍上，遭到拳打脚踢和鞭笞："进来了一名党卫军军官，是上尉普里布克［原话如此］……他恶狠狠地瞪了我一眼，然后吐出一连串粗俗的辱骂，最后朝我的脸上唾口水。"普里布克威胁索利纳斯，如果不说，就要把他给毙了。索利纳斯回答说："上帝的旨意会实现的。"普里布克说："在这里，只有德国人的旨意才是最重要的"——并且往犯人的太阳穴上砸了一拳，以示强调。[71]当时还是中尉的埃里希·普里布克负责对外关系，常跟要犯的家属打交道。但他也履行其他职责："他们把我的手脚绑在办公室的门把手上；普里布克不停地打我，打断了我的鼻子，我现在还留着疤"；"他总是亲临现场，对我下狠手。每次我快要晕倒的时候，他就用靴子敲打我的胸口，说，'给我招……'"[72]

玛丽亚·特雷莎·雷加德 卢恰诺·卢萨纳甚至没有在塔索路登记过，在任何地方都没有他的记录，因为他死在了狱中；他们用两天的时间杀死了他，然后把他的尸体扔到了第一门（Prima Porta）公墓的一个集体坟墓里。詹弗兰科·马太也被丢到了同一个地方。卢萨纳的姐姐、我和其他的朋友，我们一起去找他们，因为我们没有听到任何关于他们的消息，他不在阿尔帖亭洞窟，我们不知道他在哪里，但幸运的是，我们在那里找到了他。

詹弗兰科·马太是爱国行动组的另一名制造炸弹的人。"这个叫马太的共产党员很可怕，他沉默如海，但现在我们让普里布克中尉用物理和化学手段撬开他的嘴"，卡普勒说。由于害怕招架不住，以致背叛自己的同志，马太在狱中上吊自尽。[73]事实上，要衡量塔索路有多么恐怖，我们不能只想到那些抵抗者的英雄主义，也务必要想到那些没有抵抗的人的失败。记者卡洛·特拉布科记得，"有一个可怜的人被揍得不成人形"，直到他最后交出了几个名字。"不能认为他有罪［……］他实在是无法撑下去。"[74]这个人也将在阿尔帖亭洞窟被杀。

普奇·彼得罗尼　我所知道的是，［我丈夫古列尔莫］被带到［塔索路］时，牙齿还齐整；等他出来的时候，他不得不在上面和下面都装上假牙，所以他的牙齿是被人拔掉了，我想他们没有使用麻醉剂。有好些年，我们不得不在他的鞋子里垫上柔软的布，因为他的脚底板已被烧伤、割伤。他的眼睛也受了伤：风一吹，亮光一照，

　　立即会充血，像着了火一样。我还记得他回家后的第一
　　个夜晚；卧室的天花板上挂着一盏新艺术风格的灯，一
　　个圆球，甚至不是很亮。他在我之前上了床，他一上床
　　就说："把塔索路关上。"[75]

　　盟军在前线攻势的停滞和德国人镇压的加强，给抵抗运
动带来了危机。军事阵线被打散了。"红旗"和行动党的活
动处于低潮。在安齐奥登陆后，中央爱国行动组解散，其成
员被派往周边地区（本蒂韦尼亚和卡波尼去了卡西利诺，菲
奥伦蒂尼等人去了夸德拉罗和夸蒂乔洛）。情报工作继续密
集进行，但到了3月中旬，科赫团伙破获了彼得·汤普金斯
的小组，该小组一直在通过无线电告知德国人的动向，并为
空袭提供指导。[76]小组成员中，阿里戈·帕拉迪尼和朱利亚
诺·瓦萨利被囚禁在塔索路并遭到严刑拷打；路易吉·马斯
特罗贾科莫和毛里奇奥·吉利奥将在阿尔帖亭洞窟遇害。"毛
里奇奥·吉利奥其实是替我送的命。他本可以轻松地逃脱，
然而他选择了去受刑，去阿尔帖亭洞窟受死。"（彼得·汤普金斯）
　　盟军在安齐奥遇到了麻烦，德国人差点成功地把他们赶
回海里；游击队的支援变得至关重要。"丘吉尔在电台上告
诉我们，要随时随地打击德国人。"（彼得·汤普金斯）2月中旬，
中央爱国行动组重组："盟军在那个时候说：打击，大力打击。
3月，德国人差点把盟军逼到海里，而我们必须彰显这座城
市对德国人的敌意；必须让安齐奥的盟军知道罗马人正在战
斗。"（马里奥·菲奥伦蒂尼）盟军首次向共产党游击队提供武器

和物资。保罗·埃米利奥·塔维亚尼当时是北方的一名游击队员，后来成为基督教民主党内阁的国防部长，他回忆道，天主教游击队的头头告诉他，"在安齐奥的登陆行动半途而废之后，盟军敦促游击队做点什么。这非常重要。并不是说我想让盟军为在拉塞拉路发生的事情负责；但他们的确有施压"，让他们在被占领的罗马，从战线的后头攻击德国人。

"到2月15日，我们恢复了统合后的爱国行动组的活动，而且迎来了一个猛烈的高潮，也就是说，从2月15日到23日，我们处于攻势，几乎每天都在进攻，让德国人应接不暇。"（马里奥·菲奥伦蒂尼）3月3日，在德国人的一次围捕后，一群人聚集在朱利奥·切萨雷大道的军营前，他们被关押在这里，等待被驱逐。三十七岁的孕妇特雷莎·古拉切是五个孩子的母亲，她看到自己的丈夫在窗户边，便向他跑去，一名党卫军向她开了枪，将她打死。爱国行动组作出回应：下午发生了一次公开的枪战。爱国行动组成员古列尔莫·布拉西杀死了一名法西斯分子。第二天，臭名昭著的琴托切莱警察局长斯坦帕基亚在自家门口被处决；5日，一名德国军官在琴托切莱的米尔蒂广场被杀。[77]9日，卡拉·卡波尼在罗马斗兽场附近炸毁了一辆德国人的坦克。10日，爱国行动组袭击了从托马切利路经过的法西斯游行队伍：一些法西斯分子受了伤，袭击者被悬赏通缉，但德国人从这时起禁止法西斯分子在户外举行游行和典礼。对于共产党的这次在市中心的大胆行动，民族解放委员会各党派表示了祝贺；卡洛·萨利纳里在街上听到了好评："这是共产党在打击法西斯分子。"[78]12日，成千上万的人聚集在圣彼得广场觐见教皇，但庇护十二世却含糊其词，只是对空袭进行了谴责。[79]

事实上，空袭造成的死亡不断出现："博迪奥路上有一座喷泉，一到午餐时间，所有的女人都会去那里汲水；她们都死了，所有去喷泉的女人。"（卡泰丽娜·皮耶兰托尼）对犹太人的追捕仍在继续：乔治·法诺和皮耶罗·泰拉奇纳的家人就是在这几天被带走的。围捕、驱逐、逮捕的行动也没有停止过。3月7日，包括乔治·拉博和圭多·拉托帕托雷在内的十名游击队员在布拉韦塔堡被处决。告密者则导致皮洛·阿尔贝泰利、恩里科·费罗拉以及十几名来自爱国行动组和"红旗"的游击队员在托皮尼亚塔拉被捕，同时被出卖的还有一个来自"红旗"和行动党的小组，他们在拉塞拉路事件两天前，计划炸毁城市的电话交换机。他们都在阿尔帖亭洞窟遇害。

那么，拉塞拉路事件是这一阶段的战斗的高潮和结束。此后，抵抗运动继续进行，但受到了报复、逮捕和处决的深刻影响。此外，一名同志的背叛，也导致中央爱国行动组瓦解。

瓦伦蒂诺·杰拉塔纳　拉塞拉路行动的参与者之一是古列尔莫·布拉西，虽然［中央］爱国行动组的成员通常大多是学生，我是说小资产阶级，但他是少数几个有无产阶级背景的人之一。他对目标笃定无疑，并因这一才能而得到赏识。他和爱国行动组一起，参加了拉塞拉路的行动；之后，他自己一个人去抢劫商店。在一次抢劫中，他被抓住，然后立即改变立场，把所有人都供了出来。

布拉西的叛变还导致卡洛·萨利纳里和弗兰科·卡拉曼德雷伊被捕。卡波尼和本蒂韦尼亚则设法逃脱，与游击队一起在帕莱斯特里纳后面的山区继续战斗；菲奥伦蒂尼和奥托布里尼则转移到蒂沃利地区。马里萨·穆苏、帕斯夸莱·巴尔萨莫和埃内斯托·博尔盖西于4月7日刺杀墨索里尼之子维托里奥的企图失败后被捕；他们成功越狱，但这时已被警方知晓，无法再在地下活动中发挥作用。[80]然而，3月末到4月初之间，游击队依然袭击了法西斯的哨所和德国人的汽车、卡车，造成了一些伤亡。[81]4月17日，数百名男子被从夸德拉罗驱逐。在圣母大殿举行的一场纪念阿尔贝泰利、卡纳利、杰斯蒙多的弥撒后，一名法西斯分子挑起口角并被杀害。有人试图把冲突从游击斗争上升到群众斗争；工人们在圣洛伦佐集会和游行；5月3日，民族解放委员会号召举行总罢工，但没有成功。不过，最有效的斗争方式是另一种：女人们对面包房、面包厂和面粉厂的攻击。

焦万娜·罗西　来自奥雷利亚谷的女同志们真是令人难以置信，难以置信。她们行进到特里翁法莱去攻击面包房。坎波帕廖利和格洛里镇的仓库则被米尔维奥桥的女人们攻击，这些女人生活在极度贫困的棚区，可以

为了得到一块面包做任何事情。我有点不同，我是一个女孩，要来得更年轻。最狂野的是那些有孩子的女人。有孩子的女人放得开。

埃斯特尔·法诺　我永无法忘记的是我们的一个女仆，她热情洋溢、兴高采烈地讲起对圣洛伦佐或蒂布尔蒂纳的一列运送［食品］的火车的攻击，仿佛这是《疯狂的罗兰》中的一场战斗，讲起谁得到了一袋面粉，谁得到了别的什么东西。她说："然后，妈妈做了意面豆汤！"作为对所有美好事物的一次未曾梦想过的综合。妈妈做了意面豆汤！包围着这个女孩的，是这样一种喜悦……她说话的方式，就像一个刚刚拆毁了巴士底狱的人。

4月6日，在蒂布尔蒂诺的一家面包房前，一名警卫杀死了卡泰丽娜·马丁内利。第二天，人行道上出现了游击队诗人马里奥·索克拉特口述的题词："法西斯分子在这里杀害了／卡泰丽娜·马丁内利／这位母亲不忍心／听到自己的七个孩子／因饥饿而齐哭。"第二天，法西斯分子和德国人在奥斯蒂恩塞冷血地处决了十名妇女，她们参与了对德军供应商泰塞伊面粉厂的大规模侵袭。其中没有德国人伤亡，也没有游击队的攻击。[82]5月中旬，盟军终于将其在安齐奥的阵线往前推移。直到最后，要不要罗马人起事，都没有定数。游击队员们等待着一个信号，但这个信号并未出现：盟军和保守势力既希望避免战斗可能对城市造成的损害，也关心如何让这座国王和教皇的城市保持安宁和安全，以方便政府回归。然而，当盟军于 6 月 4 日进入罗马，他们受到的是共产党和"红旗"武装游击队的欢迎。[83]

零星的战斗一直持续到第二天。5 日早晨，十二岁的乌戈·福尔诺向撤退的德军开火，以阻止他们炸毁阿涅内河上的一座桥；他们开枪还击，把男孩打死了。"那是一个盛大的庆祝日，但也充满着紧张。先是上午在夏拉宫发生了一场冲突，接着里纳希门托大道也有一场。事实上，罗马最后一次发生游击队的伤亡是在下午 5 点：彼得罗·普林奇帕托，一名来自'红旗'的同志，当时他在托皮尼亚塔拉巡逻，被一名法西斯狙击手杀害。"（罗萨里奥·本蒂韦尼亚）在这种气氛中，本蒂韦尼亚卷入了一桩事件，这个事件也会影响到对拉塞拉路的回忆。这是他的故事："我带着一些游击队员在巡逻时，与两个撕毁账单的人发生了枪战。我命令他们停下来，一个人以开枪作为回应，另一个连忙从枪套里拔出枪……我的速度更快。"受害者名叫乔治·巴尔巴里西，金融卫队（Finance Guard）的一名中尉，盟军的合作者。[84] 盟军为此举行了一次旨在示范的审判，本蒂韦尼亚因防卫过当被判处十八个月刑期；一个月后，他的行为被确认为正当防卫，因而改判无罪。然而，这一事件给他打下了"动辄开枪"的烙印，为之后将本蒂韦尼亚建构成拉塞拉路"怪物"提供了帮助。法西斯分子和纳粹的杀戮持续到最后。6 月 3 日，盟军都已经到了门口，意大利的殖民地警察还在布拉韦塔堡处决了六名囚犯。德国人离开时，将留在塔索路的囚犯装上了卡车，准备带着一起北上。其中一辆卡车无法启动；德国士兵在恐慌中放走了这些囚犯（其中一人是卡洛·萨利纳里）。另一辆载着十四名囚犯（其中有社会党的工会领导人布鲁诺·博齐）的卡车可能是因为机械故障，在介于特里翁法莱路与拉斯托尔塔之间的卡西亚路抛锚。第二天，在一座喷泉旁的小树林里，所有囚犯被杀害。这是纳粹对罗马的最后一次敬礼。并没有发生过游击队的攻击。

*

　　卡洛·卡斯泰拉尼　　我父亲有一个妹夫是游击队员，属于加里波第旅。1944 年 4 月 3 日晚上，他来到我们家，说："你知道，我来这里是因为我已经得到了警告，他们今晚要来逮捕我，而我不想在家里被发现……"他们数落了他几句："如果你受到了监视，他们会到你的家里去，找不到你的话，他们就会去你的亲戚家里。""好吧……既然这样，我就从窗户出去，再说我有武器，我不怕。""是的，你有武器，但我没有！"4 月 4 日上午，并没有人来找他。到了晚上*，我父亲和他一道出去，试图把他安置在一座修道院里，［他说］"我想和我妻子道别"。"算了吧。我会去见她，把你的消息带给她。""不，

---

* 原话如此，似乎与下一段"下午晚些时候"的论述冲突。

我想见见我的妻子和孩子！"所以他们去特拉斯泰韦雷见了他的妻子；在离开时，两人被抓，装在一辆车上，带到了天皇后监狱。

下午晚些时候，一些党卫军来到家里，告知我母亲："你丈夫被捕了！"他们非常粗鲁地把她推到一边，草草地搜查了一番，既没有说他被带到哪里，也没有说以什么罪名，只是说他被捕，就完了。他们把房子弄得一团糟，然后离开了。这时，罗马女性的智慧来了。我母亲不是唯一丈夫被捕的人。她跟一个人讲，又跟另一个人讲，她们建议她在某个特定的日子带着衣服和食物去天皇后监狱；如果他在那里，他就会得到这些东西。第二天，他们的确把他的脏衣服还给了她，我们得以搞清楚父亲被关在天皇后监狱 279 号牢房。那一个半月很痛苦，仿佛伸手去抓镜子……在母亲对父亲的最后记忆中，他的脸穿过二楼大门上的小门的格栅，而她在下面，然后德国人抓住她的胳膊，把她拽走。

美好的一天之后便是悲伤的一天，我母亲把换洗的衣服拿过去，但第二天它们被送了回来：他已经被转移了，无人知道去了哪里。我们照着同样的法子，发现他关在塔索路。塔索路可不是那种安静的、令人愉快的提供膳宿的住宅，你可以在那里度假。没法和里面的人通上气；你能做的只是每周寄两个煮熟的鸡蛋。而我听一个后来从塔索路监狱出来的人说，这些煮熟的鸡蛋被分给了［牢房里的］四五个人。然后 6 月 3 日来了，之后

又是 6 月 4 日，焦虑地想要去看……然后消息传来，说
是发现了十四具尸体，被抛弃在拉斯托尔塔。他们是在
清晨或者夜间到达那里的；他们把他们整日地绑在那个
农舍里；他们说他们停在那里是因为卡车抛锚。然后在
4 日下午，就在盟军从圣约翰门和圣保罗门进入罗马的
同时，有人决定必须杀掉他们。

　　［我们听说］大概在 6 月 6 日或 7 日，那年的 6 月
太阳火辣辣的，把石头都烤裂了。我姑姑，也就是我父
亲的妹妹，去了圣灵［医院］，尸体都被运到那里，她
以为会从中认出自己的丈夫，结果却不得不认出自己的
哥哥。我们去参加了葬礼，去了拉斯托尔塔……每年 6
月 4 日我们都会去，有十年的时间，那里完全荒废了。
只有一个十字架竖立在路边——［那里并非他们被杀的
地方，］因为他们从农舍带出来后，被赶到了一个山沟里，
那里面有一个小峡谷，周围都是树，他们死在了这里。
让我们生气的是，他们为那些在阿尔帖亭洞窟不幸遇害
的人把地方布置得很好，我们的地方却被完全抛弃了。
在到达圣灵医院后，尸体又被送到韦拉诺公墓，埋在"一
战"阵亡者的圣地里，那座白色的纪念碑，我记得你往
下走一些台阶……无论如何，十周年纪念日到了，就像
每年一样，我们都会去。一般来说会有一场弥撒，说一
些敷衍的话，然后大家就回去各忙各的事——我们发现
有一整套的仪式设备，有舞台、旗帜、宪兵队的铜管乐队：
"今年，我们要让纪念变得庄严，我们要在这里举办全

部的事情……", 实际上是在路边。"但死者是在那里死的, 我们在这里做什么？"所有的亲戚, 我的兄弟、母亲、姑姑, 布鲁诺·博齐、彭纳基和德安杰利斯的遗孀, 我们都去了他们被杀的地方, 沿着那条可怕的路, 当时还是土路。我们作了一些祈祷, 然后回来了。在回来的路上, 我们听到扩音器的声音, 赞美死者如何如何, 不幸的是, 只是些陈词滥调——我并不反对这个人, 但坦率地说, 我们当时的心情很糟糕, 厌倦了总是听到"博奇和他的同伴们"。[85]我们为什么不说拉斯托尔塔的十四个人。他们的死法是一样的, 他们以同样的方式在塔索路受苦。好吧——我们对这种赞美发出了抗议, 我们开始呼吁, 试图与记者们, 与罗马市长雷贝基尼交谈。于是有了一次与市长的会面, 以及对这个地方的重修, 使它得以成为今天的样子——所有的问题都出现了, 没有围栏, 没有路灯……

……乔瓦尼·弗里尼亚尼、阿尔贝托·富纳罗、莫塞·富纳罗、帕奇菲科·富纳罗、塞蒂米奥·富纳罗、安杰洛·加拉法蒂、安东尼奥·加拉雷洛、路易吉·加维奥利、曼利奥·杰尔索米尼、焦阿基诺·杰斯蒙多、阿尔贝托·贾基尼、毛里齐奥·吉利奥、罗莫洛·吉廖齐、卡尔切多尼奥·焦尔达诺、乔治·乔治、伦佐·焦尔吉尼、安东尼奥·朱斯蒂尼亚尼、乔治·戈尔戈利尼……

第五章

拉塞拉路

……加斯托内·戈里、阿拉迪诺·戈沃尼、翁贝托·格拉尼、恩尼奥·格列柯、乌尼科·圭多尼、马里奥·海佩尔、多梅尼科·亚福尔特、塞巴斯蒂亚诺·亚卢纳、科斯坦蒂诺·因佩里亚利、马里奥·因特雷恰拉利、桑多尔·凯莱斯蒂、鲍里斯·兰德斯曼、加埃塔诺·拉韦基亚、奥尔内罗·莱奥纳尔迪、切萨雷·莱奥内利、埃皮德米奥·利贝里、阿梅德奥·利东尼齐、达维德·利门塔尼……

阿达·皮尼奥蒂　　然后，当我们出去找他们的时候——有一天在电车上，那时电车会经过斗兽场，我们看到一个男人手里拿着一份《消息报》，上面用方框字体写着："正义已得到伸张"。我不记得具体写了什么，因为一看到它，我就浑身不舒服，我嫂子也是；我们下了电车，因为我们除了离开，什么也做不了。这时我们开始相信他们已经死了。

亚历山德罗·波尔泰利　那么你，后来……

阿达·皮尼奥蒂　绝望。绝望。我仍然在谈论它——但这个东西没法说。五十四年来一直如此。因为那不是终点。他们说，"嗯，他现在死了，你必须……"；他们又说，"嗯，你要节哀顺变，因为他现在已经死了，再也不存在了……"但他是怎么死的！？它不断地回来；现在他们又从头到尾把它搅得天翻地覆，简直一团糟。然后，我发现自己很孤独，因为我的家人都不住在城里，我来自阿布鲁齐——再说了，他们能做什么？即使是他们，也没什么可为我做的。所以我发现自己很孤独，我和我嫂子在一起待了三个月，但后来，有什么用呢？我在那里，什么事情也没做。我找不到办法……因为我得工作。而我丈夫什么也没给我留下，首先因为是战争时期，反正也没什么东西；加上毕竟［结婚］才三个月，我又能指望什么。这是不可避免的，我们才刚刚开始自己的生活。总之。总而言之，我在那里待了三个月，然后明白过来这样下去不是个办法……我待在那里有什么用呢？我就回家了。

1. 那一天

布鲁诺·弗拉斯卡　那一天，我不记得了，因为我当时只有一岁半……但我可以告诉你后来我从我母亲那里听到的情况。她很不幸，终其一生都活在一场悲剧中。她说当时是下午 2 点半，而每天这个排的德国人都会从附近路过。忽然她听到一声巨大的爆炸声，带着强劲的冲击波。所有的窗玻璃都被震碎了。在混乱中，德国人开始疯狂地射击……他们朝这个地方射击，我猜是因为他们以为炸弹是从窗户里扔出去的，但其实是在那辆手推车里……

"托马切利路行动的成功，"乔治·阿门多拉写道，"鼓舞着我们加大活动的力度。因此我们决定在 3 月 23 日，即法西斯党成立的周年纪念日，策划一次新的更大的罢工。"按照计划，在破坏法西斯周年纪念游行的同时要攻击塔索路的监狱。社会党人也"按捺不住……要求我们策划一次联合武装行动"。[1]2 月底，在拉塞拉路的拐角处，马里奥·菲奥伦蒂尼看到隶属于罗马党卫军的警察部队博岑团的一个排*："我看到他们经过，立即警觉起来：我看到了那些带走我父母的人的［制服的］腐绿色。18 日，我们在那里碰头讨论计划。当萨萨［即本蒂韦尼亚］看到他们经过的时候，他说，'我们必须给他们点颜色'。"

行动原本计划在 3 月 21 日进行，但因为准备炸药的问

---

* 意大利文版提到，菲奥伦蒂尼建议的攻击地点是四喷泉路，但考虑到拉塞拉路更窄，且没那么繁忙，转而选择了这里。

题而被推迟。22日，那一列纵队没有来。"我们得到命令：必须在23日发动攻击"：这是一个象征性的日子，是法西斯党成立的周年纪念日。通常的法西斯游行已被德国人禁止（德国领事默尔豪森写道，"当罗马的居民正在挨饿时，法西斯的旗帜在音乐的伴奏下穿过街道"，将构成"不必要的挑衅"）。[2] "到了23日，他们来了。"（马里奥·菲奥伦蒂尼）

在这样一个日子里，即使只是一个从步枪训练中返回的连队的列队行进，也可能像是一种挑衅。因此，博岑营（隶属于党卫军的军事警察）更改了作息时间：他们比平时更晚回到驻地，并且加强了安全。军士们走在队伍的前面，而不是像平常那样走在中间；而且"他们禁止我们唱歌，通常情况下，我们应该是要唱歌的。但那天早上，我们被告知不许唱"。（西尔维斯特·普策）操练结束后，"我们带着上了膛的步枪开始往前走，这在以前是从未有过的"。（弗朗茨·贝尔塔尼奥利）街道空荡荡的，城市显得荒凉：这是一个特殊的、紧张的日子。但没有人解释为什么；几十年来，博岑的幸存者们将这种种偏离常规之处视为一个阴谋的迹象，认为所有人——德国人、游击队员和罗马人——在串通起来反对他们。[3]

西尔维奥·吉廖齐　那一天没什么特别的……我当时十岁，我妹妹两岁。每天，爸爸都会给我们一个羊角面包，让我们去四喷泉路的花园里吃。那天也是这样，2点左右，爸爸告诉我们，好吧，去花园玩吧。这是个美丽的春日，天气晴朗，阳光明媚。

那天的事件已经被讲了无数次，但总是支离破碎：游击队员、邻居、纳粹军官、士兵，每个人都从自己的有限视点出发。有时，故事会沦为陈年旧事；但它们常常承载着无形而极其强烈的情感。因此，那辆装着炸药的木制垃圾车，很不协调地站在所有叙述的核心位置，对于一些人来说，它只是一个具有地方色彩的细节，而对于另一些人来说，则是强有力的视觉标志，可能象征着卑微的手段与巨大的后果之间的反差，甚至暗示使用它的人有一种奇特的不诚实。

3 月 22 日，卡拉·卡波尼收到来自军事阵线的炸药。第二天早上，罗萨里奥·本蒂韦尼亚走了很长的路，穿过市中心来到拉塞拉路。他穿着一件扫街工的工作服，推着一辆小车，里面有一个装有十二公斤 TNT 炸药的铁盒，六公斤其他的炸药，以及松散的铁片，以一层薄薄的垃圾作为遮掩。他碰到了两名真正的扫街工，他们知道他不应该出现在那里。为了阻止他们查看手推车，他让他们相信他携带的是黑市货物。卡拉·卡波尼胳膊上挽着本蒂韦尼亚在行动后要穿的雨衣，在特里同路和四喷泉路之间来回走动。德国人没有按点出现。本蒂韦尼亚在拉塞拉路的半路停下，挨着历史悠久的蒂托尼宫的门边等待，一根接着一根地抽烟，直到他几乎没有足够的火柴来点燃引信。[4]

在集体的想象中，在路人、邻居和士兵讲述的故事中，一切都发生在爆炸的瞬间：轰的一声，句号。然而，在游击队员的讲述中，时间漫长而煎熬：准备，等待，虚惊，更多的等待，停滞的时间。"拉塞拉路的行动并不像其他许多［事

件]那样艰难；但是从神经和精神需要承受的耐力的角度来
看,它非常非常难。因为它持续了那么久,不是一般的久。"(罗
萨里奥·本蒂韦尼亚)在爆炸之前，德国人和附近的居民对即将
要发生的事一无所知；游击队员则并未见到爆炸后发生的大
部分情况；德国人和平民只是互相害怕。他们的叙述也很少
被放在一起。

下午3点45分，午睡时间结束，街上不再像之前那样
空无一人，游击队员正准备撤退，这时那个排终于出现在街
道的尽头。弗兰科·卡拉曼德雷伊摘下了帽子：这是点燃导
火索的信号。卡拉·卡波尼写道：

> 随着信号的发出，我们意识到
> 审判的时刻已经来到
> 每个角落都有一张脸在看着我们
> 倾斜着，仿佛在等待
> 恐惧掠过，带走了
> 我们二十岁的
> 年轻的羞怯。[5]

阿图尔·阿茨　3月23日那天，我们从射击场回来
时，晚了一个钟头。当我们拐进拉塞拉路，一枚炸弹爆炸
了,我们以为那是一枚飞机炸弹,但很快发现不是这么回事。
这时游击队也开始朝我们开枪。我站在队伍的第一个，倒
是毫发无伤地脱身。但我们死伤了很多人，我们六神无主。[6]

德国人出现在街上时，循例开始唱歌；孩子们跟在他们后头。利亚娜·吉廖齐回忆道："我们看到街上又多了两个人，穿着像扫街工。其中一个，我后来才发现，是罗萨里奥·本蒂韦尼亚。他们对我们说，"离开这，孩子们"。有人推了我一把，他们把我和我哥哥扔进了街角的一家鞋店。"[7] 本蒂韦尼亚对一群在街上工作的人发出警告（"快跑开，一分钟之后，德国人会来到这，届时将有一场大灾难"，然后他们也跑了）。一个叫奥尔费奥·钱贝拉的人，要么是没理解他说的话，要么是不把他当回事；他将被弹片击中，并且余生都在尝着苦果。[8]

帕斯夸莱·巴尔萨莫　费迪南多·维塔利亚诺和我站在隧道的入口处，负责掩护爱国行动组成员的撤退，他们部署在通往奎里纳莱山的台阶上。有一些孩子跟在唱着歌行进的队伍后面，所以这是一个欢快的景象；幸运的是他们有一个球，所以费迪南多踢了一脚，我也踢了一脚，引得孩子们对我们骂娘……

孩子们追着球跑；"就在这些孩子的辱骂声中，我们听到了爆炸的轰响"。（帕斯夸莱·巴尔萨莫）另一个从拉塞拉路的半路上经过的孩子就没那么幸运了。也许，当本蒂韦尼亚（背对着小车）朝四喷泉路走去的时候，十一岁的皮耶罗·祖凯雷蒂正转过薄伽丘路的街角，那里离小车停靠的地方很近。他的尸体被发现时已经成碎片，旁边还有一具身份从未得到确认的尸体，可能是炸弹的另一名受害者，也可能是被德国人乱枪打死的。[9]

"当我们转过街角，一声巨大的轰鸣响起，我现在还记得，它依然在我耳边如雷声般回响。"（利亚娜·吉廖齐）"炸弹爆炸时，在二楼窗户的高度，形成了一个玻璃天花板，所有的窗玻璃，如同一个玻璃屋顶，突然间——就像被悬挂在半空中——向德国纵队砸去。"（帕斯夸莱·巴尔萨莫）"我被一连串的弹片击中，"西尔维斯特·普策说，"既没有时间也没有心力去弄明白发生了什么：我全身都在流血……我的一条动脉被什么东西割断了，血流不止……"[10] 拉乌尔·法尔乔尼、西尔维奥·塞拉、弗朗切斯科·库雷利和帕斯夸莱·巴尔萨莫从薄伽丘路的台阶上投掷手榴弹，并向隧道方向射击，与后卫部队交火；卡波尼和本蒂韦尼亚在法西斯分子的火力追击下，沿着四喷泉路逃脱："我们到达维托里奥广场，〔卡洛·〕萨利纳里正在那里等着我们，他比我们先到，他说没事，大家都没事，你们都很安全。"（卡拉·卡波尼）

> 康拉德·西格蒙德　爆炸不止一次，而是好几次。我们的腰带上都带着五六枚手榴弹，许多手榴弹都爆炸了，不是因为被弹片击中，就是由爆炸产生的热量引发的。许多人就是这样死去的。[11]

卡尔·安德加森的"脑袋被割掉；〔欧根·〕奥伯莱希纳被炸断了双臂，因流血过多而死"。（弗朗茨·卡萨尔）拉塞拉路的印刷商圭多·马里蒂说，"装有炸药的手推车离我的商店有两三米远，爆炸引发的气浪把我们冲倒在地。我受了伤，脸上满是血"。每个人都像失心疯一样。排长多布里克少校"跑上跑下地大喊：'快跑，你们这些猪猡！'我们都成了碎片，许多人已经死了，他却一直喊我们猪猡……可我们究竟该往哪里跑呢？"（约瑟夫·普拉克斯马雷尔）[12]

四喷泉路的拐角处有一家鞋店，鞋匠连忙把西尔维奥·吉廖齐和利亚娜·吉廖齐喊进他的店里："进来吧，孩子们，他们在轰炸。"（西尔维奥·吉廖齐）起初，德国人也以为这必定是一场空袭，但他们很快意识到自己遭到了袭击。他们的枪都上了膛，开始四处射击。六十六岁的安内塔·巴廖尼是蒂托尼宫的一名女仆，她朝窗外看去："德国人从下面开枪，子弹在百叶窗上弹了一下，射进了这个可怜的女人的脑袋。"（路易吉·卡泰马里奥）几天后，她就死了；德国人的开火还制造了另一名死者（帕斯夸莱·迪马尔科，时年三十四岁）和十一名受伤者。[13]"是的，我们四处射击……这里、后面，因为游击队员在不断向我们射击。我们并没有看到他们，无论他们是在屋顶上，还是什么地方。"（阿图尔·阿茨）

罗马的党卫军头子欧根·多尔曼回忆道，当时的场面令人毛骨悚然，人的肢体散落得到处都是，大摊的血泊，空气中充满了呻吟和尖叫，屋顶上依然有枪声传来。[14]这最后一个细节其实是德国人的恐慌和混乱所致。"现场的情况无法描述：死尸、伤员和瓦砾，"赫伯特·卡普勒写道，"可以说一片狼藉。"德国人仍然认为攻击来自房屋，他们深知这座城市对他们的敌意。罗马的军事指挥官梅尔策将军"很激动，希望把整个街区炸掉。此时，搜查现场附近的房屋和疏散住户的工作已全面展开。梅尔策告诉我，这些命令是由他本人发出的"。[15]

　　党卫军、金融卫队、意大利殖民地警察以及"我们几个来自第十突击车舰队*的人"（马西莫·乌弗雷杜齐），闯入房屋和商店，把能找到的人都拽了出去："我们进入鞋店后，在那里待了几个钟头，然后德国人进来，把鞋匠带走了。"（西尔维奥·吉廖齐）在蒂托尼宫，八十岁的老太太比切·蒂托尼"正试图弄清楚爆炸是怎么回事，不到十分钟，就有八个德国人闯入她的房间，用德语大喊大叫，说是她埋的炸弹，而他们要逮捕她。她用德语回答说，一个八十岁的老太太怎么可能会在自己的窗户下扔炸弹，这种想法太荒唐了（路易吉·卡泰马里奥）。但他们不由分说，还是把她带走了；她将在第二天上午被释放。荷枪的德国人闯入安杰洛·皮尼奥蒂的家，在那里发现了他的弟弟翁贝托及其妻子阿达，他的表哥安东尼奥·普罗斯佩里及其妻子（也叫阿达）和三个小女孩，他的外甥富尔维奥·马斯特兰杰利："他们把我妹妹［从我父亲的怀里］扯下来，交给我母亲"；所有的男人都被带走，并且

---

* 第十突击车舰队（Decima MAS）隶属于意大利法西斯政权期间创建的所谓皇家海军，MAS 也是其座右铭"记住要永远勇敢"的缩写。1943 年，墨索里尼被赶下台后，成立意大利社会共和国，招募了一些驻扎在德国占领的意大利北部和中部的第十突击车舰队士兵。他们依然保留部队头衔，但主要在陆上进行反游击队的活动。

将再也不会回来。（阿达·普罗斯佩里）[16] 房屋和商店都遭到了洗劫。

> 西尔维奥·吉廖齐　整个下午，枪声都响个不停；到了晚上，我总算是回到了家。我们的酒吧里挤满了法西斯分子和德国人，他们喝得醉醺醺的，把酒吧砸坏，偷走了收银机。酒吧下面有一个地窖，我们的酒就存放在那里；他们把酒桶打烂了，所有的酒都倾泻一地，灯也灭了，我看到里面都是已经喝醉了还在喝的黑影……

他们来到蒂托尼宫门房的小屋："他们浑身滴着血，我妈妈把能找到的东西都拿出来［照顾他们］；她向上帝祈祷，希望他们不是来抓我父亲的。然而那些军官才不听什么理由，尽管她照顾了他们，他们还是带走了爸爸、我的叔叔以及另一个住户，留给我们的是绝望，深深的绝望。"（温琴扎·加蒂）这些人将被释放；其他人就没这么幸运了。切莱斯蒂诺·弗拉斯卡是在街上被抓的（"他从理发店出来，准备去幼儿园接我的兄弟，结果去了阿尔帖亭洞窟"，布鲁诺·弗拉斯卡说），埃托雷·龙科尼也是如此，他正从真扎诺运来葡萄酒；他们后来在阿尔帖亭洞窟遇害。翁贝托·费兰特在马里蒂的印刷店工作，他回忆道："我们举起双手，一从印刷店出来，我就看到了永远不会忘记的一幕。那个孩子的躯干被炸到了半路上，离蒂托尼宫有二三十米远。我本能地站住，开始祈祷：'万福玛利亚'……这时我听到身后有人朝我喊道'出去，出去'，

一支枪抵着我的肾脏，把我往前推。再往前一点又躺着一名
受害者：看不出是男是女，是老是少，有的只是穿着大衣的
肉泥。"[17]

　　"三位同志［在罗莫洛·吉廖齐的酒吧］碰头，准备搞
一次行动，我不知道是由谁组织的。"（奥尔费奥·穆奇）不清
楚他们为何会在那个时候出现在那个地方。安东尼奥·基
亚雷蒂和恩里科·帕斯库奇是两名来自"红旗"的电话工
人，他们"看到德国人让所有的路人靠着墙［……］，便
掏出枪自卫，但基亚雷蒂立即被机枪击毙，而帕斯库奇则
被捕（之后遭到毒打）"。乔瓦尼·坦齐尼因为口袋里有"红
旗"的证件在附近被捕。他被驱逐到了德国，而人们以为
他已经死在阿尔帖亭洞窟，直到他多年之后带着残破的身
心回来。[18]

　　警察局长彼得罗·卡鲁索的司机手里拿着枪朝巴尔贝里
尼广场跑去；党卫军把他当成恐怖分子杀掉了。因为不知道
袭击来自哪里而惊慌失措的德国人，眼中到处是恐怖分子：
"街边的门都从里面闩上了，我想他们都是一伙的。德国人
破门而入。在这些房子里，他们发现了十六名游击队员。这
些人后来在阿尔帖亭洞窟被处决。有一个人躲在壁橱里，手
里拿着一枚手榴弹。"（阿图尔·阿茨）卡普勒后来声称，他们
在拉塞拉路的一所房子里抓捕了三个正从墙上取下一面共产
党旗的人。[19]

　　实际上，只有一扇门被吓坏的居民闩上，在薄伽丘路的
拐角处。里面只有老实的、受惊的市民；但德国人还是向窗

户开枪（弹痕仍清晰可见），为了进去不惜用手榴弹。

> 塞尔焦·沃尔波尼　当他们开始射击时，我们都跑
> 了出来。所有的男人带着女人和小孩来到了楼梯间，我
> 也在其中……他们扔了两颗手榴弹，飘到楼梯间的烟幕
> 让我们无法呼吸。最后有人想起闩上的大门，而幸运的
> 是，我母亲——她还活着，已经八十三岁了，而且身体
> 不错——和另一位女士从顶楼带檐口的窗户往外探望，
> 一起尖叫道："别开枪，别开枪，我们正在开门。"[20]

四名男性从楼梯上下来，其中有十八岁的学生费鲁乔·卡
普托，还有圭多·沃尔波尼，因感冒卧床的他是穿着睡袍和
拖鞋来到门口的。但德国人处于如此恐惧之中，以至于党卫
军博兰·多米茨拉夫"看到"的是完全不同的场景："当时混
乱得不行。房子闩上了门，我相信但不是很确定，有两名意
大利伞兵试图破门而入。有四五个人被带出了那所房子。所
有的意大利人都走上去殴打他们。他们让那几个人靠在墙上，
看起来是想动用私刑。有一个已经倒在了地上。我是现场唯
一的军官，感到有责任介入，便把这些人带到了四喷泉路，
用一辆卡车把他们运走。第四小队的一名成员在我旁边，他
说，正是由于我的干预，这些人才免于私刑。"[21]

无人记得有人试图动用私刑；如果有的话，倒是有一些
见证者记得德国军官对民众的暴力行为。多米茨拉夫非但没
有救这些人的命，反而将其送到阿尔帖亭洞窟。

与此同时，卡普勒也到了现场："我走近梅尔策将军。他激动得流泪。瞧，他们对我的人做了什么，他指着一些尸体说。"[22] 梅尔策将军像"疯子一样挥舞着双手"，尖叫着"报仇，为我可怜的弟兄们报仇！"（欧根·多尔曼）这是那天流传下来的另一个经典画面。

卡普勒负责处理局面。他确保伤员被接走并送往医院，命令手下停止射击"不存在的目标"，让他们去搜集手榴弹的残骸。"我本想亲自去检查废墟，但当我看到一个小女孩的大腿和手臂时，我把这个任务留给了其他人。我感到了受到轰炸之后的熟悉的怨恨。"

利亚娜·吉廖齐　他们封锁了拉塞拉路；我可以确知，我父亲设法离开了拉塞拉路，因为他一听到爆炸声就跑到花园里，去看看我和哥哥是否在那里，因为听说有平民伤亡，我父亲便去废墟里寻找，但没有看到我们，他又去到花园，因为在那一刻，整个花园非常混乱，但他没有找到我们，因为我们在鞋店里。他回到了拉塞拉路，一个他认识的法西斯警察告诉他："听着，罗莫洛，如果你进入拉塞拉路，你就永远出不去了……"而他告诉他的最后一句话是"我必须去，必须找到孩子们……他们不在花园里，可能已经死了……"所以我想我父亲死的时候也抱着这个念头。

"有人告诉我，他们从窗户里看到过他，穿着白色的夹克——他是一名酒保——在死去的德国人中间寻找，看看是否其中也有我们的尸体。"（西尔维奥·吉廖齐）汉斯·普拉克是博岑营的军需官，他说在被捕的人中间"有一个穿着白色夹克，像卖冰激凌的小贩。他称我们为'同志'，但他的包里有三枚手榴弹"。[23] 也许正是这名军需官的妄想症，害得吉廖齐同他的父亲和兄弟一起被围捕，并被当作恐怖分子，送到阿尔帖亭洞窟处决。

　　　　布鲁诺·弗拉斯卡　最后他们让我们全都出来，在巴尔贝里尼宫前排成一排……你可以看到那张著名的照片……我母亲说，她用一只手抱着我，另一只手一直举着……看样子我们所有人都会被枪毙……整个街区都被炸毁了，但下来的命令是把女人和孩子送走，只留下男人……

　　"他们用枪口对准我们，让我们一直排到了巴尔贝里尼宫前的四喷泉路"，圭多·马里蒂说；"卡普勒告诉我们：'伙计们，你们要完蛋了。'但他也告诉我们，如果袭击的罪魁祸首查出来了，我们就会被释放。"[24] 其他人都不记得卡普勒有说过这样的话，卡普勒也从未声称他说过——尽管如果他真的说过，这可以帮他挽回一点声誉。其他的囚犯只记得吆喝、命令和威胁；其他的目击者看到的是德国的高级军官用枪托殴打男人，士兵抓住女人后喂以拳头。之后，女人们被释放，男人们则被关在几个街区之外的维米纳莱，那里是内政部的所在地："所有人都在一个房间里，躺在地上的屎尿之中。"

　　埃莉萨·德圣蒂斯　我公公常常谈到在爆炸发生的
那一刻，实则是开始报复的那一刻，他如何碰巧出现在
拉塞拉路，他只是为了办事情从这里路过，结果和其他
大概一百来号出现在该地段的人一起被捕，关了好几个
小时，我想有一个通宵，也不知道接下来会发生什么。
所以出现了恐慌的场面，他说他过夜的地方是个大房间，
不乏被枪托打伤的人，也没有机会使用卫生间，什么都
没有，所以有的人生病了，各种各样的病。第二天，他
和其他极少数人受命清理房间，然后莫名其妙地，他至
今仍不知道为什么，他被释放了；而其他人，我想是绝
大多数，之后被送到了阿尔帖亭洞窟。

　　"那天所有被围捕的人都挤在维米纳莱的地窖里。有
三百多人。我们得逐一调查每个人的背景，列出名单，核对，
打电话。这项工作持续到第二天早上，我们做得一丝不苟，
我可以保证，这样就不会有无辜的人被抓进去。"（汉斯·普拉克）
临近凌晨 2 点时，一些人被叫出去。其他人还以为他们是被
捞了出去，但其实他们是被选中受死的。汉斯·普拉克不记
得，也没有人问他，对安杰洛·皮尼奥蒂和翁贝托·皮尼奥蒂、
安东尼奥·普罗斯佩里、富尔维奥·马斯特兰杰利、圭多·沃
尔波尼、切莱斯蒂诺·弗拉斯卡、费鲁乔·卡普托、罗莫洛·吉
廖齐的指控是什么。

*

"我堂哥贝内代托〔·吉廖齐〕和我伯父〔多梅尼科〕那天晚上来到我家，脸上被打得青一块紫一块的，样子很吓人。他们不敢回家，便来找我。他们不知道罗莫洛在哪里……我伯父说，'我把他丢在了维米纳莱，他在那里……'"（乔瓦尼·吉廖齐）"第二天，我祖父、我伯父和我母亲回来了。她问，'罗莫洛人呢？'他们说，'他留在内政部打扫卫生'。我想这是个借口。我祖父说，'你看，罗莫洛留下来打扫卫生了'。然后我们再也没有见过他。"（西尔维奥·吉廖齐）

温琴·扎加蒂　我看着窗外，妈妈正在捡拾人的碎片。我想这是我八九岁时看到的情景，此后它一直伴随着我。我仍然记得那辆前来收集尸体的黑马车，记得街上流淌着水和盐……

2. 唱歌的德国人

〔……〕他们行进着，五十人或一百人，为表示他们"友好的"进入，没有携带武器，排着整齐的队伍，没有戴帽子，金黄的薄发被金风轻抚〔……〕他们用银亮的德国嗓音，唱着国家社会主义的颂歌《霍斯特·威塞尔之歌》。

——阿尔多·扎尔加尼《小提琴独奏》[25]

卡拉·卡波尼　关于那些在阿尔帖亭洞窟执行处决的人，有一个重要的细节，那就是卡普勒曾向博岑[团]——来自博尔扎诺的党卫军特别警察——的指挥官提议，让他们来执行，这样他们可以称心如意地对这次袭击进行报复；但指挥官拒绝了，他们也拒绝了，而我必须说，如果你希望的话，对于这些在袭击中幸存下来的特种部队的士兵来说，这绝对是一个勇敢的姿态。

他们不是特种部队，而是博岑警察团第十一连，正在为维护罗马的公共秩序而进行训练。虽然他们隶属于党卫军，且听命于罗马的军事指挥官，但他们在那时并非作战单元（之后，博岑团将被用于打击北方游击队的行动）。相反，他们负责纳粹占领罗马后所意图的那种"秩序"（order）：围捕、驱逐和镇压。

这些人来自讲德语的意大利省博尔扎诺（博岑），该省被意大利政府称为上阿迪杰，但其居民称之为南蒂罗尔。1939年，法西斯意大利和纳粹德国达成特殊关系框架，南蒂罗尔人被允许选择成为德国公民，有一部分人这么做；后来，当整个蒂罗尔和意大利东北部的部分地区被并入第三帝国时，德国公民的身份就自动生成。1943年9月之前，只有那些选择了德国公民身份的人被征召；在德国占领和吞并后，名义上的意大利公民也被征召，打着志愿者的幌子（不过他们中的大多数也愿意到这些薪饷更高、离前线更远的部队，如果不得不被征召的话）。[26]

　　阿图尔·阿茨　我叫阿图尔·阿茨，来自卡尔达罗。我是一个农民，一个意大利人。1939年我曾在意大利的撒丁岛服役，之后复员回家。1943年我不得不作为德国士兵服役，我们先是去了博岑，在那里的军营待了三个月，之后去了罗马。在那里待了三个月后，就发生了1944年3月23日的袭击事件。之后我们又去了皮埃蒙特。我们一直在站岗，因为山区到处都是游击队员。战争结束后，我成了美国人的俘虏。他们抓了我之后，把我关了六个月。之后我就回家了。

　　该团分为三个营：第一营在伊斯特拉从事安保和反游击队的任务；第二营参与了一些打击抵抗组织的行动，至少在东北部进行了两次大规模的报复（包括在卡多雷的博伊斯谷地屠杀四十六名平民，在贝卢诺绞死十四名囚犯）。拉塞拉路的幸存者也将继续"与游击队作战，这是当然的。在皮埃蒙特的苏萨附近"。（阿图尔·阿茨）他们并不像人们常说的那样，只作无害的防卫。

　　2月，第三营抵达罗马。该营由三个连组成：第九连部署在城南；第十连执行罗马的警察任务；第十一连，正在训练之中。他们穿的不是党卫军的灰色制服，而是突击队的蜥蜴绿制服。他们既非精选出来的部队，也并非一些新兵蛋子，尽管反游击队的神话夸大了他们的年龄：死于拉塞拉路的人从二十七岁到四十三岁不等，平均为三十八岁（幸存下来的阿图尔·阿茨为二十五岁；爱国行动组成员弗朗切斯科·库雷利为五十五岁）。许多人有家庭和孩子。因为缺乏尚武精神以及南蒂罗尔农村的出身背景，他们受到德国军官和军士的歧视、侮辱，被要求进行对他们来说似乎极其没必要的严格训练。

在他们看来，最荒唐的要求莫过于在行军中唱歌的义务："他们要求我们在街上行进时高声歌唱，就像许多公鸡一样挺着胸，有节奏地打鸣。"（弗朗茨·贝尔塔尼奥利）然而德国当局知道自己在做什么。唱歌唤起了德国人与音乐之间关系的神话，它会让人同时生出同情和恐惧。对孩子们来说，唱歌的士兵具有一种吸引力，而非威胁："那天晚上，我的一些朋友问他们的母亲，可否出去看一看这些行进中的士兵。"（温琴扎·加蒂）有些人长大后还以为，这支腰间挂着枪和手榴弹的军队只是一个乐团："不对，他们并没有配备机枪，他们是无害的；他们是要去奎里纳莱山。这是一个乐团；他们是要去换岗。"（利亚娜·吉廖齐）

然而，对于成年人来说，军歌是身份和力量的展示，几乎是制服的一部分。"那支纵队在拐入拉塞拉路时，一如既往地通过一首北欧歌曲，宣布他们的到来"，弗兰科·卡拉曼德雷伊写道[27]；"他们在歌唱中继续前进，用的不再是歌德的德语，而是希特勒的。一百六十名纳粹警察，戴着纳粹军队的徽章……他们唱着歌走来，可怕而又可笑……"（罗萨里奥·本蒂韦尼亚）[28]那一天，他们被告知（没有解释）要安静地行进，但直到他们快回到营地时，也没有出现预期的麻烦，所以在他们到达拉塞拉路前，歌声又响了起来。约瑟夫·普拉克斯马雷尔在队伍的后面，他只是假装在唱。本蒂韦尼亚和卡拉曼德雷伊并没有意识到他们根本不喜欢唱歌；而博岑团的人也不明白，他们哪怕不情愿的歌唱，会对听到的人有何影响。通过强迫他们唱歌，德国当局把他们变成了会行走的信息，帝国和种族统治的宣言。他们是没有意识到这一点，而游击队员是没有识破这一点。

　　这种只有歌唱者本人不知道自己是在发出双重声音的歌唱，是对他们作为无意识的压迫者和无意识的受害者这一处境的隐喻——仿佛他们的双语能力使他们超越了两种语言的藩篱（"我们都是意大利人，就国籍而言，我们是意大利人［……］但我们都说德语，我们不是德国人，我们只是说这种语言"，阿图尔·阿茨说）。南蒂罗尔指代着"一群常年居住在边境的人，他们一会儿是奥地利人，一会儿是意大利人，一会儿又成了德国人"。在拉塞拉路被杀的人之中，有一个姓氏在那里很常见：Dissertori，意为"逃亡者"。

　　纳粹警察之前是意大利公民这一事实，不断被用来反对游击队。然而，当他们为了给一个德国人偿命而杀死十个意大利人时，他们并没有称自己为"意大利人"；从一开始，德国的新闻稿就只是把他们作为德国人提及。他们的意大利人身份是后来发现的，在战争结束之后。另一方面，一些在阿尔帖亭洞窟执行处决的人（甘特·阿蒙、威廉·科夫勒）也来自南蒂罗尔，但他们此前的意大利公民身份，并没有影响到他们在那里的行为。具有讽刺意味的是，在这次报复行动中，至少有十名犹太受害者在德国出生。

　　抵抗运动也是一场意大利人之间相互残杀的斗争。因此，这些前意大利人穿着外国制服的事实，只会让他们在反法西斯主义者的眼中，罪恶更加深重。"几年前，其中一名被杀士兵的母亲打电话给我：'巴尔萨莫你明白吗，我儿子是意大利人。''夫人，这件事不要告诉任何人！因为如果您说了，那他就犯了叛国罪！您的儿子是意大利人，却穿着德国人的制服，占领了一座意大利城市，并穿着德国人的制服，迫害意大利人，所以他是个叛徒。'"（帕斯夸莱·巴尔萨莫）因争论而火气上来的巴尔萨莫，可能显得不够仁厚。但他说的有一定道理：当一个人穿上制服时，他只能站一边。

　　的确，不是所有人都自愿穿这身制服。许多人只是听命行事："他们是无辜的。他们在一个并非战场的城市履行自己的职责。他们在一片没有硝烟的领土上执行正常的任务。"（乔瓦尼·法焦洛神父）在那个时代，确实有成千上万的人冒着生命危险，拒绝被迫加入法西斯和纳粹的军队；甚至在南蒂罗尔，也出现了抵抗和逃避征兵的情况。博岑团的人可能知道这一点——毕竟，正如我们被不断提醒的，他们是成年男子。然而，他们似乎并不了解，也没有试着去了解他们被抛入的是何种战争的旋涡。他们被从自己的山谷带出来，之后被扔到一个讲另一种语言的充满敌意的城市，"像囚犯一样"（弗朗茨·贝尔塔尼奥利）被安置在维米纳莱的阁楼上，被禁止与当地人来往："我们非常喜欢罗马，我们从来没有和私人交谈过……我们从未与他们有过接触，从未"（阿图尔·阿茨）。

　　这就是他们"拒绝"执行报复行动的背景。"当时有过讨论，紧张的通话，怒火的爆发。但我们的决定是清楚的：他们不能指望我们这样的基督徒……"（路易斯·考夫曼）考夫曼是唯一提到这个细节的幸存者；其他人甚至不知道这个问题有被提出过。

　　问　你有被要求参加报复行动吗？

　　阿图尔·阿茨　没有，他们没有要求我们，因为我们不能做这样的事情……因为少校也说，这些士兵不能……而且他们还是天主教徒，因为我们从未杀过……整个连队，在整个战争期间，到那时为止，甚至都没有杀过一个人。[29]

　　"因为我们不能"：一个模棱两可的短语。卡普勒并未提及士兵们的拒绝，而是说这是军官们的决定：指挥官赫尔穆特·多布里克"坚持认为，不能指望他的这些信教的部下在他们可支配的短时间内［着重号为作者所加］执行处决"。[30]多布里克对他的手下的轻视是众所周知的。他没有说他们拒绝执行大屠杀，而只是说他认为他们无法及时完成——或者，正如卡普勒在另一个场合所报告的，他们没有胆力进行近距离的射击："我的手下年纪太大了。他们有的非常虔诚，有的十分迷信，他们来自阿尔卑斯山偏远的山谷。"宗教本身似乎并不能在所有的情况下都起到作用；比如，埃里希·普里布克坚称自己是"一名信徒"，但他的信仰并没有阻止他参与屠杀。就博岑的士兵而言，他们的宗教情感在范式上更多地表现为一种乡下人的朴素，而非高贵的精神。此外，在他们的期待中，以宗教干预处决只是权宜之计，而非出于原则："多布里克提到了一个事实，即他的手下没有受过武器使用方面的训练，而且年龄偏大。"[31]

所有这些都将改写成博岑营是如何"拒绝"的这一经常被提及的叙事。这一叙事对各方面都有用处：教会方面，因为它暗示了天主教在属灵上的优越（所有这些叙述都在劝人相信，只有天主教徒才是基督徒）；右翼方面，因为它通过表明游击队受害者的"无辜"和宽恕，让游击队更加有罪；左翼方面，因为它通过表明其他人更有人性，以及与常规的辩护路线相反，对命令的反对不是不可能的，从而凸显了刽子手的罪孽。

正如我们看到的，与其说是这些人的良知，不如说是指挥官的蔑视，使他们得以免于成为刽子手。然而，他们在军事能力上的不足，也标志着他们与党卫军超人神话的文化差异。在这样的背景下，不好战是一种必须得到承认的美德。然而，博岑并不拥有比他们实际拥有的更敏锐的意识和更高的觉悟，如此的拔高是换一种方式，再次将他们作为飘浮在他们头顶上方的意识形态信息的载体——就像他们在罗马的街头行进时被逼着唱歌一样。

3. 睡犬：因与果

每个人都知道德国人的邪恶和残忍……那你为什么

还要去跟他们捣乱？听着——这里有一头狮子，它很凶
残，但它已经吃过了；你为什么要去惹它？即使它不饿，
它也会把你吃了！它是凶残的！

——M.C.，基亚纳河谷奇维泰拉，托斯卡纳 [32]

　　对一个哑巴畜生的报复……它只是出于最盲目的本
能而打了你！疯了！亚哈船长，被一个哑巴激怒，似乎
是渎神的。

——赫尔曼·梅尔维尔《白鲸》[33]

"崇奉本真性的机械怪兽，身着绿黄相间的迷彩服，像
蛇的肚子一样，穿过瑟瑟发抖的哑默的人群。"*阿拉迪诺·戈
沃尼的诗人父亲科拉多·戈沃尼如此写道。[34] 他的意图是加
强他的辱骂；然而，将德国人隐喻为机器和野兽的耦合，也
就把他们置于人类的范围之外，进而置于道德判断的范围之
外。机器和野兽不知道善恶，无法对它们的所作所为进行谴
责。应该由人类来进行判断："这些游击队员知道，他们是在
跟比自己更野蛮的野兽打交道"（利亚娜·吉廖齐）；"他们应该
知道那些人是野兽，在那一刻他们也是野兽，而如果德国人

---

* 意大利文版在这句话之前还有一段文字，可以解释小节的标题：瓜尔迪斯
塔洛的教区神父 C.G. 在谈到另一场纳粹大屠杀时说，"是谁激起了老虎的
怒火？"我采访的一位宪兵在谈到萨尔沃·达奎斯托时，立即提到了拉塞
拉路，他重申："他们唤醒了睡犬。"但实际上，正如我们所知，这只睡犬
根本没有睡觉。

被打败了，他们就会变成动物"（特雷莎·穆索尼）。

那么，从德国人作为机器或野兽的刻板印象出发，大屠杀便被自然化，罪责就转移到游击队身上。依据这种叙事，报复是一种自动或本能的反应，因此，游击队本应该预料到（这一神话的某些变体认为游击队正是为了引发报复而采取行动的）。但事情不是这样的，不是像某些历史教科书所重复的那样，"对每一次袭击，德国人都回应以无情的报复"（因而每一次屠杀都是由游击队的某些行为所激起的反应）。[35] 事实上，阿尔帖亭洞窟屠杀在意大利没有先例；它既不是一种膝跳反应，也不是对预先确定的政策和程序的实施。相反，它是一个复杂的决策过程的结果，为以后的屠杀开创了先例。[36]

赫伯特·卡普勒说："我记得 3 月 23 日下午，我与不设防的罗马城指挥官梅尔策将军在怡东酒店共进午餐。在回办公室的路上，我正沿着纳齐奥纳莱路驱车，听到一声巨大的爆炸声。我刚在办公桌前坐下，就接到电话通知，说发生了袭击事件，需要我立即去现场。事实上我并没有立即意识到事件的严重性。"换句话说，在卡普勒看来，大白天的在罗马市中心发生炸弹爆炸，很稀松平常。罗马并不是一个太平的城市：在受审时，卡普勒自己就列举了发生在拉塞拉路事件之前的十四次袭击，其中一些造成了德国人的伤亡。然而，德国人并没有报复，而是选择了沉默。为了让这座被占领的城市甘于屈服，德国战争机器坚不可摧的神话至关重要；而纳粹通过隐瞒自己的伤亡来维护这个神话："这个时候的罗马

实际处于紧急状态之中，尽管没有发布这方面的声明，因为几乎每个晚上都有针对德军的行动。"（埃里希·普里布克）[37]

在拉塞拉路遇袭之前，德国人已经在布拉韦塔堡枪杀了数十名囚犯；其中有两次枪杀事件发生在游击队的袭击之后。然而，这绝不是要为他们开脱。它们并不是对不相关的平民进行无差别报复，而是对被指控犯有特定违法行为的人执行死刑，至少经过了法律程序，虽然只是走过场。那么，除了屠杀的规模庞大之外，阿尔帖亭洞窟事件也是首例受罚者并非反纳粹行动的发动者的案件。此外，虽然所有的案件公众都是事后才被告知，但这些案件与游击队袭击的联系，有时是通过相邻性来暗示，而从未正式宣布过。[38]

拉塞拉路并不是第一起游击队袭击事件，却是第一起公众无法忽视的。马西莫·乌弗雷杜齐当时是法西斯战斗小组的成员，他说："这是一件很严重的事，一件极其大的事，然后我再说一遍，人们争相谈论……"从相反的一边看，共产党领导人乔治·阿门多拉提出了完全相同的观点："之前他们都承受住了打击而没有失去镇定。但这一次，游击队的胆量和成效太明显，让他们大为光火。"[39] 严重性加上可见度，让德国人对拉塞拉路事件难以忍受。三十三名受害者本身便是对帝国的严重打击；而一支正在列队行进的部队，被他们一心要否认其存在的敌人，在众目睽睽之下，在公开而持久的战斗中，杀掉了三十三人——这是不能容忍的。尤其还是发生在一座不合作、躲避征兵、不提供人力，不交出犹太人和反法西斯主义者,不支持墨索里尼的"共和"的城市。因此，德国人的首要任务不是抓捕肇事者，惩罚他们或者为死者报仇，而是惩罚这座城市，并通过公然地展示刚性，以恢复其受伤的力量。

4. 名单、布告、命令和其他失落的文本

> 在阿尔帖亭洞窟的报复是以极其尊重法律的方式进行的。最终，被包括在内的只有犹太人和共产党之流；没有无辜者。
>
> ——汉斯·普拉克，博岑团军需官，1979 年

游击队在拉塞拉路采取的行动引发了一阵狂乱：种种突发状况、相互矛盾的命令、混乱的声音，它们甚至纠缠不清（因为我们今天唯一拥有的描述，来自法庭上的自我辩护）。这是一连串的谈判和妥协，只是因为对德国人精确性的刻板印象以及意识形态转向上的机会主义，才在记忆中转化为自动的、不可避免的——这种修辞的确很日耳曼——事件链。

拉塞拉路是一个新情况，报复的机制尚未形成。只有在阿尔帖亭洞窟之后，国防军和党卫军的指挥系统才会在凯塞林元帅的控制下统一起来。[40] 因此，当卡普勒和梅尔策试图在电话中联系凯塞林时，凯塞林的参谋迪特里希·贝利茨上校将这一消息告诉了德国最高指挥部。冯·布特拉尔将军从那里把电话给他打回来，下达了希特勒的命令：炸掉附近的街区，疏散那里，每死一个德国人处决五十名平民。贝利

茨并不急于行动；他知道"这不是希特勒的最终命令，他只是在一时泄愤"。他让参谋长豪泽少校去联系冯·布特拉尔，后者再次与希特勒通话。希特勒"仍然非常激动"，说"应该让意大利最高指挥部去进行报复"，也就是说，让凯塞林看着办。

与此同时，卡普勒、梅尔策、冯·马肯森和凯塞林达成一致，"德军死亡人数与被处决的人质人数之比不应超过十比一。受害者应从已因违反德国法律而被关押的人中拣选"，这些人被判处了死刑，或者可能被判处死刑。马肯森声称，卡普勒向他保证有足够多的死刑犯来完成整个命令；卡普勒则说，自己建议的是，"鉴于受害者人数众多，可以在报纸上公布惯常的一比十的比例，但另一方面，没必要把全部的人都杀了"，而马肯森也同意了。[41] 他们清楚得很，没有人会去核实。正如凯塞林本人后来证实的，受害者的人数并不重要，重要的是发出警告的信息，以防止类似的袭击再次发生。[42]

然而，到了晚8点，希特勒又下达了一道命令，要求每一个德国人的命用十个意大利人来偿还。这个比例原先被设想为上限，现在却变成强制性的。晚11点，希特勒的最终指令到来：处决得在二十四小时之内作出，而且必须由警察——也就是卡普勒的手下——来执行。然而，卡普勒给出了另一个版本，声称他是在多布里克拒绝后的第二天早上，才从梅尔策那里收到的命令。然而，不管实际的顺序如何，在所有的版本中，都有一些显眼的内容。

首先，每一个相关的人都认为理应采取大规模的报复，但对于实际的报复尺度，存在争议和协商：一开始提到的数字是五十比一，之后希特勒似乎"肯定不会满足于射杀的人质少于炸弹受害者的二十倍"。（马肯森）十比一的比例原本是作为最大限度被提及的，之后变成强制性的。换言之，受害者的数量并不是依照战争铁律的不可避免的运算结果，而是妥协和修改的结果。然而，"十个意大利人换一个德国人"这句话已经成为意大利人常识中的某种口头禅。这要归功于这个整数所具有的可怕的对称性，它不仅有助于计数，而且如此贴切地符合日耳曼人的理性和报复的自动性神话。事实上，由于这一决定的变动和复杂，刽子手甚至试图将自己表现为生命的拯救者——本来要死更多的人。马肯森称，同意十比一的比例，让他"得以从难以忍受的良心冲突中解脱出来"，因为"这样一来，我实际上拯救了同样多的无辜者。然后我可以拿其他无可避免要被清洗掉而我也爱莫能助的人的死"，向他的上级报告命令已经执行。[43]

"元首令"虽以铁定如山而闻名，被认定为不可违抗（这是一些法院判决所依据的假设），但似乎也是可以商量的。希特勒在几个小时内至少三次改变主意，并不关心他的命令是否得到执行，而事实上他的命令遭到了违背：马肯森说元首要求将整个街区夷为平地的命令是"无稽之谈"，贝利茨认为这只是一种发泄怒火的方式，卡普勒则声称他破坏了希特勒要求疏散城市的命令，而凯塞林坚称他有意识地违背了希特勒关于报复方式的命令。事实上，就像想象中的要求游

击队员自首的法令，元首令是为整体叙事奠基的诸多无形的
文本之一。与其他情况不同的是，希特勒不仅没有发布正式
的书面命令，[44] 而且没有一个人从他那里亲耳听到。所有的
证词都是第二手或第三手的，或者仅仅是推断。

　　最后，也是最重要的一点，除了在迟来而可疑的自辩声
明（以及在反游击队的神话）中，没有任何地方显示，实施
大屠杀的决定曾经取决于游击队员被捕或自首的情况。在希
特勒命令的任何版本中，都没有提到这种可能出现的状况。
从一开始，屠杀就不是为了惩罚袭击者，而是为了惩罚和恐
吓城市；即便游击队员自首，也不会阻止大屠杀。这就是为
何没有进行认真的搜查，也没有张贴任何布告或者进行任何
公告。这一点早在 1946 年的凯塞林审判中就已经明确：

　　　　检察官　　但是你本可以说，"如果罗马居民不在一
　　定时间内交出袭击者，我将为每一个被杀的德国人处决
　　十个罗马人？"
　　　　艾伯特·凯塞林　　三年过去了，现在获得了平静的
　　我必须说，这个主意非常好。
　　　　检察官　　但你并没有这样做。
　　　　凯塞林　　是的，我没有。[45]

　　卡普勒说，"对于拉塞拉路事件，我没有向民众提出任
何要求，我没有权限这么做"。[46]1948 的判决书总结道："搜
寻袭击者并非德国警察的首要任务，而是在已经准备报复之

后，作为可有可无的行动进行的，也没怎么大张旗鼓。"[47]
在受审中，卡普勒毫无说服力地重复说："法西斯电台每隔
十五分钟就会宣布，如果发动拉塞拉路袭击的爱国行动组成
员不自首，德国人将处决三百二十名平民。"然而，事实
并非如此。屠杀发生后的第二天，记者卡洛·特拉布科在日
记中写道："广播电台没有提及［袭击］，报纸也装哑巴。"[48]
如果电台说了什么，就很难解释为什么梵蒂冈第二天晌午才
接到电话通知（此后没有采取任何已知的行动）。[49]

卡普勒的下一个任务是在夜里制订名单。"整个晚上我
们一直在翻寻档案，但没有凑够处决所需的人数"，埃里希·普
里布克称。[50] "我们意识到，被判处死刑的只有三四个，而
非三百个"，卡普勒证实说。他是警察局长，所以很奇怪他
不知道。此时，"死亡候选人"的范围需要无限制地扩大。
在上司哈斯特将军的建议下，卡普勒将现有的犹太人都包括
在内；他从军事法庭那里获得了"未被判处死刑，而是得到
宽大处理的囚犯"的名字，并将他们列入名单。德军的死亡
人数已达32，而他掌握的大约是220个名字：176人被指控
犯有可判处死刑的罪行，但尚未受审；22人因类似的违法行
为受审，但尚未被判刑；17人被判处长期苦役；4人被判处
死刑（实际上是3人，有1人已被无罪释放）；4人（实际
上更多）在拉塞拉路或附近被捕。[51] "这时我不得不把犹太
人包括在内，我记得他们的数量是57人。如果我不这么做，
我就不得不把其他罪行不那么明显的人包括进来。"显然，
犹太人的罪行是先天的。

他花了一晚上的工夫查看名单，但显然没有留意到名单上包含有老人和未成年人。他还差五十个名字，于是要求意大利警方提供。第二天，警察局长彼得罗·卡鲁索在与内政部长布法里尼·圭迪举行非正式会晤后，起草了一份名单交付。卡普勒后来说，"执行死刑的命令，比前一天晚上编制名单的任务更让我感到沉重［……］尽管我干着这份职业，但我从未目睹过一次处决"。在接到命令后，他"以朋友的身份"向他的军官们宣布，他们将杀死三百二十人。"所有人都同意我的意见，为了维护纪律，所有分队的指挥官都应该在处决中至少开一枪［……］如果有人拒绝，我会听他怎么说，和他好好谈谈。"

"如果有人拒绝"。"他说这是一件可怕的事情，为了给士兵们树立榜样，所有军官都要在开始时开一枪，结束时再开一枪。"（埃里希·普里布克）[52] 没有人表示异议。

没时间"建造墓地"，也没时间像正常的处决那样，把受害者单独绑在椅子上，并提供宗教上的慰藉。为了凸显震慑的效果，掩盖恐怖的实质，党卫军不得不找到一个"天然死亡室"，作为处决和埋葬的地方。"随着死亡室的建立，我认为尸体将不再需要被移走。"（卡普勒）科勒上尉知道阿尔帖亭路边有一些采石场可以利用；卡普勒派他前去做准备工作，然后到塔索路给自己的部下训话。"他让我们立即拿好武器准备就绪，因为当天下午我们就要为死于拉塞拉路的战友报仇。"（甘特·阿蒙）

这时他得知又有一个人死了，因此又得在名单上加入十个人的名字：都是当天被捕的犹太人。"1944 年 3 月 24 日中午，第三部和第四部的八九十人去了罗马的阿尔帖亭洞窟。"（埃里希·普里布克）[53]

5. 个人责任和集体罪责

> 万达·佩雷塔　"命令已经执行"这句与阿尔帖亭洞窟有关的话，一直留在我的脑海中。另一句类似的话也让我记忆犹新，是被告们在纽伦堡审判中说的："在指控的意义上，我不承认自己有罪。"这句话对我来说同样重要，偶尔我也会重复它，就像一个魔法公式，不过是黑魔法，因为这两个公式是同一个东西。

哲学家乔治·阿甘本指出，"伦理范畴与法律范畴的隐性混淆是一种非常普遍的误解"。在阿尔帖亭洞窟的故事中，这一混淆主要涉及将辩论纳入 Befehlsnotstand*（被迫执行命令的苦衷）类别的倾向。[54]然而，在法律上是否可能违抗命令，只涉及对个人责任的司法评估；它忽略了个人与该命令的主观关系，忽略了影响个人的主观性及其如何同制度互动的历

---

* 在德国法律中，当一个人拒绝执行非法的命令会面临严重后果时，不能因其执行该命令而对其进行起诉。20 世纪五六十年代，在德国的战争罪审判中使用 Befehlsnotstand 作为辩护通常都能取得成功。但之后这种情况发生变化，因为调查和研究表明，德国国防军或党卫军士兵拒绝参与处决平民并不会造成严重后果。

史、伦理和文化背景。法律领域涉及个人的责任；但正如卢茨·克林克哈默指出的，阿尔帖亭洞窟屠杀必须被确认为"战争罪［……］，独立于个人责任问题"和达成个人定罪的可能性。[55]

因此，法庭对纳粹的审判与历史对纳粹主义的判决不是一回事。事实上，个人的法律罪责与纳粹主义的历史责任之间的透明幻觉，产生了一个复杂的镜子游戏，最后所有的人都或多或少被洗白。我们越是坚持认为卡普勒或普里布克有罪，因为他们有不服从的权利，我们就越是倾向于把纳粹主义表现为一个法治国。德国历史学家格哈德–施莱伯怀着最美好的愿望，试图证明这种拒绝是德国法律所允许的，但这里面的风险在于，我们可能会很反讽地将普里布克看成一个违法者，而不是纳粹法律的工具——就好像大屠杀是不服从，是一种例外，而不是体制的常规做法。[56]

在一次次审判中，纳粹分子利用这种误解，在他们之间推卸责任，或者把责任全都推给一个死人，即希特勒。1945年，在接受盟军当局的审讯时，普里布克没有提及对卡普勒的杀戮命令有过任何抗议或反对；1948年，正如我们已经看到的，卡普勒说，"如果"有人提出抗议，他就会说服他们，但没有人这么做。1974年，卡普勒吹嘘自己为了救部下，在法庭上撒谎："我在审判席上撒了一个谎［……］我对他们中的一个说：'你必须说你执行了开枪令，因为你知道如果你不这么做，我就会把你和其他人一起处决。'"直到1996年被引渡之后，普里布克才声称："我们都提出了抗议，但卡普勒说，命令直接［来自］希特勒，要由我们来执行。拒绝的人将被送往党卫军的军事法庭。"[57]

事实是，他们从未想过要抗议。普里布克本人补充道："无论文化还是思维方式，都无法让我们置那些规则于不顾，而且对高层指挥部的决定进行评判的行为，是完全无法想象的。"卡普勒则说："军队的本质是纪律。每名士兵都有义务不加讨论地服从命令。"[58]那么，无论他们是否可以违抗命令，他们都没有打算这么做。卡尔·哈斯是普里布克的战友和共同被告，他这样说道："在战争中，所有的命令都是合法的。"[59]1948年，意大利军事法庭实际上承认，卡普勒是一个纳粹的事实可以为他减轻罪责：他的"心理习惯［是］以立即服从为导向"，因此他可能认为该命令是合法的。[60]

军队并非唯一建立在服从基础上的机构。教士也宣誓服从，但他们从未被命令冷血地屠杀三百三十五人。另一方面，没有一个游击队员，即使是被指控犯有严重罪行的，曾以执行命令为由要求豁免。那么问题来了：一个人怎么会让自己可能接到这种命令？他加入了什么样的机构？普里布克于1933年自愿加入纳粹党，卡普勒则是在1931年。普里布克与党卫军的关系并非像他所说的，是他加入警察队伍的必然结果。而且"留在那个队伍中意味着有意识地承担有一天不得不面对和服从刑事命令的风险"。[61]

问题不仅在于一个人为何可能接到这种命令，还在于为什么会选择他来接受命令。没有什么能够阻止多布里克或梅尔策也向博岑营下达不可抗拒的"元首令"，或者以军事法庭作为威胁：Befehlsnotstand 对博岑营也适用。如果两人没这么做，那是因为他们知道自己手边有更能干和更配合的行刑者：当希特勒指定由卡普勒的警察来执行这一命令时，他知道自己在做什么。

并不是说党卫军就喜欢这样做。普里布克现在说："执行这个棘手的命令对我来说是一件可怕的事情，是我个人的悲剧［……］在那天之前，我从未杀过人，而幸运的是，我再也不用杀人了［……］我当时是一个宗教信徒，现在也是［……］如果我当时可以规避那个命令，我会这么做的［……］阿尔帖亭洞窟的悲剧伴随了我的一生。"[62] 在他的行为表现中，丝毫没有这种感觉的痕迹；而其他人却生病了，晕倒了，必须得到帮助和安慰才能够杀人。尽管如此，没有任何证据表明有人对该命令提出过质疑。

面对一个不可接受的命令，除了英勇地拒绝，或者立即、盲目且无条件地答应之外，还有更多的选择。有无数种方法来协商、拖延和阻碍执行，同时将个人的暴露和危险降到最低——尤其是这种时间至关重要的情况下。可以把名单放错地方，扎破轮胎，忘记传达命令；有三十个人，而不是一个，感到没有能力开枪；而且时间安排可能会打乱，总是可能发生点什么……但是相反：

马里奥·菲奥伦蒂尼　卡普勒是一个魔鬼，他行动迅速，意志坚定，如同自然之力；他集中他的力量，在很短的时间内完成了这一切。即便是延迟一小会儿——

　　延迟可能来自法西斯分子，来自德国人，来自环境——
可能都是足够的：如果阿尔帖亭洞窟大屠杀哪怕推迟一
会儿，梵蒂冈方面可能就会介入，至少能起到缓冲的作
用。墨索里尼不可能不为所动。北方的游击队可能会说：
"这个上校，或者那些军官落在了我们手上。小心，不
要这么做，否则我们会杀了他们。"然后，我们还可以
攻打监狱，我们都已经准备向塔索路发起进攻了［……］
［但］梵蒂冈和我们都没有时间做任何事情，因为卡普
勒不给我们留一丝回旋的余地。[63]

　　没有人命令卡普勒在第三十三名士兵死后，在名单上增
加十名受害者；是他自己选择对命令进行广义的解释（根据
军事法庭的说法，他这样做是为了"以大胆有力的行动，提
高他在他的纳粹上级那里的声望"）。由于"发疯似的急于以
最快的速度处决"，另有五名受害者被"误杀"。[64]

6. 时间的政治

　　　　我说，那些人的脑子是怎么想的？是的，是有袭击；
　　但这就是回应的方式？你们就不能至少歇口气，花点时
　　间去找袭击者？不，你们只是去开枪。

　　　　　　　　　　　　　　　　　——阿达·皮尼奥蒂

　　我和达尼埃莱·帕罗塔、妮古拉·琴蒂（他们是大学一

年级学生）以及琴蒂的父母谈话。我问：拉塞拉路袭击与阿
尔帖亭洞窟屠杀之间隔了有多久？"一个星期"（妮古拉·琴蒂）；
"一个星期可不止，得有一个月"（毛罗·琴蒂）；"我想说有一年"
（达尼埃莱·帕罗塔）；"一个月"（达尼埃拉·琴蒂）。我向几十个
出生年代、社会和教育背景、政治倾向不同的人问过这个问
题；几乎所有的回答都是在"三天"，"可能有一个星期"（萨
拉·莱奥尼），"几个月"（西莫内·博瓦）之间变化。"我猜是……
很短的时间：十五天。"（罗萨·卡斯特拉）马西莫·C. 是一个
年轻的右翼活动人士，他回答说是近一个月。当我告诉他他
错了的时候，他说："这种事我可不知道，文献上也没有讲。"
这不是一个无知的问题，而是认知和想象的问题。在一个面
向外交官的高级培训研讨会上，我问了同样的问题，回答从
两天到六个月不等，平均为两周。

　　正确的答案是，不到二十四小时。民众信念中的这种时
间的拉长，是有关这两个事件的最迷人的记忆结构。它最直
接的后果是，通过想象纳粹有时间对游击队员发布呼吁，加
强游击队员有罪这一信念。

　　马尔科·马切罗尼　德国人在一周内到处进行报复，
抓捕犯人，特别是在犹太区，并且放出话来，如果拉塞
拉路的袭击者不出来，他们会为每个死去的德国人抓走
十一个意大利人，十一个还是十三个，我现在不记得了。

　　"那是多久之后的事？我不知道。如果它是立即发生的，

那就是，怎么说呢，一种激切的反应；如果是后来才发生的，我想这是，怎么说呢，一种冷酷的、有计划的反应。所以我想是一段很长的时间。"（弗朗切斯科·博尼尼）这二十四小时，既短暂得难以置信，就犯罪而言时间又很长。阿尔帖亭洞窟与其他屠杀的不同之处在于，袭击与报复在地点、时间上是分开的：组织，运送受害者和藏匿尸体，不是一支愤怒和惊恐交加的军队的血腥行为，而是高效而"文明的"军事行动。"你想报复？好吧，那就沿着巴尔贝里尼宫，用机关枪嗒嗒嗒扫射——这才是你的报复方式，在所有人的眼皮底下，而不是秘密地进行，否则算什么报复？仅供你自己使用的，随心所欲的报复？"（阿达·皮尼奥蒂）"二十四小时并不短，可以好好地考虑你要做的事情……站在那里一次射杀五个人，射杀六十七次——这可不是容易的事。"（妮科莱塔·莱奥尼）

乔瓦尼·法焦洛神父　首先，他们发出警告：每死一个德国人，要杀掉十个意大利人来偿命。他们贴出了布告，当然不是整个罗马贴得到处都是，但他们确实贴了一些。人们立即从报纸上和广播里得知了这一消息。我看到了布告，其他人也看到了。但重要的是：袭击者被要求自首。德国人本来不会杀人的，至少他们曾承诺不会杀任何人。"除非肇事者，真正的肇事者自首，否则我们将兑现我们已经作出的威胁。"

讽刺的是，对纳粹在意大利的屠杀的记忆，促使受害者的同胞，这个受伤和受害的国家的公民，不遗余力地替压迫者和刽子手编造借口。正如我们已经看到的，德国人承认他们从未张贴过任何布告或者进行任何公告，而出于将自己的利益最大化，他们本该不这么说。另一方面，成百上千的意大利人却坚称他们看到过或者听说过。然而，从未发现有谁声称自己写过或者播报过这些东西。在德国和意大利的档案中，即使是最刻苦的右翼学者，也没有成功地发掘出一个副本。没有人在法庭上出示过样本。

不仅在拉塞拉路事件之后没有任何告示；之前也没有。在拉塞拉路袭击之前发布的许多禁令和条例中，没有一条包含"十个意大利人换一个德国人"或者任何类似的措辞。凯塞林在1943年9月11日和21日的公开命令经常被引用，以证明报复行动已经宣布了。然而，它们说的完全是另外一码事。前者宣布德国军法生效，因此"对于罢工的组织者、破坏者和捣乱者，应即决审判和处决"。后者则确认："任何人袭击并伤害或杀死德国武装部队或德国办事处的成员，或以任何方式对占领军实施暴力行为，都将被处以死刑。如果情节不太严重,则判以拘留或徒刑。"此外，该法令还写道："任何根据德国法律应受惩罚的行为，如果被提交给德国军事法庭，都将依据德国法律进行审判。"因此，制裁只针对那些对行动负有直接责任的人，并未提到会累及平民和人质。而且惩罚之前，要由德国军事法庭进行判决——在阿尔帖亭洞窟事件中，甚至无人奢想过这种待遇。

造成误解的最直接因素，当然是意识形态的操纵：关于游击队员如何本来可以通过向德国人自首来防止大屠杀的传说，其始作俑者是罗马法西斯联盟的领导人朱塞佩·皮齐拉尼。3 月 30 日，在向党干部通报情况时，他提出了这种无稽之谈。几天后，一份地下的君主派报纸《意大利新报》发出了同样的论调。

1944 年 7 月，《意大利新报》再次写道，本蒂韦尼亚和他的同志们应该在街上发起进攻（他们确实是这么做的），"而不是从窗户向纳粹的部队投掷炸弹"，而且在得知会有报复的情况下，他们应该去自首，坦白是"我们杀死了罗马人民的压迫者"。第二天，《时报》（当时由社会民主党控制）解释道，"报复的消息是在事后才发布的，连同袭击的消息一起"，并且总结说，拉塞拉路事件是"德国占领罗马的九个月内发生的最重要的事件。让我们脱帽向阿尔帖亭洞窟的烈士们致敬，而不是怀疑他们牺牲的无谓，以此来侮辱他们"。到了 1948 年，《时报》（回到了其战前的主人手中）已经忘记了它四年前知道的事情，写道，本蒂韦尼亚"跑到一家修道院躲了起来，任由三百三十五人遭屠杀"。[65] 这个话题将成为"冷战"期间几十年竞选活动的一张主打牌。

"这种说法要到几年后出现，但总是来自我们这边，来自基督教民主党，他们说那个炸弹没必要。"（特雷莎·穆索尼）"当我来到罗马时，"曾在热那亚参加过抵抗运动的基督教民主党政治家保罗·埃米利奥·塔维亚尼回忆道，"我很惊讶，在罗马竟然没有人质疑这一点。在热那亚我们做得更糟，因

为我们炸毁了一家纳粹士兵光顾的电影院，炸死了五名纳粹
士兵。"

　　杰玛·卢齐　然后我记得我祖父在街上同一个人争
执起来，那人说"他们应该自首"，而我祖父来自的里
雅斯特，曾在那里武装反抗过奥地利人［那时的里雅斯
特还未回归意大利，需要在第一次世界大战后］。他不
免想起自己的这段经历，进而变得激动，说当然有报复
行为，但那些在拉塞拉路发动袭击的人肯定也是拿着生
命在冒险。

　　翁贝托·图尔科　我看到过第一张布告，白底黑字，
指控共产党人导致了阿尔帖亭洞窟大屠杀，是公民委员
会［一个保守的天主教运动组织］贴出来的。我感到愤
慨不已；这分明是血口喷人，是对那些敢于挑战德国人
的同志的凌辱。阿尔帖亭洞窟是一场神圣而正义的战斗
的结果，而德国人才是凶手……这些人却来反咬共产党。

　　乌戈·德卡罗利斯的妹妹给《时报》写信说，本蒂韦尼
亚"躲到三百二十人的尸体堆后面，出来后只是吹嘘自己的
壮举"。然而，也有热烈的回应，声援游击队。加埃塔诺·阿
尼尼曾和儿子一起在塔索路遭受酷刑，后来他的儿子在阿尔
帖亭洞窟遇害。他写道："如果这样的布告能在张贴出来后，
不引起阅读者的反感，这……就把事情简化了。不是这里就

是那里，要么支持人道的法则，要么反对人道的法则。就我而言，我的选择已经作出。"[66]

争论定期爆发：1976年，在争取释放卡普勒的运动中，以及他从军事监狱逃脱后；1982年，在基督教民主党总理阿尔契德·加斯贝利三十年前授予本蒂韦尼亚的奖章交出来后（"一场名副其实的奖章雨落在［国防部长］拉戈里奥的办公桌上"，这些退回来的奖章是为了表示抗议的）；当然，还有1994年，在引渡和审判埃里希·普里布克之后。1996年，右翼记者詹皮耶罗·穆吉尼大胆地在《时报》上写道，德国人没有张贴布告，也未进行公告，引发大量的读者来信反驳他。一位读者"当着上帝和人类的面"发誓，他曾看到一张双语的布告，不是在罗马，而是在遥远的瓦伦塔诺，这是维泰博省的一个小镇。穆吉尼指出，这样的事情不见载于任何史书上；一个读者回答说："我们很清楚历史书是谁写的。"穆吉尼提到最高法院的判决，该判决将游击队定性为"不是罪犯，而是战斗人员"；他的读者回答说："我们很清楚在共产党主宰的政治气候下，这个判决是怎么形成的"（但实际上，1950年代正处于"冷战"之中，由基督教民主党当政，左翼遭到压制和歧视）。正如穆吉尼正确总结的，同这样的对话者"很难讲道理"。[67]

然而，还有其他因素有助于解释法西斯一开始的蓄意谎言后来如何变成公众广泛接受的"真相"。最重要的是这一假设：当一项"罪行"发生时，合乎逻辑的做法是寻找和惩罚罪犯，使用报复作为威胁主要是为了对罪犯和民众施加道德压力。然而，这并非纳粹所遵循的逻辑：需要惩罚的元凶是罗马城本身。如此多的人相信德国人不会像他们实际所为的那样做，这一事实表明德国人的报复理由对许多普通人来说是不可想象的，因此他们更愿意接受或者编造各种说法，使"荒谬"的事情更容易理解，更加合理。

对德国人有进行过告示的信念，以及对袭击与报复之间的间隔时间的拉长，的确无法用事实的验证所辟驳；它们更多地与神话和民间传说有关，而非与历史记忆有关。迟至1996年，特立独行（但一贯反共）的政客马尔科·潘内拉仍然可以宣称："有人要求抵抗运动的首领向德国人自首，以避免报复的发生。"[68] 一个人解释和告知得越多，就越会觉得"他们只是在表面上说你是对的，到后来你会发现他们仍然像以前那样想"。（乌戈·斯卡托尼）一位女士告诉我，游击队员应该自首；在我解释了事情的经过后，她忽然想起来这些她都知道，只是已经忘记了：与神话相悖的信息无法在脑海中检索到，无法被记住。我问了一群人，让他们告诉我，两个事件之间的间隔时间有多长；大多数人说至少三天。我纠正了这个错误，但最后有一个人走到我面前，重申游击队员本应该自首的。我重复说：德国人没有这么要求他们，他们也来不及。而她回答道，他们应该自发地去自首。有一位学生来自以受害者之一曼弗雷迪·阿扎里塔命名的中学，他表示反对："你说从炸弹爆炸到阿尔帖亭洞窟之间只隔了二十四小时。但袭击者为什么不在袭击后，立即主动向纳粹自首？"（马尔科·马切罗尼）

　　1949 年，一小群大屠杀受害者的家属起诉了游击队和罗马民族解放委员会的领导人。他们在向法院提交的诉状中声称，袭击的命令是在"完全知道德国人会宣布、威胁和实施报复"的情况下下达的，并且在"拉塞拉路的居民遭到大规模逮捕，以及德国人宣布集体报复之后，袭击者依然缩在暗处，任由集体报复发生"。[69] 为了支持这些说法，他们提到了卡普勒案的审理记录——正如我们已经看到的，上面的说法恰恰与之相反。但是神话的说服力不受逻辑、事实证据或者记录文字的影响：一份深思熟虑过的诉状，居然可以通过引用一份断然否认自己主张的文件，来"证明"自己的主张。

　　然而，我们决不能因为这些叙事和信念的神话性质就忽视它们。如果它们只是意识形态的谎言或者逻辑上的误解，它们就不可能在大众的想象中扎下如此牢固的根。神话，无论在事实上是否为真，都是对一种深刻而必不可少的需求的回应；就此而言，它涉及了一个关于因果关系和责任性质的无法逃避的问题，只不过采取了最粗糙的、最意识形态化的形式。

　　成千上万的人在罗马被杀，有的被德国人，有的被盟军。德国人经常在没有遇到挑衅的情况下杀人；许多在阿尔帖亭洞窟遇害的人可能无论如何都会死；也许没有拉塞拉路事件，但总会有别的死亡。所有这些都是事实。但同样真实的是，如果没有那次事件，这些人中至少有一些人不会死。他们死于这次袭击行动之后，而非另一次："如果那个混蛋没有埋下炸弹，这座纪念碑就不会存在"（温琴扎·加蒂）；"如果不是因为爱国行动组，就会多出三百三十四个祖父"（达尼埃莱·林皮多）。当普里布克说"所有这些死亡的责任都属于共产党人：如果他们没有在拉塞拉路发动袭击，就不会有阿尔帖亭洞窟"[70]，他挖掘到了常识深处的一条矿脉：纳粹是罪犯，但他们的罪行是对"暴行"的回应。

在整本书中，我都在努力扩大背景，将袭击和报复区分开来。但这并不是要把一切都淹没在背景中，或者否认两者之间存在关联：以拉塞拉路开始，以阿尔帖亭洞窟结束的微观叙事是短视的和欺骗性的，但它确实有其意义，且需要解释。

7. 我们应该自首吗？

亚历山德罗·波尔泰利　你去过阿尔帖亭洞窟吗？

罗萨里奥·本蒂韦尼亚　去过，就在罗马解放后，我一个人去的，骑着自行车，在那里待了很久。这个事情……嗯，有些很私人的问题，你不能告诉所有人；你不能谈论它，这是你自己的事……原谅我，我想这个问题……

波尔泰利　很冒犯。

本蒂韦尼亚　是的，很有侵入性。可以这么说吧。请不要生气——我不能展示我的内在感受。

从拉塞拉路脱身后，卡拉·卡波尼和罗萨里奥·本蒂韦尼亚去了她母亲家。"本蒂韦尼亚感觉不太舒服，我母亲给他注射了［一针镇静剂］；他好像有点崩溃；你知道的，紧张。"（卡拉·卡波尼）在卡波尼的母亲家，有一位女士把自己的房子提供给他们过夜：

> 卡拉·卡波尼　那天晚上我们住在她家，公寓里还住着她的两个儿子。本蒂韦尼亚开始下棋，我不知道该做点什么，先是在旁边看了一会儿，然后陷入了深思。我翻来覆去地想，想接下来会发生什么，此刻罗马正在发生什么。我们试图听广播，但没什么节目，只有音乐，法西斯时代的那些千篇一律的歌，然后我开始琢磨那条街上可能发生的事情……
>
> 我开始写东西，记下一些想法。这时我感到非常沮丧，因为你知道，完事之后会有一种挫败感。因为我们不知道死了多少人，也不知道发生了什么。于是我开始写诗。与其说是对行动的描述，不如说是对行动的感知。例如，那天的天气很好，［但］我看到的是坏天气，像一个阴天，没有太阳。其实是太阳刺瞎了我的眼睛，随之而来是一种暴雨将至的感觉。这种感觉必定在我等待的时候，攫住了我的灵魂，可能是因为等待的时间很久，有两个多小时。

这不是他们的第一次行动，但他们意识到，此次行动远非他们预想的。具有讽刺意味的是，完美的组织产生的结果让行动者瞠目结舌；此外，正如我们看到的，因为德国人携带的手榴弹发生共鸣式的爆炸，伤亡人数有所增加。

瓦伦蒂诺·杰拉塔纳　它在正确的时刻爆炸了，所以这实际上是一件［你没有预料到］的事情，我是说，结果会这么好。你可能计算过你可以干掉两个德国人，那就已经足够成功了。所以没有人预料到会有这样的反应。我们认为会掀起一点动静，但是这种［程度］，以前从未有过。

马里萨·穆苏　这真的是一次重创，因为没有人预料到。我们也曾有过一些相当重要的行动；虽然我们从不知道死了多少人，因为德国人从来不说。但可以肯定的是，我们从来没有一口气杀死三十个人；但我的意思是，此前德国人从未有过报复。也就是说，他们杀了人，处决了人，但实际上他们从未将之与袭击行动挂上钩。所以对我们来说，我想说，毫无疑问这是一个巨大的冲击，我们深感不安，因为这个事情……我们当然没有预见到。

"我们一开始的时候，知道可能遭到报复。我们该如何行动？他们会如何借题发挥？但我们想到了谈判，我们以为会有一个谈判的阶段。"（马里奥·菲奥伦蒂尼）毛里奇奥·帕乔尼是1997年诉游击队案的预审法官，他在最终结论中写道：

"虽然德国人对袭击的强烈反应肯定是可以预见到的，但其实施的形式和手段却无法预见，因为报复（尤其是对囚犯的报复）只是诸多可能性中的一种。"[71]

还有其他方面的考虑。乔治·阿门多拉写道："接受报复的讹诈，意味着打一开始就放弃斗争［……］我们这些游击队战士有责任不自首，即使我们的牺牲可能会让许多无辜者免于一死。我们是正在战斗中的军队的一个部门，实际上是这支军队的指挥部的一部分。我们不能放弃斗争，带着我们关于组织的所有信息去投敌。我们唯一的责任是：继续斗争。"[72]

"开枪后自首并不是我们的想法，因为我们每个人或多或多都掌握着一些机密。而你永远不知道自己在酷刑下能撑到什么程度。"（罗萨里奥·本蒂韦尼亚）"让战斗人员去自首是很荒谬的，等于要他承认他本不该那么做。如果你都已经冒了生命危险，在冒完险后你却举手投降——荒谬。打仗就是要冒生命的危险，而游击队战争是一场战争。这就好像让一个人去前线，参加战斗，然后自投罗网……"（瓦伦蒂诺·杰拉塔纳）

然而，这些理性的回答，并不能完全让游击队员自身感到满意。我们已经看到在阿尔帖亭洞窟事件之后爱国行动组成员的精神状态：卡拉曼德雷伊的苦恼，萨利纳里的缄默；以及所有人的痛苦、"困惑"（瓦伦蒂诺·杰拉塔纳）和挫败感。除了不投降的义务和权利之外，除了没有机会或德国人没有要求这么做这一事实之外，他们仍然意识到，如果说游击队员在法律或道义上不用对这些死亡负责，但他们与这些死亡是脱不了干系的。有了这种意识，问题也就来了：如果德国人要求我们自首，我会怎么做？

> 卡拉·卡波尼　不自首就意味着在我余生的每一天我都会死去。即使我很清楚德国人不会像绅士一样行事，肯定不会满足于只有一个祭品，我也会去自首。他们会把我和其他所有人一起杀死。

在卡普勒受审期间，一名妇女尖叫着指责本蒂韦尼亚："你为什么不去自首？我的儿子就是被你害的。"他回答说，如果有这样的呼吁，"我们没有人会拒绝自首，因为我们每个人在加入爱国行动组时，都把自己的生命献给了意大利"。[73]1964年，本蒂韦尼亚告诉一名采访者："我不知道……我想我的反应会是不自首……我不会接受这种勒索。无论如何，我想我还是会服从命令的。我想会是如此，我不确定。现在回答这个问题太容易，也太不理智。事实上，唯一可能的答案是：我不知道。"[74]1983年，他写道："面对可能发生那一罪行的令人震惊的兆头，我们中的一些人可能会选择代替阿尔帖亭洞窟的烈士们去死"；然而，"今天我们知道，不响应敌人的召唤是我们的义务"。因此，他通过想象另一种英勇的死亡来解决这个矛盾："我们将发动一场激烈的战斗，出生入死，将被指定的受害者从敌人那里夺回来"；"我会去[找德国人]，不过要武装到牙齿，为战斗做好准备！"[75]1998

年在接受我的采访中，他总结说："然而你知道，面对如此一件令人震惊的事情，你的命现在抵得上三百人的命，我不知道我们会选择做什么。我猜我们不会投降，而是会采取军事上的回应，尽管这很艰难、绝望，甚至是违反命令的——前提是我们能够以失去自己的生命为代价，救出其中的一些人，哪怕这种可能性很低。"

种种摇摆和说法之间的差异并非不真诚，而是一种内心的探索：同一个人在生命的不同时期，对一个他总是被问及，而且他自己也总是在问自己，但无法一劳永逸地回答的问题，可能给出不同的回答。我希望我这么想并没有冒犯，即罗萨里奥·本蒂韦尼亚在过去半个世纪为自己的行为所进行的公开辩护，也标志着这些行为的原因与他不愿提及的情感之间存在紧张关系。

8. 有何用？

阿尔多·纳托利　我是在街上看布告时得知的……上面说发生了一起袭击事件……而且已经以十比一的比例处决了一批人，判决已经执行。我整个人就蒙了，差一点就不行。在那些年里我不止一次地感到无能为力，但都不像那次那样。我记得回到家以后，我没有告诉［我妻子］，也没有告诉我父母。之后到了晚上，我和［一些同志］碰面，我们在一起待了一会儿，开始将恐怖合理化；你看，在那个时候，我们甚至不知道名字；我知道一些同志和朋友被关在天皇后监狱，事实上，他们中的一些最后死［在阿尔帖亭洞窟］。

"我们的一个遗憾是，我们未能把阿尔帖亭洞窟大屠杀之后人民的切肤之痛转化为反抗那些真正的凶手的冲动。"（露西娅·奥托布里尼）[76]

*

弗兰科·卡拉曼德雷伊的日记中有一段话经常被引用，他在里面提到袭击发生不久后，他从周边听来的负面评论。但他也回忆说，其他非共产党抵抗组织的成员"非常感佩"，并向他表示祝贺。[77] 罗萨里奥·本蒂韦尼亚则回忆说，军事阵线的两名宪兵曾吹嘘袭击是由他们的组织实施的。马里奥·菲奥伦蒂尼说，当他向驻意大利的法国盟军指挥官阿方斯·朱安描述这次行动时，将军连称"厉害！厉害！""亚历山大将军在与［游击队指挥官阿里戈·］博尔德里尼举行非正式会谈时，说我们对意大利人的态度已经改变，因为一座敢于在市中心攻击一个德国武装营的城市，一个在阿尔帖亭洞窟牺牲了那么多人的城市［是值得敬佩的］。"（帕斯夸莱·巴尔萨莫）

在那些日子里，法西斯警察记录了一些电话谈话，既有对报复行动的担忧，也有对报复的赞同："这是一桩可怕的罪行［……］反应是可怕的，也是公正的，虽然这是一项残酷的战争法则";"他们是投掷炸弹的疯子,得到了应有的下场;这三百二十号人再也不会回来制造麻烦了……"历史学家奥雷里奥·莱普雷认为,这些记录表明,游击队的行动在民众的集体思维中找不到正当性。然而,很难认为这些被窃听的谈话具有代表性:拥有电话的人很少,而且集中在上层和中上层阶级;没有人会在被窃听的电话中发表不同意见。[78]

事实上,有许多真实的担忧之声:"拉塞拉路的袭击让我们非常感佩;但我得说,人们当时就敏锐地意识到了这一点,那就是它会引发报复,因此我们无法为之欢欣鼓舞。我们理解它在与德国人的斗争中的重要性,但我们担心其后果。"(维托里奥·加布里埃利)通常情况下,在报复之后,对袭击的态度会发生变化。让我们以同一街区(即特里翁法莱)同一党派(即行动党)的两名活跃分子为例:"我们为这次袭击喝彩,因为它杀死了德国人。也就是说,对我们而言,这实际上是一种战斗行为,尽管它不是由'自由与正义'组织来进行的,而是出自共产党人的手笔"(卢乔·布鲁斯科利);"一开始,特别是在阿尔帖亭洞窟事件之后[着重号为作者所加],我们实际上认为,如果没有拉塞拉路,我们的这些朋友就不会死"(阿尔贝托·阿尔达齐)。然而,这种悲伤和担忧,很难说意味着对报复的认可。正如一位右翼作家所说:"德国人被冷淡、猜忌和敌意包围。"[79]卡普勒没有呼吁民众交出袭击者的一个原因是,正如他所供称的,他知道民众不会帮忙。

马里萨·穆苏   我们非常清楚,如果有民众默默的声援，我们就能活下去；也就是说，如果你身边没有一个网络，哪怕是无意识地形成的网络，这个网络中的人看到你拿着枪会假装没看见，或者提醒你法西斯就在附近……如果没有这一切，我们知道我们将势单力薄，不堪一击。毫无疑问，有一种态度是"让我们向这些善良的年轻人伸出援手，他们正试图杀死那些严刑拷打我们的人"；但是，当事情像那样爆发，人们肯定会感到害怕。去问抵抗运动与城市之间是什么关系，就是去想象这两者是两个独立的东西。[80]

然而抵抗运动也是这座城市的一部分："抵抗运动不是一支行进中的军队，也不是一车锁在同一辆巴士里的观光客。当我想起我睡过的那些床，或者我走过的街道，我应该提到数以百计的名字。"（玛丽亚·米凯蒂）每个游击队员的周围"必须有十个人很积极地同情他，一百个人认可他，然后还得有一千个人，可能是不可知论者，但他们不屑于打扰我们，因为他们讨厌别人。也就是说，游击队员是一系列不断扩大的圈子的中心"。（罗萨里奥·本蒂韦尼亚）

同情的极限是自我保护（虽然有那么多人冒着生命危险保护犹太人、难民和拒服兵役者）。"［有人问我］当你们把炸弹安在人家的房子下面，他们怎么说？他们让我们换个地方；这是可以理解的。但他们从未告发我们。"（罗萨里奥·本蒂韦尼亚）抵抗运动很好，但最好在别的地方进行：不要在罗马这座"不设防的城市"，不要在罗马的市中心，不要在奎里纳莱山的后院拉塞拉路。

　　当然，本蒂韦尼亚补充道，"如果你在其他地方行动，你也就把报复带到了那里"。当琴托切莱的游击队员转移到萨宾乡间山区的蒙特坦奇亚，那里远离罗马市中心，德国人对一次山上的公开战斗（而非城市里的"恐怖主义暴行"）作出反应，屠杀老人、妇女和儿童。败局越是逼近，德国占领军就越是感到自己被充满敌意的民众包围，就越是对平民采取战争政策，大屠杀的目的便是让领土摆脱这种敌意的在场，无论是否有游击队的活动。在对这些事件的记忆中，基本的误解是，将纳粹在从西西里到阿尔卑斯山发动的无数次大屠杀中的每一次视为独特和独立的事件，因而只能用当地的原因和责任来解释，而不是将其视为一种政治策略的实践，而正是这种策略将阿尔帖亭洞窟跟纳粹在卡亚佐、奇维泰拉、马尔扎博托、圣安娜迪斯塔泽马、莱奥内萨和其他无数地方进行的大屠杀连接起来。[81]

　　3月26日，在民族解放委员会军事委员会的一次会议上，乔治·阿门多拉要求正式批准在拉塞拉路的行动。来自基督教民主党的马里奥·斯帕塔罗表示反对，说这一行动没有预先告知他：这个说法令人惊讶，因为出于安全的考虑，行动并不需要事先得到委员会的批准，而是由每个游击队单元在一个总体的战略框架内自主决定和组织。山德罗·佩尔蒂尼也抱怨他没有得到通知，但出于另外的理由：那一天本该由爱国行动组和社会党联合行动。后来，当佩尔蒂尼成为意大利最受欢迎的总统时，他宣称："针对德国人的行动被阴谋般的秘密所掩盖。拉塞拉路的行动是由共产党的爱国行动组进行的。自然，我不知道此事。然而，当我被告知时，我举双手赞成。"[82] 爱国行动组军事指挥部一份落款时期为 3 月 26 日的公告宣布："游击队的行动不会停止，直到德国人从首都彻底撤出"；多党派的民族解放委员会要来得更谨慎，它在 3 月 28 日承认拉塞拉路行动是意大利爱国者进行的战争行为，并谴责德国人对"除了爱国之外别无罪过的人"犯下的"罄竹难书的罪行"；但民族解放委员会并未对拉塞拉路的行动表示赞同（或谴责），也未提及游击队在未来的行动。[83] 于是，就留给德国人来下结论。

　　　　罗萨里奥·本蒂韦尼亚　3 月 25 日中午，德国人宣布"判决已经执行"。于是我们立即做好了反击的准备，准备采取一次几乎是自杀式的行动——不是说我们想死，我们从未主动寻找"美丽的死亡"，而是说我们被激怒到根本不在乎死亡。我们决定攻击拉戈塔索尼的另一支军事警察部队；但在最后一刻，我们都已经就位，却被阻止了，因为民族解放委员会出现了疑虑。我认为这是个错误。我们不应该允许阿尔帖亭洞窟屠杀这样令人发指的事情发生［而不受惩罚］。我们本应以暴制暴，否则，坦率地讲，他们就赢了。

　　据历史学家恩佐·福尔切拉的说法，民族解放委员会的某些成员晚年"在法庭上毫不犹豫地作假证，以掩盖彼时发生在以共产党、行动党、社会党为一边，基督教民主党、自由党和民主工党为另一边的对立"。[84] 当然，共产党、行动党和社会党几乎代表了所有在罗马活跃、战斗的抵抗力量：分裂与其说是抵抗运动内部的分裂，不如说是抵抗力量和政治阴谋势力之间的分裂。然而，即便是后一边，当其他武装抵抗行动在罗马造成德国人的伤亡时，此前也从未反对过。冲突不是在拉塞拉路之后爆发的，而是在阿尔帖亭洞窟之后：正是德国人的报复使得拉塞拉路在保守派的眼中——追溯起来——在道德和政治上都有争议。

然而，我们不应高估发生在罗马的这些辩论的重要性。在整个被占领的意大利，尽管有屠杀和报复，民族解放委员会从来没有谴责对德国人的攻击，也没有命令游击队停止战斗。因此，问题并不在于报复本身，而在于罗马的特殊性。保护城市平民和艺术珍宝的需求，同避免这座国家和教会的首都——期待着战后恢复权力——出现社会政治动荡的政治意图交织在一起。在此意义上，我们也许可以将阿尔帖亭洞窟之后关于拉塞拉路的争议，看作这些政治联盟为未来"冷战"所作准备的一部分。

"盟军就在门口，他们已经在安齐奥登陆了——我认为那次袭击真的没必要。"（利亚娜·吉廖齐）随着盟军在安齐奥停滞不前，德国人仍在考虑坚守和反击，而非离开。这就是为何盟军坚持要求游击队加强行动。当然，"放置炸弹的人并没有赢得战争"。（西尔维奥·吉廖齐）然而，这一点适用于绝大多数的战争行动：所有对罗马和其他意大利城市的空袭，造成了数以千计的伤亡，它们中的每一次是否同样合适，对于赢得战争是否同样必要？没有任何单一的行动或战斗能赢得战争：现代战争不再是在空旷的原野上进行的对战。这更适用于抵抗运动，它是一种由武装和非武装，主动的和被动的态度和行动组成的特殊战争。任何单独的行动都不能说是决定性的——这就是为什么把任何行动与其他行动分开来单独考虑是没有意义的："拉塞拉路并不是自身的幸存者。拉塞拉路是游击战。"（瓦伦蒂诺·杰拉塔纳）"这就是抵抗。我们是为之受苦的人，我们会感到难过。但也许通过这些攻击，并不是没有这种可能，他们［德国人］会提前离开。"（阿达·皮尼奥蒂）

　　因此，虽然一些历史学家指责拉塞拉路事件是一次不负责任的行动，导致了数以百计的无辜者的死亡，但其他的人则认为它肯定了意大利人在自己的解放中所扮演的角色，以及对国家形象和身份的救赎。质疑拉塞拉路行动的正当性，等于质疑武装抵抗运动的正当性，以及"二战"后从抵抗运动中产生的民主的性质。

　　朱莉娅·斯皮齐基诺　我这个和你说话的人，有七个［亲人］死在那里［即阿尔帖亭洞窟］，对此，难不成我要说"非常感谢"？然而，这并不是说我们可以放任他们［德国人］，"去吧，你们想怎么做就怎么做"。在某种程度上，罗马不得不作出反应，不是吗？或者我们本该像乖小孩一样，等待盟军的到来——"来吧，请来解放我们，同时我们什么都不做"？

戈弗雷多·卡佩莱蒂　我姑姑说："我丈夫是死了，但他［本蒂韦尼亚］不应该自首，因为我丈夫支持武装斗争，而且［他］知道轮到他死的时候他不会躲，他们必须知道如何去死。"她对我分析道："如果在袭击之后，他向德国人自首，武装反抗德国人的斗争会成什么样子？他们只需要一个德国人，坐在那里等着意大利人自首，并处决他们。我并不恨在阿尔帖亭洞窟处决我丈夫的德国人；我恨的是那些人，他们关上窗户，让卡车经过，任德国人射杀可怜的人。我恨那些待在家里的懦夫，因为如果所有人都像我丈夫，或者像本蒂韦尼亚那样，德国人就不会留在意大利，就不会杀害任何人，因为死的会是他们。"

"如果我们都像绵羊一样老是待在家里，就会有一个人拿着鞭子来命令我们，'做这个，句号！'"（富尔维奥·皮亚斯科）"难道我们总是要做绵羊吗？"（乌戈·斯卡托尼）反正轴心国会输掉战争的，而意大利人本可以等待解放者来解救他们。也许这将是更长的等待，有更多的破坏，更多的轰炸，更多的死亡。抵抗运动使意大利得以被盟国承认为共同参战国，否则投降与和平的条件会更苛刻。[85] 最重要的是，意大利本来只会成为解放的对象，而非主体——这对于一个自由国家的建立来说，可不是一个好的开端。

＊

　　乔瓦尼·祖凯雷蒂　我们这对双胞胎一出生就被分开了，因为我一出生就被认为是要死的。医生来到家里，[我们]在两个摇篮里，他把我盖起来，说，"这一个已经死了，也许我们可以救另一个"。经我母亲的哀求——他们已经尝试了一切办法，包括用醋给我洗澡——"那试着把他送出去喂养吧"。所以他们去了马焦雷的一个机构，那里有一个来自乔恰里亚[位于拉齐奥南部，以奶妈闻名]的女人，她勇敢地接受了我。事实上，后来她告诉我，在火车上人们一直对她说，"这个小东西将会死在你手里"，因为我只有三斤重，类似这样的话。没承想，感谢上帝，我活了下来。

　　所以发生了什么——当我回来时，我母亲把我哥哥交给了我祖父。我们总是分开；所以要么他跑来看我，要么我跑去看他，然后我们在半路相遇。我们[做]什么事情都在一起——因为他思想很坚定，也很聪明，在我们两个人中，我是追随者——比如说，有人想打我，他就会过来保护我。

　　你知道，当时我十三岁，我记得我们听到了这个孩子没有回家的消息。于是他们找遍了所有的医院，因为拉塞拉路的事情还没有立即为人所知，只是到了晚上才被人知道，"那里发生了一场袭击……"所以我父母就跑去了拉塞拉路——因为孩子就在那附近——至少从我得知的情况来看，也有照片——尸体被撕成了七块；一块在停尸房，一块在拉塞拉路。事实上，是我叔叔和我父亲两个人去做的辨认。一个在停尸房认出了他，一个在拉塞拉路。

我祖母之前给他织过一些衬衣，一开始用的白线，但在某个时候用完了，她就用红线。在他的手臂上，他们看到了衬衫的红色部分，这是不可能弄错的；爸爸看到了他的头，也是不可能搞错的，因为脸没有被碰到，你看过照片吗？完全没有被碰到。因为炸弹是从下面击中了他，把他切成了两半，而脸部得以幸免。事实上，我记得我还是孩子的时候，他们告诉我，他入土的时候没有脚，他的脚和鞋子也从未找到；实际上，他们做第一次尸检时，都无法确定他是男孩还是女孩。[在坟墓上，他们放了一张我的照片，因为我们没有找到皮耶罗的照片；我还为他的半身像充当模特。仿佛五十二年来，我已为来世准备好了自己的位置]。[86] 他是另一个我自己。

除了我还小，我父母也从未想过要过于强调这个事实，从未想过要表现他们的失落。[本蒂韦尼亚]经常去我们家族开了三代的肉店对面的党支部开会……但从没有人过来，对我们说一句安慰的话。想想看，我年轻的时候，还在那个支部跳舞——还有什么别的地方可去？但是当我想起拉塞拉路，我就想亲手把他们一个个掐死。我们甚至没有听到关于本蒂韦尼亚的审判——现在，我也不想评判，因为这是法官的工作，但他们怎么能给他颁发金质奖章，给这么一个人？他的良心上面压着三百六十五条命，因为如果没有拉塞拉路，就不会有阿尔帖亭洞窟。他说这是战争行为，纯属扯淡：你不能下午4点在特里同路策划一次战争行为，那里可能有一百人路过，你要杀了这一百人，为了杀三十三个德国人，而他们实际来自上阿迪杰，你知道吗？你想杀的是谁？

然后，我也不知道那算什么英勇的行动，按了个按钮就跑；在法庭上，我指控他见过我哥哥，并且我将永远指控。一个人可以，比方说，对他的道德或伦理理由进行区分，不管它们是什么：反正他们会把他们都杀了；如果你自首，你可能会泄露整个网络，因为你可能在酷刑之下无法坚守沉默。但你我之间的直接干系是，我指控你杀了我兄弟，你确实看到了他：这就是我指控你的地方。证据是他在谈到袭击前的那一刻说的那些话：他必须计算出那个排的中间位置，当他看到那个排走过时，孩子就在旁边，他看到了他。他们声称把一些孩子赶走了，但我哥哥的运气不好，在［爆炸的］那一刻，拐进了这条路，来到了手推车附近。［但］尸体的状况表明，他当时靠在手推车上，也许没有坐在上面，但肯定是靠在上面，因为他的两条腿被炸断了。[87] 如果他在更远的地方，他会被碎片击中；［相反］他被撕成了碎片。

在那之前，童年都是美好的。不幸的是，当他死后，对我来说，童年变得可怕，这种失去是如此尖锐，影响了我的一生。因为——这个我本不该说——我母亲与我反目成仇，她甚至说："如果死的是你，而不是你哥哥，那就好了"。她可能是一时气愤才这么说，但她确实说了。

我哥哥一死，我就去工作了。不能怪［我父母］，我想，当时的情况我不能怪他们；但我有一张八年级的文凭，可以在罗马找到任何工作，因为我哥哥的遭遇，他们没有想到这一点；我父亲带我入了他那个行当。我不能过于怪他们，因为你知道……在战争时期，我记得很清楚，那些白领家庭都得过来乞求一块肥肉，比配给量多一点的肉。虽然肉店都关门了，但我们还是勉强能对付，因为我祖父在黑市做交易。

我在心里一直觉得自己想做点什么，但不知道怎么做。然后，当普里布克的律师要求我作证时——因为我看到过墙上的布告，上面写着"Achtung［注意］！每个德国公民将要十个意大利人来偿命"——我签署了起诉［本蒂韦尼亚、卡波尼和巴尔萨莫，因为他哥哥的死］的文件。来自民族联盟党［前法西斯政党］的人给我打电话。于是我告诉他："听着，我不是一个傻瓜，我知道你怀着政治动机。我对政治不感兴趣，只希望得到真相；但我想让［你］签署一份我不用付钱的文件。"我一直在工作，早上6点就起床了。我在店里干了三十年，从未见过阳光，因为我总是待在里面，所以政治……他说，"当然，祖凯雷蒂先生；你会得到七八个律师的协助"。他签署了一份文件——否则，我怎么可能［负担得起］？

［我想要］赔偿，还有正义。我认为这是合乎逻辑的，

因为正义随着赔偿而来，这是自动的。我对政治没有任何兴趣，之所以打算卷入进去，部分是为了真相，但如果我也能得到一些东西，何乐而不为。

　　亚历山德罗·波尔泰利　你想要什么样的赔偿？

　　祖凯雷蒂　我不知道。得由律师来说。

　　波尔泰利　象征性的赔偿，经济赔偿？

　　祖凯雷蒂　我认为是经济赔偿。[88]

　　……乔瓦尼·利门塔尼、塞蒂米奥·利门塔尼、埃齐奥·隆巴尔迪、朱塞佩·洛普雷斯蒂、罗贝托·洛尔迪、朱塞佩·洛蒂、阿尔曼多·卢卡雷利、卡洛·卢凯蒂、加维诺·卢纳、彼得罗·埃米利亚诺·伦加罗、安布罗焦·伦吉、翁贝托·卢塞纳、埃韦兰多·卢奇、马里奥·马格里、坎迪多·曼卡、恩里科·曼奇尼、阿尔贝托·马尔凯西、杜伊利奥·马尔凯蒂……

第六章

大屠杀

……安东尼奥·马尔焦尼、维托里奥·马林彼得里、安杰洛·马里诺、安杰洛·马尔泰拉、萨巴托·马尔泰利·卡斯塔尔迪、普拉奇多·马丁尼、富尔维奥·马斯特兰杰利、路易吉·马斯特罗贾科莫、朱塞佩·梅达斯、翁贝托·梅纳希、埃内斯托·米凯利、埃米迪奥·米科齐、切萨雷·米耶利、马里奥·米耶利、雷纳托·米耶利、拉法埃莱·米拉诺、图利奥·米拉诺、乌戈·米拉诺、西辛尼奥·莫奇……

阿达·皮尼奥蒂   在战争期间,我一无所有。这样过了几个月左右,有一个来自我村里的男人,他和他的妻子四处弄吃的,因为那时候是配给制,你得从黑市上买东西。他来叫我,说,"阿达,听着,如果你想去的话,就和我们一起走;如果我们找到一些法子,我们就去。否则，我们就步行"。我说，"哦，好吧"；我想去，家里的人还不知道……因为——不用说收音机，他们没有收音机，那时候谁买得起？我们一无所有，什么也没有。他们不知道任何事。所以，好吧。在路上我们发现了一辆卡车，而且是德国卡车，想象一下；我不想上车，这个男人说，"听着，如果我们想去那里……考虑一下吧……""希望能进展顺利。"

就这样，我们到了。花了整整一天的时间。当我出现在村子里时，他们看到我穿着黑衣服，因为——那时，我们都是穿黑。事实上，我穿了有四五年。我生活在村子里时的那些女性朋友便问我："阿达，你怎么穿上了黑衣服？"我告诉她们："翁贝托这个可怜的人已经过世了。"当我回到家，看到我到家时的情形，爸爸妈妈都惊呆了，问："怎么了，发生了什么？""它是这样发生的；它发生了。像这样。"

就这样，那边也知道了这个事。我待了两三个月后，回到了罗马。因为我得找点事情做，因为我得生活。我靠什么过日子？又没有养老金。

1. 监狱

3月24日上午
他们把这些不幸者聚集
在天皇后监狱的门口

无辜将他们引向死亡

仿佛他们是野味

——埃吉迪奥·克里斯蒂尼 [1]

"［1943 年］7 月 25 日，"雷米·佩莱格里尼作证说，"我
们这些被关在监狱里的人打破了板条封住的牢房窗户"：这
是个象征性的姿态，旨在庆祝墨索里尼的垮台和法西斯主义
的结束。1944 年 3 月 24 日，透过板条之间的狭窄的漏洞，
佩莱格里尼能够看到前往阿尔帖亭洞窟的囚犯集拢到一起的
情形。[2] 任何人都不应该看到这一幕：行动一开始，德国人
和警察就"关闭了所有牢房门上的小窗。"（罗伯托·古佐）

大屠杀的现场与拉塞拉路的战斗现场正好相反：后者，
公共空间提供了一个环境，其中的每个人似乎都是目击者，
这使得轶事和故事层出不穷；前者，监狱和洞穴形成一个封
闭空间，无人可以看见，也无人可以进入，从那里回来的人
有充分的理由隐瞒和抹除他们做过和见过的一切。我们所拥
有的只是那些偷看了不该看的东西的人的讲述。恩里卡·菲
利皮尼·莱拉写道，"透过房门上的窥视孔，我可以看到一
些正在发生的事情"；"穿过充当牢房窗户的小开口"，埃莱
奥诺拉·拉瓦尼诺可以看到德国人把囚犯带出去时的情景。
行动党的游击队员安德烈亚·德加斯佩里斯突破了牢房的窥
视孔，透过一面占据地利的镜子监视着走廊的情况。透过百
叶窗的板条，学生乔治·菲奥尔代利看到一辆辆卡车驶离塔
索路。农场工人尼古拉·丹尼巴莱蹲在路对面的田野里，看

到他们到达阿尔帖亭路的采石场。事后，里卡多·曼奇尼通过他在塔索路的牢房的窥视孔，从一名波兰狱友那里听说了这场大屠杀的情况。[3]

在天皇后监狱的大门口，萝塞塔·斯塔梅认为自己从一辆满载着囚犯离开的卡车上认出了父亲给她的信息："我们等待着，我开始尖叫——'爸爸，爸爸……'然后在第三辆卡车上——我正盯着这些卡车——在遮篷靠上面的部分，我看到了一个明显的动静，像是有一个头在倾斜——这不是我的想象，我确实看到了，我无法证明，但我确信，我肯定，爸爸认出了我的声音，但他无法朝我回喊，因为德国人就坐在他旁边的长凳上，但他把头靠在遮篷上，让遮篷动了一下。"

党卫军是在下午2点左右冲进天皇后监狱的。埃莱奥诺拉·拉瓦尼诺看到他们手里拿着文件，挨个打开牢房的门，叫出囚犯的名字。"第一个被叫到的是塔拉莫少校，他被关在一楼，差不多就在我的牢房下面。他出来时没有穿外衣，本想回去取，但不行，不允许这么做。"（罗伯托·古佐）埃莱奥诺拉·拉瓦尼诺注意到他们不允许收拾自己的衣服，给人的印象仍然是，他们被带出去工作了。

医生、政治犯路易吉·皮耶兰托尼还没给一名妇女打完针，就被从医务室拖走。拉瓦尼诺试图上去搭话，结果"德国人把他推回到了自己的牢房，嘴里喊着他们惯用的话：'快点，快点'"。还有其他的名字被叫到：彼得罗·保卢奇、拉法埃莱·米拉诺、真塞里科·丰塔纳、罗密欧·罗德里格斯（他的妻子马塞拉也在狱中，看到他走过来："他告诉我他们要带他去工作，但我知道是怎么回事"）。阿尔贝托·凡塔科内是用担架抬走的，"因为他在阿尔巴尼亚战争中失去了膝盖骨，没有拐杖就无法走路"。看到他，佩莱格里尼意识到他们不是被带去工作："于是我开始大喊：'凶手！'我意识到他们不可能是去工作，这是一场屠杀，而不是报复。整个监狱都在回响：'凶手……'监狱里的人都喊了起来：'凶手！'"

拉塞拉路和天皇后监狱有一个共同特点是德国人的狂热和混乱："快点，快点！""赶紧，赶紧！"图纳特中尉从德国人控制的第三分监区收集囚犯，并等待意大利警察提供一份还有五十个名字的名单。但名单迟迟未到，急不可耐的他"开始随意拉走囚犯"；有些人甚至是在登记处签署释放文件时被带走的。当名单终于到来时，天皇后监狱的典狱长多纳托·卡雷塔将十一名政治犯换成那些被随机挑选的人。[4]

乔瓦尼·索利纳斯写道："我费劲地透过窥视孔，看到他们确实在一楼集拢了一些囚犯。"[5]"被德国人选中的囚犯人数不断增加，"埃莱奥诺拉·拉瓦尼诺写道，"然后德国人把犹太人囚犯与雅利安人囚犯分开"，并点名：一百九十二个名字。在这些人中，她能认出皮耶兰托尼的白色工作服和"他苦行僧般的身材，他那张被金色胡须衬托得异常温柔的细长的脸［……］我在这两组囚犯中认出了如下这些人：德拉托雷·奥多阿尔多、杰尔索米尼·曼利奥、皮亚泰利·切萨雷、阿斯特罗洛戈·切萨雷、卡罗拉·费德里科、卡罗拉·曼利奥、普拉·斯帕尔塔科、普拉·伊塔洛、皮耶兰托尼·路易吉、彼得鲁奇·保罗、迪孔西利奥·莫塞、迪孔西利奥·马尔科、迪孔西利奥·弗兰科、迪孔西利奥·桑托罗、迪孔西利奥·萨洛莫内、迪孔西利奥·切萨雷。[*]最年长的应该有八十岁，最小的约莫十四岁"。

米凯莱·博尔贾被拖出了他和索利纳斯中尉共用的牢房，而这时曼利奥·博尔多尼从走廊上经过。恩里卡·菲利皮尼·莱拉最后一次看到路易吉·加维奥利、杰拉尔多·德安杰利斯、维托里奥·马林彼得里、马里奥·卡罗拉和费德里科·卡罗拉、坎迪多·曼卡、爱德华多·德拉托雷。罗伯托·古佐听到看守在叫曼弗雷迪·塔拉莫、乌齐奥·皮西诺、阿尔图罗·达斯普罗、圭多·科斯坦齐、阿拉迪诺·戈沃尼的名字。

点完名后，一位党卫军军士问谁愿意干重活，挖沟渠和战壕之类的。大家陷入了长久的沉默，然后一个接一个地自愿参加。那天上午 11 点左右，多梅尼科·波利告诉探望他的妻子："明天不要来了；他们要带我们去工作，想必是去采石场，我们中午就出发。"（加布丽埃拉·波利）又开始点名，十七岁的弗兰科·迪孔西利奥没有被叫到，但他站出来加入了他的家人，因此名字也上了名单。"这一切结束后，他们关上了牢房的铁门，这样我就看不到了。当时大约是下午 5 点。"（埃莱奥诺拉·拉瓦尼诺）"点完名后，所有的栅窗都被封住了，我们什么都看不见了。"（恩里卡·菲利皮尼·莱拉）

"天空愈来愈暗，"她写道，"我感到院子里有动静，便爬到窗前，透过窗玻璃的裂缝，我看到一群拿着机枪的党卫

---

[*] 原文如此，姓名顺序是倒过来的。

军和两名城市警察。在更远的地方，我看到几个扫街工在一旁看着；德国人把他们轰走了。"囚犯们并没有被带着穿过正门，而是沿着内院的墙走。"考虑到有那么多人在那里，能感受到一种可怕的寂静；只有低沉的耳语，但随即被党卫军喝止。就像在一个噩梦中。等到所有人都走了，天已经全黑；栅窗仍被挡住，分监区笼罩着可怕的寂静，除了被一个女人的尖叫声不时划破。"是真塞里科·丰塔纳的妻子：她知道要发生什么。

类似的情景也在塔索路展开。里卡多·曼奇尼回忆说："然后发生了什么？3月24日，我们在牢房里，七个人一间。下午2点半，事情发生了：他们来腾空牢房，好像是随机的。那个党卫军军士出现时，手里拿着囚犯的个人档案，身边跟着两个扛着机枪的人——我为孩子们感到难过，他们不得不听到这些故事[6]——然后开始点名。他们走到院子里，把他们的手绑在身后，带他们到……到阿尔帖亭洞窟。我们当时什么都不知道。在这一番闹腾［之后］，空气静了下来——他们带走了这么多人。我们想知道他们被带去了哪里。为什么不叫上我们？他们是下午3点左右把人带走的，想必有七十多人。我们一共是一百二十名囚犯，剩下了大约五十名。这个地方空了，寂静要来得更大。"

第二天早上的天皇后监狱，"醒来是一件可怕的事，听不到一个声音"。（恩里卡·菲利皮尼·莱拉）"第二天，德国人把一份名单送到监狱的厨房，上面列有已被带走的人，意思是这些人不再需要食物了。"（埃莱奥诺拉·拉瓦尼诺）

2. 道路

车队出发，滚滚而去
在下午五点，抵达七教堂路
这些人走了下来
党卫军将他们包围
带领他们分批走向山洞

——埃吉迪奥·克里斯蒂尼

加布丽埃拉·波利　我认为，他们离开天皇后监狱的那一刻，是空虚的开始，湮灭的开始。这是折磨我的事情之一：想到我父亲，在那一刻，必须成为一桩虚无，成为一个数字，而它，是我父亲。

萝塞塔·斯塔梅　他们离开的时候是午后。我看到了三辆卡车，我们和其他人一起在外面等候，本来我们是要来探监的。卡车是军队或者屠宰场使用的那种，上面和两侧都有遮篷……等候的人开始呼喊亲人的名字；但德国人似乎疯了，拿着机枪走过来——"走，走，散开"——他们的确疯了。

第一批卡车是在下午 3 点左右出发的。纳粹中尉甘特·阿蒙和他的战友们离开博亚尔多路的马西莫别墅时，看到一辆带遮篷的卡车，里面装满大约二十名囚犯，手都被反绑在身后。当囚犯们交换着沉默的眼神时，一名警察对另一名警察说："他们将把他们变成粪肥。"[7] 住在街对面的乔治·菲奥尔代利目击了卡车的离去。"我住在博亚尔多路的一家奶品店上面的二楼，从百叶窗的后面，我听到两名意大利警察举着扩音器，要求所有的窗户都必须关严，因为有一个德国车队很快就会出现在街上，他们将向任何朝窗户外看的人开枪。事实上，过了一会儿，车队已就位，像往常一样，由一辆带挎斗和机枪的摩托车带领着。党卫军坐在后面的翻椅上，将枪口对准蹲在车里的可怜的囚犯，只要任何人敢动一下，他们就准备开枪。"[8]

"在去阿尔帖亭洞窟之前，我看了一下为受害者的启程所做的准备工作，"赫伯特·卡普勒供称，"我问舒尔茨为什么要绑住他们的手，他说这是为了防止他们逃跑……我问他有没有告知受害者，他说没有，以免他们在街上喊出这个消息，导致车队受到攻击。"不能让人看到，不能让人听到。"那些车都是普通的警用卡车，上面盖着防水布，后面敞开着。"

"那么我就要说了，整个罗马，难道没有人看到这些卡车经过吗？没有人去跟踪它们？你知道，这个问题我已经问了自己五十年。没有人发问，没有人试图搞清楚——为什么他们要封街？"（萝塞塔·斯塔梅）当天晚上，在德国军官们入住的怡东酒店，一位军士谈到了他那天的工作："我负责把要处决的人从塔索路押到行刑的地方。囚犯们的手被绑在身后，脚也被绑住，所以他们只能以短促的步子和跳跃的方式移动。他们像行李一样被抬起来扔进卡车里。许多人脸上都有拷打过的痕迹。"[9]

下午 3 点半左右，尼古拉·丹尼巴莱看到他们来到了阿尔帖亭路。哨兵拦住了通往洞窟的那条路上的汽车和行人。在路对面的田野里，七十四岁的难民切莱斯特·拉莎正在为兔子采草；她离一名德国哨兵太近；哨兵向她开了枪——她一把年纪，手无寸铁，但对不起，她长着眼睛——她死于心脏病发作。[10] 丹尼巴莱看到卡车掉过头来，背对着洞口停下："这完全切断了我对入口的视线，因此我无法看到有任何人从车上下来。"

丹尼巴莱说到他视线受阻是正确的：从他们离开塔索路和天皇后监狱的那一刻起，任何人都看不到这些受害者——有一个例外，我们将在后面看到，那就是行刑者，而这些刽子手估计也根本没看到他们，只是把他们当作 Stücke（计件的工作），当作要从名单上划去的名字；他们会站在黑暗中，从他们的身后射杀他们；然后他们写回忆录和自传，他们接受采访、提供证词，却从未提及这些受害者。没有人看见他们，我们也无法知道他们看到了什么。没有人能讲述自己的死亡故事；活着的人所能做的就是想象它。

　　加布丽埃拉·波利　我们怎能忘记我们的父亲是怎么死的——我们想象着他们爬下车……我经常想象一部电影，我看到他们向前走着，很绝望地想从周围看到的东西中汲取信息，有些人相信他们是要去工作，有些人更悲观，说他们要带我们去送死……在那些时刻，他们的大脑告诉过他们什么，他们想到了什么——他们的孩子，他们的妻子……

奥尔内拉·泰代斯科　每次去阿尔帖亭洞窟，看到那个地方，进去的时候我总是告诉自己：在这里，我父亲最后一次想到我。然后我想到了他会有什么样的感受。

福尔图娜塔·泰代斯科　绝望——他一定想到了我和这些孩子。他死得很绝望。被德国人的手掩藏，被仇恨麻醉，他在那一刻必定遭受了什么，只有上帝知道。

阿梅代奥·泰代斯科　那是一个极其绝望的时刻——我不是告诉过你，我脑子里一直挥之不去的问题是：他们走进山洞时，看到了什么？

卡普勒解释说，"卡车要正好到达，让他们不必在外面等待"。他在处决开始后不久就赶到了阿尔帖亭洞窟，"处于一种激动的状态"。他不记得什么时候开始行刑的，但可以肯定"最先被处决的，是那些来自塔索路的人"。处决的顺序并非无关紧要。第一个死去的人不必经历漫长的等待，不必听到和看到。"我们总希望［我哥哥］是第一个，这至少算一种安慰。"（卡泰丽娜·皮耶兰托尼）

西尔维奥·吉廖齐　我想到了［我父亲的］最后时

刻，想到了他所看到的，因为他是最后一个被杀的，最后一波中的一个。我想他一定失去了理智，因为他认为我们也已经死了。我没有梦到过我父亲，但我能想见他经历的那些可怕的时刻。他看到了一片血海，所有的那些血。然后跪在地下，被射杀。

卡普勒不记得是谁带领了第一个行刑队；他负责的是第二个行刑队。他说，"我注意到那些人从卡车上下来的时候，他们的名字会被从一份名单上划掉。名单由普里布克保管。我不能说他是否一直拿着它，但我听说他一直在执行这项任务，只是短暂地被替换过"。根据卡尔·哈斯的供词，"普里布克到那里时手里拿着一份名单，他让人从卡车上下来，在他们下来时划掉名字［……］后面来的一辆卡车上，有一些囚犯的名字不在普里布克的名单上"。带着最后一支分遣队从天皇后监狱匆匆赶来的图纳特中尉对此无法作出解释；于是卡普勒说，"这五个人什么都看到了，我该怎么处置他们？"决定是：把他们也杀了。[11]

卡普勒后来在法庭上声称，他是在第二天才听说此事的；官方新闻稿中提到了三百二十名受害者，而不是实际的三百三十五人。"在他们给他的那额外的五个人中，有我的丈夫，他是从监狱的医务室里被带走的。"（福尔图娜塔·泰代斯科）

加布丽埃拉·波利　你能想象当他们踏上这片空地，看到这个洞穴——那一双双眼睛，你认为那些眼睛是什么样的神情，他们看到了什么？他们什么也没看到，我想，什么也没看到，因为你想，在那样的时刻，成人会变得像孩子一样。让我发狂的是，我认为我父亲在那一刻，这个坚强的人，这个战士在那一刻，变成了一个孩子，害怕，充满恐惧，谁知道呢，也许像一条害怕得发抖的虫子——看我都想了些什么，你能想象一个男人的耻辱吗，当他感到自己像狼群中的羊？

至少有一个人从那趟死亡之旅中生还，那就是约瑟夫·雷德，这名奥地利逃兵被当作盟军间谍关在塔索路，也被装上了送往阿尔帖亭洞窟的卡车，手与彼得罗·帕帕加洛神父的手绑在一起：他从卡车上下来时，"一群囚犯已经进入洞窟，后面接着又是一群［……］洞窟必定已经满了，因为一度出现了拥堵"。一群人聚集在帕帕加洛神父的身边：兰普拉上校、西莫尼将军、律师普罗斯佩罗·马丁尼、宪兵福特以及"一个叫蒙泰泽莫洛的人"，这人浑身是伤痕和肿块，"疲惫而又英勇的外表无法掩盖他经历过的痛苦"。一个声音向彼得罗神父请求祝福。"每个人的头发都竖了起来。有些人的脸色发白，他们的希望被恐怖袭击，或者被突如其来的疯狂夺走。"[12]

加布丽埃拉·波利　看，多么奇怪的感觉，当我闭上眼睛去想……你会感到不安，想到在那一刻，你的父亲如此脆弱，如此无助，他们夺走了他的人格，夺走了他的力量，他的男子气概——这些人一定会说，圣母，我们是什么？看看我们，就像绵羊：五个五个的，你知道，就像他们把野兽带到屠宰场，然后一个堆在另一个的上面，我的叔叔，我的父亲，一个堆在另一个的上面。我所知道的东西，你能想象吗？

　　一些人在临死前可以抓住一些东西：军官们高喊着"意大利万岁"；难以置信的是，一位教士说他骑着自行车路过七教堂路时，听到有人唱爱国赞美诗《死者复活》。[13] 其他的人则得到了宗教的帮助，或者说希望能得到。"我哥哥［路易吉·皮耶兰托尼］非常虔诚，想象一下，我们在他的口袋里发现了一串念珠，因为在监狱的时候，每晚他都要念玫瑰经……想到他的信仰在那些时刻，在那些小时里——因为那不是数个瞬间，而是数个小时——可能帮助了他，我们便能感到一些欣慰。"（卡泰丽娜·皮耶兰托尼）

　　赫伯特·卡普勒以自己在组织大屠杀时怀着人道主义的善意为自己辩护，他供称，他和他的合作者确实考虑过为受害者提供宗教援助。"但我被告知，在处决的过程中，受害者会尽可能长时间地和神父交谈，所以我选择不叫神父，而不是强迫受害者在几秒后与神父分开……一旦神父和这些人接触，很难在几秒钟后将他赶走。我认为最好是不要让他来。"他的话音刚落，一个声音从法庭的后面喊道，"真是好心！"他从未想过，有人可能想要一个拉比。

　　然而，有一位神父在现场。一位参与了屠杀的意大利党卫军（是的，他们也在那里）后来告知，彼得罗·帕帕加洛神父本可以选择排除在名单之外，但他拒绝了。[14] 这个说法没有得到独立的证实。然而，雷德说，"在那一刻发生的事情远非人力所能及，必定是上帝之手起了作用，因为彼得罗神父设法解开束缚，领了一次祷告，将他充满父爱的祝福给予了所有人"。"给予了所有人"：七十五名受害者是犹太人；其他的是共产主义者、无神论者、共济会会员和自由思想者。也许在那一刻，他们也在更普遍的意义上接受了这一姿态；但我们没法肯定地这么说，别人也不能替他们说。在山洞里，"大多数犹太人的尸体被发现时都是挨在一起的"。[15]

真正的奇迹是，帕帕加洛神父在解救自己的同时，也解救了雷德，他说他在一片混乱中设法跳到一边，逃了出来。他没有进入洞窟。

3. 黑洞

其他人进入了洞窟。埃里希·普里布克："我和第二组人或第三组人一起进去，用一把意大利机枪杀了一个人。在接近尾声时，我用同一把机枪打死了另一个人。"[16] 甘特·阿蒙："我进入山洞，沿着隧道往前走。当我来到两条隧道的交会处，我看到地上摞着一堆显然是已经死了的身体。所有人都是趴着，手被绑在身后。四五个德国人站在尸体堆旁边。"洞里一片漆黑，"灯光很暗，让人看不清"（卡普勒），只有几根蜡烛可以照清目标。

处决是按照卡普勒的人道方针进行的。"我命令突击队的所有成员至少开一次枪，并指示舒尔茨如何执行死刑。虽然时间很紧，但我们必须尽可能地遵守通常的程序：由一名军官来发出开枪的指令；各班必须交替进行。处决的形式也是如此。我命令要瞄准脑袋。受害者和我的手下之间的人数比例，让我们不可能对每个受害者开枪超过一次。唯一可靠的目标是小脑。为了避免对尸体造成损坏，同时也是出于对受害者的身心的考虑，我命令枪支不能触碰受害者的头部，但必须尽可能近地射击，以确保效果。我想我无法避免谈论这个……"

一名军士"出于好奇"进入洞窟，想看看自己能看到什么。在目睹了"大约六十名人质"被杀后，他恶心得吐了："随后，一些党卫军士兵嘲笑我的这个'弱点'，有一人还吹嘘说，他在自己的从军生涯中，以同样的方式'清算'过大约七千人。"[17]并非所有人都能夸耀这种专长。甘特·阿蒙崩溃了："几分钟后，我看到又有五个平民在德国人的押解下，沿着隧道走来。这些平民的手也被反绑在身后，他们被迫跪在尸体堆旁。然后克莱门斯上尉命令我站在其中一名囚犯的身后。另外四个德国人则站在另外四名囚犯的身后。克莱门斯上尉命令我们举枪射击，我举起了枪，却不敢开火。另外四名德国人分别向囚犯的后脑勺开了一枪，他们应声向前倒下。看到我滞在那里，另一个德国人把我推到一边，向本应由我射杀的囚犯开了枪。"

我们无从得知，在行刑者犹豫的瞬间，那个囚犯的脑海

中究竟闪过了什么——也许是一种不合理的希望。我们知道
的是，在那种情况下，战友之间的团结与合作包括互助杀人。
团队弥补了其成员的弱点。

卡普勒回到山洞时，发现部队正"处于一种激动的状态，
大家都在议论纷纷，说什么'他下了命令，却不执行'"。韦
特延少尉拒绝开枪。卡普勒以父亲般的做派，搂着韦特延的
肩膀，通过以身作则，帮助他履行职责："为了韦特延和纪律
的利益，我和他谈了心，没有责备他，也没有给他下命令，
只是指出他的行为可能会对他的部下产生什么影响。他向我
解释了他的思想状态，我问他如果我站在他身边，他能否执
行命令。他说他会的，于是我敛神定息，再一次加入行刑队。"
这个自我感觉良好的、充满讽刺意味的故事，于此达到高潮：
出于对受害者身体和情感的考虑，枪管被轻轻地移开，为了
不打扰他没有叫神父，这位年轻的下属得到了富有同情心的
上司的帮助——这毕竟是一场人道主义的屠杀。[18]

有些行刑者失手了，使得事情变得更糟，因为并非所有
的受害者都立刻死去。其中一具尸体至少有四个弹孔：显然
他就是死不了。三十九名受害者不可能找到头颅：它们已经
被子弹和火药燃放的、渗透到颅骨的气体炸开。然而，有些
尸体上只有较小的伤口。验过尸的解剖病理学家阿蒂利奥·阿
斯卡雷利写道："至于这些人，不能排除他们不得不在已死的
同伴身边等死的可能。"那些尸体状况较好的人，也是死得
最艰难的人。唯一令人欣慰的地方是：近距离射击带来的冲
击如此之大，足以让人丧失意识，因此"这些可怜虫无法看

到自己身边上演的残酷场景”。[19]

阿斯卡雷利写道：“尸体被发现时是彼此紧挨着的，而且考虑到它们被堆放成了好多层，显然，垂死者（morituri）到来时，曾被行刑者逼迫着爬到已经被杀害的同伴的尸体上。”[20]卡普勒以其一贯的人道主义态度，否认发生过这样的事情：“后来我得知，在处决之后，洞窟的入口将被封住，技术人员已经埋好了地雷［……］考虑到爆炸可能会让尸体残缺不全，这才把它们移走并放在一起［……］我在场的时候，并没有看到转移的过程。”这样的行动不可能是在指挥官不知情的情况下进行的；对那些要被隐藏起来的、头已经被炸掉的尸体表示尊重是没有意义的。尸体（许多是俯卧着，屈腿抵着肚子，因为他们是在被枪击后倒下的）的位置和尸体之间的关系（受害者仍被绑在一起，亲属之间相互挨着）表明，他们在遇害后没有被移动。他们可能是跪在狱友的尸体上被杀死的。

在受审时，卡普勒说：“除了韦特延，总体上看不出士气的丧失。我的部下们处在巨大的精神压抑之下［……］我给了他们一瓶白兰地，而且我已经解释过，我敦促着这么做，以证明他们遭受了我所感到的那种压抑。”五十年后，埃里希·普里布克在他的回忆录中提到一个他在先前的所有法庭陈述中不知为何忘了提及的细节：“正如我已经多次说过的［只是在引渡后才说，之前从未说过］，参与这场可怕的处决于我而言是一场个人的悲剧。”[21]

“同一天晚上——阿蒙作证——”10点，卡普勒在马西莫别墅的餐厅再次向他的突击队讲话。他依然保持着他那父亲般的心态："他说，'报复已经进行，我知道这对于你们中的一些人［着重号为作者所加］来说非常困难'，但这种情况是适用战争法的。你们能做的最好的事情就是喝醉。"卡普勒后来说，他不记得自己说过这种话，但也无法否认。在塔索路，马歇尔·施泰因布林克告诉一名囚犯："在我看到阿尔帖亭洞窟发生的那一幕之后，我唯有靠灌醉自己才能入睡。"[22]

尸体仍有待处理。有人建议烧掉。卡普勒说不行，"以避免触犯人们的宗教感情"。显然，只是杀了他们，还不足以冒犯到这种感情。

> 尼古拉·丹尼巴莱　1944 年 3 月 28 日，我再次在同一片田野工作，看到两辆德国军车靠近山洞的入口，并停了下来。几名士兵下了车。然后其中一辆沿着一条路驶上阿尔帖亭洞窟的顶部。几名士兵开始在那里的地上挖两个大洞。大约是下午 5 点半完工的。他们显然往每个洞里放了一桶爆炸物，然后把洞填上。他们撤退了一段距离，我看到泥土的翻飞和烟雾的升腾，听到两声巨大的爆炸声。德国人随后离开了这个地方。

天然的死亡室被封住。没有人看到，也不能让人看到。命令已经执行。

4. 寻找的女人

唉！谁能把消息带到平原？

唉！谁将劝慰家人？

唉！谁将为你哭泣，我的丈夫？

——葬歌，皮亚纳·代格雷奇，西西里岛 [23]

卡拉·加布里埃利 我想那天我母亲和其他女人一起去了采石场——当然是他们被杀掉的那天。当时她们还有非常，你知道，非常物理性的印象，关于气味啊——现在时间扭曲了一切，但我母亲总是告诉我，有一些真实的事情是不会被扭曲的。我不知道是在同一天还是第二天，她们又多次回到采石场。最让她震惊的是看到那些党卫军在笑。现在看来，他们有可能是想用笑来掩盖自己的焦虑……谁知道呢。然后我想是第二天或几天后，她们组成了一支队伍；除了我母亲，我想还有皮洛·阿尔贝泰利的妻子，有皮耶兰托尼的妻子，或者他的妹妹。这一小群女人又去了那里。

"我们在沉重的拱顶下摸索着前进，"莉娅·阿尔贝泰利后来回忆起那一天时写道，"油腻的空气充斥着我们的嘴 / 让我们呼吸困难"：

我们手牵着手

相互搀扶。

和我们在一起的是一个妹妹、一位母亲

以及几位新娘。

山洞的尽头升起一个高堆。

我们爬上去

大地在我们脚下打开。

一阵风从碎土块中猛地朝我们袭来

沉重的呼吸越来越艰难。

我们中的一个抓起一缕血迹斑斑的头发。

她绝望的尖叫将我们抛到地上。

我们在那地下，脚踩着

我们孩子的父亲。[24]

　　令人焦虑的流言一个接一个，寻找丈夫、儿子和父亲的女人们在罗马穿梭。

　　"想一想：[我母亲的]兄弟和丈夫失踪了，所以我的祖母和外祖母正好可以去那里寻找线索。第二天我母亲去了天皇后监狱，当然没有找到他。三个月来她四处打听丈夫的下落，有的告诉她在布拉韦塔堡，有的说在别的地方，想一想那时我母亲甚至没钱坐公共汽车，她的足迹覆盖了整个罗马。"（加布丽埃拉·波利）"有一个月，我母亲老是往天皇后监狱跑，因为他们说，他可能被带到了那；她每天带去干净的衣服给他换洗，但他们不把脏衣服还给她。他们会收下她带去的东西，但没有人告诉她任何事情——他究竟是在那里，

还是不在那里，没有人告诉她，直到我父亲的尸体在阿尔帖亭洞窟被发现。"（利亚娜·吉廖齐）

与此同时，采石场对面，隔着一条街的 * 两处慈幼会之家的教士们意识到，那里发生了一些状况。[25]"我们注意到有一些汽车，然后在第二天我们看到了德国人的救护车进到里面。我们起了疑心——他们在那里做什么？因为在拉塞拉路事件之后，他们说要用十个意大利人为每一个死去的德国人偿命，所以我们怀疑那里正在发生见不得人的事。"（乔瓦尼·法焦洛神父）一位叫范德维斯特的慈幼会教友看到了屠杀的准备工作，被一名德国哨兵打发走；另一位叫路易吉·塞尼克的教友看到了卡车的到来。第二天，即 3 月 25 日，他邀请德国士兵参观墓窟；他们向他讲述了屠杀的情况，其中一人还补充道："这只是个开始。"[26] 他无意中听到一位要求使用墓窟礼品店电话的军士向上级报告说，命令已经执行。他通知了教士们，下午他们有三个人去了采石场。

　　乔瓦尼·法焦洛神父　　我们继续往里走，走了十到十五米，没有发现任何异样。我们正不知道怎么办，这时［教士佩里内拉］说，"法焦洛神父，看，地上有一根线，一根电线"。我走过去，捡了起来，它已经蒙上从隧道

---

* 意大利文版此处的表述是"与圣卡利斯托墓窟相邻"，下文会再次提到这个墓窟，埋有约 50 万基督徒，包括数十名殉道者和 16 名教皇。自 1930 年起，被委托给慈幼会管理。

顶掉下来的灰尘。我又跟着走了大概十到十五米，被一堆土，一堆深色的沙土，挡住了脚步。路被封住了，因为我们听到的爆炸，这些沙土掉了下来。附近有一把梯子；我把它靠在沙堆上，秉着蜡烛——我们是用蜡烛照路的——爬上梯子，看到另一边有一大堆尸体。肯定有两米、两米半宽，也差不多有这么高。可以看到胳膊垂下来，腿垂下来，脑袋垂下来，我想说。我在胸前划着十字，然后爬下来，让其他人去看一下。我没有告诉他们有什么，只是让他们自己去看。

　　第二天，瓦伦蒂尼神父将这一发现告知了教会当局。在接下来的日子里，安东尼奥·加拉雷洛和温琴佐·加拉雷洛来到采石场，这两人与尼古拉·丹尼巴莱和游击队的乔治神父相识，正是神父告诉了他们所发生的事情。他们正在寻找他们的父亲。几天来，他们和其他人不断地赶到这里；他们驱散了来自加尔巴泰拉和托马兰西亚的一群群拾荒的小男孩，设法看到了一些尸体：一个二十多岁的男人，右手的三根手指因为之前的拷打，皮开肉绽得骨头都露了出来；一个年轻人紧紧抓住墙，手还在沙子里挖；另一个人的"双手抓着他旁边的一个同志的胸口，好像是在拼命地想站起来"。他们并非立即就死去。在更远的地方，他们发现了一具至少已经死了三个月的尸体，也许是流浪汉或者难民，不知怎的就死在隧道里。[27] 警方监视着这个地方，德国人设立了一个哨所，威胁要杀死那些靠近的人，但消息已经传开，还是挡不住人们想来看看。

　　乔瓦尼·吉廖齐　我们不断地听到"阿尔帖亭"这
个词。一天晚上，我和我嫂子劳拉［罗莫洛·吉廖齐的
妻子］试图找到阿尔帖亭在哪，由于当时实行宵禁，我
们的举动着实鲁莽。从圣塞巴斯蒂安门出来后，我记得
有一个小棚子，我们走了进去，里面坐着一个小老太太，
从天花板上悬垂下来大蒜编成的辫子。我为我的嫂子向
她讨水喝。她用长柄勺舀了一勺水给她。我问："阿尔
帖亭洞窟在哪？"她惊恐地看了我们一眼，说，"他们
会杀了你们，他们会杀了你们！"然后把我们往门外推，
我们便回头了。

　　薇拉·西莫尼　3月24日这件事发生后，我们听
说了，便和德格雷内特夫人一起去了，她儿子在外交部
工作，长得一表人才，也在阿尔帖亭洞窟［遇害］。所
以在这位母亲的陪同下，我和我母亲去了阿尔帖亭洞窟，
但我们不知道它在哪；我记得我们只知道是在城外，我
们不停地问路，"洞窟在哪里？""好像就在那里，再往
前走一点。"那是一次相当漫长的朝圣之旅。我们去了后，
没有看到太多东西，因为那个地方已经被地雷炸塌了。

　　为了阻止人们朝圣，德国人炸掉了隧道的顶部。但人们
还是继续前往。"爸爸和一些朋友，他们是游击队员，去了

阿尔帖亭洞窟，想看看尸体中是否有可以救活的人。但他们
到达那里时，发现德国人在上面放了炸弹，炸毁了一切，他
们未能看上一眼。"（戈弗雷多·卡佩莱蒂）"红旗"的游击队员
尝试了首次纪念活动：4月2日，"九个男人和两个女人［……］
全副武装，抵达阿尔帖亭洞窟，献上鲜花和纪念海报"。这
个地方处于监视之中；他们不得不等到天黑。他们在五一节
再度尝试（由奥尔费奥·穆奇牵头），5月5日的纪念则在
与德国人的武装冲突中结束。[28]

> 奥尔费奥·穆奇　我是1944年5月1日去的，带
> 着一支由十名到十一名同志组成的队伍。那里有一大堆
> 尸体，臭味从这三百三十具尸体散发出来。我对同志们
> 做了一次小小的讲话；我说这些牺牲的同志是为理念献
> 出了生命，而我们必须以理念之名，同纳粹和法西斯斗
> 争。同志们后来又去了一次，我们没有参与。有一辆卡
> 车爆胎了，两个德国人下来，双方开始互相射击。然后
> 他们又回到卡车上，离开了。

怪诞的传言比比皆是：有的说死了七八百人；有的说，
德国人回到洞里面杀死了四名依然活着且能听到呻吟声的囚
犯；有的说，有一个人只是受了伤，利用夜色潜逃，躲在
了加尔巴泰拉；盟军的消息来源则称，有数百人在斗兽场
被杀。[29] 坊间流传的名单，有的是伪造的，有的是真实的，
但都不全。最可信的是圣卡利斯托的慈幼会通过教会当局获

得的名单，但其中包括的名字不到两百个。"在这一点上，问题是要弄清楚名字是否在名单上。有那么多名单以及它们的变体在流传。从我们得到的名单上，我们可以了解到［我父亲］在那里。部分原因是这些名字有一个固定的顺序，他们是按照一定的顺序来清空牢房的，有几个名字总是在一起，其中两个是我母亲的远房亲戚，姓米拉诺。两兄弟，要来得年长。还有一个叫阿尔贝托·迪内皮的人，我父亲认识他，比我父亲要大一些。我想他们是在同一个牢房里，而且他们被发现时是相互挨着的。所以他的名字出现又消失了，因为这些名单有一定的不确定性。"（埃斯特尔·法诺）

一个多月后，一些家庭收到了一张用德语写的简短的字条，落款日期为 4 月 22 日：你的亲属已丧；你可以到塔索路的警察办公室领取他的物品。"那天是我女儿的生日，我正在举办一个小型的聚会，有人打来电话，说我的嫂子收到一封信，上面说皮耶兰托尼医生死了。"（卡泰丽娜·皮耶兰托尼）"大约一个月过去了，电报来了，那封著名的电报想必你已经看过，是用德语写的，当然我们对德语一窍不通。我母亲带着它去了附近的韦尔巴诺广场，那里住着一位德语老师；这位老师面无表情地告诉她，"他已经去世了……"（塞尔焦·沃尔波尼）博岑营的军需官路易斯·考夫曼回忆说："这些女人手里拿着一张纸片，来到我们的办公室。纸上说她们的丈夫、父亲或儿子'已丧'，要求她们过来取回他们的东西，他们的个人物品［……］她们哭成了泪人［……］过了一会儿我才意识到，她们是那些死在阿尔帖亭洞窟的人的亲属。"[30]

"犹太人没有收到任何东西，因为他们不在他们常住的地址。"（克劳迪奥·法诺）在被占领的城市里，许多家庭都躲了起来：不是所有家庭都能收到信，或者即使能收到，也会很晚。

> 布鲁诺·弗拉斯卡 [我母亲]并未被告知他们已遭处决；后来，明信片来了——我还保存着它。事实上，我母亲存了一些钱，不准自己动用，因为"谁知道呢，也许有人会帮我释放我丈夫"。她以为他们被带去德国工作了。这张明信片并没有寄到这里，而是寄到了村子里，也许是因为他们在他的口袋里发现了村子的地址，在维罗里附近的乡下。因此我父亲被杀的消息被送到了那里，然后由我的姨妈们来到罗马告诉她。当——当，也就是说，当她们不得不告诉她的时候，她像一块石头一样倒下。而悲剧就这样开始了……

即便是收到信的家庭，也被相互矛盾的消息搞得云里雾里。他们极不愿意相信纸上的内容是真的，很容易被激起他们侥幸心的声音蛊惑。"那张纸条来了，上面说：朱塞佩·蒙泰泽莫洛已于 3 月 24 日去世，需要取回他的物品，云云。每个人都收到的那种信。之后，他们告诉我们，[德国人]这样写是为了让我们不要试图让他获释——你们尽管把心放平。因此情况摇摆不定，让人七上八下。"（阿德里亚娜·蒙泰泽莫洛）"他们送来一封信，每个人都收到了，说他死了——我们还保留着它，这是一份文献。同时，他们还派一个德国士兵告诉我们，是的，屠杀确实发生了，但你的家人不在其中，所以……所以我们一直在等他，一直等。即使到了战后，我们还等了好几个月。"（薇拉·西莫尼）

"我们不知道数字，不知道该怎样，不知道……然后我们得到了我哥哥的音讯，说因为德国指挥官对他有好感，他被带到了德国。一直到 9 月初，我们都生活在这种错觉中，带着乐观的情绪，紧紧地抓着这一线希望。"（卡泰丽娜·皮耶兰托尼）一个陌生人告诉圭多·沃尔波尼的妻子，她丈夫被关在塔索路，如果给一笔钱，他就可以让他获释。"于是他们见面了，她给了他五千里拉。然后我母亲和［我叔叔］去了他指定的地方，但没有人来。"（塞尔焦·沃尔波尼）

克劳迪奥·法诺　我母亲还做了一件事。有一个人，他虽然是犹太人，却是个恶棍，有一个德国情人。说起来，他还是我父亲的兄弟——顺便说一句，他被驱逐了——的妻弟。他是一个游走于各种边缘的人物，同德国人有交情，我母亲便设法和他取得联系，说"想点法子帮他逃脱"，并且给了他一笔钱，我想数目相当大。这个恶棍回来对我母亲说："我去了一趟安齐奥前线，看到囚犯们在挖战壕，其中就有你丈夫，我把你给我的钱全给了他，还贴了一些我自己的钱，所以请把这部分差额补给我。"因此接下来的几个月，我们相信他是安全的，而且他的名字也不在名单上，我们以为他知道自己在哪

里，知道发生了什么。直到——直到解放前的那几个月，
我们一直这样活着，心存怀疑地希望他已被驱逐……

5. 埋葬死者

西尔维奥·吉廖齐　这是我父亲的遗物：一颗牙齿，
它的一侧坏了，因为我父亲曾试图用这颗牙齿咬碎一枚
坚果，而我母亲正是从这颗一侧坏了的牙齿认出了父亲
的尸体。这就是我父亲的遗物。

萝塞塔·斯塔梅　［在这个瓮里］我保留了爸爸的
一些东西。看看他的头发。我们搬家的时候玻璃碎了，
我打开来摸了摸——它还活着，你知道我的意思，还活
着……这是他的外套的一角；如果你看一下手帕，还能
看到血迹。他的十字架和指甲刀都在塔索路［的博物馆］，
还有他脖子上戴的一个小勋章。然后有一块是他的大衣；
这个绿色的东西是他的袜子。这些则是他制服上的星星。
看看这些污点？都是血。然后我拿了一个小瓶，在里面
装了一些土……

记忆和意义的斗争始于埋葬行为。埃内斯托·德马蒂诺
写道，埋葬死者是为了让他们“消失”在我们体内，将丧失
变成价值，克服哀悼的危机。[31] 但是在这里，一切都颠倒了：
纳粹试图让尸体永远消失在泥土之下，这是对死亡的抹杀，

使得死者无法为生者而死。他们是被掩盖掉，而不是被埋葬掉。从一开始，这就是一种艰难的哀悼：时间、地点、死亡的事实本身，都是不确定的；没有尸体可以为之哭泣，没有仪式性的工作帮他们承受损失。在空虚中，痛苦被冻结成僵硬的形状，之后将很难解冻。这就是为什么在阿尔帖亭洞窟，埋葬以相反的姿态开始：将尸体从地底下挖出来，确认身份后，在真正的葬礼中将他们送回大地。只有这样，阿尔帖亭洞窟才不再是采石场或洞穴（cave），而是墓穴（grave）。

　　罗马解放后，盟军当局的计划是让这些尸体保持原样，并在上面建造一座纪念碑。"他们认为，我们什么也做不了，因为地雷已经摧毁了一切。过了几个月后，[据说]他们在尸体上面泼了酸液。"（薇拉·西莫尼）但是，除非死者的身份逐一得到识别和确认，否则纪念碑将不过是一块石头，压在那些留在阴腐的地下的尸体上。"他们想做一个大的混凝土，封住一切，因为他们说，这些尸体已经无法辨认；在经过了好几个月后，加上爆炸，它们已经变成了肥皂……但是所有的家庭都提出了抗议：因为这样一来，我们将永远不知道我们的亲人是否在下面，我们要不要继续等待他们。"（朱莉娅·斯皮齐基诺）女人们组织了起来。

　　薇拉·西莫尼　我母亲就站出来了。她说不行，除非我们怎么做，否则我们还要继续等待我们的父亲。她说我要每个死者的身份都得到识别。她去找当局谈话，他们说，"夫人，我们也想这么做，但事实上这是不可

能的，真的办不到"。那好。我母亲就带着我姐姐和我
去见盟军负责人［约翰·R.］波洛克，他也马上接待了
我们。我母亲说："我们来是问你这个问题的：我们知
道你想建一座纪念碑，而我们拒绝接受它，我们想要对
尸体进行辨认，每一具都不漏过。"这时，将军看着我
们——［他可能在想］"我的天，我面对的人有点……
也许悲伤已经［使她们精神错乱］……"——他说，"这
很难做到"。但我母亲已经和［阿蒂利奥·］阿斯卡雷
利教授交流过；教授去过现场，他说，"这是个疯狂的
想法，但并非无法做到，只要需求足够强大"。所以我
母亲说，"可以的，我们和阿斯卡雷利教授谈过，可以
的"。他说"容我考虑一下"，然后把我们领到门口。我
也说了我母亲说的那些话，"我们不想要别的什么，也
不要求别的什么，只希望能对他们进行识别，因为所有
其他的人都面临着相同的处境，［用英语说］我们不会
放弃的"。他看着我们的眼睛，看到我们不会屈服，几
天后便带着他的助手过来说："我们去吧。"

        阿蒂利奥·阿斯卡雷利是罗马大学的解剖病理学家，负
责尸体的挖掘和鉴定工作。7月初，他和他的助手参观了洞穴。
尸体埋在地下已有三个月。阿斯卡雷利写道，"当我们深入
这些可怕的隧道时，一种寒冷的感觉侵袭而来，同时还有一
种难以招架的臭味压迫着我们，让我们恶心得想吐"。[32]
        阿斯卡雷利教授关于其不可思议的工作的报告，是一次

书写恐怖的非凡努力。他说："我没有足够的词语，对这两座人的屠宰场的样子给出准确的概念和代表性的描述。"[33] 但他仍然作出了尝试："在这些散落四处的悲惨的肢体中，昆虫们成群结队，数以千计的幼虫以受尽折磨的碎肉为食，许多硕鼠跑来跑去，出入于未被埋葬、无人看顾的遗体和破碎的头骨之间！在将他们作为牺牲品堆放的坟墓中，这些尸体紧紧地拥抱在一起，冰冷地等待着那双仁慈之手最终将散落的肢体重新缝合起来，让他们回到自己所爱之人的泪水中，回到他们痛苦的殉道所应有的荣耀中！"

阿斯卡雷利使用了一种崇高的语言，以传达出古典戏剧的感觉。文学词汇、牺牲和殉道的诗学、意在加强语气的形容词和感叹词、押韵、拉丁语诗中的倒装法。但再往下几行，语体发生了变化，他以中立而客观的医学术语展现他的材料，能够将腐烂的过程称为常见的（common），将从"受尽折磨的碎肉"中流出的液体称为正常的（normal）。"与许多人的说法相反，尸体上没有洒任何腐蚀性物质，除非我们将仍然浸泡着衣服和土壤的、尸体腐败形成的正常液体当作这种物质……在解剖台上，绝大多数尸体都显示出一种典型的尸变，即所谓的 adipocera（尸蜡变）；也就是说，皮层中的某一层会变成肥皂状物质，明显地变成猪肉状的块状物，摸起来很油腻，颜色灰暗，会反射出珠光。在其他尸体上，我们观察到不同程度的木乃伊化，以及常见的腐烂过程。"[34]

作为一位接受过古典教育的人文主义者，在专业上颇有成就的老派医生，阿斯卡雷利被历史逼迫着去测试语言的极限。崇高的修辞和技术性的修辞同样不足，暴露了语言的无力：没有"足够的词语"。既有的语言只能抵达恐怖的边缘。但现在有必要去看看里面（阿斯卡雷利书中最可怕的部分是照片），而那些看的人大多是女人和孩子。

　　布鲁诺·弗拉斯卡 ［展示照片］最糟糕的一天是去认尸的那一天，当她们去到那个地方，黏液渗了出来……你知道会出来什么东西……你看，我一想到这个就发抖，因为我了解我母亲，知道她是什么样的人，我想到她不得不经历这一切。那些3月被杀的人是在7月发现的，在高温的天气里，你知道，它们全都湿漉漉的，发生了著名的尸蜡变，变成了肥皂。试想一下，母亲、妻子，所有的人，看着这些尸体被挖出来……看看这些照片：这个都变成了肥皂……真的很吓人……一堆沙子，一堆泥，一堆人……想想他们有多大的耐性，把它们全部重新分开……看这里，你怎么辨认这里的东西……想想这些医生的勇气，阿斯卡雷利教授……想想看……沙子已经侵蚀了肉，只剩下皮和骨……一具木乃伊……变成了肥皂……看，一个人找到了这样的兄弟和父亲……

　　尸体被费力地分开，并按照挖出来的顺序进行编号。一些军属对这一程序有所不满，希望能区别对待，[35] 不过最终还是决定这么做，既是出于技术原因，也是为了确认——正如阿斯卡雷利写到的——许多不同的人共同遭受的死亡，具

有将人平等化的作用。家属们得到一份调查问卷，以描述他
们的亲属有哪些可能不会被处决和时间抹除的体征；尸体按
照身高和年龄组进行排序。"譬如，我母亲说，我们会找到
一只手：显然，农民的手和学者的手是不同的……所以在还
没有被命名之前，按照职业类别进行区分。"（萝塞塔·斯塔梅）
尸体的状况只允许大约 20% 的尸体可以按这种方式进行分
类。在警方实验室的帮助下，每具尸体都整理出单独的档案，
包括在它们上面发现的衣物、文件和证件的数据。[36] 所有这
些物品都放在经过"消毒除臭脱脂"处理的信封里，并标明
尸体的编号。每具尸体的所有数据都被制成单独的卡片。"这
充其量只是间接的识别"（保罗·德卡罗利斯），确实有十一具
尸体没有认出来，但至少能给其他尸体一个名字。

　　"我没有看到识别的过程，我看到的是其他的：他们当
时所处的山洞，血手印，一撮撮的头发。我记得所有的棺
材排成了一排，在黑暗中，我们借着不时熄灭的烛光进入
这些洞穴。"（朱塞平娜·费罗拉）"我们几乎每天都去，但要
想一路到达那里并不容易。这是爱与祈祷的朝圣之旅。"（薇
拉·西莫尼）"我二哥当时十九岁，每天都去帮忙，去做，去
看；他会骑着他的自行车从罗马出发，而事实上在某个时刻，
他们意识到［有一具尸体］可能是我爸爸，我的哥哥们认
出了他。"（阿德里亚娜·蒙泰泽莫洛）朱塞佩·博尔贾当时十三
岁；他的母亲在一次空袭中丧生，只好由他和姐姐去寻认
父亲的尸体。

　　朱塞佩·博尔贾　这件事我最好不要去细说，没有人能理解它，只有那些已经……这并不容易，因为他们把死人摞成了两层，一排七具尸体……我们向阿斯卡雷利教授提供了信息，比如我父亲被抓时穿的是什么。我们，我姐姐和我，去了那些丑陋的洞窟，在秋天的时候。对我来说，这是一次十足负面的经历。现在五十三年过去了，它依然停留在我的脑海里，仿佛就发生在昨天，看到所有那些被屠宰的人……我记得有一个装满头骨的大箱子，骸骨到处都是，没有人能够认出。我们认出了父亲的尸体，他的头不见了——很多尸体都没有头，因为他们被枪击的部位是后脑勺，明白吗？我们是从爸爸的衣服认出了他，而且他戴着一块发给铁路工人的德国手表。我们由此认出了他。他还有一个地址簿，上面有电话号码，能辨别出一些亲朋的名字……然后是他穿的衬衫，我姐姐认出了衣服，因此即使没有头，我们也能认出那是他。

　　在当时的照片和电影中，可以看到亲人们肩扛着木棺材，女人们穿着黑衣，而在背景中，在准备用来做更多棺材的木板旁边，穿着笨重外套的孩子们在看着木匠们干活。

　　塞尔焦·沃尔波尼　所有这些著名的木棺材在山洞里一字排开，还有蜡烛。我们还是孩子，而我……如今没什么能让我不舒服的，因为……［布鲁诺·］弗拉斯卡认识我，也许他还记得我们曾经在那些洞穴里玩捉迷藏来着，想象一下。在炎热的天气里，我们站在空地上，站在那块大空地上，我清楚地记得那些铝制的桌子上放着散发着气味的残骸……

奥塔维奥·卡波齐奥的母亲认出了他，"从一些细节上：你知道，母亲们了解她们儿子的身体"。（詹弗兰科·卡波齐奥）多梅尼科·波利的母亲和妻子从手表认出了他，指针停在了1点33分，可能是离开天皇后监狱的时间，还从他的鞋子："他们把他挖出来时，我祖母想把他的头放下来，结果头自己从身体上掉了下来。所以你可以想象这个老妇人拿着这个东西，让我母亲的血液中了毒，而她当时正在给我喂奶，所以她给我喂了毒奶。我妈妈差点死去，我也差点没命。"（加布丽埃拉·波利）罗莫洛·吉廖齐的身份是通过他的白色酒保夹克和妻子送给他的皮带认出的；莫塞·迪孔西利奥是通过他的烟斗、假牙和手杖；乔治·法诺是通过他外套上的补丁、眼镜盒和模糊的照片；朱塞佩·蒙泰泽莫洛是通过他衬衫上的首字母缩写和戒指："我记得是我的哥哥们认出了他。我们［女儿们］当然没有［看到他］。我记得母亲缝制了一面旗帜，我们把旗帜盖在他身上。"（阿德里亚娜·蒙泰泽莫洛）

6. 牺牲、殉道或献身？

　　殉道者*们并没有做任何反对法西斯的事情，他们参加了第一次世界大战，向祖国奉献了他们应该奉献的东西⋯⋯

　　　　　　　——V. C.，基亚纳河谷奇维泰拉，托斯卡纳，谈及 1944 年 6 月 29 日的纳粹大屠杀

　　一方面不是罪犯，而是战斗人员；另一方面不是有害行为的单纯受害者，而是为国捐躯的殉道者。

　　　　　　　——罗马上诉法院的判决书，1954 年 5 月 5 日

　　《罗马观察报》将阿尔帖亭洞窟的死难者描述为"被牺牲的人"。从那一刻起，牺牲和殉道的隐喻就主导了回忆的声音。1944 年的进步杂志《信使》专门介绍了罗马被占领的情况，其中一位署名 F. G. 的作者写道："充满恐怖的黑暗的日子，因英雄的牺牲之光而略显明亮。"然后，他将阿尔帖亭洞窟的死者同躺在罗马周边乡村地下的圣徒和殉道者联系起来。[37] 住在附近的詹弗兰科·卡波齐奥证实了这一点：

---

*　martyr 一词在本书中根据情况处理成"烈士"或"殉道者"。需要说明的，中文语境中的"烈士"更为宽泛，不仅限于因拥护政治事业而被监禁或处决的人，也包括在武装冲突中牺牲的人，而本书中的"烈士"，在光谱上既是"受害者"（victim）的另一端，但似乎又处于"受害者"与"战斗员"（combatant）的中间。

"他们是殉道者——庇护十二世说，没有比这更好的安息之地，因为这是一片殉道者的土地。换言之，殉道者中的殉道者。甚至就在这里，在我们所在之地的下面。离这里两百米的地方，他们不得不停止所有的建设，因为发现了墓穴群的一个分支。"解放后张贴的一份海报宣称："在基督教殉道者的坟墓旁边，为祖国的殉道者开辟了其他的坟墓。二者都是为了捍卫人类精神的自由和尊严、反对异教的野蛮暴政而牺牲的。"法西斯内政部宣布受害者是在斗兽场被杀害的，揭示了某种精神上的联系。[38]

在当年的另一篇文章中，朱塞佩·坎巴雷里追念了游击队员埃德蒙多·迪皮洛，称他"与布鲁诺·博齐以及其他人一起，在拉斯托尔塔的沟渠里，牺牲于德国人无用的残酷行径之下"。[39]以"牺牲的高贵"为名，税务局大楼挂有一块牌匾，以纪念在阿尔帖亭洞窟遇害的税务官员埃齐奥·隆巴尔迪和埃德蒙多·丰迪："他们的英灵伴随着我们，他们是已被恢复的自由的继承人和守卫者，他们为之而牺牲的理念将在永恒中重生。"

这种在牺牲和殉道这两个形象和词语上的趋同，表明大屠杀的意义与用来描述它的词语之间存在着冲突。首先，从效果上讲，会将这一事件引向神圣的领域，这一点可以从阿尔帖亭洞窟被指定为"圣地"（sacrario）中得到证实。这是可以理解的：在最严格的词源意义上，"神圣"的光环总是围绕着死亡，尤其是突然的、大规模的暴死。这就是为什么记忆要进行圣化：它让事物成为神圣的，使其免受时间的影响。

> 乔瓦尼·吉廖齐　在阿尔帖亭洞窟的殉道者中，最打动我的是那些毫无防备的人，那些十四五岁的孩子，那些老人，这些人完全是被谋杀，被带到了屠宰场……也许我们可以在这个意义上使用"牺牲"这个词：献祭给嗜血的摩洛神的受害者……

像"殉道"和"牺牲"这样的词，其强度源自与基督之死的联系。在罗马解放后的第二天，《消息报》在一篇带有幻想色彩的报道中，描述了洞窟中的尸体的情况："有一具尸体独自脱离尸体堆，被洞壁上的不平整的地方支撑着，双手不但没有绑住而且张开着，就像在十字架上一样。他是以基督的姿态出现的，代表着所有人的牺牲、大屠杀和殉道。"[40]这种联系是基于两个动机：这是一种特别残酷的死亡（十字架上的酷刑），以至于"殉道"一词失去了"见证"的含义，而突出了"受难"的含义；这是一种选择的、自愿的死亡（基督来到世上是为了死）。这种解释，被本能地、往往不加反思地应用于所有不公正的死亡。

牺牲和奉献，实际上是圣化这一过程的两个阶段。但谁是这个过程的主体？谁是神圣的受托人——他能通过仪式性行为赋予其神圣性？在祭祀中，有两个主体，一个是受害者，一个是司祭，而这在很大程度上取决于视角：去献祭是一回事，被献祭是另一回事，而祭祀自己又是另一回事。

　　例如，在《罗马观察报》的语言中，重点似乎落在了牺牲者的功能上：行刑者使得受害者变得神圣，因为他们牺牲他们，是为了以对称的报复来恢复和赎回被"罪犯"扰乱的秩序。受害者是无辜的，他们因他人的行为而被杀害，这一事实加强了与基督教的救赎意象的联系。因此，殉道提供了燃料，使一个散文化的世界得以保持灵性之光："当暴风雨过后，我们感到自己滞留在一片鲜明而静止的沼泽中［……］在为了生活所作的灰色而平凡的斗争中［……］那些倒在阿尔帖亭洞窟的人的形象出现在我们面前，犹如古代的圣人和殉道者出现在留在尘世的同伴面前，给他们带来安慰和希望。"[41]

　　F. G. 和坎巴雷里都强调被杀者的意向性和能动性，认为被杀者通过接受死亡的可能性使自己变得神圣。但语言的漂移背叛了他们。坎巴雷里写道，迪皮洛"被牺牲了"，仿佛他的圣洁来自谋杀他的人。这种漂移很重要，因为它显示了包裹在牺牲这一形象之上的语言常识的黏性：有牺牲的时候，一定有一个献祭者，他往往会成为主要的行动者。另一方面，当受害者被赋予一个积极的角色时，他是一个自愿的祭品。甚至在最高尚和最真诚的版本中，殉道者的形象也倾向于将谋杀变成礼物。

　　　　詹弗兰科·卡波齐奥　总之，他们所流的血，所经历的拷打，可以说，也许是为了拯救人类，免于其他的诅咒，其他的悲剧，因为这仿佛是一份礼物，代表人类向上帝所作的一次捐赠。换句话说，作为一场大屠杀，这种悲痛呈现在上帝面前，以赎回人类的邪恶，人类的暴力。这种悲痛是一种赎金，对人类的救赎。

"基督徒［殉道者］是自己选择的。而这些人相反，殉道者这个词的内涵不是这样的；它的内涵——至少在这个特定的情况下——是指无辜的受害者。我不想成为一个无辜受害者的女儿。"（埃斯特尔·法诺）在阿尔帖亭洞窟的墓室的第一口棺材上，埋在那里的人们被形容为"自愿赴险者／和自愿赴死者"。"自愿赴险者"对他们中的许多人来说，是一个妥帖的描述；"自愿赴死者"在我看来则是修辞上的错误（也减弱了谋杀他们的人的罪行）。在拉斯托尔塔的纪念碑上写着："我们为自由献出了自己的生命。"我并不认为，说这些抵抗者没有献出他们的生命，说他们的生命是被夺走的，会造成对他们的贬低。当然，他们加入抵抗运动，就已经接受了死亡的可能性（"打战就是拿生命去冒险，游击战也是战争"，瓦伦蒂诺·杰拉塔纳说）；但他们并不寻求死亡。"美丽的死亡"这种意识形态属于另一方。正如尸体的姿态所显示的，他们的手指挖进了沙子里，甚至挖进了战友的身体里，"为了努力站起来"——有些人直到最后都在求生。他们的英雄主义的实质，是有意识地把自己所深爱的，不愿意放弃的生命置于危险之中。[42]

坎巴雷里的文章中还有一个词很显眼："德国人无用的残酷"。确实，虽然持反游击队立场的叙事坚称拉塞拉路行动对于赢得战争是"无用的"，但在阿尔帖亭洞窟等地的屠杀也没有给纳粹带来胜利。然而，在强调纳粹罪行的无意义的同时，无用的大屠杀的形象也凸显了牺牲者的一个必要特征：无辜。屠杀是无用的，因为受害者并没有做任何事情来引发它。

事实上，牺牲的对象必须在仪式上净化它所要赎回的恶。这进一步阐明了"罪犯"和"被牺牲者"之间的对立，并剪除了后者的能动性（另一方面，由于被定义为被害者，在拉塞拉路被杀的党卫军获得了一种隐性的无辜）。现在，我们知道事情并非完全如此。阿尔帖亭洞窟的象征性力量的基础之一是这一事实，即同一场大屠杀结合了因其行为（游击队和抵抗运动的支持者），因其身份（犹太人）以及因其所处的位置（那些在街上和监狱里被随机带走的人）而被杀害的人。为了让阿尔帖亭洞窟作为统一的象征发挥作用，我们必须抵制诱惑，拒绝消除被杀者的多重主体性：他们的多样性蕴含着他们的象征性力量。在这个意义上，受害者的形象和殉道者的形象的重叠是暧昧的。与受害者不同，殉道者不是无辜的：他有意识地违反压迫者的法律，在压迫者的眼中，他总是有罪的：不是牺牲者（sacrificed），而是亵渎者（sacrilegious）。

卡洛·卡斯泰拉尼　在我看来，说他们死得很无辜简直荒谬。没有犯罪的人才是无辜的。而这十四个人[在拉斯托尔塔被杀]做过一些事情，也许对一方是好事，

对另一方是坏事。他们是战斗人员：我父亲不是可怜的
迷途羔羊；监狱的档案谈到了他的间谍活动……我父亲
的确是个受害者，但是否无辜，我不知道。他没有犯罪，
没有做任何违反人道和爱国主义的事；他只是进行了属
于他的战争，并在监狱里遭受了酷刑，他打了他该打的
仗，不惜以生命为代价。

要区分受害者和殉道者并不容易，它们并不是相互排斥
的，毋宁是一个连续体的两极，一些人物、角色和主体性介
于两者之间。这就是为何任何记忆，若将这些不同的故事简
化为一种理想类型，都将是不充分的和不忠实的。事件的暴
行程度只能通过故事的多重性来衡量：那些被随意抓走或因
其犹太身份而被杀害的"无辜者"，证明了谋杀者的绝对不义；
那些经历了抵抗运动、监狱和酷刑的"有意识的殉道者"代
表了被谋杀者的主体性和能动性。阿尔帖亭洞窟之所以是一
个强有力的象征，是因为它包括了所有的人，他们在一起又
有所不同。

尼古拉·斯塔梅是"抵抗组织的成员，他意志坚定，完
全清楚自己承担的风险；然而，他觉得抵抗是他的义务"。
但圭多·沃尔波尼"既不是天皇后监狱，也不是塔索路或者
任何地方的囚犯。实际上，直到炸弹爆炸的那一刻，他都是
无名的"；被带走时，"他正因为患了流感，穿着睡衣躺在床
上"。[43] 需要艰辛的努力，才能将这些差异纳入一部共同的
历史中。

在我看来，普里布克审判的最高潮发生在失去了七名亲人的朱莉娅·斯皮齐基诺对检察官作出的令人难忘的回答。当时检察官反问她："你的这些亲人是否以任何方式参与了拉塞拉路的袭击"。首先，她回答道，他们都本分得不行，跟政治一点也不沾边："不，绝对没有。[我的表兄弟们] 知道的唯一武器是他们的屠刀，因为他们干的是屠夫的营生。他们都是心地善良的小伙子，爱自己的家庭；此外，在那时，他们只能想着如何保住自己的命，不可能去搞恐怖主义。"不过随后，她并没有依靠他们的清白，将他们与游击队区分开来，而是骄傲地说道："我倒是希望我可以说，他们是为了解放被不公正地称为'不设防的城市'的罗马而战；但我不能这么夸口。"[44] 她这样说，不是要贬低对他们的记忆，恰恰相反。迪孔西利奥兄弟被抓走的时候，并不是抵抗组织的成员。他们现在是抵抗运动的一部分，要多亏记住他们的那些生者的良知和记忆。

我希望我们有新的词语来称呼他们。殉道这个词宗教色彩太重，隐含着对另一个世界的回报的希冀，而这并不为所有人共享。英雄这个词要来得更为世俗，但它含有超人、大男子主义、尚武的意味。受害者这个词则削弱了他们的主体性和能动性。我们能否找到世俗的、民间的词语来称呼这些为我们的良知奠基的人，这些词语在为他们命名的过程中，并不把他们交给旗帜和十字架，交给教会和军队这两个死亡政府的永久代表？

*

福尔图娜塔·泰代斯科　不，当时我并不相信，在他们找到他之前，我不会相信。然后，随着它们逐渐被发现……但我，直到最后都不愿相信，根本不愿相信。事实上，我姐姐去那里的时候——我们住在一起，相互帮衬，她洗衣服，我熨衣服，我们在一起做所有的事情——她去了那里，认出了一些东西。所以有一天她对我说："听着，那里没什么的，但你应该去。"而我说，"不，我不去，不，他不在那里，不在，不在，不在"。她告诉大家，"我认出了他的东西，我认出了所有的东西……"所以他们都告诉我，"去吧，去吧"。然后有一天晚上，我梦见他从人群中向我[招手]，就像这样，并说，"去吧"。

于是一天早上，我和姐姐，还有母亲就一起去到那里，我进去了，所有的医生都在，阿斯卡雷利教授也在。我进到一个大房间，里面有一张马蹄形桌，上面放着所有的东西。因为他们在发现尸体的时候，会从大衣上，从套装上，从死者穿的任何东西上取下一块布，在上面编号。教授看到我时，问我叫什么名字。他说，"亲爱的，来这边，因为——发生的已经发生，这很不幸，而更遗憾的是，他们依然身份不详"。他说，"来这边"。

你相信吗，我当时觉得自己可能傻了，但我感到有什么东西在抓住我，有两只手在推我，我一站在那个地方，立即就认出了我丈夫的东西。然后，我还从来没有哭过……从来没有掉过一滴泪，但是在我认出丈夫的那一刻，教授看着我——"夫人，您……""这是我丈夫：这是他短裤上的一块，这是他的手帕。"手帕是白色镶黄边的，短裤上的那块是棉布，他们用棉布做男人的短裤。他的套头衫是在我们躲藏的时候买的。还有那套衣服，他穿的是结婚时穿的一套带白色细条纹的蓝西服，但是已然全部变成褐色。所以我告诉教授："这套衣服是蓝色的"，就是［结婚照上的］那套，他结婚时穿的，［变成了］褐色，全都是褐色。他问，"您确定吗？""是的，非常确定。""那就过来吧。"他把我带到一个保险箱之类的东西跟前，打开了它……他说，"他的口袋里有什么？"我说，"有一个钱包，是他在非洲买的"，现在［移民小贩］也在这里卖那种压制的、带图案的皮革品。"另外，他还有一个小铁盒，抽完烟后他会把所有的烟头放在里面，之后搓成另一根烟。"而事实上……"哦，"他说，"皮带呢？"我说，"皮带由管状皮革制成，是这样的"。"然后还有什么？"他问我他的嘴里有没有东西。我说，"是的，有一些牙套，是钢制的"。

于是，阿斯卡雷利教授打开了保险柜，并拥抱了我。他说，"夫人，有太多的死者我们还不知道是谁，我希望所有人都能像您在认出您的丈夫时一样勇敢"。我认出了他，哭了起来，哭得很厉害，但之后感觉好多了……所有的坏情绪、紧张感都消失了。事情就是这样。

．……奥古斯托·莫雷蒂、皮奥·莫雷蒂、圣莫尔加诺、阿尔弗雷多·莫斯卡、埃马努埃莱·莫斯卡蒂、帕切·莫斯卡蒂、维托·莫斯卡蒂、卡洛·莫斯卡蒂、阿戈斯蒂诺·纳波莱奥内、切莱斯蒂诺·纳蒂利、莫里亚诺·纳蒂利、朱塞佩·纳瓦拉、塞斯蒂利奥·宁奇、爱德华多·诺比利、费尔南多·诺尔马、奥拉多·奥兰迪·波斯蒂、阿尔曼多·奥塔维亚诺、阿蒂利奥·帕利亚尼……

第三部分　记忆

第七章

奇怪的悲怆：罗马的死亡、哀悼和幸存

⋯⋯彼得罗·帕帕加洛、阿尔弗雷多·帕斯夸卢奇、马里奥·帕萨雷拉、奥德里科·佩利恰、伦佐·彭苏蒂、弗朗切斯科·佩皮切利、雷莫·佩尔佩图阿、安杰洛·佩鲁贾、阿梅代奥·佩托基、保罗·彼得鲁奇、安布罗焦·佩托里尼、伦佐·皮亚斯科、切萨雷·皮亚泰利、弗兰科·皮亚泰利、贾科莫·皮亚泰利、路易吉·皮耶兰托尼、罗莫洛·皮耶莱奥尼、安杰洛·皮尼奥蒂⋯⋯

阿达·皮尼奥蒂 他吗？我给你看看他的照片。他比我高一点儿，在我看来，他既优雅又平易。他喜欢每个人，尤其是老人。他真的把他们都装在心里。我记得他去上班的时候，我都会给他做一个三明治，因为那时他们上午和下午都要工作，中间插个午休。上班地点离家很远，我给他做个三明治，这样他就不必赶回家［吃午饭］了。我有什么食材就凑合着用什么。他是个贴心的人，善良而明敏，喜欢打趣，善于与人交往。他喜欢交谈，你知道的，讨论各种事情。他是一个十足的男人。最重要的是，他人很好，就是这样。很好。虽然我结婚才三个月，但他追求了我三年。我了解他的为人；包括他的家人，都是无可挑剔的本分人。然而……好吧，算了，我们能怎么办，事情就是这样。

波尔泰利　你有想过再婚吗？

阿达·皮尼奥蒂　不，我从没想过，我会告诉你为什么。不过你可能会说我太傻。但我必须告诉你。当我们订婚时——你知道，我们婚前聊过很多——他说："如果我出什么事死了，你会怎么办，你会再找一个吗？"他总会这样问。我说："你在瞎想什么呢？你才二十九岁。""嗯，但你知道这种情况是有可能发生的，不是吗？现在正进行着战争……"他说，"你会怎么做？你会再婚吗？"我答道："我不会的。"也许这就是原因——我曾经这样讲过，所以我不会再婚。又或许是因为我再也找不到这样的一个人……也不是，是因为这个念头已经消失了。现在的世道也不行；我听说过很多再婚后又反悔的人，她们说，"我真希望我没有再婚，因为终究我还是一个人，而且我自个儿待着比两个人在一起要更自在"。至于我，我并没有为此受太多的苦，因为我知道我不会再婚。我一直保持着这种状态——自己与自己作伴。五十四年就这样过来了。

1. 幸存者

　　加布丽埃拉·波利　你得看到事情是这样的：他不只是杀了一个男人；他杀了一个男人，也就杀了一个女人，以及他们所有的孩子，所以死去的并非三百三十五人，在这些死者身后还有……

　　在书籍、纪念物和仪式中，阿尔帖亭洞窟的历史（history）都是以大屠杀结束，或者以意识形态和历史学论战的形式延续。但大屠杀并非阿尔帖亭洞窟的故事（stories）*的终点；事实上，许多故事恰恰是从这里开始，且尚未结束。罗马与这些故事的关系，也衡量着这座城市与其自身的关系：这段死亡的历史，发生在一个文化转型的关键时刻和地点，即战后的罗马——一座位于南北交界处的城市，处在从传统社会向现代（现代化甚至改变了死亡的方式）转型的阶段。

　　加布丽埃拉·波利　我的童年是这样的：当祖母带我去洞窟时，我会问，奶奶，爸爸是在哪里死的，您能告诉我吗？我祖母会说，在这个洞里。至于他们是怎么

---

*　英文版 history 和 stories 进行了区分，而意大利文版分别用的是 storia（历史）及其复数形式 storie，因此要更具张力。

把他放进洞里的，我不能理解。接着就是当我打开那本金色的书［里面列出了阿尔帖亭洞窟大屠杀遇难者的名字］时的满足感，因为知道自己已经能够认字，我站在那里，打开那本金书，说，哇，我爸爸的名字写进了这本金书——如今它已褪色，但我小的时候，它还色泽鲜亮的，现在它已经发旧……

朱塞平娜·费罗拉　当我们去阿尔帖亭洞窟的时候——交管部门每周日都会给我们派一辆巴士，你知道吗？每周日，车上都会发生同样的故事：母亲们说妻子们不理解失子之痛，妻子们说母亲们不理解丧夫之痛。而小小的我不免在心里好奇：那么孩子们的悲伤呢？

加布丽埃拉·波利　已经很多年过去了，我记得那时女人们都趴在棺材上哭，而孩子们则在一旁嬉戏，除了我还有好多小女孩，都是像我一样的小孤儿，这便是我的童年，去阿尔帖亭洞窟玩耍。别的孩子都是去花园、去公园，玩旋转木马，我的周日出游却是去阿尔帖亭洞窟。然后等我们要结婚了，别的新娘不是去这就是去那，我们则带着漂亮的花束去阿尔帖亭洞窟，婚礼结束后我们也会回到那里，结婚的前一天，我给父亲献上了一束玫瑰花，第二天我又带着花去了……

2. 记忆的碎片

> 我不惜一切代价想知道，
> 我最终总会知道，是谁杀了你！
> 如果我仍活着，支撑着我活下去的
> 只有仇恨和复仇的怒火。

——科拉多·戈沃尼

《阿拉迪诺：悼念我死去的儿子》[1]

　　当我开始构思这本书的时候，有人给了我一本游击队的杂志《独立祖国》*，里面有科拉多·戈沃尼的一首诗，我只是通过在学校时读到的那些诗歌选集，才知道有这位诗人†。这首诗的题目是《阿拉迪诺》，以诗人在阿尔帖亭洞窟遇害的儿子命名：

> 你的痛苦持续了多久
> 在险恶的阿尔帖亭洞窟
> 在德国刽子手的手中

---

* 《独立祖国》（*Patria indipendente*）创办于 1952 年，自 2016 年以来仅以数字在线版本发布，主题主要是与抵抗运动、反法西斯、宪法和时事有关的事件。出版方为意大利全国游击队协会（ANPI），该协会于 1945 年由"二战"期间意大利反抗法西斯和纳粹占领的参与者成立，性质为道德基金会。

† 意大利文版提到，作者对科拉多·戈沃尼的了解是，"他是一个介于黄昏派与未来主义之间的诗人"。

他们醉心于以残暴表现懦弱？

就像耶稣在十字架上漫长的受难

被折磨、嘲笑和唾弃

血与魂在汗水中喘息

持续了一小时或者仅仅是一分钟；

这对你这人类的心灵来说都是重担

儿子，你定遭受过痛苦，知道

世上所有的痛苦都在那一分钟里。

[《阿拉迪诺》第 6 首第 78 节]

几周后，在一本右翼书籍《拉塞拉路：五十年的谎言》的题记中，我发现了作者皮耶兰杰洛·毛里齐奥引用了同一首诗的另外几行：

那个懦夫把黑色的炸弹

投向拉塞拉路，然后像兔子一样逃窜。

他太清楚德国人将会下令

对天皇后监狱和塔索路的囚犯

进行怎样的屠杀：

主使者和杀手只有一个目标。

谁才是炸弹背后邪恶的灵魂？

[《阿拉迪诺》第 46 首第 65 节]

"分裂的记忆"这一概念如今已成为关于战争、抵抗和纳粹屠杀的论述的基石。[2] 然而，记忆并非只在不同的人和阵营之间（between）分裂：游击队刊物上的诗会把游击队员歌颂为烈士，右翼小册子上的诗却把游击队员说成懦弱的谋杀犯。记忆的分裂也以一种更痛苦和戏剧性的方式，发生在同一个人和同一个文本的内部（within）：上面的诗句不是来自两首对立的诗，而是同一位作者的同一首诗。要想错失这首诗的意义，有一种稳妥的办法，就是把它切割成碎片，然后各按所需地取用。

阿尔帖亭洞窟大屠杀受害者的父亲们那时都已经老了——他们有成年的儿子。父权身份将延续父亲的生命和青春的任务交给了儿子（有多少子孙以他们的名字命名！），并确保父亲充当保护和指导的角色。儿子的死亡使对于未来的投资化为泡影，也使父亲遭受了保护失败所带来的惩罚。重新开始已然太迟。男人在哀悼的仪式中并没有固定的角色，他们也羞于哭泣。当母亲和妻子外出去执行死亡分配给她们的任务，父亲们则把自己关在屋子内，无论是字面上还是隐喻上（一个可靠的消息来源告诉我，一位父亲多年来一直将儿子的头骨摆在桌子上）。当乌戈·巴利沃的父亲听闻儿子的死讯时，他"趴在桌上，头枕着双臂，不再说话"。（安东尼奥·尼科拉尔迪）他失去了继续当医生的能力，也再未恢复心态的平衡。因此，男性哀悼的主要形式是沉默和愤怒，其主要表现是报复。

卡泰丽娜·皮耶兰托尼　　在听到这个消息后，我父亲做的第一件事就是把自己关在房间里，四五天不出来。就像一头关在笼子里的动物，我们谁也没法接近他，因为他不肯开门，我想他是需要在别人看不见的地方发泄自己的悲伤。然后，当他查明是谁出卖了他之后，他就开始找寻这个人，我们害怕极了，因为有将近一个月，他每天都会在兜里揣着一把手枪，从早到晚到处跑。差不多一个月后他就放弃了，他不再找这个人，因为这只会让他进监狱。那么接下来，该怎么办呢？

科拉多·戈沃尼*在他儿子死后写了两本书——《阿尔帖亭藏骸窟》（1944 年）和《阿拉迪诺：悼念我死去的儿子》（1946 年）——表达了一个在公共生活中很失败的男人（"我在文盲的意大利做着苦役／我作为诗人的伟大不为人识"），

---

* 意大利文版此前还有：对科拉多·戈沃尼来说，儿子的死亡是一个充满失望和失败的故事的悲剧性的高潮。1943 年 9 月，在写给朋友乔瓦尼·帕皮尼［注：他帮助戈沃尼出版了第一部诗集］的一封充满挫败感的信中，他承认自己羞愧万分，因为他"相当晚且只在某个时期"信奉过墨索里尼，并向其致以"诗人的敬意"——回报是"几千里拉"像施舍一样扔到他脸上，而他出于生计接受了，代价是出入于"各种可耻的等候室，在报纸编辑部和政府部委的楼梯间辛苦地爬上爬下"。一周后，他跑到圣保罗门给儿子送枪。

　　弗拉维奥·戈沃尼："我的祖父从来不是法西斯主义者；为了能够谋生，他写过一些诗，但他这人很不幸，从来没什么运气，甚至从诗歌的角度来看也是如此，他本想成为一名诗人，却事与愿违地被打上法西斯诗人的烙印。这与他儿子的立场截然不同，所以他们之间肯定有一些意见分歧，两人也很少交谈。

在被无以承受的个人悲剧打击之后发出的绝望而愤怒的谩骂和抱怨。以自然诗人著称的戈沃尼，从一开头就否定了自己的诗学：田园风光被恐怖所玷污，夜莺醉心于歌唱犹如刽子手着迷于杀戮，春天的狂醉和大屠杀的疯狂无法区分。他坚持用"藏骸"（carnaia）这个令人触目惊心的词，仿佛他儿子的死既达到了精神的顶峰（如基督的殉道），又达到了肉体腐烂的最恐怖的深渊。《阿尔帖亭藏骸窟》这首诗以衰败、混乱、屠杀、"污秽"、腐烂、排泄物和呕吐物的形象为主，将德国人（"世界的刽子手民族"）、墨索里尼（"怪物中的大怪物"）、支持法西斯的意大利人民（"肮脏的间谍"），以及游击队员（那些希望自己的旗帜"被你们指责的受害者的鲜血染红"）诅咒了个遍。[3]

人们可以通过计数对这些诗句进行驱魔，会发现《阿尔帖亭藏骸窟》的四十六节中，只有一节是针对游击队员的。但这只有一节的事实，揭示了该诗的功能。这里关系到的是愤怒，而无关政治立场；诅咒必须彻底，无人可以例外：整个世界都是杀害阿拉迪诺的凶手，都背叛了他的父亲、意大利和人类。没有人可以免于罪责。

在两年后发表的《阿拉迪诺》中，这种诅咒的范围变得更加广泛。诗人不仅怒斥逃跑的国王、无能的教皇、罗马城（"启示录里的大淫妇 / 有七个血淋淋的乳房"）和所有意大利人，还呼吁报复和诅咒"所有可怜的人类"、诗歌"冰冷的胸膛"、渗出"痛苦和厌恶"的畸形变态的上帝，甚至是自己被杀的儿子（"因为你很清楚，我的儿子 / 你的英勇赴

死 / 会让我付出多大的痛苦")。在此，一个针对拉塞拉路游击队员的片段（一百零四首中的一首），主要是用来服从于一种普遍的谴责。

哀悼的作用是保护幸存者免受过度的悲伤，并在绝望中找寻意义和秩序。[4]在戈沃尼的诗歌中，这一点的实现是通过从前一本书的惠特曼式自由诗体过渡到后一本书的格律诗体，从而将自毁式的哀悼控制在形式的界限之内。阿拉迪诺不再是一位史诗般的英雄，而是一个儿子，一段亲切而温柔的记忆。也许，将有一种新的意义从"红旗"这一阿拉迪诺所认同的符号中诞生："现在包裹着你遗体的旗帜"，"在解放的罗马上空展开"，可以看到"它的锤子和镰刀的拥抱"。

但这一努力还是失败了。最后几行诗句仍然在祈求湮灭和终结。而题词则显示出这是一项双重的、戏剧性的未完成的工作："献给在阿尔帖亭藏骸窟遇难的三百三十五位悲惨而光荣的烈士，他们未被埋葬，未能雪恨。"通常，在无法为死者报仇的情况下，男人们会在枯坐中日渐衰败。埋葬的任务一如既往地落在了女人身上。

3. 哀悼的形式

选择阿尔帖亭路的采石场是对埋葬的否定。卡普勒的"天然死亡室"是要隐藏尸体，而非埋葬死者：后来，在尸体上建造纪念碑的想法则忽视了哀悼者辨认尸体以及为他们恸哭的需要。因此，要想真正地埋葬死者，得先把他们挖出来。

萝塞塔·斯塔梅 那么就产生了一个问题，该去哪里找东西存放这些可怜的遗体？这时，当然，一些亲属就站了出来——我可以自豪、真诚而坦白地说：我母亲很了不起。她不知爬过多少次卡比托利欧山的台阶，甚至去梵蒂冈寻求帮助，因为他们什么都没有……要知道，当时我们刚从战争中走出来，意大利被摧毁了，连一根木头都找不到。而且，阿尔帖亭那边都是些采石场，也在不断沉陷。因为整体塌陷，一切都敞开了，那些可怜的遗体不止一次地再遭劫难……这么多年来他们就一直这样被搁着，那是一幅可怕的景象，所有的人都沿着洞壁排成一排……我记得我父亲在一个角落里，我们会去给他献花……

在大屠杀后的头一年，每周日至少有七千人参观这座"沙之陵"。[5]解放后不久，"从阿皮亚古道的圣塞巴斯蒂安门起，每天从早到晚都是连绵不断的哀伤的朝圣队伍，罗马人会阖家去到阿尔帖亭路旁边的那些采石场敬献鲜花"。[6]就像我在参观阿尔帖亭洞窟时遇到的女士们一样，成千上万的罗马人仍然记得他们当时看到的情景："我想，我当时已经快要成年，算是一位年轻的女士了；我父亲带我来这里看他们。事实上，他们刚刚被装进棺材里，承重柱上挂满照片。棺材搁在地上……鞋子和物品散落四处……"

万达·佩雷塔 我们没有任何亲人死在阿尔帖亭

洞窟——哦对，有皮洛·阿尔贝泰利，我母亲曾见过
他，还有其他人——但对我们这些小女孩来说，有的是
鲜花——悲伤——泪水——压抑的泪水，没有人撕心裂
肺，有蜡烛，以及所有意大利民间葬礼上的虔诚，但这
种虔诚又是完全不同的，因为她们处于一个不同的空间，
而且这种沉默，这种可怕的悲伤，甚至感动了三个小女
孩，三个孩子，这就是我最长的记忆。有种……巨大的
悲痛……因为那个地方挤满了人；到处都是人，我看到
他们都身着深色的衣服；人实在太多了，我母亲不得不
时时地看着我们，以防我们走失在人群中。而我们也一
直手牵着手，彼此不分开。

埃斯特尔·法诺　那时不仅存在看到不该看到的东
西的风险，因为那些洞室还随时可能塌陷，我指的是它
们本来的样子，而不是你现在看到的那种漂亮干净的地
方。而且，很多尸体的身份尚未得到确认，总之地上到
处搁着棺材，有些还敞开着。而真正可怕的是，所有那
些家庭都会去那里待几个小时，用鲜花填满棺材。花终
归会腐烂。我仍然对切花抱有意见；我知道它们迟早会
散发出那种味道。

直到 1949 年，洞窟的空间才重新布置，修建了墓室和
纪念碑。但正式的埋葬只是一种精心设计的外在表现，正
如普里布克审判的情感强度所揭示的，哀悼在半个世纪后

仍未结束。

法国历史学家菲利普·阿里耶斯写道："人们非常害怕暴死，不仅因为它没有给人留下忏悔的时间，还因为它剥夺了人对自己死亡的拥有。"[7] 在塔索路，死亡是早就准备好了的，尽管不是理所当然的，囚犯们有时间留下精神上的遗嘱，如今它们在已经变成博物馆的监狱的墙壁上，在抵抗运动烈士们的书信集中，得到小心翼翼的保护。但在阿尔帖亭洞窟大屠杀中，一切发生在短短几个小时之内。他们的手被绑住了，没有办法书写，最后那句"意大利万岁"也只在他们中间听到；并非所有人在第一时间就意识到自己即将赴死。他们被剥夺了活在自己的死亡中的可能性。

幸存者们试图想象那些绝望之人的"耻辱"，他们也许被逼疯了，再次变成孩子或者沦为待宰的牲畜。他们就像灭绝营里那些被称为"穆斯林"的囚犯，因为即使在死之前，他们也处于我们所说的生命的领域之外——所以，"受损的并非生命的尊严，而是死亡的尊严"。[8] 然后是尸体。在讨论奥斯维辛时，阿甘本提到《卡拉马佐夫兄弟》中佐西玛长老的尸体散发着令人难以忍受的恶臭，"明显缺乏的尊严"，这似乎与他的圣洁不相符。[9] 我会加上威廉·福克纳《我弥留之际》中艾迪·本德伦的尸体，濒死的他在腐烂时发出气泡的声音。恶臭笼罩着阿尔帖亭洞窟，甚至用来掩盖恶臭的鲜花都被纳入其中。如果这些气味挥之不去，我们该如何认可他们的死亡？如果肉体是如此真切可感，我们又该如何将其精神化？

克劳迪奥·法诺 我还记得阿尔帖亭洞窟弥漫着的那种刺鼻的恶臭。那些棺材一字排开，洞窟里的光线很微弱……与此同时，也有一种……我不知该如何定义，像是乡村聚会，所有的人坐着破旧的巴士而来，带着鲜花，献给这些一字排开的棺材，他们会把花摆放好，也许还会把包放在棺材上，或直接坐在上面……

乡村的气氛是可以理解的：罗马仍旧是一座南方城市，包藏着一个处于现代化门槛边的巨大村庄。人们坐在棺材上，不仅是因为疲惫，或者为了表明这是他们的棺材，还因为乡下的丧事与城里不同，要来得更加极端，但也更为平常。在埃内斯托·德马蒂诺的《死亡与仪式上的哭泣》一书中，一位来自卢卡尼亚的农妇解释道："无论俺们这些农民，还是那些体面人，去到墓地后，都会在坟前哭……那些体面人不哭，那是因为他们在心里流泪，不在嘴上哭……富人也哭，但不像俺们这些俗气的人，哭得这么不讲究。他们只是有时哭，不过在他们讲几句话后，就会有人前来安慰，然后他们的情绪就会得以平复。"[10]

正如我们所见，阿尔帖亭洞窟的死者包括了"体面人"（来自皮埃蒙特的贵族）和穷人（来自南部地区的农民）。在那些依然敞开的坟前，既有古老的地中海式的恸哭，又有新兴城市中产阶级的克制，二者紧张而可疑地共存着。人们可以在当时拍摄的场景中[11]看到真实的民族志影像，看到身着黑衣的女人们如何毫无节制地哀悼，以至于哭昏过去。卡拉·卡波尼陪同阿尔贝托·马尔凯西的妻子："然后她走了进去，等她出来时，她尖叫着，几乎站不稳，所有的亲戚都围着她和她的儿子，我意识到那里面是一种疯狂的、地狱般的景象，因为死者亲属们不得不从那些碎片中辨认他们。"阿布鲁齐农民的女儿阿达·皮尼奥蒂回忆道："当那些死者被抬出来时，会立即响起可怕的惨叫声，那是——我该怎么说？在发生这场悲剧之前，你根本不知道自己还能忍受那般恐怖的场面。"

我认为，必须从字面上理解"悲剧"这个词：那些手势和声音跟古地中海戏剧同出一脉。时值大屠杀一周年之际，有一位记者注意到："我们瞥见一位年近百岁的农妇，用沾满泥土的双手，轻抚着棺木上一位二十岁小伙子的照片……在稍远一点的地方，一位年轻女子跪坐在地上，就像早期的基督徒那样，单调地重复着同样的音节和诗句。"[12] 这些都是德马蒂诺在卢卡尼亚的葬礼哀歌中辨别出的手势和声音，"按照规定好的手势节奏进行表演……一节接一节，以一种自动运动的方式无限重复，就像行星的轨道一样有规律"，从而使悲伤得到组织和控制。[13]

卢恰诺·基奥利 我那时还很小，我清楚地记得这个场景，一位父亲扑到两座坟墓上，张开双臂抱着它们，他没有哭，因而我以为他在笑。"妈妈，那个男人疯了！他趴在坟头上大笑！""不，坟墓里是两兄弟——那位父亲的眼泪已经流干了。"

　　城市中产阶级的孩子们似乎无法理解这些古老的表达悲伤的形式。埃斯特尔·法诺说："那里的人全都失控了；我的耳边尽是啜泣声，听起来却像大笑。我会断开这一层联想，将这种声音同其他不像啜泣的声音进行比较。"他们还有其他的仪式，例如，为坟墓的装饰而忙碌（"显然，这里已经有一种防御机制了。我记不清是第一次还是第二次去那里，在和父母亲一起做一些事的时候，我会有一种一切都已正常的错觉"）。将所有东西都压在心底的克制，取代了情感的外化："然后，就是一种伴随了我多年的感觉；藏好你的悲伤，切勿显示。"

　　　　弗拉维奥·戈沃尼　我们一家人都不怎么轻易动感情，尤其是某些感情，但我父亲每年一两次去给他哥哥扫墓时，总是会失态。我对这一点之所以印象深刻，或许是因为我无法理解一个在面对自己的儿子时表现得特别矜重的人居然有如此强烈的情感。

　　然而，乡村古老的哀悼形式与城市中产阶级的哀悼形式之间，存在着调解和交流。老农妇那"沾满泥土的"手中拿着的现代物品——照片，已逐渐成为仪式的一部分："所有的人都拿着照片，上面写着棺材的编号……那时，照片这种东西还很稀罕……其中大多数或许是婚照，头被剪掉了，谁知道呢，可能因为他们不想让别人看到照片中仍然活着的人；或者是一些穿着泳衣或内衣的照片。"（克劳迪奥·法诺）

　　他们把孩子们也带来了：让孩子远离死亡的景象和知识，尚未成为习俗。[14]"这也是一种南方的传统，如果你愿意说的话：死亡是生命的一部分，所以……孩子们也要参与其中。"（万达·佩雷塔）母亲没有其他地方可以让孩子们待，而且不管怎样，她们也想让孩子们了解这些死亡的意义。在某些人的记忆中，这是一次暴力行为，令他们永远无法完全释怀："我从不敢说我不想去，我哥哥也是如此，而且我也没有勇气告诉他，因为如果我说了，我们就都不会去了。"（埃斯特尔·法诺）相反，对于其他人来说，这是关于身份认同的一课，比如写有父亲姓名的金书之于加布丽埃拉·波利，或者旗帜之于阿德里亚娜·蒙泰泽莫洛："那时我还是个孩子，被这种东西所象征的荣耀吸引，我想这是为祖国献身所得的礼物。即便作为一个小女孩，我也觉得这是一件真正了不起的事，一件英勇的、美好的事，我对此印象非常深刻。"

　　"*我记得我见过其他和我们情况一样的孩子。我意识到，他们像我们一样，也从没有说过自己的父亲在哪里，是怎么死的。我从未讲过父亲的死，从那时起我就绝口不提。直到二十岁我才学会流泪。此前我从没哭过，除了有一回，有人在摇下百叶窗时，不小心碰到我养在窗台上的一株小植物，把它给弄坏了，于是我的眼泪夺眶而出，这是在 1944 年底、1945 年初的时候，这是唯一的一次。从那以后，再也没有；

---

* 　意大利文版此处还有：但是克制——在内心流泪而不"用嘴"哭泣——会导致压抑和推迟哭泣，是对自己和他人的"痛苦的审查"。

从那以后，再也没有。"（埃斯特尔·法诺）精神分析学家和历史学家戴维·梅格纳吉说，他多年来的一位病人是阿尔帖亭大屠杀受害者的亲属，这个人通过一种非常强烈的政治激进主义来保护自己免受悲伤的影响——直到有一天，在又一次痛失亲人后，她彻底崩溃了，并且终于能够承认对阿尔帖亭大屠杀的隐忍的悲痛。[15]

在代际关系中，克制可以延迟对逼近的、难以言喻的痛苦的承认："我们从没问过祖母关于这件事的任何问题，我们知道这近乎一个不能碰触的禁忌话题。我记得她有一枚印有我伯父照片的金胸针，她总是把它别在自己的衣服上，所以这件事的痛苦也多少传递给了我们。我觉得她在极大地克制着自己不讲述这个故事，但与此同时，这段记忆依然非常鲜活。"（伊丽莎白·阿尼尼）

"我儿子最近告诉我，他觉得这种没有经受过、承认过、处理过的悲伤是个问题。他对我说：我出生之前发生过一些事情，我希望我们可以谈谈它，因为它并不是一个被抹除的幽灵般的存在。几个月前，他让我跟他一起去阿尔帖亭洞窟。我已经有很长一段时间没有去那里了。"[16]

克制情感的极端形式是拒绝承认死亡："我母亲瘫痪了，我们一直告诉她，他在德国。她从不知道这件事，但她常常会想象，因为她总说，如果我儿子在德国的话，他一定会给我来个信。"（卡泰丽娜·皮耶兰托尼）

弗拉维奥·戈沃尼 我祖母的反应实际上是一种神

经质的对死亡的逃避，一种对死亡的否认，以至于她即便有些时刻会意识到我伯父已死，但大多数时候还是试图否认。她会认为他在国外，认为他只是离开了这里。她明明知道，但她已经发展出了这种拒绝承认死亡的神经质——我的祖父在一首诗里提到过——她每逢节假日会为儿子摆好餐具，每逢换季会拿出他冬天或夏天的衣物。这也让那些已经接受我伯父死的人再次感到痛苦。

母亲的否认和父亲诗中无法化解的愤怒，一种拒绝生也抗拒死的记忆，使得阿拉迪诺·戈沃尼的死既是需要确认的存在，又是需要抹除的风险。为了保护母亲，丈夫和幸存的儿子每次搬家都会把阿拉迪诺的一些东西处理掉。他的弟弟，作为最后承受这段记忆的人，也不愿意谈及此事。于是，下一代人感到自己被一种他们无法再拥有的记忆所掌控。

弗拉维奥·戈沃尼　我的处境很痛苦，因为我被剥夺了一部分的家族史，而且我将无法重建它，并把它传承下去。父亲还在世时，我并没有多问，因为它是作为我随时可以触及的历史记忆而存在着——而且一个人不会想要去问，以免伤害到应该告诉你的人。我总觉得这是一桩家庭中的悲剧，只能在一定程度上面对；其中许多记忆都非常个人，是很私密的生活经历，[以至于我父亲]无论如何都要把它们隐藏起来。然后，当我意识到我未能理解这一切，因此我的人生经历是不完整的时候，一种更大的痛苦袭来——我有这个家庭问题，这种家庭悲剧，但我无法完全将它合理化，因为我理所当然地认为，答案都在那个被家里小心翼翼地保存着的记忆盒子里，转而我又意识到，保管这个盒子的人永远无法打开它了。

4. 走出家门

"很长的一段时间里，周年纪念日那天都是在静默中度过的。在最初的几年，我会抱着我的母亲，几个小时一句话都不说。后来情况有所改变，但……不能说的还是不能说，试图在上面绣花也没有用。"（埃斯特尔·法诺）

"我以前常去我嫂子家过夜，带着还不满两岁的孩子。我常常会背着她在她的汤里加镇静剂，而她也会偷偷往我的汤里放镇静剂。"（卡泰丽娜·皮耶兰托尼）

加布丽埃拉·波利　有一天［我给母亲打电话］，我问："妈妈，您在做啥？"她说："我在哭。你知道，三十年过去后，我终于有时间为你父亲哭泣了。"我顿时惊呆了。她说："是啊，因为现在我独自一人，我已经退休。我想起了我可怜的多梅尼科，现在我要为他哭泣，我不曾有过这样的时间。"可怕。我母亲总是说，"亲爱的姑娘们，我没工夫坐下来哭。我周围的每个人都在哭，但我得忙这忙那……"

　　　　波尔泰利　可怕的是，这种哀伤，没有办法……

　　　　波利　享受它，请允许我使用这个怪异的说法。没有办法从容地为这些死者哭泣，因为这对她们来说太奢侈了。一个女人怎么能坐在屋子里哭？她吃什么，面包和眼泪吗？不能哭，这些寡妇不能哭，哪有这样的闲工夫，她们得忙活……

　　"我母亲不得不去工作……为了养家糊口，因为她有三个孩子，而且她没法一个人经营店铺，所以她卖掉店面，买下了这套房子，也就是我们今天住的这套……他们给了她一点养老金，但你知道的，那能有多少钱，所以她只好去工作……作为一名战争遗孀，他们给了她一份在政府造币厂的工作，但她回家时双腿都是肿的，因为她去上了夜班，为了多挣一点，夜班的工资要高一些。"（布鲁诺·弗拉斯卡）大屠杀发生后不久，女人们就开始走出家门："那时的女人本来是不工作的……没有这种心态……我们是从法西斯统治下走过来的，很清楚已故领袖（Duce）所说的：为了祖国，女人必须成为兔子，繁殖出更好的儿子，好让他送他们去死……"（萝塞塔·斯塔梅）

　　"1944 年 7 月，一些寡妇虽伤痛欲绝，但仍满怀勇气和毅力，爬上卡比托利欧山的台阶……"[17] 为寻求一份养老金或工作，她们走出家门，爬上市政厅、各部委和梵蒂冈的台阶，与官僚主义相抗争，并组织起来互相帮助。意大利解放烈士家属联合会就是这样成立的，其具有物质援助的功能。

尽管该联合会总是由男性担任主席，但它主要是一个妇女团体（"尤其是年轻的女性，不过其中也有一些母亲"，萝塞塔·斯塔梅说），女性之间彼此协助，并宣扬她们个人悲痛所具有的公共性质和集体性质。

妮科莱塔·莱奥尼　我外祖母［露西娅·斯塔梅］是解放烈士家属联合会的创始人之一，她的余生都献给了它。在获得部里的工作之前，她一直是联合会的秘书。她常对我讲起她们在各种事情上遇到的困难：不被承认，不得不恳求政府派车把亲属们接到阿尔帖亭……而她们已经一无所有，因为女性在那时并不工作……1944 年 6 月，早在他们开始挖掘尸体之前，市政府给了她们一个房间，以成立三百二十人［委员会］——她们不知道遇难者有三百三十五人。遇难者的孩子都系着一条写有"320"的黑带子。她们可谓捉襟见肘，有的直到 1948 年才找到工作，等于有四年时间没工作，在此期间还需要抚养孩子。博爱之光（Light of Fraternity）通过举办音乐会，募集了一些资金，还做了一些援助性的工作，并收集数据，把所有的体征信息提供给阿斯卡雷利教授，这样他就能辨别那些尸体的身份。对于这些女性来说，这也是见面谈论自己生活的一种方式。

阿达·皮尼奥蒂　事实上，我们非常相亲相爱，就好像一家人，所有人的一个大家庭。当大屠杀发生的时候，那么多的年轻人，那么多的新娘，差不多都与我同龄，有些甚至更年轻，就这样被抛弃了。第一次见面我们就交换了电话号码，我们会给对方打电话，遇到节日或许还会互致问候。我们会谈论我们为辨认尸体，为能够看到他们而付出的努力——我的意思是，我们无话不谈。当然，都是发生在女人之间，不会有男人。每个人都会讲述自己的故事，事情是如何发生的，他是如何被带走的，如何……就是这样。故事都很晦气。

这些女性在公共场所、办公室和工作场合的出现，会扰乱这座城市。只有她们待在自己的家里时，城市才会对她们抱以同情。没错，阿尔帖亭洞窟是整座城市种种情感的汇聚；但前往已经确定的死亡地点朝圣是一回事，在日常生活中被迫面对过度的死亡又是另一回事。在这里，死亡变成了"一种过于触目的痛苦"，"激发的不是怜悯，而是恐惧"。在一座正慢慢复苏的城市里，人们团结一致，但是把历史抛在脑后的诱惑也非常强烈，而这些心里装着死者的女人激起了不安，哪怕她们什么也不做，"仅仅是死亡在欢快生活中的存在本身"便足以引起这种情绪。[18] 加布丽埃拉·波利回忆道，她的祖母起初认为，在商店排队时，别人是出于尊重和善意才让她走在前面，后来才意识到他们其实是想让她尽快离开："我跟你讲，这是一种奇异的悲伤：在好几年的时间，她们最好保持沉默，你不能说，什么都不能说。"正如阿达·皮尼奥蒂意识到的，甚至急于指责游击队员这种做法也是一种回避问题的方式："然后，就没有人谈论阿尔帖亭洞窟大屠杀的真相了。我认为这仍然是一个紧迫的话题，真的。我已经一把年纪了，但还是得听人们讲，'啊，可是……'你知道的，即使现在也是如此。如果你谈论这些事情：'啊，但他本该自首的，如果他自首了，他们就只会抓他……'"

另一种摆脱的方式是将所有被杀者归到一个可以理解的类别：他们都是犹太人，都是共产党人，都是罪犯……"总有一部分背信弃义的人：在阿尔帖亭洞窟，死的都是些无赖……他们都是间谍……他们是共产主义者，死了是应该的；或者他们是从天皇后监狱带走的罪犯。"（妮科莱塔·莱奥尼）

　　莫德斯托·德安杰利斯　我找到了一份稳定的工作，在著名的马泰尔金属厂，离阿皮奥赛车场*很近。星期六，我去上班，他们对我说，"下星期一别再来了"。"我是不是犯了什么错，有什么地方做得不对？"他说："不，不，一切都很好。""那是为什么呢？""嗯……听着，别来就是——你是个战争遗孤。""这才更有理由让我继续做这份工作！"他说："是的，我想你说得在理，但这里并不欢迎共产党员的孩子。谢谢你，再见。"

可德安杰利斯的父亲并不是一名共产党员。他回忆说，

---

*　建于 1910 年，可以举行自行车和摩托车比赛，直到 1960 年奥运会被奥林匹克赛车场取代。

他母亲曾陪同女儿去面试一个公职。那人对她说："'为什么您的丈夫，都有了四个孩子，还要去招惹那么多麻烦？'她回到家后哭得像个孩子。"

> 加布丽埃拉·波利　因为那时，罗马发现自己有三百三十五名看不见的寡妇；在卡普勒的审判中，他们不让她们成为民事原告；所以，有三百三十五名寡妇，我该怎么讲呢，我找不到合适的形容词，有三百三十五名非寡妇，缺席；失去了儿子的母亲，缺席。那是一种缺席的悲伤，一种不在场的悲伤。一种被洗白、熨平、缝补、折叠、凌辱的悲伤。

她们带着这种奇怪的悲伤外出谋职。她们从事的工作几乎是战后罗马公共部门非技术性劳动力市场的一个横断面：政府造币厂、国防部、市政府、福利办公室、公立医院和国家烟草厂。"我被叫到马斯塔伊广场［的烟草厂］：'但是夫人'——他说——'我们只招一名清洁女工。'我说，'听着，先生，让我做什么工作都行，只要是工作，我有两个孩子要养'。"（福尔图娜塔·泰代斯科）这些工作很稳定，但干的都是一些卑微的活，薪酬也低，条件很艰苦。

> 布鲁诺·弗拉斯卡　我母亲死于肝硬化，但她从来滴酒不沾，我们认为这是因为她在造币厂工作，接触了太多的墨水和铅，可能中毒了。我记得那时她的双腿肿

得厉害，因为她在夜里工作，回到家后还得料理全部的家务。

朱塞平娜·费罗拉　然后，我们的苦日子开始了。我母亲当时怀有五个月的身孕；在那种情况下，她还要去有钱人家里帮人洗衣服。后来，她得到一份烟草厂的工作，开始过上一名工人阶级母亲的生活。因为随后出生的妹妹浑身起疹子，无法送去幼儿园，她就把她留在家里。每隔三小时，我会把妹妹从佩利恰路带到位于马斯塔伊广场的烟草厂，让母亲给她喂奶，然后再带回家。

加布丽埃拉·波利　他们给她找的第一份工作是在福尔拉尼尼［医院］洗地板，因为所有那些士兵回国时都患有肺结核。现在，我并不是要夸我的母亲，但她这个人的确非常认真，也很有头脑。她设法在联合医院参加了一场女裁缝考试，然后被缝纫店雇用了。她早上 7 点在缝纫店工作，下午 2 点半下班，回到家里待上三四个小时，做晚饭，照顾我们这些女儿，然后整晚守在［医院的］接线总机旁。结束了这边的工作后，她会直奔缝纫店，这就是我母亲的生活。她几乎不怎么睡觉，只有两三个小时，而且我还趴在她身上：为了不让我们到处乱跑——我相信你还记得，1950 年代的孩子袜子后跟往往会破个大圆洞，他们管这叫"苹果"——为了不让我们脚上有"苹果"，她会彻夜在总机边为我们织棉袜。

她还会把我叔叔穿过的衬衫改成内裤，并且缝缀花边。为了让我们总是干净和整洁，她整晚都在缝制和编织。然后，生活也很好地回报了她，她死于阿尔茨海默病——我猜是因为她一辈子都在工作，因为她变成寡妇时只有三十岁，所以在她的晚年，生活让她患上了老年痴呆，让她可以稍微轻松一些。

"我母亲结婚五年就守了寡。但她那时还非常年轻，应该才三十二三岁。她没有再婚。我真的认为——这有点难说……她一直生活在对我父亲的思念中，他一直都在她心中。请你想一下，有好多年我母亲都跟我讲，她每天晚上都会梦到我父亲……她不仅没有再婚，也没有伴侣，甚至没有一个朋友。"（阿梅代奥·泰代斯科）"这就是我母亲的生活，她从未再婚：她怎么找得到男人，谁会愿意接近这样一个疯女人，她的大脑以三百英里的时速运行，有各种令人焦头烂额的事情让她忙得团团转，你以为抚养四个女儿很容易吗？但我们的悲伤是一种奇怪的悲伤，我总说，这是些奇怪而又荒唐的寡妇，因为你看，她们这么多人，再婚的很少，你用手指都能数得过来。"（加布丽埃拉·波利）"我母亲很崇拜她的丈夫，你也知道那些旧派的女人，丈夫就是她们的全部……他死后，她再也没有和其他男人约会过；因为一旦她的丈夫死了，她也就跟着死了。"（布鲁诺·弗拉斯卡）"我母亲的表妹在二十六岁时就成了寡妇。她真的说过这样的话，'我从未再婚，因为'——她用罗马犹太人的方式说——'当我的丈夫离开

了我，我也就不复存在。也就是说，他是最后一个碰我的人，在那之后再无其他人碰过我'。"（朱莉娅·斯皮齐基诺）

　　萝塞塔·斯塔梅　那么，一位单身女人，一位漂亮的女人，引人注目而又令人向往，无论就荷尔蒙还是感情需求而言，她都需要一段恋情，但她并不想这样。我对我的母亲深感内疚，因为我绑架了她。每当我意识到［有人］在向她献殷勤……比如有一次，我用扫帚把这个人赶走了，而他是一位大屠杀受害者的兄弟。"谁也不能取代我父亲；你尽可以这么做，但你要记住，如果你这么做了，我就搬去和我姑妈住，因为我无法忍受看到另一个男人取代我父亲……"多年以后——在我结了婚并成为母亲之后——我才意识到那时的我有多么自私。一位女儿感到伤心的地方在于，你走上自己的路，过上属于自己的生活，却在生理上把她的路断了；当然，我母亲停经也停得有些早。我是事后才知道的。

　　福尔图娜塔·泰代斯科　我一边怀着悲伤一边给［我儿子］喂奶，结果他屁股上长了些脓包，我便带他去看医生，医生说，夫人，你给这个孩子喂的不是奶，而是毒药——因为当时不像现在这样能买到牛奶，那时什么都没有，他喝的都是我的毒奶。

　　朱莉娅·斯皮齐基诺　我忍受着肉体上的痛苦，我能从我的生活方式感受到它对我的健康的影响，因为它并不会让你变得更强大。人们将我看作一个好斗的人。但实际上，他们知道我内心深处有多脆弱吗？你的脆弱才离你更近，才更属于你。是的。当你以为你可以说出"现在我可以做到，我能战斗"这样的话时，你会发觉自己有多么孤独，你会想像孩子，像婴儿一样放声大哭，你想找到一个人，让他拉着你的肩膀对你说，"我在这里，到这儿来"。但你永远也找不到他，我得把这种痛苦带进坟墓，我将在痛苦中死去。我知道，在生命的最后一刻，我会想到自己所爱的人，我会看到他们被如此残毒地杀害。我永远，永远无法把自己同这种痛苦分开。也许我完全错了，也许我会再次拥有祖母的温柔、祖父的和蔼，以及表弟的热情……但我无法在一个人身上找到这一切。

阿达·皮尼奥蒂 无论走到哪里，他们都知道你死了丈夫，然后所有人都想要给你一句忠告，讲述他们自己的故事，因为——谁知道：你不得不由着别人消遣你。你是一个女人，你已经没有丈夫了，所以你可以很好地……你能相信吗？每次去到哪里，我都会引发很多争议——因为你不得不为自己辩护。无论是在你必须去的［政府办公室］，还是在你工作的地方，你都必须始终保持警觉。没有比这更糟糕的了。真的，这是我一生中遇到的最糟糕的事情。

辛苦的工作和孤独仍不够，她们还必须面对骚扰。"我姨妈告诉过我：'你知道那时候当寡妇是什么滋味——也许你母亲从没跟你讲过。寡妇事实上被人看成妓女……'"（妮科莱塔·莱奥尼）。这是政府机关的极端傲慢，是身为女性固有的侮辱，在男性的想象力中，年轻、独身意味着她们是合法的猎物，不受保护。"我的母亲在成为寡妇时依旧十分貌美，老是被人打主意。协和大道税务局的一名职员三天两头地向她求婚，所以有一次母亲对我说，'阿道夫，跟我来'。我母亲带我去，是让我去扮演一名低能儿……你明白：这就是一个女人独自战斗的方式……"（阿道夫·凡蒂尼）

阿达·皮尼奥蒂　我的意思是，事情已经发生，那好吧，我过我自己的，不麻烦任何人——可他们为什么要来打扰我？为什么？！就因为我身上发生了不幸，而你也想利用。去那些政府机关也是这样：你一进去，他们就开始朝你抛媚眼，用花言巧语哄骗你。但该办的事，他们却一件都没有办。像养老金这个事，他们说"这是国家给你的礼物"。你这话什么意思，一份礼物——给一个在二十九岁就去世的人的礼物，他在你二十三岁的时候就离开了……这是一件让人痛心的事。你会为此感到很难过，因为你的不幸只是让他们看到占你便宜的机会。但你是一个寡妇，还能怎么办。明白了是怎么回事吧？"是不是嫌所有这些不幸还不够，你们这些人也要来糟践我们？"

5. 独腿的孤儿

阿梅代奥·泰代斯科　当然，我梦到过我父亲，但只有几次，因为我对［他］没什么记忆。这表明某些东西还没有死去。我不想说太多，因为说完后痛苦会再次找上我……有一次我梦到父亲正抚摸着我，那时他还很年轻……当然，随着我的年岁增长，我父亲现在可以当我的儿子了，你瞧。

瓦莱里娅·斯皮齐基诺　有一天晚上，我梦见父亲在泰斯塔乔，穿着一件军用式雨衣……他长得非常英俊，身材很修长，因为曾经打过拳击……我梦见他站在那里，雨衣在风中飘扬，而我就像爱情电影中的女子，慢动作跑向他，把头贴向他的脖颈，这让我感受到了温暖。而就在这时，我顿然惊醒，发觉父亲留给我的那个年久失修的老式发条钟开始转动，嘀嗒嘀嗒，走了一夜。

加布丽埃拉·波利　我们的丧亲之痛很奇怪，非常奇特——比如说，我母亲就不是一个正常的寡妇，你明白的，她对我父亲完全避而不谈，或许是因为害怕我们责备她，责备我父亲——这是寡妇们用来掩盖和保护死者的方式，她们只是不说话。这是一种奇怪的悲伤，有别于所有其他的悲伤，是一种寡妇和孩子们特有的悲伤，因为它涉及的是一个或许可以避免的奇特的故事——

"如果你没有插手……"，所有这些如果，所有这些如何，"为什么你要这样做……"妻子们深爱着自己的丈夫，因此会高举他们，为他们遮掩，但女儿们……你不断在问，你不停地寻找原因——一个人死了，但到底是为什么？

"我可以直接地说，我父亲那时爱他的战友胜过爱我。这是可以理解的，不是吗？但你会觉得这是一种背叛。"（萝塞塔·斯塔梅）薇拉·西莫尼回忆道，战争结束后不久，有一位阿尔帖亭洞窟大屠杀受害者的儿子"有一天离家出走，整整二十四个小时都没有回来，让他的母亲感到很绝望。所以在某一时刻，我们都会发觉自己有这种反叛的冲动。我本来也想这么做，但我做不到，因为我有我的母亲，我们得努力活着，得在家庭中互相扶持"。生存的斗争让妻子们免于堕落；但亡者的儿女们却迷失了方向；他们反抗死亡，反感不作任何解释的母亲，以及让他们承受重负的父亲。

加布丽埃拉·波利　我的生活中曾出现过很多问题，我年纪轻轻就结了婚，有好多次，当我手头缺少一千里拉的时候，我就会——这让我感到羞愧——数落起我父亲，虽然马上就生出后悔心，后悔得要死，但下一次我还是会这样做。我总是说，我很想知道为什么，为什么他要和那些赤色分子搞在一起，尽干一些荒唐事，我想问问他，他本该过像样的生活，却带着武器到处跑，难道就没想过自己的孩子吗？一位父亲不应该整日在火中穿行，火会灼伤人，他有时应该避开它。你为什么不穿上黑衫党的衣服呢？星期六，你会像傻瓜一样站在那儿，听他们讲套话，想着你的家庭和四个年幼的女儿，你管这些事情有什么意义……

"后来我又在寄宿学校待了几年：这种被送走的悲伤，我当时不理解——现在我明白了自己当时的不解。我知道发生了某件事，我感觉到家中笼罩着一种巨大的悲伤，每个人都在哭，我祖父母、我的叔伯，还有我母亲，眼泪就没干过，万念俱灰的那种，但我那时还小，还无法理解这一切，只感到就这样把我送出家门似乎不公平。"（奥尔内拉·泰代斯科）他们失去了自己几乎不认得的父亲（许多人那时只有几个月大；还有些实际上是遗腹子），紧接着又要与家庭分离：需要工作的母亲无法照看他们，只能出此下策。"那时我弟弟才十四岁，我妹妹十二岁。他们也还小，我们都没人管。所以我母亲就想着把我们送到孤儿院。她偶尔会来看我们，总是告诉我，人们称她为哭泣的柳树，因为她来的时候带着笑，回去的时候又泪流满面了，因为从逻辑上讲……她已抛弃了我们。"（阿妮塔·费罗拉）

利亚娜·吉廖齐　我四岁时就被送进了寄宿学校。之后我过得很痛苦，因为我在寄宿学校这么多年，很少能见过我母亲，她并不能每个星期天都来看我，所以这么多年都是在孤独中过来的……他们一开始把我送到弗罗西诺内的一所寄宿学校，在那里我真的被饿坏了：我母亲有一天发现我在一棵树上吃无花果皮……难怪我会病倒。然后，我被送到奥勒良道的修女那里，健康状况有所好转；但那里仍然是一所寄宿学校，我每两三个月才能见到我母亲一次……我能获得什么爱呢，修女们的爱吗？

加布丽埃拉·波利　他们死的时候正是有小孩的年纪，所以我们成了失去父母的孤儿。把许多家庭驱赶到大街上，把孤儿扔给寄宿学校，让他们以墙上的石膏为食，我妹妹就曾把报纸揉成小球吃，这就是这位恶名昭著的绅士［普里布克］留给我们的遗产。还有对父亲的情结，你说得对：我快被逼疯了，因为我没法让父亲在［我的成绩单］上签字。我记得有一年的主显节，那时我一定有十岁；一个小女孩走过来对我说："我父亲给我买了一辆玩具车——你父亲给你买了什么？""他什么都没买，他死了。"我母亲的确在主显节给我买了很多礼物，因为她工作非常卖力，所以我们什么都不缺；但这些东西都不是我父亲买给我的……我也不记得自己曾从父亲那里得到过一个吻、一个眼神，甚至一个巴掌——这些是我长大后才明白的事，当我偶尔看到我的女儿们和她们的父亲发生争执……嗯，我从未体会过这样的乐趣。已经过去很长时间了，但有时我还是会忍不住想，"圣母玛利亚，我多希望也能和我的父亲吵吵架"——我从未顶过他的嘴，他也从未斥责过我，什么都没有，一切都被夺走了。

媒体在对普里布克第一次受审进行报道时，将受害者家属描述为"老年孤儿"，在我看来，这是一种家长作风的体现，等于将他们冻结在悲痛的时刻，仿佛从那时起他们就不复存在，或者仅仅作为孤儿而非完整的人存在。但是我在这些家属自己的话语中也发现了这个可怕的矛盾修饰词——"老年孤儿"。"我是一名老孤儿，"加布丽埃拉·波利说，"我们是多年的孤儿；我们是没有腿的人，我们带着这种残缺、这种荒谬的悲痛继续生活。我们是没有腿的人，我们装上一条漂亮的木腿继续向前。"

"教授，我跟您讲件事。我没有亲身经历过那些事，因为我父亲去世时我才四个半月大。但我现在正经历着它们，相信我，就好像它们一周前才发生一样。"（阿梅代奥·泰代斯科）有一个意象可以代表这种和时间的关系：停止转动的钟表又开始重新工作了，在瓦莱里娅·斯皮齐基诺的梦境中，或者——也许是编造的，但依然引人注目——在报纸上关于普里布克审判的报道中："米凯莱·博尔贾的尸体没有头，但手腕上的手表还在……昨天，游击队员米凯莱·博尔贾的那块德国制造的手表突然又开始转动了。在停止了五十二年后，它再次开始计时，但这是悲伤的时间。有太多的伤口在半个世纪后依然未能结疤，因为一生还不足以让它们愈合，而昨天，这些伤口又开始流血了。"[19]

在米凯莱·博尔贾的手表的故事中，时间停留在 1944
年 3 月 24 日这天，直到对普里布克的审判开始，手表才再
次转动。而在瓦莱里娅·斯皮齐基诺的梦中，是梦本身让时
钟转动起来。虽然承受着失去至亲后被冻结的时间的重量，
但这些孤儿被迫，也有能力过上成年人的生活，并且成为公
民。并非所有人都让悲伤变成无法克服的创伤。受雇为清洁
工的妻子和母亲去参加考试，得到办公室的工作以养家糊口。
在悲伤中长大的儿女辈和孙辈，工作的工作，上学的上学，
成了技术人员、秘书、商人、文员、教授、律师，甚至是精
神分析学家。时间在拒绝被语言触碰的丧生中是静止的，但
还有日常生活中的历史时间与之并存。朱莉娅·斯皮齐基诺
所说的可见的力量和内心的脆弱互为条件，既抵制同情，也
抵制鼓励性的钦佩。

6. 解释

事实上，他们最终出现在阿尔帖亭洞窟并非偶
然……

——伊丽莎白·阿尼尼

好吧，如果他这么做了，我想这是值得的，如果他
如此坚信……

——阿妮塔·费罗拉

核心问题——他们为什么会那样死去——是在两个不同而又相关的层面上提出的：从拉塞拉路到阿尔帖亭洞窟这整个事件的原因（"如果能知道为什么要把炸弹扔到拉塞拉路就好了"，利亚娜·吉廖齐说），以及每个人的个体命运的原因："如果我父亲曾经参加过抵抗组织，那就是另外一回事。因为死可能就是游戏的一部分，你明白吗？我的意思是，这是你要承担的风险。但一个像他那样的人，那样被带走……它所带来的痛苦让我终生难忘。"（阿梅代奥·泰代斯科）

朱莉娅·斯皮齐基诺　我不是说我的亲戚们是二等［受害者］，绝没有这个意思；我的意思是，如果他们也是战斗的游击队员，我会更加自豪：因为他们是在为自己的信仰而战，而不是反过来，手无寸铁，像待宰的羔羊一样死去，明白我的意思吗？他们在那里满脑子想的就是如何躲避纳粹；他们不得不逃亡，因为纳粹要带走他们的孩子并将他们驱逐出境；反正你要来杀我，那我还不如拿起武器，这样至少我能知道自己为什么会死。

对于战斗人员的孩子们来说，原因至少是清楚的。他们可能会感到失望（"我的英雄父亲没有给我们带来任何好处，因为他没有获得足够的养老金，没有被授予金质奖章，也没有工作……"），但自豪感尚存："我的父亲献出了他的生命；如果我们的统治者，包括法西斯分子在内，今天还记得这便是他们的自由之源……"（加布丽埃拉·波利）这种自豪感也可以说是一种责任："父亲的身影——虽然我只和他生活了几年，但无疑血浓于水，我们把他作为榜样，他给了我们很多东西，我们为此感到骄傲和高兴；这是一份特殊的遗产，我们绝不能辜负。"（阿德里亚娜·蒙泰泽莫洛）"你知道在我开始上高中的时候，我外祖母对我讲过什么话？'记住你是谁的外孙女。'你不允许走错一步。我们那个年代正处于性解放的年代；所以外祖母说的话也是对某些事情的警告。但它也意味着：你必须保持尊严，必须死命地学习……必须很自豪地活着。"（妮科莱塔·莱奥尼）

　　伊丽莎白·阿尼尼　　从我有记忆开始，这就是我生活的一部分：我祖母家的书房里，挂满了我伯父的照片。我对一些我不知道的事情一直感到非常自豪。英雄主义这个词也许修辞的味道过重，但这些人身上真的散发着强烈的理想主义色彩，这是我感到自豪的原因。我的伯父被拷打过不下十二次，他那时很年轻，搞学生运动，组织学生会，所以他是为我们带来民主制度的人之一。换句话说，我认为他的死并非意外。

　　对于那些被认为死于"意外"的人，也即在最后一刻被带离监狱，或者被从拉塞拉路抓走的人而言，解释起来就要更为困难。犹太人倒是可以用比较的眼光看问题（克劳迪奥·法诺说："如果我的父亲是被带到奥斯维辛，而不是阿尔帖亭洞窟，情况会糟糕得多"）。但对于那些缺乏文化的或意

识形态的解释工具的人来说，指责游击队员就成为愤然寻求
解释的一种方式。

> 利亚娜·吉廖齐 我母亲告诉我："啊，因为一个
> 不负责任的人，一只可怜虫，一个混蛋，一天早上起来
> 扔了一枚炸弹，你父亲就死了。"我母亲在讲述这个故
> 事时用了一种极其简练而明白的方式，因此这种看法自
> 我三岁起就刻在我脑中了。

我认为这是一种可以理解的反应，尤其是因为它符合常
识。在与一些赞同这种观点的幸存者交谈时，我常常会觉得，
即使他们没有直接卷入，他们也会这样讲，因为他们所处的
环境就是这样想的。这种态度从一开始就出现了：戈沃尼的
诗，在审判中攻击本蒂韦尼亚的受害者母亲，1949 年起诉
游击队员的受害者亲属……如果说现在有什么区别的话，那
就是他们的数量少到令人惊讶。

在普里布克审判期间，激起我好奇的是受害者亲属们对
反游击队论点进行了立场鲜明的反驳。我想，并非所有人一
开始都是这种态度，而是经过了一段漫长、艰难甚至痛苦的
过程才达成的。但让我惊讶的是，最终达成的认识是如此普
遍、坚定而清晰。

> 阿达·皮尼奥蒂 现在我明白了；我仔细寻思了这
> 个事。一开始我想不通，实不相瞒：毕竟，我对抵抗运

动又了解多少呢？后来，你会知道有些东西是必然的，也就会有所醒悟。我们在家里从不谈论这些事情。而且，你二十三岁的时候，并不会思考政治。在我那个时候，二十三岁还是个孩子，好多事情我们都不清楚。

"［牺牲的游击队员的］妻子和母亲告诉我们：'看看你们都做了什么——你们把我们的儿子逼上了这条路，是你们害死了他们。'"（奥尔费奥·穆奇）卡拉·卡波尼回忆起自己在阿尔贝托·马尔凯西被害之后与他的妻子第一次见面时的情景："我去见她时，她最初的反应是，我该怎么说呢——'对我来说，是这场游击队斗争夺走了我的丈夫'——换句话说，她对游击队斗争有些反感；但后来，她成为其中最活跃的人之一。"还有萝塞塔·斯塔梅："卡拉·卡波尼来到我家后，被我赶了出去，这个可怜的女人。是的，因为——我当时很小——我不了解；小孩子嘛，做出这种事来很正常……"

乔瓦尼·吉廖齐　这是出于本能……我想说，这是一种一气之下的反应；但我们不仅有血气，也有心知。一开始，是的——你必须明白：他们告诉你，"他引爆了一枚炸弹，就因为这，他们才……"即使是像《罗马观察报》这样不容置疑的消息来源，也把游击队员和德国人的反应置于同一平面……确实存在一个被误导的过程。我为自己也有这种怨恨而感到惭愧。后来，我反思了一下……

正如吉廖齐所解释的，这种反思是基于对背景的认识（"这不是第一次，也不是仅有的一次袭击，无论他们在哪里采取行动，都会引起反应……但是，如果这些游击队员什么也不做，那么意大利会给盟军留下什么样的印象？"），基于不断回忆谁才是真正扣动扳机的人，以及如何扣动的（"这不是报复，而是大屠杀，没有体现出对任何事物的尊重，最基本的人道法则遭到了践踏……特别疯狂"）。

　　克劳迪奥·法诺　无论他们怎样试图歪曲，我的想法都非常明确，对此我也讲过很多次：阿尔帖亭洞窟大屠杀的罪责在于德国人，不在游击队员；这是一种战争行为，游击队员有义务不自首。原因很简单：报复的目标是什么？它的目标是杜绝任何针对［占领］军的战争行为。因此，如果他们自首，德国人就会得到他们想要的东西。至于那种根据所谓的战争法为大屠杀辩护的观点，我甚至不会去讨论它。游击队员不应该，绝不应该自首。

　　然而，调和"血气"和"心知"并非易事。"我肯定不会给他们颁发金质奖章。然而，我对他们也没有多大的怨恨。我从不认为'这是他们的错'。我从没有这种想法，之后也不会有；我希望我永远不会有。"（朱莉娅·斯皮齐基诺）阿达·皮尼奥蒂已经对游击队员行动的原因和意义，以及反游击队话语的别有用心有了清晰的认识；然而，她拒绝和本蒂韦尼亚、卡拉·卡波尼见面。另一方面，艾罗尔迪将军的女儿决定请本蒂韦尼亚在她父亲的家乡奥斯图尼纪念他。朱塞平娜·费罗拉确信，"如果他自首了，就只会多一个［被杀］的人。也许上帝会处置他，如果上帝真的存在。但我真心觉得这件事不能怪他"。然而，发现自己（在不知情的情况下）与本蒂韦尼亚共处一室，仍然会唤醒伤口："我看着他——整个人感到很吃力，费了很大的劲才走出那个房间。我的腿抖得厉害。即便如此，我还是说：'没什么，只是多了一个人而已。'我强忍着心中的痛苦，仍然说，只是多了一个人而已。"

　　在政治理性和个人情感之间有一段距离，这种距离在年头更久或更直接的人际关系中可以得到克服。"许多人是我们的同志：杰斯蒙多是我们的政委，斯卡托尼是从'红旗'借调到爱国行动组的，阿尔贝托·马尔凯西是我们的同志……"（罗萨里奥·本蒂韦尼亚）一些受害者亲属找本蒂韦尼亚当他们的家庭医生，从卡拉·卡波尼那里得到了宝贵的精神和物质支持："我与卡拉接触得最多。她是一个有胆量的女人，非常勇敢，但也十分痛苦。她是我的老师，是我在政治上的引路人。至于本蒂韦尼亚，我母亲最了解他；他在弗莱明［诊所］工作，我母亲会去那里做检查。"（萝塞塔·斯塔梅）"本蒂韦尼亚是罗马燃气［公司］的医生，这家公司有三个人在阿尔帖亭洞窟遇害，所以通过这些家庭……他们中的许多人都是游击队员，所以我们帮着处理他们的文件，以获得游击队的承认，因为有许多妻子有时甚至不知道自己的丈夫曾与我们一起共事过。例如，杰斯蒙多的妹妹不知道她哥哥的情况，

因为她在南方，不在罗马。"（卡拉·卡波尼）

　　然而，这些过程都是个别的。我认为，阿尔帖亭洞窟大屠杀受害者亲属与盛行刻板的反游击队记忆的其他群体在态度上的真正差异[20]首先源自大城市的多元化语境，记忆和悲痛正是在这种语境中得到阐述的。当受害者的不同背景阻碍着单一叙事的形成，大城市的异质环境则使得个体暴露在多种话语和解释面前。

　　另一方面，所有这些都是在一个集体框架中得到理解的。阿尔帖亭洞窟大屠杀的受害者家属们从一开始就是作为一个集体的公共主体出现的，并没有把他们共同的物质和情感需求委托给他人。虽然这并不意味着他们正式地认同一种解释而不是其他解释，但这无疑使反对游击队的论战成为他们的次要关注点（此外，他们不太容易受到虚假和错误的流言的影响，因为他们经历过这些事件，知道到底发生过什么）。而且，作为一个主要由女性组成的群体，他们更多的是通过深刻的个人情感，而非意识形态上的争论团结在一起；他们并没有独自沉浸在个人的悲痛和自责中。

　　当然，这并不是一蹴而就、毫无痛苦的。不同的幸存者群体之间有时也会发生冲突，会因争夺象征性资源而陷入紧张，会试图在既有的协会之外另立门户。但团结的意识占了上风；这些家庭最想要的就是在一起。[21]对团结的需要与实际的差异之间相互作用，并没有导致紧密的同质性，产生某种政治路线，但防止了大多数在情感或文化上比较脆弱的人滑向反动。

　　加布丽埃拉·波利　我们是三等孤儿，或许是四等，因为我们的悲伤背后是饥饿、贫穷和绝望；我们是四等或五等孤儿，因为我们是贫穷的孤儿，我们因为是共产党员的孩子而受到所有人排斥——对于其他人来说，被杀掉的都是共产党员。真的，这是一种只会让你充满愤激的悲痛，因为我的父亲为一面旗帜而死，而这面旗帜并没有把我们都包裹在里面。

*

　　萝塞塔·斯塔梅　当那些纳粹恶棍晚上来搜查我们家时——同行的还有一名意大利人，请永远记住：法西斯间谍、告密者……我父亲没有回来，我们不知道他身在何处，但我们知道他落到了德国人手中。我父亲是在税务局附近的米尼亚内利广场被捕的；一位在那里上班并且住在我们这栋楼的人，看到他被两个德国人用枪抵着上了一辆车。那天晚上，这个人来到我家——因为父亲没有回家，我母亲像卡比托利欧山上的母狼一样［在地板上来回走动］[22]——他说："听着，夫人，我也希望我是错的，但我的确看到他被带走了……"

　　但我们不知道他被带到了哪里。我母亲四处打探，没有任何收获。三天过去了。到了晚上，吉普车的车轮发出巨大而刺耳的声音。那些德国人和纳粹驾驶的吉普车到达时，就会发出这样的尖叫声，对吧？事实上，这么多年来，靴子落地的声音，任何制服摩擦发出的声音，总是会让我停下脚步，不是出于恐惧，而是出于憎恨。"砰……砰"，敲门声很大。我祖父去开门；他们进来后，问我母亲在哪。我们已经睡着了；我只隐约听到那刺耳的声音。他们闯进我们的卧室，一把拽开褥子，使我们翻滚在地。我们半夜醒来，看着这些穿制服的人，将刺刀的尖头往床垫上扎……我祖母睡在我旁边的小床上，她常年瘫痪在床；他们中的一个人用枪抵在她的肚子上，她躺在那里，一动不动；现在我依然能听到他那轻蔑的笑声，能看到他们那副得意劲儿……而我祖母睁大着眼睛，连气都不敢出，你看不到这个可怜的女人胸口的起伏……他们在搜武器……我父亲有一把手枪和一把刀，我想那些都是"一战"时留下来的；但更重要的是，我母亲掌握了["红旗"]所有的军事计划，包括人员的名字……

　　生活发生了翻天覆地的变化。他们不仅杀了我父亲，还杀了[他母亲]。我祖母在听到自己儿子的死讯后，发出了野兽般的尖叫声……一头受伤的野兽……此后，她再也没有开口讲过话，就这样又活了九年；当你以为她恢复了语言能力，她却只会喃喃地念着，"尼科利诺，尼科利诺"，就像一个自动装置。我记得在精神病院的时候，他们甚至对她使用了电击疗法，可怜的女人……

　　在[我母亲去世的]几年前——我曾对她做过许多错事——[有一次我对她说]："你不让我最后再亲吻

一次爸爸，我无法原谅你……"我边哭边开车，"听着，妈妈，你本不该这么做的"。然后她，一个几乎没有流过泪的人，哭喊道："停车！我怎么能让你见他呢？当我解开他的衬衫亲吻他的胸膛时，我看到他的胸膛是凹陷的……"我父亲被发现时，头已经不见了，所以他们把她拉走，同时试图把他的身体碎片重新拼凑起来，让他看起来体面一些。她曾经跟我讲过这件事，但没有提及头……他的一只手也断了……还有那根被血浸染的绳子……我清楚地记得这根绳子，但并不清楚发生在这根绳子上的事……

　　一开始，我对父亲的死耿耿于怀。我会觉得："他之所以死，是因为他不愿意背弃对同志们许下的诺言；所以相比我们，他更爱他的战友；他不够爱我……"多年来，在再也见不到父亲后，我一直在从别的男人身上寻找他的影子，那些和他一样年纪相仿，留着黑发，蓄着细胡须，长得又高又壮的男人。我记得还在十二三岁的时候，那时的我看起来已经像个十八岁的女孩了，有一次走出校门，我突然停下脚步，盯着一个人看……我的同学们看看我，又看看彼此……而我一直盯着那个人看，对方也察觉到了我的目光，于是转过身来……我盯着他，他望着我。她们便问，"萝塞塔，你在做什么……""闭嘴，别说话……"我回道。然后她们中的一个轻声说，"萝塞塔，我知道你为什么那样盯着那个人看：你以为他是你父亲，但他不是"。"你闭嘴吧……"

我说。这时她又说，而她说得对："但你不明白那个男人为什么看着你吗？"

我读八年级的时候，还发生过这样一件事。我记得很清楚，因为这样的事情你永远不会忘记。我的学习很好，正在看考试成绩，这时听到我的一位同学说，"她当然能取得［好成绩］，她是个孤儿嘛……"她说这话时，不知我正站在她身后。感觉到死意的我，立即冷冷地回了一句比刀子还锋利的话："祝你早日成为像我一样的孤儿，这样你也能取得好成绩！"这就是我的生活——普里布克先生不想听到这些事情，但我得告诉他们……

有一次礼拜天，在看望完我的女儿后，我去做了弥撒。一位我从未见过的神父在讲解《福音书》时说："看看普里布克审判中的那些仇恨吧……"我无法领圣餐。听完弥撒后，我走进圣器室，说，"神父，您今天让我无法领圣餐"。"我？""是的，因为您在讲解《福音书》时说……"他看着我说："非常抱歉，我不知道教堂里还有一位［阿尔帖亭洞窟大屠杀受害者的］女儿。""对不起，可是布道不应根据谁坐在教堂里来进行……"

然而，如果一个人愿意，他可以通过巨大的痛苦和悲伤，通过一次次被欺骗，来丰富自己，来理解人类的悲痛，并为结束种种不公正而奋斗。人的确都会死，但死也有好多种；死于暴行，以这种方式暴死……我无法不感到仇恨，满腔的仇恨，主啊！我无法理解，我无能为力，因为我深浸在我的仇恨中。我只感受得到我的悲伤，眼中只有我遭受的不公正，其余都是无足轻重的。这对我来说是一种巨大的悲哀；然而，如果你克服了痛苦的影响，克服了以自我为中心，那么你确实达到了某种阶段……事情就是这样。

……翁贝托·皮尼奥蒂、克劳迪奥·皮佩尔诺、伊尼亚齐奥·皮拉斯、温琴佐·皮罗齐、安东尼奥·皮西诺、安东尼奥·皮斯托内西、罗萨里奥·彼得雷利、多梅尼科·波利、亚历山德罗·波尔蒂耶里、埃尔米尼奥·波尔蒂纳里、彼得罗·普里马韦拉、安东尼奥·普罗斯佩里、伊塔洛·普拉、斯帕尔塔科·普拉、贝尼亚米诺·拉法埃利、乔瓦尼·兰普拉、罗伯托·伦迪纳……

第八章

记忆的政治

……埃吉迪奥·伦齐、奥古斯托·伦齐尼、多梅尼科·里奇、农西奥·林多内、奥托里诺·里佐、安东尼奥·罗阿齐、菲利波·罗基、布鲁诺·罗代拉、罗密欧·罗德里格斯·佩雷拉、戈弗雷多·罗马尼奥利、朱利奥·龙卡奇、埃托雷·龙科尼、温琴佐·萨科泰利、费利切·萨莱梅、乔瓦尼·萨尔瓦托里、阿尔弗雷多·圣索利尼（生于1897年）、阿尔弗雷多·圣索利尼（生于1917年）、弗朗切斯科·萨韦利、伊瓦诺·斯卡廖利……

阿达·皮尼奥蒂　然而，他们都死了：三百三十五人！他们多杀了五个人，因为这几个人在那里看到了他们看到的东西，也必须除掉。

那个罪犯、那个刽子手供述了一切：他们是怎么做的，做了什么，用什么方式——他们说他们必须那样做，每人一发子弹，以节省 [时间] ……所以，这些不仅仅是回忆。这就是他们在学校里应该做的，谈一谈德国人的行径。他们包围了我们，他们来到这里表现得就像拥有这个地方，他们毁掉了我们的生活。很抱歉，但我不得不这么说。剩下的，你都知道了；接下来发生了什么，你只需知道，而我要更不幸，我得经历它，真的太可怕了。说实话，我从未想过会发生这样的事。

他们把卡普勒送上法庭，进行那场令人难忘的审判时，离战争结束还没多久，等于把整个惨剧重演一遍，因为事情仍让人记忆犹新——我的意思是：两三年过去了，也许是五年，但它仍然……我们可以参加，因为我们是受害方。出席的人群很 [密集]：亲戚、孩子、母亲、父亲和妻子都去了。

现在，至少参加过审判的人中间，就只剩下我们几个了。五十四年过去了，我们都老了——那时我才二十三岁，而现在我已经到了快入土的年纪，不是吗？

1. 饥饿与愤怒

首都的共产党人，起来
收复的日子已经到来
让我们在奎里纳莱山的上空
升起红旗

　　这座反抗的城市

　　可从未被废墟和轰炸驯服

　　　　　　　——演唱者为马里萨·梅尼凯蒂和

　　阿尔菲奥·梅尼凯蒂，来自梅拉伊纳谷 [1]

　　罗马、罗马真不赖

　　吃喝无需花太多

　　失业饿肚不用怕

　　可去圣科西马托修道院蹭饭

　　去博尔盖塞公园消食

　　去天皇后监狱睡觉

　　　　　　　——演唱者为雷娜塔·特林卡

　　来自罗卡迪帕帕（罗马）[2]

　　维尔吉尼娅·卡兰卡　战争一结束，到了1945年、1946年，怎么说呢，人们都憔悴了，他们需要脂肪。所以，我们推出了"都灵炸弹"，一种外表像炮弹一样的蛋糕，由椰子黄油、鸡蛋和斯特雷加利口酒做成，咬下去每一口都是脂肪，非常美味。这种蛋糕，你根本想象不到我们卖了多少，是要按吨算的。"炸弹"这个词名副其实——如今，即使你倒贴，人们可能也不会吃，但在那个时代，每个人都吃着这种巨大的脂肪球，其实是当黄油吃。

　　安娜·梅尼凯蒂　我记得，每次一个建筑工地一完

工，我父亲就会失业，而他通常要花一个月才能找到下
一份工作，在这段时间里，我们得和饥饿作斗争……而
且，屋里和屋外都很冷……身体就非常煎熬，因为我们
没有毯子，毯子也拿去变卖了，为了换来一块面包，所
以在冬天，我们会把大衣盖在身上，用破旧的夹克袖子
做半件睡衣，用砖头来暖床——最后砖头都碎了，所以
你能想象……

占领时期的罗马不仅缺乏食物，空气也是死的。当战争
最终结束时，这座依然饱受匮乏的城市急切地发泄着对过度
的渴望，无论是物质需求还是非物质需要——他们需要食物
和舞蹈，他们渴望正义，盼想复仇，期待快速而激进的变化。
这时的罗马是动荡的、沮丧的、兴奋的；它的政治意识在很
大程度上还未形成。它强烈地想要铭记，又狂热地试图忘记。
大众文化摇摆于透着讽刺精神的宿命论、带着宣泄意味的欲
望、对新事物和新方式的兴奋、对缺乏真正改变的失望之间。
社会反叛与轻微罪行、黑道混杂在一起。[3]1944 年 12 月，
得知面包的价格管控取消，"数百名妇女和儿童从贫民窟和
工人街区涌入罗马市中心，抢劫食品店和服装店"。[4] 不过，
比起面包引起的激动，更多的激动集中在对阿尔帖亭洞窟大
屠杀的纪念、受害者家属的角色以及前游击队员的政治行动
主义上。

教会和各政党分发起了汤和食物；社会党的厨房以贾科
莫·马泰奥蒂（1926 年被法西斯分子杀害）、布鲁诺·博齐（在

拉斯托尔塔遇害）、皮洛·阿尔贝泰利（在阿尔帖亭洞窟遇
害）以及 3 月 23 日遇难的三百二十位烈士的名字命名。街
道名称被手写的标志变更：萨伏依路（以王室命名）更名为
阿尔曼多·布西路（但警方立即恢复了原先的名字），布西
是阿尔帖亭洞窟大屠杀的一个受害者。另一条街道则更名为
皮洛·阿尔贝泰利路。7 月，尸体的挖掘工作开始了；阿尔
帖亭洞窟附近到处是君主主义的旗帜，受到许多亲属的抱怨，
阿尔贝托·马尔凯西的遗孀甚至气得用牙齿咬下一面旗帜上
的王室标志。[5]

对记忆的争夺在一周年纪念日时达到高潮。在拉塞拉路
举行了一场弥撒；一个花圈上写着："拉塞拉路幸存者致殉难
同袍"。官方的纪念活动在天使与殉教者圣母大殿举行：在
庄严的古典音乐声中，首相、王储和其他权威人士排成一排，
站在"覆盖着天鹅绒和红白绿三色旗的高大的灵柩台"前。
只有部分受害者家属在教堂里；大多数人选择参加在洞窟举
行的另一场弥撒。而"为了避免这个仪式带有对圣母大殿举
行的呆板的官方仪式发出抗议的意味"，弥撒一结束，警察
就把她们装进卡车送去教堂，结果发现那里的大门"无情地
关着"。这些"看不见的寡妇"被排除在纪念自己亲人的仪
式之外，她们开始大声抗议，事态很快演变成近乎暴乱的局
面。为了声援她们，那些在教堂内的亲属一致决定离开教堂，
加入她们的行列。仪式结束后，当局在充满敌意的呼喊声中
离开，家属们迫使教堂重新打开大门，再举行一场弥撒，只
为她们（当然，在所有这些弥撒中，犹太寡妇和儿童都是看

不到的）。整整一天，"络绎不绝的朝圣者"涌向洞窟；这天结束之时，"洞窟的入口被黑色的布帘遮住，两侧分别有一名戴着红领巾的游击队员在那里站岗"。[6]

在圣母大殿"暴乱"中，费尔南多·诺尔马的遗孀认出一名曾拒绝让她去监狱看望丈夫的警察，于是扇了他一巴掌："很多人在那一刻想起了"那几个月里最悲惨的一件事，即"对［天皇后监狱的典狱长］多纳托·卡雷塔的私刑"。[7] 这事发生在 1944 年 9 月 18 日，对前警察局局长彼得罗·卡鲁索（为了让卡普勒凑够人数，他提供了另外的五十个名字）的审判期间。那一天，阿尔帖亭洞窟大屠杀受害者的遗孀们充当火花，点燃了人群可怕的愤怒，这个易激动的人群对规则和程序缺乏经验，对变革的缓慢和复旧的预兆感到沮丧。

在这里，一切也是从一扇紧闭的大门旁的人群开始的。举行审判的法庭太小了。人群聚集在正义宫外面，* 当受害者的亲属经过时（"所有的妇女都穿着黑衣服，戴着黑帽子和面纱"），他们会默默地让路，而当当局经过时，他们会发出愤恨的吼声：官僚和警察似乎且往往还是过去那副德行。

突然，人群冲破警戒线和大门，闯进法庭，打断了审判："抗议声最大的群体是由妇女组成的，她们是阿尔帖亭洞窟烈士的亲属，强烈要求即刻伸张正义。"尸体的挖掘工作还没有结束，她们的眼里满是恐惧。一个女人在认出多纳托·卡

----

* 正义宫是意大利最高法院所在地。针对卡鲁索的审判是罗马解放后举行的第一次政治审判。

雷塔后朝他尖叫道："是你害死了我丈夫！"在战时的镇压机器中，卡雷塔并不是最坏的人*；但现在，愤怒的女人们（有些是受害者的遗孀）将他围住，又是脚踢又是掌掴，加上种种辱骂。警察把他拉出法庭，但人群又把他拽到了街上。[8] "他挣脱后，向桥上跑去，然后突然跳入水中。他们下到河岸边，找到一艘停在那里的旧船，用船桨打他的头，就这样杀了他，然后把他带到下一座桥，到了天皇后监狱的前面，再把他抬出来，倒吊在监狱的门边。"（弗兰科·巴尔托利尼）†

在圣母大殿暴乱发生的三周前，因未能在 9 月 8 日组织保卫罗马而受审的马里奥·罗阿塔将军逃脱了。翌日，两万人聚集在斗兽场边，并一起向市中心进发。[9] 一名示威者在准备向警察投炸弹时，把自己给炸死了。"当然，示威者认为这是警察造成的，所以他们带走了这具尸体，把它抬到维米纳莱宫［内政部］，放在警察局长的桌子上。"（卡洛·卡斯泰拉尼）罗马共产党人的歌声所宣告的那一天，似乎已经到来："他们有一面红旗，你可以看到这面红旗从一层爬到另一层，

---

* 卡雷塔是作为证人出庭的。根据意大利社会党领袖彼得罗·南尼的证明，卡雷塔在罗马解放前夕释放了所有囚犯，并且与民族解放委员会有过合作。
† 受访者的讲述与实际情况有所出入。人群一开始是将卡雷塔拽到电车轨道上，想把他轧死，但司机安杰洛·萨尔瓦托里立即踩了刹车，并且亮出自己的共产党党员证，拒绝配合。于是人群随后把卡雷塔扔进台伯河，本来已经失去意识的卡雷塔接触到冷水后清醒过来，拼命抓住栅栏。一些人便下到河岸边，用脚踢他，想让他松手。水流把他带到河中间，筋疲力尽的他试图游到一个安全的地方。结果有人跳到船上，用船桨去猛烈地击打他。他的尸体在圣天使桥附近被打捞上来，然后被倒挂在天皇后监狱门边的外墙窗户的格栅上。

因为他们每占领一层楼时，都会将这面红旗挂在窗外。"（阿尔多·纳托利）共产党试图安抚人群，警察没有进行干预："我留在外面的广场上。卡拉·卡波尼和我，我们俩试图让同志们保持冷静。"（罗萨里奥·本蒂韦尼亚）但政府已经汲取教训："我记得我工作的那个办公室的主任把门给堵上了。每次发生罢工或示威的时候，你都能看到机枪从一楼的窗户伸出来，对着广场。看到那些铁栏了吗？它们的底部是敞开的，这样机枪可以自由地射击……"（卡洛·卡斯泰拉尼）

1948 年 7 月 14 日，共产党书记帕尔米罗·陶里亚蒂在议会前遭到枪击并受伤。意大利正处于革命的边缘。"我是奥雷利亚支部的书记；在不到一小时的时间里，我就召集了两百名同志并组织他们前往罗马市中心。当我到达［议会附近的］科隆纳广场时，那里已经有很多人；我们试图闯入议会，同志们已经在从街上挖铺路石了……"（弗兰科·巴尔托利尼）

罗萨里奥·本蒂韦尼亚　我在中午听到这个消息时，胃顿时为之一紧：又要开始了。于是我赶到市党委，找到一些同志，他们告诉我："我们给你派一辆出租车"——司机拉乌尔·法尔乔尼之前是爱国行动组的同志，后面开起了出租——"你马上把爱国行动组重新组织起来。"目标：维米纳莱宫。两个小时后，我们大约二十人，全副武装，在萨伏依路的游击队协会集合。

企图杀害陶里亚蒂的事件，发生在卡普勒因阿尔帖亭洞窟大屠杀而受审之时；前爱国行动组成员帕斯夸莱·巴尔萨莫为党报《团结报》报道了此事。他回忆道："7月14日［爱德华多·］多诺弗里奥［市党委书记］对我说，'这样，明天上午你去参加卡普勒的审判时，把他给毙了'。'你疯了吗？他们会抓我的。''有什么问题？不过是以血还血。''但我们不搞报复，多诺弗里奥同志。''好吧，那么我们就去干实业家。'然后他给了我一个工厂主的名字。我和爱国行动组的一些同志商量了一下，我说，'算了吧，我们已经经历过那么多麻烦，不要为了卡普勒再惹麻烦上身，我反正是一点儿也不在乎……'"

罗萨里奥·本蒂韦尼亚　然后我说："好吧，在做任何事情之前，让我先弄清楚发生了什么。"于是我去到市党委找多诺弗里奥。他看到我后，几乎向我扑来："你在做什么？""什么叫我在做什么？不是命令我去把爱国行动组重新组织起来，我已经组织了啊。"与此同时，另一项命令已经给了卡洛·萨利纳里，让他去游击队势力最强大的托皮尼亚塔拉地区挖战斧，而他们不仅挖出了战斧，还挖出了迫击炮和机关枪等一大堆武器，然后向罗马进军。攻击的目标始终是维米纳莱宫［内政部］。多诺弗里奥那天救了我一命。他告诉我，"你待着别动，你和你叫过来的那些混球，在接到我们的进一步指令之前，待在原地，一步也不许动"。然后，他连忙跑出去阻止正率一个纵队向罗马市中心进发的卡洛·萨利纳里。

得承认他的确救了我们一命，要不是他，我们会落入最
肮脏的陷阱，会被关进监狱里，如果我们没有先被杀死。

2. 贫民窟的人民

1970 年 5 月 13 日，塞尔彭塔拉路有一处新的中产阶级
住宅小区正在建造中，其中的一栋楼一直被一群无家可归者
占用着。黎明时分，警察来驱赶他们。人们聚在街上看着。"他
们拿着催泪瓦斯，戴着头盔，谁知道他们以为自己接下来要
做什么"，一位妇女说。他们还记得那场战争，这一幕让记
忆再次浮现。另一个人说："德国人——德国人，他们肯定会
打我们！"第三个人说："就像德国人一样！每死一个德国人，
他们就要杀十个意大利人！"恰好在这时，一名警察回答道：
"我们在执行命令……" [10] 三十年后的今天，有关阿尔帖亭
洞窟大屠杀的记忆，仍然是衡量暴力压迫的象征性标尺。

　　罗萨里奥·本蒂韦尼亚　　在《团结报》干了差不多
一年的编辑后，我又回到医学院学习。一年后，我毕业
了，先是在锡耶纳附近的一个村庄当了几个月的地方医
生，接着又被聘为罗马燃气公司的医生，工作范围覆盖
了从前当游击队员时活动过的地区，从圣约翰门到戈尔
迪亚尼村，再到彼得拉拉塔；我目睹并经历了发生在可
怕的战后时期的那些事件。

要理解拉塞拉路事件的意义以及有关它的记忆，重要的是要认识到，这一事件的主角也是战后罗马工人阶级斗争的主角。曾经在外围地区和贫民窟进行抵抗运动的前爱国行动组成员，现在以政治领袖和组织者的身份回归："我发现了这个特别的、迷人的罗马，特拉斯泰韦雷、泰斯塔乔、彼得拉拉塔和蒂布尔蒂诺的罗马——对这座城市可谓满腔热爱。因为这是一座非同寻常的城市，充满了求生、改变以及走出无知的意愿——我认为这是一座伟大的城市。"（马里萨·穆苏）

卡拉·卡波尼 盟军在安齐奥登陆后的那些夜晚，我睡在琴托切莱，没发现自己染上了胸膜炎。但你知道我进医院后发生了什么，我们在那里成立了 ULT，也即结核病工人联盟……这些都是令人难以置信的。出院后，我与人民协商会议（Consulte Popolari）共事，我记得在戈尔迪亚尼村，他们会把那种用来装水果的箱子码起来。我站在箱子上，慷慨激昂地向女人们发表演讲；女人们会辱骂前来制止的警察，为我辩护……我们一起进行了很多示威活动……我们会拦下一辆公共汽车，告诉［司机］："带我们去罗马省督府，不然有你好看！"然后他就把我们带到威尼斯广场。我仍然记得发生在彼得拉拉塔［工人阶级贫民窟］的大水灾……我还记得有一次，我们在省督府抗议，一位孕妇流产后［在街上］大出血。他们将她装进吉普车带走了。我们都尖叫起来："省督，你个杀人犯，你杀害了一个婴儿！"经过激烈的抗争，我们成功地为彼得拉拉塔争取到了两百套公营公寓。我们还用卡车帮他们运送生活用品……想象一下：罗马市捐赠了一批床垫，因为他们的床垫被水浸泡过，用不了了。

1953年，一个小女孩差点淹死在戈尔迪亚尼村的公厕里。作为抗议，妇女们把这个公厕给拆掉了；第二天，《团结报》写道："现在贫民窟的居民少了一个公厕，他们得走几百米才能到达另一个和被拆掉的一样的厕所。"[11]

罗萨里奥·本蒂韦尼亚 你走进去，看到的都是棚屋：在曼德廖内路上，亚历山大水道旁，托皮尼亚塔拉后面，一直到琴托切莱，你都可以看到那些标志——［罗马］水道的拱门被用作建造棚屋的基底。我在那些地方当医生，包括戈尔迪亚尼村、拉蒂诺村、布里坎特水道，我的客户虽然是煤气工人，有工作、有薪水，条件却艰苦得令人难以置信，处于严重的社会困境之中。在费利切水道那边，实际上是把街道当下水道用，两边都是些棚屋，污水在孩子中间流淌——我就不去描述了，那个景象太可怕了。走进那些屋子，你会发现有的家庭，三四个房间睡了十到十二个人，大人们睡在地上，孩子们睡在抽屉里。但他们还是努力保持着一定程度的文明。

　　我是一名来自彼得拉拉塔的小孩

　　十三岁零几个月大

　　自从学校把我赶出来后

　　我开始直面生活……

　　当你呼吸着有毒的空气

　　你总是要付出沉重的代价

　　街头那些最能搞钱的人

　　好多都在监狱里哭求自由……

　　　　　　　　　　——阿尔曼迪诺·利贝蒂[12]

罗萨里奥·本蒂韦尼亚　1951年，彼得拉拉塔地区的工作进展得有些不顺，于是党组织派我去那里当书记。彼得拉拉塔人口大约有五六千，一律是红色信仰的支持者。在那里，我学到了重要的一课。有一次，我们组织了一次反向罢工；我们这些正在干活的人都放下手头的工作出来了，包括电车司机、店主、所有的党员和整个贫民窟的人。这时我环顾四周，却唯独看不到失业者的身影。我说："我们正在为失业者反向罢工，失业者却没有来，这是什么意思？"有人告诉我："听着，罗萨里奥，你根本就不懂，现在正是失业者睡觉的时间。"他说："再饿也不能饿孩子，所以那些人会在晚上出去，给孩子们弄吃的。"而他们本是体面的老实人：这就是那个时代罗马的下层社会，充满了各种奇怪的人，特别是小偷和扒手。这些人一旦找到工作，就不会再拿着撬锁工具到处为孩子寻找食物了，明白吗？

阿尔多·纳托利　在这种如同岩浆一般的流氓无产者中——来自南方的移民比例很高，他们没有工作，只能勉强维持生计——党具有巨大的威信。实际上，他们把党看作救星。我记得我在那些地方和这些人开过会，他们也许根本听不懂我说的每一句话，或许是因为我说话的方式对他们来说太难了——然而，他们始终怀着尊重与敬畏……

> 如果贫民窟人民的愤怒
> 装在每个人心中的愤怒喷涌而出
> 你们这些体面而优雅的正人君子
> 你们的生命将一文不值。
> 正义，穷人的正义
> 迟早会降临到你们身上
> 那时贫民窟将会
> 在劳动和自由中重生。
>
> ——阿尔曼迪诺·利贝蒂

罗萨里奥·本蒂韦尼亚　着实令人惊讶的是，在遭受了可怕的灾难之后，这座城市的社会结构迅速恢复，即便是在那些贫民窟。而最不寻常的是，这些人是从原始的贫困状态中重获新生的。到1950年代初，事情开

始发生变化：人们萌生了意识，学会了质疑，他们不仅
研究和辩论，还参加了这些反向罢工——这是罗马流氓
无产阶级的伟大发明：他们建造了自己的街道，修建了
自己的下水道，然后去要求为此得到报酬，有时还真能
得到一些。在这次重生中，伟大的建设者是共产党。它
首先教会人们阅读，让他们尝试理解它所说的内容，然
后对此进行讨论。

3. 仪式

> **阿德里亚娜·蒙泰泽莫洛**　我想我只错过了一次
> 阿尔帖亭洞窟大屠杀的周年纪念日，因为当时我不在
> 罗马——除此以外，我每年都会参加。目之所及都是红
> 旗。它们完全有权利在那里，没错，但会让人感觉这
> 三百三十五人都是游击队员……

的确，1945 年的第一个周年纪念日，那两名在洞口站
岗的游击队员系着的红领巾，在一片黑色的君主主义旗帜中
显得格外突出。但奇怪的是，这么多人只记得红旗——"共
产主义者的垄断"（保罗·德卡罗利斯），"只有红旗"（乔瓦尼·吉
廖齐）——在一个曾因君主主义旗帜过多而爆发冲突的地方。
当然，共产党人也在那里。"党为那些想去的人提供了卡
车。"（伊娃·马涅里）另一方面，"因为很多年来我们都不去
参加官方的仪式，党便组织我们所有工人带着自己的旗帜

下午去"。（莉娜·恰瓦雷拉）"坦白地说，我没有注意到共产党人占据主导地位"，保罗·埃米利奥·塔维亚尼说，他多次在仪式上担任官方发言人。或许在"冷战"时期，仅仅红旗的存在本身，似乎就是一种入侵。又或许，在经历了战后的热潮之后，温和派和保守派把争夺记忆的斗争转移到了别处，"把它的管理权留给共产党人，让人们以为这是共产党的颠覆"。（乔瓦尼·吉廖齐）

　　每年的纪念活动，总是只有基督教民主党人担任官方发言人，我们很难说存在什么共产党的垄断。"弗朗切斯科·迪亚纳博士的崇高演讲"（罗马市政府代表）；"尼古拉·西尼奥雷洛教授的动人演说"（地方议会主席）……一位来自基督教民主党的市长和内阁成员翁贝托·图皮尼为纪念碑揭幕并撰写了碑文，他的名字至今仍醒目地留在上面。[13] 军令、礼炮和军号声响成一片；一切在天主教的弥撒中达到高潮。演讲中充满着古典学派的修辞，提到了统一运动和古罗马。殉道和牺牲的形象占据上风，受害者的身份和姓名逐渐变成了一般性概念，政治被简化为爱国主义和以反共为内涵（可能非常模糊，也可能很明确）的自由理念。除了笼统而抽象的"野蛮"之外，几乎不会提及是谁杀了他们。

　　那么，与其说是垄断，不如说是共享的仪式空间存在一个台上和台下的断裂：这是一个隐喻，暗示着"诞生于抵抗运动"的共和国的公共空间里所有的张力和平衡，以及对于这种诞生的不安。在下面，左翼宣称抵抗运动是人民运动，而他们在运动中扮演主角；在上面，温和派重申他们对机构的领导权，而这个地方就是其基础的象征。一方的在场使另一方的在场合法化：温和派从民众的在场中获得了其反法西斯立场的证明，而左翼从统一的仪式背景中获得了民主可信度和政治合法性的认可。所有这些都建立在将抵抗运动作为全体意大利人民的爱国运动的代表，以及将游击队员作为殉道者和受害者的代表之上。烈士"都是游击队员"的形象，反映了游击队员"都是殉道者"的形象。

这就是在阿尔帖亭洞窟建造国家纪念碑的原因。为了代表国家的统一，必须压制和否认其多样性和内在的冲突。在官方的话语中，死者被国有化和合并，一律成了爱国者和意大利人（尽管其中有十一位是外国人！），就像在反动派的流言中，他们被统称为共产党人、犹太人和牢犯。该纪念碑被列入"二战圣地"，由国防部管理，并得到了军方神职人员的祝福。

阿尔帖亭洞窟也变成了一座隐喻上的纪念碑。它应该代表纳粹占领时期全部的痛苦和恐怖，不仅代表这一次屠杀，还代表所有其他的屠杀和受害者；然而这样一来，它反而可能将自己呈现为一个孤立的、特殊的场所和事件，如同记忆沙漠中的一座大教堂。

　　　妮科莱塔·莱奥尼　在罗马，我们不应只谈论阿尔帖亭洞窟，还应谈谈布拉韦塔堡和拉斯托尔塔，谈谈在街上被杀害的人。我外祖父曾被判处死刑，本来可能死在布拉韦塔堡；如果他死在布拉韦塔堡，而我听到人们

一直在谈论阿尔帖亭，我会作何感想？但就算你告诉了
媒体在布拉韦塔堡发生的事，他们也不在乎。你知道为
什么阿尔帖亭如此重要吗？因为纪念碑在那里。

巴尔杜伊纳位于马里奥山，在历史上是一个"黑色"（即
新法西斯主义）街区。这里的各条街道都是以被授予金质奖
章的军事战争受害者的名字命名的：乌戈·德卡罗利斯、罗
密欧·罗德里格斯·佩雷拉、朱塞佩·蒙泰泽莫洛、西莫内·西
莫尼、阿拉迪诺·戈沃尼……他们都是在阿尔帖亭洞窟大屠
杀中遇害的，但没有东西表明他们是如何以及在哪里获得这
些奖章的。在德卡罗利斯路的一家商店里，我问一个人是否
知道他是谁，得到的回答是："一位哲学家？不对，等等：一
名将军……"在罗德里格斯·佩雷拉路，两位上了年纪的女
士认为这个佩雷拉可能是《佩雷拉的证词》中的人物，这部
由安东尼奥·塔布齐 * 创作的小说被改编成同名电影，由马
塞洛·马斯楚安尼主演。当我告诉她们他是谁时，她们都深
受感动。这个名字本应把街道变成这个人的能指，但现实常
常走向反面：这个人消失了，把名字留给了街道。

至少在巴尔杜伊纳，那些街道的名字很明显是某个战争
英雄的。但在我自己的街区，在卡西亚路和空地之间有一条

---

* 安东尼奥·塔布齐（Antonio Tabucchi，1943—2012），意大利作家、葡
语文学专家，深受费尔南多·佩索阿影响。《佩雷拉的证词》是其最受认
可的小说，已有中译本。

小巷被命名为"毛里齐奥·吉利奥"，这人是谁？谁是"曼弗雷迪·阿扎里塔"？在上等社会居住的帕里奥利区，有一所以他的名字命名的学校。"一名士兵？"一名学生猜测道。其他人如果知道，那是因为他们读了大厅里褪色的铭文。对我来说，在我开始写这本书之前，它只是一个公交总站。

　　在罗马，有四十六条街道被冠以阿尔帖亭洞窟大屠杀受害者的名字，其中十六条纪念的是军人受害者，看不到一个犹太人。这些街道中有四分之三位于环城道路之外的新郊区——一种城墙外（extra moenia）的墓葬，就像古罗马时期将死者与城市空间分隔开来的城门外的坟墓。但这也表明，受害者的名字新近才被用来命名街道，准确地说，是在1970年代末和1980年初的左翼执政时期。作为郊区一个非常有争议的新发展项目，分配到斯皮纳切托*的名字就不下二十五个；然而，"在为纪念烈士而以他们名字命名的街道上，从来没有一个花圈或一束鲜花。甚至在街区庆祝党的节日时，我也不记得有谁提过，要为阿尔帖亭洞窟大屠杀的受害者举行纪念活动。这本可以促使我们更加了解我们历史的意义，驱散我们这个所谓'卧室社区'†的被诅咒的沉闷感"。[14]

　　由建筑师马里奥·菲奥伦蒂诺、森普里尼‡和内洛·阿普里莱设计的陵墓，于1949年3月24日落成，"最终呈现

---

*　这个现代住宅区源于城市乌托邦冲动，于1970/1971年完工。

†　又可称为"睡城"（commuter town），是大城市周围承担居住职能的卫星城。

‡　原文如此，似乎有误，应为朱塞佩·佩鲁吉尼（Giuseppe Perugini，1914—1995）。

的样子是一开始就想要的，一个令人伤痛欲绝的地方，一个封闭的空间，上方透着一缕微光"。（伊丽莎白·阿尼尼）坟墓上方的混凝土板隐约可见……弗朗切斯科·科西亚创作的白色雕像［三个巨大的男人，双手被绑在身后］"遵循着传统的手法，但终究像穷人的福音书：它必须是可读的"。米尔科·巴萨尔代拉创作的大门，上面充满了风格化的荆棘条，象征着暴力和痛苦，"很美，但它需要人们给予更多的关注"。（乔瓦尼·吉廖齐）"第一次进去的时候，我感到不适：看到那么多同志和朋友的名字……但我总能从中获得一种活力和力量。我的心中不再有悲伤：它使我感动，令我激动。我认为整个的想法很好，这是一座伟大的纪念碑。那些我不认识的人的坟墓，也是如此。我深受感动。"（玛丽亚·米凯蒂）犹太人的存在和军事化的管理传达出一种严肃的感觉。

万达·佩雷塔　我总带我的德国朋友去阿尔帖亭洞窟；这事很难，因为它常常，怎么说呢，是对我们友谊的考验：带他们去阿尔帖亭洞窟，给他们看［罗伯托·罗西里尼的］《罗马，不设防的城市》——这部电影直到前天在德国还是禁片。我必须承认，由于阿尔帖亭洞窟是由军队管理的——也就是说，它还没有变成旅游胜地；没有纪念品摊位，没有圣像——感谢上帝，有军队在：这意味着很少有人拍照，没人在那里闲逛；气氛肃穆而荒凉。

"我留下了很深的印象……一种沉重感。一块纪念一名十五岁男孩的石板对我来说尤其沉重。我觉得它分明压在了我身上。"（罗萨·卡斯特拉）一名管理员说："当你在下面的时候，你会觉得很压迫，会觉得自己很渺小，被这块巨大的石头压着，非常渺小。事实上，他们对它做了轻微的处理，给了它透镜般的弧度，以缓解这种压迫感。他们在同样的情形下同时死去，死于同样的原因，也拥有同样的坟墓。这样做的效果之所以更强烈，也许是因为他们都处在一个四面都是墙、顶上有一个盖子的封闭空间里。你在那里，目光扫一圈……就能感知到他们有多少人。"

"我记得有一位母亲，她儿子的墓在我父亲的墓旁边。她会拿着一把小椅子在那里坐着，呆呆地看着她的儿子。"（布鲁诺·弗拉斯卡）台上的演讲者都是男性；而台下的哀悼者大多是女性。阿尔帖亭洞窟的力量，还源于这样一个事实，即它是一个充满争议的空间：它是公众对烈士和英雄表达崇敬的纪念碑，也是个人和家庭进行哀悼的墓地。"我们从不说'阿尔帖亭洞窟'；我们只说：'我去给爸爸送点花。'"（朱塞平娜·费罗拉）自从圣母大殿的"暴乱"发生以来，对死者的公开占有（appropriation）就可能变成一种征用（expropriation）行为："那些官方仪式和军事色彩的东西让人厌恶，又是举枪致敬，又是军队神职人员出席，更不要说那些夸夸其谈的演讲……"（克劳迪奥·法诺）"有一些人为的东西，比如遮篷之类的；这让我很生气，我告诉母亲，'不，我不是来听这些小丑讲话的；我只想和我父亲待在一起，我会和他们［这些死者］

交心，向他们学习。"（萝塞塔·斯塔梅）

　　出于这些原因，这里并非所有人最后被埋葬的地方："有些人的坟墓还在，但尸体已经埋进了家族的坟墓。相反，我的亲人们一直反对这样做，因为他们认为将尸体留在阿尔帖亭洞窟是有意义的：这是一个保存记忆的地方，有警钟的意义。"（伊丽莎白·阿尼尼）罗莫洛·吉廖齐的妻子劳拉在加入解放烈士家属联合会时，在表格中写道："我希望他被安葬在他牺牲的地方。"然而，在普里布克审判期间，她的女儿坚持要把父亲的尸体带走，把他重新埋葬在第一门公墓他的妻子旁。她既希望借此对审判表达不满，也是希望让这个被暴力拆散的家庭团聚："他们从来没有在一起过……他们没有多少时间在一起，所以我和我哥哥的愿望是，在我们死之前让他们重聚。然后他们告诉我，请注意，这可是国家博物馆，肯定不能同意你这么做。"（利亚娜·吉廖齐）

　　朱塞平娜·费罗拉　在那里，你永远没有机会独处。我总不能对访客或其他亲属说：现在我想一个人待着。现在，我不会再在 3 月 24 日这一天去了。因为我有一次跟一位宪兵发生了口角：他们让我们在外面等，到［共和国］总统进去之后才让我们进去。我认为这是不对的。我为什么要等总统？让他也在一年当中的某个别的日子来吧！因为每年才纪念他们一次，却以一种与他们所希望的相反的方式行事，有什么意思呢。

　　1963 年，解放烈士家属联合会主席莱奥纳尔多·阿扎里塔说："官方庆祝活动中经常出现的浮夸言辞，已经无法纠正或阻止……大多数人的遗忘。"在中左翼执政的时代，从 1960 年代中期开始，抵抗运动失去了其颠覆性的内涵，变成了属于每一个人的。克劳迪奥·帕沃内写道，抵抗运动在仪式中被不加批判地描述为一个统一的爱国运动，变成了用来维护现状的一个支柱。[15] 阿尔帖亭洞窟不再有任何党派的旗帜，仪式的意义越来越小。官方仪式和家庭完整的悲痛之间的距离变得越来越让人难以忍受。

　　　　乔瓦尼·吉廖齐　他们建了这些大舞台，所有的议
　　员都来了，还有市政府的头头脑脑，他们举行仪式，发
　　表正式讲话，但我能感觉到，他们对这一切都不在乎，
　　他们只是在谈论自己的事情。这让我非常恼怒，所以我
　　就想着怎么能让仪式慢慢不办了。但我觉得他们会让它
　　变得更加严肃，而不是取消它……

　　这座城市或许并没有遗忘。但是它把记忆的任务交给了受害方，包括受害者的家庭和犹太社区，让他们帮所有人记忆。1950 年代和 1960 年代初的国有化被"私有化"[16]取代，于是集体历史事件被简化为只与直接受影响者相关的事务。只有 1996 年批准释放普里布克后的抗议活动——在另一扇紧闭的门前发生的另一场"暴乱"——才一度使得落定的尘埃再起。

※帕利多罗的英雄[*]

"你看，意大利一半的、四分之三的军营都是以他的名字命名的，许多广场、学校和街道也是如此，每个月都有以萨尔沃·达奎斯托命名的街道的落成典礼，有纪念他的牌匾的揭幕仪式。在我看来，他已被宣布为有福之人，离受封为圣人只差一步之遥。"（弗拉斯卡蒂的退休宪兵）

"［本蒂韦尼亚］必须自首，但他没有；［达奎斯托］交出了自己，揽下了自己没有做过的事。"（维尔吉尼亚·卡兰卡）

1947年6月8日，在帕利多罗村的奥雷利亚路上，另一座纪念碑落成，纪念的是1943年9月23日被德国人杀害的宪兵队副中士萨尔沃·达奎斯托。在关于1943—1944年罗马宪兵队的出版物中，萨尔沃·达阿奎斯托只是该部队众多阵亡者的名字中的一个，随后有一则简短的解释："1943年9月22日晚，他与二十二名平民人质一起在托雷—因彼得拉被捕，以报复一次据称造成一名德国士兵死亡和另外两人重伤的袭击事件。为了让已经在自己挖的坑边排队等待处决的人质免遭屠杀，他宣布自己虽然无辜，但对袭击负有全部责任，进而无畏地面对死亡。"

然而，各方面很快就注意到萨尔沃·达奎斯托这个人物的象征性力量。1947年，他的纪念碑在帕利多罗落成；在书籍、绘画、仪式、邮票，以及学校的竞赛中，他代表着军

---

[*]　此小节为英文版所无，引文出处略去。

队的形象和对抵抗的另一种解读。在每一次关于阿尔帖亭洞窟大屠杀的谈话中，他的故事都不可避免地被粗略提及："有十个人要被枪毙，包括妇女和儿童。那次也有一次袭击的企图；他们说，如果应该负责的人不出现，我们就杀了这十个人。最后，他看到没有人出现，看到这些人即将死去，就自己站了出来，不是吗？"（托马索·卢凯里尼）；"这个萨尔沃·达奎斯托是个了不起的英雄，他拿自己的命去认罪，拯救了所有本该死去的人，本来每死一个德国人要死十个意大利人；他说是我干的，尽管这不是真的"（埃莉萨·里卡尔迪）。

因此，除了其内在的伟大之外，萨尔沃·达奎斯托的故事也是对拉塞拉路故事的一种抗衡："你知道让我们这些二十岁、二十二岁、二十五岁的年轻右翼分子感到震惊的是什么吗？萨尔沃·达奎斯托和爱国行动组之间自发形成的对比"（詹弗兰科·菲尼）；"德国人给了一些时间来自首。［问：多少？］不多，我想是两周。就像意大利北部的那个宪兵，那个本该自首的游击队员没有现身，所以他就挺身而出，说是他。关于抵抗运动，我只知道这两个情节"（德里亚·利卡斯特罗）。这两个故事在机构记忆和学术记忆中得到阐述，最终脱离各自的背景，相互补充和扭曲，构成了一个十足的神话系统。

因此，萨尔沃·达奎斯托的故事进入了拉塞拉路的故事中：有人说他们想过效仿他（"因为另一个意大利人——达奎斯托——已经在一段时间之前献身"，乔瓦尼·法焦洛神父说）；有人说有人这么做过（"有一个神父想去自首，把责任揽下来，他们没有让他这么做"，帕尔米拉·吉廖齐说）；最后我们在拉塞拉路直接发现了萨尔沃·达奎斯托："〔在拉塞拉路〕，一名德国军官被杀；德国人要求杀了他的人自首，并开出了条件，但他们没有自首，于是一个宪兵勇敢地站出来，说是我。"（维托尔德·路德维希）

反过来，拉塞拉路的故事决定性地形塑了萨尔沃·达奎斯托的故事的传播。弗拉斯卡蒂宪兵协会的一位退休宪兵讲述了他是如何得知萨尔沃·达奎斯托的故事的："我也看过《不能熄灭的火焰》*这部名片。根据导演的重构，事情基本上是这样的。被告知德国人抓了二十二名人质——据德国人说，这些人要为袭击一个排的德国人的行动负责——也许有一些已经死了，因为只有二十二名人质，而我想，每死一个人，他们都抓了十名人质——他们就在那里，准备被枪毙。事实上，他们已经为自己掘好了墓。于是达奎斯托抛下一切，去找德国指挥官……他说，'我保证，这里的这些人都是好人……''不不不，'对方说，'中士，这是上头的命令，很遗憾，这些人必须被枪毙。'"

但事实并非如此。德国人不是一个排（明显受到拉塞拉路的污染）：没有袭击，而只是一枚也许是从偷猎者那里缴获的炸弹意外爆炸。萨尔沃·达奎斯托也没有被"告知"人质即将被枪杀，而是正如我们看到的，他已经和其他人"一起"

---

* 维托里奥·科塔法维执导，1949 年上映，曾获第 10 届威尼斯电影节金狮奖提名。

被捕。颁发金质奖章的事实与理由证实了这一点："在行刑现场，当一大群纳粹要对他和二十二名平民人质进行野蛮的报复时，他毫不犹豫地宣布自己负全责……"但影片中呈现的，以及传闻中说的，都不是这么回事。

"事实上，在电影《不能熄灭的火焰》中，他向德国指挥官要了一辆挎斗摩托，说'我去把肇事者找来'。导演给了他一个特写镜头：他作出了决定，可以这么说。但他没有去找肇事者，而是去了他母亲家。在前景中，他说，他作出了决定；这基本上是对妈妈的告别。之后，他离开母亲，去找他的未婚妻：'我来找你，是为了和你告别的。'然后他回到了帕利多罗。德国指挥官说：'怎么样，中士，找到肇事者了吗？'他说，'是的，一切都很顺利；找到他了'。指挥官问，'那他人在哪里？'他说，'就是我'。"

出于宪兵队的自豪感，这些退休宪兵还向我讲述了三名宪兵的故事，这三人在菲耶索莱代替其他平民人质被杀。他们告诉我，这三人要更加英勇，因为"他们是安全的"；相反，萨尔沃·达奎斯托"被带到那个地方，是要与人质一起被枪杀的；他不得不死。反正横竖是个死，为了挽救其他人的生命，他就说，是我干的。"我无法让他们承认金质奖章颁奖词里描述的那个版本，它与他们告诉我的那部电影里的版本相矛盾。神话是不应该相互兼容的。

"他们让中士也上了卡车，把我们带到塔边 *"，其中的

---

* 指帕利多罗塔，一座古老的瞭望塔。

一名被围捕者纳尔多·阿蒂利说。他们还给了他铁锹，让他
挖埋自己尸体的坑。"'动作快点！'他们让我们拿着铲子，
而那个中士，我没看到他有拿铲子，因为铲子不够。然后我
们开始挖坑。我们二十三个人和他在一起。我说——中士在
我身边，他总是在我身边——'中士，告诉他：我们是平民，
没有做错什么，为什么要杀我们？'于是中士转身对翻译说：
'同志，听我说……'等他说完后，我问他：'你说了什么，
中士？他说了什么？他们还是要杀我们？''如果像我说的
那样，他们不会杀你们的，但现在得看看他们相不相信我
说的话。'"

　　挖着挖着，阿蒂利几乎失去了神志："我似乎在胡思乱
想，似乎在做梦，似乎在回家的路上……"德国人的喝令声
让他清醒过来："出来！出来！所有人都出来！"每个人都出
来了，除了达奎斯托："中士当时站在我旁边，就像你现在这
样。他说：'我不认为他们会杀了你，毕竟你只生一次，也只
死一次*。'我可以发誓，他是这么跟我说的。"也许德国人
意识到他们错了，但他们不想丢脸，而萨尔沃·达奎斯托给
了他们一个台阶下。几天后，在帕利多罗，他们在一场残酷
的游戏中杀死了六名逃避征兵者；其他人将在 11 月被杀。

　　因此，萨尔沃·达阿奎斯托没有牺牲自己，而是把自己
的生命献给德国人以换取人质；反正他也会和他们一起死。

---

*　这句话被多个见证者提及。在无神论国家，这是个再基本不过的事实，但
　基督教中有"生两次，死一次；生一次，死两次"的说法。

这并不意味着对他的姿态的亵渎：在那样的关头，一个人想的不是自己即将失去的生命，而是如何拯救他人的生命，这种利他主义的清醒足以证明他的伟大。自愿死亡的传说，一方面在狭隘的反游击队论战中贬低了他，另一方面又将他提升为神圣的基督形象：在众人的绝望中，达奎斯托保持着殉道者的天体般的平静。他那张因刽子手对他残酷施加的伤口而布满一道道鲜血的面孔，已失去人性，散发着光轮状的金色光芒。这场"大屠杀"也使英雄成为圣人；关键词是拯救、牺牲、风险；核心形象是交换："他献出自己，拯救了很多人"（詹马里亚·塔沃拉奇）；"他牺牲了自己的生命，献出了自己"（埃马努埃莱·莫里科尼）；"他牺牲了自己，代替这些人"（罗伯托·迪焦万·保罗）。

在这个平衡的神话体系中，一个故事支撑着另一个故事：天主教徒和共产党员；宪兵和"非法交战者"；无辜者和"有罪者"；利他主义者和"不负责任者"。拉塞拉路—萨尔沃·达奎斯托这对组合（他们没有出现，他出现了）与博岑营—埃里希·普里布克（他们拒绝执行命令，他执行了）这对组合形成了对称。维持着这个神话装置的，是基于宗教意识形态的双重强迫：博岑营都是些"天主教徒"，达奎斯托是圣人。

最后：萨尔沃·达奎斯托的无辜不仅在于他没有实施袭击，还在于袭击从未发生过。也正是出于这个原因，他比菲耶索莱的宪兵，比搞破坏和交战的主角们更合用（funzionale）。他是一场不存在的抵抗运动的烈士，是一场

战争的牺牲品，在这场战争中，"爱国者"的任务只是牺牲
自己。

4. 永别了，武器：抵抗与沉默

　　罗萨里奥·本蒂韦尼亚　两年前，我受邀去奇维
塔韦基亚的一所中学演讲。一个女孩站了起来，她应该
有十三岁，非常聪明，不仅准备充分，而且口头表达能
力很强。她说："我本来直到今天还是支持游击队员的，
但现在听了您的演讲，我决定不再支持了，因为你们和
法西斯分子一样：你们也杀了人。"他们不明白我们是
在相互射击，他们认为游击队员是殉道者，而非战斗员。

　　1945 年 10 月，爱德华多·多诺弗里奥主持召开了罗马
共产党的第一次会议。他谈到有必要对抗统治阶级强加给罗
马的"反动性格"；谈到反法西斯力量的团结；谈到针对中
产阶级、年轻人和妇女的政策；谈到与饥饿、寒冷和生活成
本的斗争。他只在讲话开始的时候提到"为使罗马不致沦为
反动中心而进行斗争的罗马烈士"："罗马无愧于这些反法西
斯烈士，无愧于我们的烈士、所有其他党派的烈士以及全体
人民。"他从未说过"游击队员"这个词。[17] 这不无道理。
抵抗运动和战争已经结束；国家需要向前看。

　　马里萨·穆苏　我经历了这个，怎么说呢，这个武

装活动的间歇期。但早在6月6日、7日及10日，我就已经在贫民窟和工人阶级街区召开过妇女会议。我没有立刻摆脱枪，但立即摆脱了［武装战士的］心理习惯，因为共产党在贫民窟和工人街区有许多不可思议的工作要做，而我很快就卷入其中，尤其是那些处境不一般的女性——我不得不面对这样的事实：她们希望面包的价格能低一些，她们想为自己的儿子谋一份工作，想贫民窟有一座饮用喷泉。生活被如此多的事情填满，以至于我很快就忘记了武装斗争。实际上，我想我在八个月或十个月后就放弃了枪。之所以还隔了这么段时间，首先是因为当时我们周围仍有法西斯分子；然后是因为没有枪的话，我会没有安全感。不过在那之后，我就把枪锁进了抽屉里。

"我一生中做了那么多事，他们却仅凭一件事就给我下定义"（罗萨里奥·本蒂韦尼亚）；"但我们在后来的生活中也做了很多其他的事"（玛丽亚·特雷莎·雷加德）。前爱国行动组成员没有改变看法，他们依然认为拉塞拉路行动是正义的（朱利奥·科尔蒂尼写道，"如果我发现自己，一个二十五岁的年轻人，处于同样的境况，看到罗马受到奴役和折磨，我想我会再来一次"），但他们并不纠结于此（"我想萨利纳里从未真正谈论过这件事，除了表明他对这次行动不变的信念，这一点他从未怀疑"，他的同事阿基莱·塔尔塔罗说）。作为中央爱国行动组的军事指挥官，卡洛·萨利纳里和安东内洛·特龙巴多里的身份建立在其他方面：前者从事意大利文学的教授和撰写，后者从事艺术评论。瓦伦蒂诺·杰拉塔纳以葛兰西《狱中札记》的评述版著称，而不是前爱国行动组成员；马里奥·莱波拉蒂教授人文学科，后来成为一所高中的校长。马里奥·菲奥伦蒂尼以自学的方式获得理工科高中文凭，接着又获得数学学位，在学校教书（"我有参加社会活动的经验，我遵循着这条路线，总是对坐着最后一排的学生说话"），获得大学教席，成了世界著名的数学家（"在两个不同的领域：交换代数中的同调方法，投影和多维空间几何"）。

帕斯夸莱·巴尔萨莫曾是共产党报纸《团结报》的记者，后来又供职于广播电台和汽车俱乐部。马里萨·穆苏曾以记者和活动家的身份前往中国、捷克斯洛伐克、莫桑比克和巴勒斯坦。[18]弗兰科·卡拉曼德雷伊和玛丽亚·特雷莎·雷加德也都是记者和作家，去过英国、越南、中国和柬埔寨："1954年我在越南；我们和他们一起在丛林里；弗兰科是唯一和他们一路走到奠边府的人。当河内被解放时，我们乘坐他们的吉普车向河内进发。河内的解放是我这辈子见过的最美妙的景象之一：红旗在风中飘扬，作战的士兵们从北方归来。这座城市终于回归到了它的公民手中。"

因此，拉塞拉路远不是他们脑中想到的第一件事，但它以攻击、诽谤、威胁、挑衅和指责的形式，被抛回给他们。卡拉·卡波尼说："不幸的是，我不得不一直谈论它，因为各种威胁、文章和新闻报道老是针对我。如果你翻阅那些年的《博尔盖塞》杂志 *，你会看到一张我在党代会上吃三明治的照片，然后写着：'她在这里吃她的三明治，而三百二十位……'，或者，'杀人犯沾满鲜血的双手和金质奖章……'"

　　罗萨里奥·本蒂韦尼亚　我不得不谈论它，因为他们指名道姓地针对我。我在卡普勒审判时出庭作过证，报纸上说我是拉塞拉路行动的参与者之一，另一方便在此基础上试图创造出一个怪物的形象。对游击队员形象的篡改，尤其把我当作一个象征，甚至对我的职业生涯产生了相当大的影响。有一位女士隔一阵子就会打电话来辱骂我："杀人犯，你会付出代价的……"有时候，他们只是有些神经兮兮的，但我也不是没有收到过装有子弹的信封……也有人一开始攻击我，但随后通过和我对话，了解了事情的真相。还有无数素不相识的人，有的在罗马，有的在罗马以外的地方，通过各种方式找到我，向我表示支持。

　　党选择不再强调游击队员的武装斗争，这增加了前爱国行动组成员的孤独感。在"冷战"时期，党需要在新的民主秩序中将自身合法化，于是努力强调自己在抵抗运动中扮演的角色，而抵抗运动通常被表述为意大利人民近乎团结一致

---

* 创立于1950年的文化政治月刊，以博尔盖塞家族的名字命名，持右翼保守立场。

的举动——与法西斯有过妥协但希望搁置这一记忆的天主教
和温和派，对这种表述也会很受用。另一方面，过度强调的
民众共识和动员，成为欧洲最先进、最民主的宪法之一的叙
事基础，这部宪法受到参与式公民权和充分代表性这一理念
的激发。[19] 随着左翼淡化自己的革命身份，转而采取一种更
令人放心的形象，对暴力的记忆变成了令人尴尬的负担。既
然抵抗运动与其说是战斗不如说是受难，比起拉塞拉路，阿
尔帖亭洞窟能更好地代表它。

　　马里萨·穆苏　左翼实际上对抵抗运动进行了防腐
　处理，使其充满道德的芳香，而我们每个人的形象都非
　常美好……这就是它从不谈论拉塞拉路事件的原因。因
　为这是一个富有悲剧色彩的行动，它迫使你面对巨大的
　问题，面对报复以及抵抗运动的代价问题。其实游击队
　员也是卑鄙邪恶之人，当然是打引号的卑鄙邪恶，也就
　是说，他们并不是，但看起来是，这中间就必须进行解释。

　　一方面，抵抗运动被视为殉道；另一方面，游击队员
经常被想象成枪手，就像那个在陶里亚蒂遇刺后，让帕斯夸
莱·巴尔萨莫去射杀卡普勒，以行报复的想法所反映的。"他
们认为我们是些不要命的。我还要跟你讲一些我以前从未说
过的话：我记得那是 1945 年初，有些同志来我家问我，'听着，
你知道怎么用左轮手枪，我们需要一把枪，你应该把你作为
游击队员的本事捡回来，替我们干一票，你应该去搞一把枪'。

我说，'你们疯了，现在已经过了用枪的年代'。他们还是我
们的同志，但你看看他们是怎么看我们的，他们认为我们是
杀手。"（卡拉·卡波尼）

党为爱国行动组辩护，将他们安排在党报和党组织中工
作，为他们颁发奖章和奖励。然而，这一切给人的印象是在
例行公事，是在做样子："党的官方立场一直很明确。但有一
件事，我认为它应该做而没有做，那就是谴责那些不断冒出
来的谎言和假话。也就是说，他们确实讲了真话，但他们没
有谴责谎言。"（罗萨里奥·本蒂韦尼亚）然而，这种态度并不仅
仅是因为党对拉塞拉路行动缺乏把握，或者希望展示抵抗运
动的和平形象，也是因为严重低估了反游击队宣传和神话的
力量及其传播。

1997 年，右翼对普里布克审判的反应集中在两项指控
上：拉塞拉路袭击是针对"红旗"或其他非共产党抵抗力量；
炸弹造成的平民伤亡（小皮耶罗·祖凯雷蒂在人行道上被炸
成碎片的照片，是这场运动中最有力的标志之一）。[20] 一方
面，此前对"红旗"的存在本身保持的沉默，肯定无助于澄
清事实。另一方面，至少从 1940 年代末的卡普勒审判开始，
平民伤亡就已经成为众所周知的事实，但他们遭到了忽视和
遗忘。罗伯特·卡茨的《罗马之死》（1965 年）花了很大工
夫，对阿尔帖亭洞窟大屠杀进行翔实的记载，而且准确度也
很高，但居然也没有提到皮耶罗·祖凯雷蒂。罗萨里奥·本
蒂韦尼亚在其 1983 年的自传中写道："在我们查阅的官方资
料中，没有任何迹象表明拉塞拉路存在平民伤亡。"[21]

"我从来不知道有这回事；我要是发现的话，会把它写下来的"，本蒂韦尼亚说。然而，这就使问题变得更加严重，因为这样一来，遗漏就不是个人的推诿，而是一种更加普遍的记忆抹杀。很难说对祖凯雷蒂的遗漏，是因为太内疚，无法面对，还是因为觉得他的死无关紧要，也很难说哪种情况更糟糕。"我们再也没有想过这个问题，因为一切已经被抹除了。"（帕斯夸莱·巴尔萨莫）卡拉·卡波尼记得报纸上登过"一则小消息"，说"一位叫祖凯雷蒂的男孩死了"；但她补充说，他们以为他是被德国人的子弹打死的。事实上，《消息报》上的死亡通告（1994年3月26日）称，这个男孩死于"颠覆破坏分子的盲目暴力"。[22]

因此，当这一切被作为右翼的论战武器挖掘出来而左翼又正在经历严重的身份危机时，沉默就成了更大的逃避和审查的隐喻。

卢恰诺·皮佐利　罗伯特·卡茨的《罗马之死》对我来说几乎就是《福音书》。但我要告诉你，我不得不像放弃其他所有的神话一样放弃这个神话，因为它也不再是真的。甚至在这本书里，我不得不再次看到我在生活中看到的一点，那就是必须说的东西不说。当我还是一个共产主义信徒的时候，我认为真理具有革命性；我从小就这样被教导，真理是革命的，葛兰西这样说，马克思也这样说……因此，当我开始意识到人们只说一半的真话——不是说另一半是谎言，而是说另一半的真话没有说出来——我开始觉得这样是不行的。不幸的是，我必须说，这种暧昧不明使我重新思考了我对培养我的党所持的全部立场。

事后，我们可以很容易地说，应该承认皮耶罗·祖凯雷蒂作为战争和德国占领期间的众多直接和间接受害者中的一个（帕斯夸莱·巴尔萨莫说，"有四千个祖凯雷蒂被埋在圣洛伦佐的废墟下"），反法西斯的意大利应该用牌匾和以他名字命名的街道来纪念他。但这将意味着承认——事实上是宣布——抵抗运动是一场战争，因此有其不尽如人意的后果，甚至是错误和不公正，而这需要另一种政治环境，另一种领导权（hegemony）。在"冷战"最激烈的时期，随着反法西斯战线出现分裂、抵抗运动受到攻击、共产党员受到歧视、游击队员受到审判，这样的承认可能是无法想象的。

5. 右翼的记忆

埃马努埃莱·莫里科尼 在意大利，我们拥有的文化遗产大多都是站在一方的；只有一种观点，那就是胜利者的观点，左翼的观点。

波尔泰利 你说胜利者就是左翼。在意大利，左翼执过政吗？

莫里科尼 在［法西斯统治的］二十年后，左翼政府上台了。

"修正主义，那种法国式修正主义的概念本身就是一个错误，"民族联盟党书记詹弗兰科·菲尼说，"也就是说，假设我们发现了一处之前没有的 [信息]，后果是什么？好人不再是好人，而坏人变成了好人。因为你比我更清楚，整个历史修正主义并非基于一种意愿，即去发现历史的褶皱，譬如说内战，看看我们是否掌握我们所需的全部信息；而是抱着这样一种任务，即宣称'刽子手才是受害者'，好吧，我不会说他们反过来认为受害者才是刽子手，但意思也差不多。"

"因为最终，历史书都是由历史的胜利者书写的……"（乔瓦尼·迪鲁肖）事实上，1946 年之后，共产党员从未成为意大利政府的一部分（只有在 1996—2001 年，在放弃了共产主义之后，左翼的民主党才成为联合政府的一部分）。从抵抗运动角度书写的历史，并未超出自身的范围，在媒体或学校系统中生产出多少常识；即使声称以抵抗运动为起源的政治力量，基本上也只是给予了敷衍的关注。相反，有大量的右翼文献涉及"内战"的总体历史和特定事件，特别是拉塞拉路事件。这些叙述在一个长期被置于政治和文化生活边缘的舆论领域里广泛流传，这个封闭的领域致力于捍卫自己的记忆和过去，并从这种孤立中获得了身份认同和自豪感："再没有什么比在自己的国家感到受歧视更糟糕的，同时也没有什么比这种境遇更加让人团结的。这是一种萨米亚特（samizdat）*文化。在其他场合，我会用一种更为耸动的表达：

---

* 这一术语来自苏联，指的是地下出版物。依照弗拉基米尔·布科夫斯

我说，我们有时感觉自己像废除种族隔离制度前的南非的黑人。"（詹弗兰科·菲尼）

右翼从孤立中汲取能量，将自己描绘为地下承载者，在沉默中背负着被官方历史掩盖的令人错愕的真相。这一事实也使得右翼历史处于部分由它自己制造的隔都（ghetto）中。右翼本可以发展出左翼忽略的重要主题：民众对法西斯主义的共识，1943—1945 年的所谓"内战"，以及游击队的暴力。但基于广泛而严肃的研究可信地阐述这些主题的，是伦佐·德费利切或克劳迪奥·帕沃内这样的自由派或左翼历史学家，而不是右翼。"萨米亚特文化"并不做历史研究，也即带着疑问地探讨过去，而是沉迷于以耸动的修辞去揭示"真相"和"谎言"：乔治·皮萨诺的右翼经典著作《以血还血》第 18 版的封面上写道："从来没有人敢说出关于意大利内战的可怕真相。"皮耶兰杰洛·毛里齐奥关于拉塞拉路事件的小册子被称为《五十年的谎言》；为声援普里布克而召开的会议记录被取名为《直面历史、正义与真相》。[23]

然而，尽管这些文本言必称真相，但不能从事实的层面对它们进行评估。[24] 它们的功能与其说是论证或者提供某种参照，不如说是情感上的：宣泄受挫感和被迫害感。那么，如果它们讲述的故事是自相矛盾的（它们既断言，共产党书记帕尔米罗·陶里亚蒂下令在拉塞拉路采取行动，因此应受

基的总结："我自己写，自己编，自己审查，自己出版，自己分发，自己坐牢。"

到指责，[25] 又声称，陶里亚蒂对行动表示过谴责，而这证实
了肇事者的不负责任），或者大家已经知道这些故事是瞎编
乱造、漏洞百出的，也没什么关系。最终，它们是保持一致的，
而这源于这样一个事实，即它们都通向了一个结论：共产党
的阴谋。

被迫害感和阴谋论，赋予这些叙述以一种偏执的紧张。
如果阿尔帖亭洞窟的十一名遇害者仍然身份不明，这不可能
是因为没有找到他们的名字，而只能是因为他们"受到了德
国和意大利以'国家理由'为名的审查"。[26] 至于这是不是
真的，没必要费心思证明：某些东西不为人知这一事实本身，
就证明了背后隐藏着某种黑暗的秘密。

共产党阴谋论的高潮是认为拉塞拉路行动的目的是消灭
"红旗"（也可以换成行动党或军事阵线），但它有不计其数
的变种。例如，在大屠杀当天，天皇后监狱的爱国行动组军
事指挥官安东内洛·特龙巴多里分明是被监狱的社会党医生
阿尔弗雷多·莫纳科所救，莫纳科把他藏在了医务室里。然而，
马里奥·斯帕塔罗表示，意大利警方在把名单交给纳粹时"很
可能"把他的名字划掉了，因为他受到了法西斯警察的"特
别保护"。正如在这类叙述中的大多数一样，推测逐渐转变
为肯定：两页之后，特龙巴多里被排除在名单之外的事实，
证明了整个名单是由"共产党的秘密机构"起草的。换句话说，
特龙巴多里获救是因为共产党已经渗透到警察内部。但我们
是怎样知道共产党打入警察内部的？显然，是因为特龙巴多
里获救了。[27]

这种记忆的力量在于这一事实，即它的耸人听闻的语气，以及以愤慨沉溺于自我造成的边缘状态，其实反映了接受者的普遍情绪：反智主义、小资产阶级的不信任感和无力感，以及获得某种情感补偿的愿望受挫。通过将受众已经知道或相信的陈词滥调（对法西斯主义的共识、共产党的阴谋、其他意大利人的背叛）作为令人震惊的启示呈现出来，这些叙述把循规蹈矩的平庸变成勇敢的犯罪，把消极无为变成英雄主义，把沉默的大多数变成受压制的少数。也许这种被掩盖的、无处不在的关于起源的话语，深嵌于国家的潜意识中，一旦建国意识似乎开始消解，就会出现。

1997 年，备受尊敬的保守派记者因德罗·蒙塔内利给埃里希·普里布克写了一封声援信。"作为一名老兵，"他写道，"我非常清楚，您只能做您做过的事［……］请记住，在我们意大利，也有一些人能做到公正地思考、公正地看待，即使那些想法和眼光错误的人成了广场的主人，他们也不惮说出来。"[28]

"1950 年代，［本蒂韦尼亚］被授予金质奖章时，共产党把持着意大利的广场，那些对他们的方式、思想和存在感到恐惧的人没有发言权。"[29] 实际上，1950 年代的意大利一直是由基督教民主党主导的中间派和中右翼联盟执政的。但这些因为需要感觉到自己是被歧视的和孤独的英雄而产生的幻想逐渐变成常识：在 1994 年成功的竞选活动中，西尔维奥·贝卢斯科尼一直声称意大利经受了"五十年的马克思主义霸权"，而左翼再次错误地认为这种无耻的谎言不需要澄清和回应。随着反法西斯范式在新保守右翼的冲击下崩溃，以及东欧剧变后产生的意识形态和道德危机，右翼记忆的原则以两种互补的面貌重新出现：一方面，作为昔日失败者的愿景；另一方面，作为今日胜利者的话语，即新的多数人的常识。为了谋求一种自掘坟墓的"和解"，各机构，甚至那些仍然由进步或自由力量控制的机构，把国家、荣誉、信仰、死亡和牺牲等概念交给了右翼：法西斯共和国的"萨罗男孩"*有价值观，而游击队员只有意识形态。在这种新的叙事中，那些处于中间位置的人，无所作为的人，才是真正的英雄，并且成了公民的原型。因此，公民不再是参与者（如战后宪法所预示的，他们现在已经名誉扫地，备受攻击），而是像新的流行语所说的，是可以治理的人。

右翼不仅说和写，还会采取行动。"那是一个新年前夜。有人向我的房子里扔了一枚燃烧瓶。幸运的是，我当时在院子里，而它并没有爆炸。之后，我接到一个电话——我告诉他们，'孩子，现在马上就要进入新年，如果你想侮辱我，请明天再打来'"（乔瓦尼·吉廖齐，意大利解放烈士家属联合会主席）。在阿尔帖亭洞窟，"有人炸毁了一扇门，然后不止一次地把木偶吊在街对面，画纳粹党徽……但这毫无意义，他们害怕死者。[他们说]'他们是边缘人'，但这种边缘的

---

*　萨罗为加尔达湖畔的一个小镇。1943 年，墨索里尼在希特勒的扶植下，建立意大利社会共和国，虽然宣布罗马为其首都，但实际权力中心是在萨罗。

说法是从哪里来的呢？他们一定是从某个地方得知那些神话的……"（妮科莱塔·莱奥尼）

1996 年 1 月底至 2 月初，罗马到处张贴着要求释放普里布克的海报。在拉塞拉路的显眼位置，摆放着纪念博岑营士兵的一块牌匾和一个花圈（后来被当局移除）。有人闯入解放烈士家属联合会的办公室，在墙上涂画纳粹党徽、锤子和镰刀，并写上死亡威胁的话。还有人在游击队协会的办公室附近安置了一枚炸弹。8 月，在奥斯蒂亚、拉斯托尔塔和奥斯蒂恩塞，纪念反法西斯烈士的牌匾和石碑上都被画上了纳粹党徽。代表罗萨里奥·本蒂韦尼亚和卡拉·卡波尼的两个木偶被吊在阿尔帖亭洞窟前。[30] "普里布克的审判开始时，他们把本蒂韦尼亚住的那个街区搞得乌烟瘴气，随处可见贴着印有他照片的海报——'通缉犯，阿尔帖亭洞窟的凶手'。他们发现我的住处后，也把海报贴在这里来，但市政府把它们都撕了。"（帕斯夸莱·巴尔萨莫）里卡尔多·曼奇尼曾是塔索路的一名囚犯，因为在普里布克案中充当控方证人，收到了死亡威胁的电话，一些参与审判的受害者亲属也是如此："我一直处于恐惧之中；我在家里和办公室都接到过这样的电话——'当心，当心你的女儿；她多大了？'"（安杰洛·皮尼奥蒂）

右翼似乎一直执迷于这段记忆，仿佛大屠杀表明了右翼外在于这座受伤的城市（尽管它获得了广泛的选举支持）。事实上，1993 年，当尚未改组的新法西斯政党——意大利社会运动党的书记詹弗兰科·菲尼几乎要在市长选举中获胜时，右翼的合法性不得不在阿尔帖亭洞窟中接受验证。

　　詹弗兰科·菲尼　　这真的是一场进入白热化的角逐，如你所知。在电视上，我经常得面对这样的问题："你怎么能当市长？如果你当了市长，你会在［阿尔帖亭洞窟大屠杀］周年纪念日做什么？"我总是回答说："如果我成为市长，我将前去参拜，因为从道德和政治上来说，以整座城市的名义这样做是正确的。"由于我对这一点深信不疑，在选举结束后，我就去了。

　　这位新法西斯领导人的参拜，对一些受害者亲属来说，是一种迟来的赎罪行为，但对于其他人来说，则是一种羞辱。"如果他有这样的心，我们欢迎他，为什么不呢？"（朱塞平娜·费罗拉）"从广播中听说菲尼到过那里，第二天我就去看他是否留下了一个花圈、一束花，或者别的什么东西。如果有，我会扔掉的，如果他正好在那里，我会和他争吵，让自己被捕，制造一出公共事件。"（奥尔费奥·穆奇）"毫无疑问，一个人摆出这种姿态时，它自动地就成为一种亵渎。因为这是一种带有功利性的姿态——事实上，菲尼玩政治不要玩得太明显，他意识到自己得通过犹太人才能得到民主的接纳，因为他们是可以给他盖章的人。"（克劳迪奥·法诺）"他有那种超凡的魅力，态度亲切、思维利索、举止优雅——而我扮演鬣狗的角色，选择不原谅、不相信，我不会相信你所说的话。我确实不相信。"（朱莉娅·斯皮齐基诺）

菲尼参拜阿尔帖亭洞窟，也在他自己的政党内部引发了争议，因为这是一个具有象征性的姿态，标志着该党正式放弃法西斯主义的意识形态，并将其名称从意大利社会运动党改为民族联盟党。"我得出的结论是，时机已经成熟，必须这样做。在党的一次最高级别的会议上，我宣布自己去过阿尔帖亭洞窟。没错，一些人有些尴尬；但也有真诚的掌声。从象征意义上讲，[访问]阿尔帖亭洞窟预示着[民族联盟党]对法西斯极权主义和反犹主义的谴责。"因此，以阿尔帖亭洞窟为起点，这个前法西斯党逐渐为中右翼联盟所接受，不仅一道在1994年赢得选举，更在2001年以压倒性优势再次赢得选举，而此时的詹弗兰科·菲尼成了意大利的副总理。

6. 提图斯凯旋门

1998年11月：在罗马的主要体育场馆奥林匹克体育场，罗马的两大意甲球队——罗马队和拉齐奥队之间的比赛即将开始，这是这个足球赛季中最热门的一场比赛。拉齐奥队球迷所在的区域悬挂着一条巨大的横幅："奥斯维辛，你们的祖国——炉子，你们的家园"。而另一方的横幅则回应道："该死的托夫"（罗马的犹太教首席拉比）。评论家们急忙解释说："这和政治无关。"就在同一天，投票结果出来，前法西斯政党民族联盟党成为罗马省的第一大党。[31]

*

瓦莱里娅·斯皮齐基诺 我仍记得五十年前我们走过提图斯凯旋门的情形。我们的拉比禁止我们从提图斯凯旋门下经过，因为它代表着巨大的耻辱，代表着［公元 70 年在耶路撒冷］圣殿被毁所带来的巨大悲痛，以及后来犹太人在提图斯统治下的大流散。我们是在以色列国宣布成立时去的。首席拉比在前面领路，就像在大会堂里一样穿着全套法衣，所有的拉比紧跟其后，然后是几乎所有的罗马犹太人。我们在犹太区围着篝火跳舞，一直跳到凌晨三四点。我记得一清二楚，那种感觉太美妙了。

正如前总理朱利奥·安德烈奥蒂在 1964 年所说的，在阿尔帖亭洞窟举行的纪念活动是"唯一由天主教神父和犹太拉比共同为死者祈祷的官方仪式"。"我一生中最感动的时刻是，当我问枢机主教波莱蒂［罗马副主教］'为什么教皇从未来过阿尔帖亭洞窟？'，约翰·保罗二世就来到了阿尔帖亭。听说他要来,我打电话给我的朋友［首席拉比］埃利奥·托夫,他们这是第一次见面。犹太人和天主教徒之间的第一次相会是在阿尔帖亭［1982 年］,他们一起进行了祈祷。"（乔瓦尼·吉廖齐）

克劳迪奥·法诺 在我们的社区，我们基本上不会把［1944 年］10 月 16 日［的犹太人被逐］和阿尔帖亭洞窟大屠杀区分开来，我们认为这是一个统一的事件——某位叔叔死在阿尔帖亭洞窟而不是奥斯维幸……这个巨大的伤口仍未愈合，在某些阶层，特别是工人阶级中，年轻一代感受最深。

维托里奥·帕翁切洛　虽然犹太人在被杀害的人中只占很小一部分［三百三十五人中有七十五人］，但我个人仍有切身的感受，因为我妻子的祖父和叔叔在阿尔帖亭洞窟大屠杀中丧生，留下我妻子的祖母带着一个小女儿相依为命，他们没有做什么违法犯罪的事，身为犹太人是他们唯一的错……我的祖父维托里奥（我的名字就是来自他）被带到集中营后，旋即被杀害，因此他的八个孩子变成了孤儿；我的岳父也被关进过集中营；他现在已经七十岁了，但由于当时遭到过毒打，看起来有九十五岁。而我母亲的另一个亲戚失去了七位亲人，即著名的迪孔西利奥家族。随着我们和许多其他人见面、交谈的次数增多，我们开始对那些阿尔帖亭洞窟大屠杀受害者有了更深的了解，跟他们也有了一种人际联系。我想，他们的记忆和痛苦仍会在很长一段时间内引发共鸣。

然而，在 1950 年代和 1960 年代关于仪式的报道中，似乎天主教的仪式具有普遍意义，而犹太教的祈祷只代表了一个特定的群体。"比如，阿尔帖亭洞窟总会有一个天主教神父，每当 3 月 24 日到来时，就来这里做弥撒，占用相当的时间。而犹太教的仪式只有几分钟，你看：在你讲完祈祷文之后，一切就结束了。"（阿梅代奥·泰代斯科）"在修建陵墓时，曾试图在里面建一座天主教小圣堂。当时的拉比就说，这样做会违反犹太人的规则，如果他们想建的话，应该建在外面。他们的打算落了空，于是把小圣堂建在了外面。而我们拒绝建一座犹太会堂，因为这种东西在公墓里毫无意义。"（克劳迪奥·法诺）在天主教的首都罗马，阿尔帖亭洞窟在纪念碑中的标志性地位，遮蔽了犹太人被驱逐的这段记忆（然而在 1999 年，10 月 16 日被宣布为这座城市的"纪念日"）。解放后的罗马首任市长向阿尔帖亭和无名战士致敬，但没有向犹太区致敬；希特勒大道变成了阿尔帖亭洞窟大道，但直到 2002 年都还没有一个地名用来纪念罗马浩劫（Roman Shoah）。直到 1982 年，左翼市政府才在德拉罗韦雷广场立了一块牌匾，那里曾经关押过等待被驱逐出境的犹太人。正如弗兰切斯卡·科赫和西蒙娜·卢纳代伊所写的，给予阿尔帖亭洞窟突出的地位，"才有可能孤立纳粹，并把他们作为唯一该对这座城市的苦难负责的人而永久地保留在记忆中"。铭记意大利警察和意大利间谍在 1943 年 10 月 16 日之后对犹太人展开的逮捕行动，则"会成为民族和解进程的障碍"。[32]

　　意大利人性格善良的神话（"意大利人即好人"），基于一些实际发生过的团结行动，并非完全没有依据。然而，这种形象掩盖了一种种族歧视，这种歧视在针对所有并非生活在意大利的阿拉伯人或非洲人时是"潜在的"，在针对犹太人时则总是非常具体和具有威胁性的。[33]1960 年，在反犹主义表现复苏和要求释放赫伯特·卡普勒的运动期间，犹太区周围的街道上出现了纳粹党徽，反犹的电话也打到了市政府办公室。[34] 在阿尔帖亭洞窟大屠杀周年纪念日，时任意大利解放烈士家属联合会主席的莱奥纳尔多·阿扎里塔提醒公众注意这些信号——尽管可能用词不当——说这让他回想起了"我们犹太同胞的牺牲"。

　　　　阿德里亚诺·莫尔登蒂　　我有幸在 1967 年"六日战争"期间去了以色列，离开满是我的朋友的意大利。在那之前，犹太世界是左翼关注的一部分；犹太人中会有这样一种意识，即他们不能不成为左翼。我动身去以色列的时候，情况是这样的；而等我回来后，我发觉了一种没来由的敌意。人们开始说我不是反犹主义者，而是反犹太复国主义者，这是一种可怕的委婉说法，即是说，我是一个羞于承认的反犹主义者。多年来，我的地址簿变得越来越薄，每天我都要从上面划掉某人。

　　　　维托里奥·帕翁切洛　　我相信"六日战争"会让犹太人倒退到以色列建国之前的样子，于是每天怀着极大的忧惧生活着，尽管我还无法非常积极地参与到防御委员会中，为以色列募集食品、物资和金钱：我那时还是一个十四岁的孩子，所以只是设法溜进那些会议。而到了 1970 年代初，相反，恐怖主义者袭击了罗马和我们的社区，很多个夜晚我都在看守大会堂。我们在夜间巡逻，组织起来保卫犹太人的机构。我是下午才去上学，所以可以在晚上熬夜，然后在上午补觉。我坐在汽车里监视着会堂，而我的父母并不知道我在忙什么，似乎也一点不担心。但真正让我印象深刻的是，来自各方的人都在问我："你是一个犹太人，那你是意大利人还是以色列人？"

人们很可能不同意以色列对巴勒斯坦的政策，但不可能意识不到犹太社区和进步力量之间的裂痕严重损害了罗马的民主结构。犹太社区感到了孤立无援，而左翼本身也受到了感染。1982 年 10 月 9 日，在萨布拉－夏蒂拉大屠杀*之后，一个极左组织向大会堂投掷了一枚炸弹，造成四十人受伤，一名两岁的儿童斯特凡诺·泰切身亡。今天意大利解放烈士家属联合会的图书馆便是以他的名字命名的。

　　阿德里亚诺·莫尔登蒂　大会堂里的炸弹——那次要更惨，因为我们比以往任何时候都要孤立。你必须记住，几个月前，有一场工会的示威游行从会堂门前经

---

* 又称贝鲁特难民营大屠杀。1982 年 9 月 16 日至 9 月 18 日，在以色列国防军协助下，黎巴嫩长枪党旗下的民兵组织在首都贝鲁特的萨布拉街区和附近的夏蒂拉难民营，屠杀包括巴勒斯坦人和黎巴嫩什叶派穆斯林在内的政治敌人，遇难者人数介于 762 人与 3500 人之间。

过，［有人］把一口棺材放在了牌匾下。这给人留下了深刻的印象，有些东西被打破了，也许只有在黄星事件之后的大型示威游行中才得到了部分恢复，记得吗？后来，当我们不得不抬着一口真正的棺材时，我们不禁想到了那副空棺材：毕竟，罗马人是解读符号的老手。然后，有人拨打 113［警方紧急号码］："快到犹太会堂来，他们正在开枪！"而得到的回应却是："犹太会堂在哪里？""这不是特拉维夫，我们这里有的是教堂。"

"社区认为，除了少数例外，犹太人作为不为自己辩护的受害者有着长期的传统，这一传统直到华沙犹太区［起义］才被打破，然后在以色列找到它的尾声。"（克劳迪奥·法诺）1992 年，罗马多个地区的犹太人商店的百叶窗上被涂上了黄星。问题不再只是防御，而必须回应；一群年轻的犹太人游行到多莫多索拉路，那里是纳粹光头党的聚集地。

维托里奥·帕翁切洛　多莫多索拉路这个事情，起因于犹太人的商店被涂了黄星，背景是纳粹光头党越来越具威胁性这一事实。他们在普林奇皮公园酒店举办了一个会议，邀请修正主义历史学家大卫·欧文[*]参加，

---

[*]　大卫·欧文（David Irving, 1938—），英国作家，专门研究"二战"军事史，鼓吹犹太大屠杀否认论。虽著作等身，但其历史学家的身份，并未得到学术界认可。

幸运的是，他在机场被拦住了，但是在威尔第广场，在一个星期六的下午，警察和我们示威者之间的关系一度变得紧张。然后出现了在博恰的墙上涂鸦的举动。我反对这样做，因为它可能带来报复之类的后果，所以试图进行调解。然而，事后是我向报纸告知了这一行动。令人感动的是，他们告诉我，他们可以从那些纳粹光头党的眼中看到对犹太人反应的恐惧。他们把纳粹的旗帜撕下后带到了犹太区，一个集中营的幸存者正在那里等待——整个情况让他感到不适，因为它把他带回了那个无法忘记的时代。所以我们把他抬起来，扔到空中，我们为他鼓掌，并把这面旗帜送给了他。

1997 年以及 2002 年，罗马公墓中的犹太人坟墓遭到了亵渎。受害者亲属发现"忘记"是不可能的；犹太社区感到不能放下心防。对于媒体来说，这种态度成为将有关阿尔帖亭洞窟大屠杀的记忆和普里布克审判说成犹太人私事的另一个借口。1950 年代，当阿尔帖亭洞窟被看作每个人的纪念碑时（即国有化阶段），犹太人被视为局部的、令人尴尬的存在；而现在（即私有化阶段），他们似乎成了唯一的主角。在普里布克的每一轮审判中，他们都是被要求发表意见的人：头条新闻写道，"普里布克很快就要释放［……］托夫感到很失望"。[35]

大多数犹太人对这种主角地位感到不安。在以受害者的儿子和社区主席的身份接受媒体采访时，克劳迪奥·法

诺回答说，"这是一个关系到罗马的问题，而不［仅仅］是
犹太人的事"。"我的意思是，他们只杀了犹太人吗？是
的，从比例上看，七十五个犹太人是一座山；但他们仍然是
三百三十五个中的七十五个。"（朱莉娅·斯皮齐基诺）这种过度
的曝光多少引发了其他受害者家属的不满，并助长了对犹太
人的阴谋和统治的偏执性恐惧。[36] 因此，"普里布克是犹太
复国主义迫害的替罪羊"（马西莫·C.）；该案"被重新审理
是由于意大利支持犹太复国主义的游说团体非常强大"（乔瓦
尼·迪鲁肖）。在这些年里，所有的媒体都习惯于向每位受害
者——从恐怖主义的受害者到高速公路上投掷石块的受害
者——侵入性地提出"宽恕"的义务："你会原谅吗？"阿
尔帖亭洞窟大屠杀受害者的家人也不例外："每位记者都拉
着我的衣袖，要我配合镜头说什么'我原谅普里布克'之
类的话。"（克劳迪奥·法诺）在涉及犹太人时，提出宽恕的问
题尤其显得别有用心。

　　克劳迪奥·法诺　听着，犹太教不是没有宽恕的概
念，它是我们的一种价值。这个概念是这样的：［第一，］
只有受害者才可以原谅，亲属没有这个权利。这就是人
的生命的价值。毁掉一个人的生命意味着你失去了可以
原谅你的人。第二，宽恕是忏悔的对应物，而忏悔不能
是泛泛的，它必须发自内心。而且——现在我是为我自
己说话：没有人来找我请求原谅。然而，因为有了基督
教的宽恕概念，犹太人就变成了不宽恕的人。而犹太人为

什么不宽恕呢？因为他们是害死耶稣的人（God-killers）。

朱莉娅·斯皮齐基诺　我为什么要原谅他？原谅一个伤害了另一个被深埋于地下，不能和我说话的人？我不能让我的外祖父、我的表兄弟们走出来对我说："你凭什么去原谅？你是那个被打的人吗？头部中弹，爬过我父亲和我祖父尸体的，是我而不是你。你有什么权利去原谅？"如果我足够强大的话，我可以原谅你对我朱莉娅造成的痛苦。但现在我做不到，而且我想我永远也做不到。

7. 报复和"多重谋杀"：司法扭曲的记忆

〔……〕在拉塞拉路发动的袭击〔……〕是非法的战争行为〔……〕

——罗马军事法庭，1948 年 7 月 20 日

〔……〕游击队员在 1944 年 3 月 23 日发动的袭击是合法的战争行为〔……〕

——罗马民事法庭，1950 年 5 月 26 日至 6 月 9 日

1948 年 7 月 20 日，罗马的一个军事法庭判处赫伯特·卡普勒终身监禁，罪名是在阿尔帖亭洞窟以极其残忍的方式实施持续谋杀；此外，卡普勒还因"任意没收"犹太区黄金，

被判处十五年监禁。博兰特·多米茨拉夫、汉斯·克莱门斯、约翰内斯·夸普、库尔特·舒茨和卡尔·维纳德则被无罪释放，"因为他们是根据上级命令行事的"。至于埃里希·普里布克和卡尔·哈斯，官方称他们下落不明。1998年，两人被认定犯有反人类罪，并被判处终身监禁。

"法庭上，一百名阿尔帖亭洞窟大屠杀的受害者亲属，站在一排宪兵组成的警戒线的后面。摄像师放置在房间里的聚光灯被打开，发出刺眼的光线，摄像机开始嗡嗡作响，记录这六名被告的影像。正当大法官马里奥·西拉库萨准备宣读指控时，人群中响起一个女人尖锐而高亢的声音，她对卡普勒威胁道：'我要把目睹过我父亲和兄弟的遭遇的人的眼睛给挖出来。'这位黑衣女子紧贴着栏杆，挥舞着双手，仿佛真的要扑到被告身上去，而周围的人几乎无法拉住她。卡普勒无法掩饰自己的恐惧：他拿起手帕放在嘴唇上，继而放在额头上，以吸干汗珠。"[37]

乔治·阿甘本写道："也许［从纽伦堡到艾希曼的］审判本身就应对思想的混乱负责，这种混乱使得我们几十年来都无法将奥斯维幸概念化。"[38]虽然与奥斯维幸有别，但这句话也适用于阿尔帖亭洞窟：司法和法律话语的膨胀——从盟军对凯塞林、卡普勒、梅尔策和冯·马肯森的审判（1945—1947）到普里布克的审判（1996—1998）——使人们更难从历史的角度思考拉塞拉路和阿尔帖亭洞窟。

法院的管辖权只延伸到个人法律责任；它并没有授权历史学家将所有关于过去的话语交给法院，也不允许不加批判地使用司法资料。[39]法律需要确定性，因此必须明确限定话语的对象；历史意识则需要一种永远开放的情境化（contextualization）："历史学家有权利在法官认为没有理由继续下去的地方发现问题"，卡洛·金茨堡写道。[40]人们期望法官以明确的、最终的判决结案；然而，司法判决不过是历史学家必须始终让其保持开放的一本书中的一个章节。因此，结束卡普勒审判的判决本身，也是后来的历史和记忆斗争中的一个因素。无论将拉塞拉路行动定义为"非法的战争行为"，还是人们普遍相信法院认定报复行为合法，只因"额外的五个人"而谴责卡普勒，都是该判决在机构记忆和公众记忆中留下痕迹的例子。

士兵之间

埃里希·普里布克说："我身负警察的职责，我并不是军队的一员。"[41]从严格的意义上讲，他是对的：即使在执行军事任务时，党卫军也不是正规军的一部分，而是一个自愿的政党民兵组织，除了直接听命于希特勒外，他们的行动不受任何法律约束。[42]因此，他和卡普勒都不应受到军事法庭的审判；正如历史学家卢茨·克林克哈默所写的，他们的被审判仍然是"意大利司法的一个谜"，[43]这个错误将军事判决而不是民事判决的标准强加给了未来的记忆。

1948年，平民受害方不得在军事法庭上提起诉讼。随着家属们在法庭的尽头沦为喧哗而绝望的合唱团，审判仍然是士兵之间的事情。"作为一名德国士兵——卡普勒宣称——

我将我的荣誉托付给意大利士兵和意大利法官［……］法官
们胸前佩戴着荣誉徽章。因此，他们知道，在战争中，命令
不容讨论，只能执行。因此，我确信，无论判决结果如何，
它都将是士兵对士兵的判决。""最好是由同事来审判"，普
里布克在半个世纪后认定。[44]

　　然而，法院在审理卡普勒案时陷入了矛盾之中。一方面，
在 1948 年的"冷战"氛围中，当昔日的敌国即将成为宝贵
的盟友，法院分享了军队的观点和价值。另一方面，法官意
识到，国家的良知无法容忍全体无罪释放。因此，法院作出
的判决是一种扭曲的妥协，既肯定一切又否定一切：抵抗运
动是非法的，但只是在某种程度上；报复在某些情况下是容
许的，但在阿尔帖亭洞窟大屠杀的情况下不是；大屠杀的命
令是非法的（illegitimate），但卡普勒可能认为它是有效的
（valid）；卡普勒认为他是在执行一项合法的命令，但做得
太过火了……最后，罪名只集中在一名被告身上。卡普勒
的手下被无罪释放；后来，他那被盟军法庭判处死刑的上
司凯塞林和冯·马肯森也被释放。判处一个罪魁祸首（而
且几乎是怀着善意地！）是为所有其他罪犯开脱的最简单
的方法。[45]

抵抗运动，一场非法的战争

　　拉塞拉路行动和阿尔帖亭洞窟大屠杀的司法历史有两个
主要章节：一个是 1948 年至 1957 年，另一个是 1996 年至
1998 年。在这两个阶段，以纳粹为被告的军事审判与以游

击队员为被告的民事诉讼同时进行；问题始终取决于拉塞拉路行动的合法性。

1948 年的军事法庭将拉塞拉路行动定性为"非法的战争行为"。这样的界定从形式上来讲无可指责：1906 年在海牙签署的一项国际公约规定，只有正规武装部队的成员和具备一定条件的志愿军才被视为"合法交战者"，这些条件包括：由一个对部下负责的人指挥，有可从一定距离加以识别的固定明显的标志，并且公开携带武器。*显然，游击队员无法满足这些要求："我们当然不能像现在的市长那样，肩上戴着绿白红三色旗带，也不能在冲锋前吹响军号！"（帐斯夸莱·巴尔萨莫）正如两年后民事法庭指出的，游击队战争是在秘密条件下进行的，不可能遵守这些规则；事实上，基于同样的理由，不只是拉塞拉路袭击事件，整个抵抗运动都将被贴上非法战争的标签。

然而，军事法庭不愿意将那些规则带入其逻辑结论，只是基于一份过时的公约便宣布抵抗运动非法，该公约不仅不足以应对平民实际参与现代战争的问题，而且被德国人自己系统性地违反。[46] 因此，另一次扭曲是：抵抗运动从一开始就"必然处于非法的领域"，而且直到 1944 年 3 月仍然是非法的；后来，随着一个统一的指挥部的成立（名义上由一名陆军将军领导），它才成为"合法的交战机构"。因此，与流

---

*　此处指的是海牙第四公约，时间应为 1907 年。按照该文件，民兵或志愿军成为交战者的资格还有一个条件，即在作战中遵守战争法规和惯例。

行的信念和怀着私心的篡改相反，"不论其物质环境如何"，拉塞拉路袭击事件都会被宣布为非法：不是因为其采取的方式或导致的后果，而是因为在它实施的时候，所有游击队的行动严格来讲都是非法的。

　　另一方面，军事法庭承认，尽管从国际法的角度来看，拉塞拉路行动是非法的，但它得到了意大利国家的完全承认和认可。袭击"是由一个军事组织在得到［抵抗组织］军事指挥部的一名成员根据［民族解放］委员会的政策发出的一般指令后进行的"。而且在战后，意大利承认该游击队指挥部"是一个合法机构，至少拥有事实上的合法性"，并"将游击队员视为本国的战斗人员"。换句话说：拉塞拉路行动在国际上是非法的，在国内却完全合法；因此，它是合法的意大利国家的非法行为，因此，意大利国家要对其负责。

　　然而，在公开的争论和后来针对爱国行动组成员的诉讼中，这种复杂的动机遭到了无视，剩下的只有"非法性"这种脱离时代语境的标签，以便给人留下一种印象，即拉塞拉路行动是一桩独特的、单独的犯罪行为。1949 年，一群阿尔帖亭洞窟大屠杀受害者的亲属，正是在此基础上，向本蒂韦尼亚、卡拉曼德雷伊、卡波尼、萨利纳里以及罗马抵抗运动的领导人桑迪罗·皮蒂尼（共和国未来的总统）、乔治·阿门多拉和里卡多·鲍尔起诉索赔。[47] 然而，民事法庭并未提及过时的《海牙公约》，而是采用了意大利国家的法律，得出了正好相反的结论："任何人为了国家利益而实施战争行为，无论行为本身还是实施者个人，都不应被视为非法，除非国内法明确规定其为非法。"根据法庭的说法，在游击战中，没有明显的领导者、制服和武器是合理的；拉塞拉路袭击行动是针对占领的敌方武装部队的战争行为，"应排除碰巧在现场附近的公民［如皮耶罗·祖凯雷蒂］伤亡，以及随后发生在阿尔帖亭洞窟的大屠杀是［游击队员］故意导致的"。因此，爱国行动组成员"不是罪犯，而是战斗人员"；在阿尔帖亭遇害的人"不是有害行为的单纯受害者，而是为国捐躯的殉道者"。[48]

然而，1997 年，罗马预审法官毛里齐奥·帕乔尼再次援引《海牙公约》和"非法战争行为"的定义，对帕斯夸莱·巴尔萨莫、本蒂韦尼亚和卡波尼启动新的诉讼，指控他们因皮耶罗·祖凯雷蒂和安东尼奥·基亚雷蒂（"红旗"的一名成员，在拉塞拉路被德军杀害）之死而犯有屠杀罪。帕乔尼无法将此案提交法院，因为根据意大利国家的追溯法令，德国占领期间为国家利益而采取的所有行动可以免于受到制裁。于是，他要求以技术原因搁置该案，但保留事实和道德上的指控：拉塞拉路袭击行动可能不会受到惩罚，但它仍然是一种犯罪。[49]更具体地说，是一种屠杀罪（strage）——这个词在通用语中意为"多重谋杀"，但在法律用语中，指的是以"造成数量不确定的人死亡"为"特定故意"的"危险事件"。事实上，与所有战争行为一样，拉塞拉路行动旨在造成尽可能多的敌人伤亡；然而，这些游击队员被指控的不是杀害德国警察，而是杀害皮耶罗·祖凯雷蒂。结果是，基于隐瞒"危险行为"和"特定故意"之间的差距，对法律逻辑进行的颠倒：这场屠杀主观上是杀害德国人，客观上是杀害了皮耶罗·祖凯雷蒂。其实，如果一个事件是另一个有着另一种意图的事件的意外后果，我们可能会说存在过失（colpa），但不能说存在故意（dolo）；而在没有故意的情况下，关于屠杀的指控就不成立了。

然而，重要的不是法律推理，而是对那个强有力的词——"屠杀"或"大规模谋杀"的提法的转变：屠杀不再发生在阿尔帖亭洞窟，而是发生在拉塞拉路。这种法律上的歪曲是一种修辞上的杰作：它声称游击队员犯有大屠杀罪，但又搁置此案，使得他们无法在公开辩论中为自己辩护。游击队员看起来是因为法律技术问题才避免了入狱这一事实，只会扩大丑闻的范围：又一桩阴谋。strage 这个词的普通含义和法律含义之间的差距加剧了这种混淆：虽然该案围绕的是皮耶罗·祖凯雷蒂一人之死（基亚雷蒂的死很快被证明与本案无关，并被驳回），但公众舆论得到的印象是，德国人的死亡才是关键所在。换句话说，意大利国家似乎在指控自己的自由战士犯有大规模谋杀罪，原因是他们袭击了外国占领军的一支武装部队。[50] 当然，游击队员进行了上诉。1999 年 3 月，最高法院再次裁定拉塞拉路袭击行动是合法的战争行为，而皮耶罗·祖凯雷蒂的死亡属于意外（最高法院后来维持了这一判决）。但心酸的感觉依然难消。正如帕斯夸莱·巴尔萨莫所说："我想告诉未来的年轻人，如果你们有朝一日遭遇外国的占领，请闭上双眼，背过身去，忍受它，甚至帮助入侵的敌人围捕、折磨和杀害自己的同胞。你将赢得所有体面的、敬畏上帝的人的感激。"[51]

报复的权利

根据 1948 年对卡普勒的判决，由于游击队既是非法的交战方，又是意大利国家的一种表现形式，德国有权向意大利国家索取赔偿。而根据国际法，受害国（德国）有权对违法国的平民进行报复。

换句话说，占领国受到了被占领国的侵犯。一旦确立了这种奇妙的逻辑颠倒，唯一的解决办法就应该是将卡普勒和他的手下无罪释放。然而，军事法庭再一次不愿将其发现带入逻辑结论中。因此，又出现了一次扭曲：法庭认为，报复只有在某些条件下才是合法的，而阿尔帖亭洞窟事件并不符合这些条件：没有即刻的危险和迫切的需要，受害者的数量和质量跟挑衅行为制造的后果不相称，[52] 处决的方式（而非处决本身）侵犯了受害者的人权。另外，德国人没有找到肇事者；被射杀的"人质"与肇事者没有共同责任，事先也没有被指定为人质。所以，阿尔帖亭大屠杀并非合法的报复，而是"多重谋杀"。可以看到，与人们普遍的看法相反，法庭认定阿尔帖亭洞窟的屠杀非法，不仅仅是因为多了五名受害者，而是从总体上来说如此。

因为这不是一种合法的报复行为，所以，服从合法命令的这种情有可原的情况不成立：该命令显然是非法的，甚至 1948 年的军事法庭也毫不怀疑拒绝执行一个违法的命令是

可能的和适当的——除非（另一次扭曲）人们有合理的理由
认为它是合法的。法庭确实认为，由于其纳粹党人心态（因
此成为一种可减轻罪责的情况）和内在于元首命令中的"伟
大道德力量"，赫伯特·卡普勒就属于这种情况。

这本应再次使得他被无罪释放；而法庭又一次找到了
出路。法庭认为，卡普勒的行为超出了他所接收到的非法
但被认为是合法的命令——三百二十名受害者——因为在
野心的驱使下，他在得知另一名士兵的死亡后又主动（在名
单中）增加了十个名字。此外，由于"他疯狂地以最快的速
度执行命令"而产生的过失，造成了另外五名受害者死亡。[53]
因此，他在执行一个他认为是合法的非法命令时的过分狂热
是有罪的。

至于其他被告，他们的案件很容易就得到了判决：他们
听从卡普勒的命令，而卡普勒是唯一说了算的人。他们不可
能确切得知到底有多少人被处决（有一个例外：持有名单的
人，即失踪的埃里希·普里布克）。因此，他们没有意识到
自己是在执行一项非法的命令。所以他们都被无罪释放了。[54]

8. 正义的失败

"我记得母亲的痛苦和她说的话——那时她的肝开始剧
烈地绞痛，病得很严重：'萝塞塔，你是否意识到，卡普勒之
所以被判刑，只是因为多杀了五个人，否则他可以逍遥法外
的……'"（萝塞塔·斯塔梅）实际情况稍有不同，但正义失败

的感觉依然存在，而卡普勒 1976 年的越狱以及 1990 年代的修正主义氛围和记忆危机，更是加剧了这种感觉。1994 年，普里布克的行踪在阿根廷被发现，当他被引渡到意大利后 *，"伤口重新揭开"（弗拉维奥·戈沃尼），但在一些人看来，这也是伤口治愈的机会。

考虑到卡普勒的手下在 1948 年无罪获释，将普里布克送上审判席似乎有失公允。因此，有必要证明他的立场与他们的不同：他扮演了更加积极和尽责的角色，他的性格和行为特别值得谴责。由阿戈斯蒂诺·奎斯泰利法官主持的初审军事法庭，对可以提交给法庭的证据范围限制得很窄。然而，检方依然设法证明了普里布克在塔索路监狱中所起的作用，他不仅参与了受害者名单的编制，还对杀害另外五人负有重大责任，而他本来是可以规避命令的。[55] 然而，初审法庭最终裁决，不能追溯性地适用关于反人类罪的法律；尽管普里布克犯有多重谋杀罪，但在平衡加重处罚的情况（残忍、预谋）和减轻处罚的情况（对必须服从命令的确信、法庭上的表现良好 †、年事已高因而进一步犯罪的能力有限、大屠杀后的良好记录）之后，法庭只是判处他十五年有期徒刑而非终身监

---

* 发现时间是 1994 年 3 月，1995 年 8 月才引渡到意大利。导致延误的因素，
    除了普里布克律师使用的策略，比如要求将所有意大利文件翻译成西班牙
    语，更重要的是对普里布克罪行的争议。如果只是谋杀罪，根据阿根廷法
    律，诉讼时效是 15 年。而如果是反人类罪，案件不会过期。
† "法庭表现良好"只是说不否认自己的所作所为，但他宣布自己无罪，并
    拒绝承担道德责任。

禁。因而，该判决受诉讼时效限制：审判结束后，法院下令立即释放普里布克。

　　受害方和公众舆论的反应迫使司法部长下令立即重新逮捕普里布克，并等待德国方面提出引渡请求 *。初审判决随后被宣告无效（在初审结束前，一名法官曾预言普里布克将无罪获释）。在复审中，普里布克和他的同犯哈斯（曾在初审中出现过）被认定犯有反人类罪；然而，再一次，由于存在减刑情节，他们分别被判处十五年和十年有期徒刑。只有在上诉法院，卡普勒判决的框架才能被最终打破：在最高法院后来确认的判决中，军事上诉法院否认了被告的减刑情节，并作出了不受诉讼时效限制的终身监禁的判决。该法院认为，年老和时间的流逝非但不能证明普里布克的赎罪，"反而加重了他的罪责：没有任何迹象表明，他曾反省过自己的所作所为，并改变看法"。[56]

9. 加埃塔、切利奥和巴里洛切

　　沿着诺门塔纳环形公路，就在兰恰尼路尽头的桥前面，可以看到墙上的纳粹党徽和涂鸦——"Kapplerino vive"（"小卡普勒还活着"），纪念的是一位在与警察的冲突中丧生的青年，他为自己赢得了战斗的名字。†

---

* 德国希望以普里布克个人枪杀的两人为由审判他。

† 指的是右翼恐怖分子埃利奥·迪斯卡拉（Elio Di Scala），绰号"小卡普勒"。

维托里奥·加布里埃利 罗马解放后，我在路透社罗马办事处工作过一段时间，曾以非官方的身份，仅仅作为一名观察者，去参加卡普勒的审判。我发觉自己离这名斗士，这个伟大的门苏尔只有两三米远，他声称自己只是服从了命令……

门苏尔（Mensur）是证明德国学生剑斗传统的伤疤。[*]"这种中世纪的试炼一直延续到我年轻的时候，"卡普勒解释说，"其目标不是击中对手，而是在你无法再以自己的剑挡住对手的剑时能够站稳。"[57]法庭将他描述为"典型的纳粹"，而他也正是这样展示自己，并被记者们感知到的："他一贯态度强硬，苍白的面容使他左侧脸颊上的疤痕更加明显，深蓝色的西装让他那张残酷的罪犯面孔更加突出……"另一篇报道则描述他"像手表一样精确，每句话的语气都很果断，甚至对自己都很无情……他在说着的时候，会一边翻阅他的笔记和他在狱中细致绘制的图表"。[58]

1907 年，赫伯特·卡普勒出生于斯图加特的一个中产阶级家庭。1931 年，他加入纳粹党，并于 1933 年加入党卫军。"他之所以加入该党，是因为他在希特勒的政治纲领中

1994 年 6 月 25 日，他在一次抢劫商业银行的行动中当场被杀。

[*] 门苏尔更多的是一种人格训练，要求学生在危险的情况下，也能露出自己的脸。所以哪怕没有受到冒犯，兄弟会的成员在大学期间，也至少要进行一次。门苏尔造成的伤疤会被视为荣誉勋章。下文提到卡普勒脸上便有一道疤痕，不过脱离情境看，会给人凶残的印象，而不是美。

看到了可以切实解决所有德国工人中普遍存在的贫困问题的
办法。"他说："在社会民主党当政期间，我有两个选择：要
么当一名共产党人，要么成为一名纳粹党人。你清楚我走了
哪条路。"在刑事警察部门，"他参与了打击非法共产主义和
普通犯罪的斗争，并专门从事反恐、反间谍和组织边境警察
的工作"。[59] 1939 年他被调到罗马，负责监督意大利警察的
重组："正是这项重要的工作，以及与意大利军官的频繁接
触，让我对这个接纳我的国家产生出愈发强烈的爱。不久，
我便把它视为我的新家园……"[60] 1943 年 9 月 8 日意大利
单独停战后，他参与了将墨索里尼从拘捕中解救出来的行动。
1945 年 5 月，他向英国人自首。审判结束后，他先被关押
在罗马的博恰堡军事监狱，后转到加埃塔。

　　在监狱里，他一路上诉到最高法院，但都被驳回；他还
写了一些信，其中一些在普里布克审判期间，学着葛兰西以
《狱中书简》为名发表。像所有怀念亲情和自由的囚犯一样，
他在信中谈到了食物、洗衣和他的律师们，偶尔也会抒发自
己的宗教观，并提到"他的小伙子们"的"忠实友谊"（他
与普里布克的书信往来至少持续到 1960 年代中期）。然而，
它们主要是情书，充满了感伤的陈词滥调；随着时间的推移，
对方的灵魂已无法满足他，不让那些露骨的性幻想来到纸上，
或许会让他更受尊重。[61]

　　不用说，与葛兰西的信不同，这些信并没有特别高远或
深刻的内容。他声称，宣判他有罪的法庭是由"不适合评判
我内心荣誉的人"组成的，他们只能"诋毁我，而无法伤害

我"。他将自己形容为三重受害者：歧视的受害者；"一些充
满马赛克式仇恨的金融家"的"侮辱、误解和羞辱"的受害
者；意大利人民缺乏"理解力"的受害者。他只提到过一次
阿尔帖亭洞窟大屠杀，将之视为一次正常的军事行动："你知
道的，不得不执行一项造成如此多痛苦的战争措施令我痛心
疾首，但如果作为一名飞行员，我不得不使死亡之雨降落在
任何一个国家的城市中，我也会感到终生遗憾。"[62]换句话说，
当他把枪管举到离受害者头部半英寸（约合 1.3 厘米）的位
置时，他与受害者的距离就像他从轰炸机的高度俯视他们一
样遥远。

　　1972 年，经过四年的通信后，卡普勒与安纳莉丝成婚，
妻子旋即开始为他的释放而奔走（她来到意大利时，在机场
为她办理登记手续的是西尔维奥·吉廖齐，她丈夫的一个受
害者的儿子）。卡普勒坚称自己所做的一切都是出于职责：
对于阿尔帖亭洞窟大屠杀这个"可怕的"行动，他觉得自己
在道德上负有责任，但在法律上没有。他向那些无知的或者
与他同流的采访者（他们掌握的信息并不足以用来质疑他）
解释说，他确实有寻找过肇事者，而且此前他在拉塞拉路实
施过二十比一的报复。他总是把自己描绘为一名受害者："可
别写卡普勒受到了殉道的召唤，"他说，"殉道者的光环并不
会让我感觉良好，我不想成为，也不觉得自己是殉道者。"[63]
当他在法庭上讲述自己在屠杀期间的人道主义关切时，受害
者亲属尖叫道："您可真是大好人！"

　　1970 年代，以基督教的宽恕、意德两国的合作与友谊

以及反游击队宣传为名，重新展开了争取释放他的运动。当军事法庭开会考虑这一要求时，在下面的街道上，新一代受害者家属开始为捍卫记忆和正义而斗争："家属们当时在外面，一些母亲带着我们当中的一些青少年。"（妮科莱塔·莱奥尼）1976 年 2 月，卡普勒被诊断出患有癌症，并被转移到罗马切利奥军医院。根据官方的说法，在仲夏之夜，他藏在妻子携带的一个手提箱里逃走了。

> 罗马城在震动，在悲叹
> 台伯河的波浪在呻吟，在哭泣
> 意大利人民的怒火在燃烧
> 随着卡普勒越狱的消息已传开……
>
> ——弗朗切斯科·温琴蒂 [64]

"这是一次事先张扬的逃跑；关于是否应该释放卡普勒的讨论已经有一段时间了。我当时还非常年轻，但我完全记得我们在切利奥军医院门前的示威，去了一大堆人，都非常愤怒，因为这不但是对犹太人的不公正，也是对罗马的不公正的再次延续。"（维托里奥·帕翁切洛）

"[我母亲]当时因为心脏病发作住进了医院；听说卡普勒已经逃走时，她差点再次犯病。我们从来不是真的很清楚，他是自己逃跑的，还是他们让他逃跑的……"（布鲁诺·弗拉斯卡）"卡普勒逃跑的影响很恶劣。我父亲本来已经接受了一些事情，已经将它们合理化；但随后发生的如此耸人听闻的逃跑，可以说，背负着非常特定的‘责任’……"（弗拉维奥·戈沃尼）"我母亲说，又来了，意大利把他卖了，用我们的血，用我们亲人的鲜血，因为意大利和德国签订了协议；他们再次把他卖了，阿尔帖亭洞窟大屠杀又一次被用来解决意大利的事情……"（加布丽埃拉·波利）[65]

萝塞塔·斯塔梅　那是 8 月，我记得我在海边……看到母亲的脸阴沉着，我问她："妈妈，发生了什么？你不舒服吗？你看起来很奇怪……""听着，萝塞塔，我要告诉你一件事……卡普勒跑了……"[弗朗切斯科·]科西加时任内政部长：我们去见他，我和我母亲，还有卡拉·卡波尼。我在广播中发出呼吁……然后我去了阿尔帖亭。管理员给我开了门，我走进去，来到他们被处决的地方。我踩在他们被处决的那片土地上，捧起了一杯［土］。

妮科莱塔·莱奥尼　然后在矗立着烈士纪念碑的七教堂广场上，举行了一次守夜活动。从屋大薇柱廊起，他们搭建了一座舞台，吉廖齐和拉比在上面讲话。整个游行队伍一直排到大会堂前，我记得我们这些阿尔帖亭大屠杀受害或被驱逐到集中营者的后人得举着写有达豪、毛特豪森或奥斯维辛名字的牌子；我们这些十五岁的孩子，我们这些孙辈直接参与了这些活动。

> 复仇，复仇，复仇
> 阿尔帖亭洞窟呼喊
> 等待卡普勒的完蛋
> 那一天他将被诅咒
>
> ——弗朗切斯科·温琴蒂

　　1978 年，卡普勒以自由人的身份在德国去世。但是，1994 年，当一个美国电视摄制组在阿根廷的巴里洛切"发现"埃里希·普里布克时，人们对卡普勒莫名的逃脱仍然记忆犹新。[66]"既然他已经逃走了，那我们就要确保不要把这个人也弄丢了。"（布鲁诺·弗拉斯卡）埃里希·普里布克生于 1913 年，七岁失去双亲，十四岁投身酒店业。从 1933 年起，他在拉帕洛的一家酒店工作，那里属于意大利的里维埃拉。他写道，从老板身上，他学会了"对邻居的宽容和平等待人"。[67] 同年，他加入纳粹党。1935 年，他在伦敦当服务员；1936 年，他为政治警察担任口译和笔译，政治警察后来被并入党卫军。他曾多次陪同戈林、戈培尔、墨索里尼和希特勒出国访问。他于 1938 年结婚，1941 年被派驻罗马。他还参与了营救墨索里尼，以及将领袖的女儿埃达及其丈夫加莱亚佐·齐亚诺转移到德国的行动。罗马解放后，他在布雷西亚担任行政职务。

　　他曾多次上演在被盟军捕获后逃脱的戏码。[68] 1948 年，他在维皮泰诺（属南蒂罗尔）受洗，加入天主教会。据他的初审法官说，这种信仰的转变"证明他与他的纳粹历史的彻底决裂"[69]——仿佛他以前信奉的新教反而与大屠杀完全相容,仿佛天主教会从未与纳粹妥协过。后来,普里布克感谢"天主教会的帮助",使他得以在 1948 年以假名持红十字会护照逃到阿根廷。[70]

阿根廷曾是被通缉的纳粹和法西斯分子最钟爱的避风港。"最臭名昭著的鼠线(ratline)是梵蒂冈路,一条艾希曼、克劳斯·巴比等数百人都用过的修道院链,从上巴伐利亚开始,经奥地利和博岑或梅拉诺,到热那亚、罗马或那不勒斯。"地位显赫的法西斯分子以及七千五百名纳粹在阿根廷找到了避难所;他们中的一些人看中了安第斯山脉的度假胜地巴里洛切,1940 年代末,前纳粹科学家罗纳德·里希特曾在那里开展一项虚假的阿根廷原子弹计划。1951 年,前纳粹分子们在巴里洛切举行了一次大型聚会,以庆祝圣诞节。[71]

普里布克是在 1954 年抵达巴里洛切的。此前,他在布宜诺斯艾利斯当服务员;除了与卡普勒保持通信,也有之前的战友和法西斯分子来拜访他。1950 年,他在接受一位意大利记者采访时,并没有提到阿尔帖亭洞窟大屠杀。[72]到巴里洛切后,他在一家酒店工作,开了一家熟食店("他的里屋可能有一幅希特勒的画像,但他卖的火腿是城里最好的")。他曾作为志愿者协助打理过一所德国学校,他说,"甚至犹太人"也在这里上学(一张照片显示学校的屋顶上挂着纳粹党旗)。他参加社会活动,成了"一个众所周知的好邻居"。[73]他用西班牙语化的意大利语写道:

> 在阿根廷，我是汽车俱乐部的终身会员，也是巴里洛切的阿根廷—德国文化协会的荣誉会员，因为近四十年来，我一直无偿地为该协会，特别是巴里洛切的阿根廷—德国学校工作［……］作为主席，我组织了巴里洛切与德国之间的文化交流活动［……］每年的德国国庆节，我都是活动组织者，一开始是在 6 月 17 日，纪念1954 年东柏林的死难者*，后来则改为盛大庆祝德国的重新统一。[74]

意大利的初审法官承认，"他的表现一直无可指摘，没有任何犯罪行为［……］八十一岁的他过着安静的退休生活，与任何正常的小资产阶级完全无异"。这应该可以证明他不再具有任何"犯罪能力"。当然，法官们承认，他虽然没有机会再犯下阿尔帖亭洞窟那样的罪行，但如果他有犯罪倾向，他可能会对私人财产或个人犯下其他罪行。法院没有意识到的是，与普通罪犯不同，一名纳粹罪犯，或者说任何战犯，很可能是一个好邻居、一个爱家的人、一位古典音乐爱好者，或者一名汽车俱乐部成员。

1961 年，罗马军事法庭以他无法出庭为由，驳回了对他的诉讼。事实上，要想找到他并不是一件难事；可迟至

---

* 指的是东德的"六一七"事件，时间应该是 1953 年。6 月 17 日准确地说，是 1954—1990 年间西德的国庆日，1949—1990 年间东德的国庆日为 10 月 7 日。德国统一日为 10 月 3 日。

1988 年，外交部才收到有关他在巴里洛切的信息，而且没有采取任何措施。当他最终被捕时，右翼媒体并不认为这是对追究纳粹罪犯缺乏热情的表现，而是将其解读为黑暗的秘密和阴谋的证据。[75]普里布克实际上认为他的行为不再是可诉的，因此先后于 1978 年和 1980 年来到意大利，看望战友哈斯（他一直在为意大利的情报部门工作），并与妻子一起"重温我们过去的地方"。[76]

> 薇拉·亚里亚　1980 年，大概七八月的样子，普里布克轻快地走在特里同路和拉塞拉路上。我想知道这个疯子是谁，他在下午 2 点转了一圈后，坐在拉塞拉路的台阶上，戴着一顶小帽子，仰着鼻子在空气中嗅闻着什么，那里正是爆炸发生的地点。他身边有一位金发碧眼的女士；凭着报纸上的照片，我认出了他，他自己也承认了。

1994 年 3 月，普里布克终于被引渡到意大利。意大利的贝卢斯科尼政府和阿根廷的梅内姆政府形象都有问题：前者是战后欧洲第一个包含前法西斯政党（即民族联盟党）的政府，后者则需要与军事独裁政权保持距离，特别是在布宜诺斯艾利斯的犹太人互助协会总部遇袭，造成八十六人[*]丧

---

* 　原文如此。法新社当时的报道为 85 人，其中 67 名受害者在总部内部，18 名受害者在人行道或者附近的建筑。可能后面还有受伤者不治身亡。

生之后。普里布克被捕后，一名美国记者曾与他交谈，发现他"非常沮丧"；然而，他并没有表现出任何悔意，反而为自己的行为辩护，称其为完全正常的战时行为。[77]

普里布克之流似乎从未理解过人们为何如此反对自己。他们一直在说他们很抱歉，说大屠杀很可怕，但他们对自己在其中扮演的角色没有丝毫的怀疑。"一个人不应该为此负疚，因为这种事情是无法纠正的"，普里布克在1996年说。[78]这种论调与半个世纪前的卡普勒如出一辙：的确，给他们再多的时间似乎都是徒劳。普里布克也觉得自己是受害者："邪恶之人以令人费解的表里不一，坚持无情地怒斥我，非得让我被判终身监禁［……］一种顽拗的意志选择我作为必须被平息的仇恨的象征。"他也不承认这个法庭："我感觉我周围不只是司法人员，还有政治仇恨、工具主义和卑鄙。"[79]

在审判期间，一位友好的记者注意到受害者亲属带来的一道横幅："普里布克八十三岁了；阿尔帖亭洞窟的三百三十五人永远活不到这个岁数！"他评论道："五十二年后，仇恨和怨念都在这些话里，喷绘在罗马法庭入口处的横幅上。在家属们的唾沫星子中［……］在尖叫和昏厥、谩

该事件发生于1994年7月18日，协会名字全称为"阿根廷—以色列互助协会"（AMIA）。调查最初几年，阿根廷法院在梅内姆政府的支持下，试图掩盖。2006年，负责调查的特别检察官正式指控当时的伊朗政府和黎巴嫩真主党策划并执行了这次袭击，起因是阿根廷政府决定中止向伊朗转让核技术的协议。

骂和诅咒中 [……]"[80] 在那个 "可怕而又狭窄的" 法庭上，旁听者们透不过气来。"我晕倒了两次：我们并没有被 [当作] 人对待；他们只是勉强同意我们作为木偶出现在那里，巴不得我们一个人也不去……"（萝塞塔·斯塔梅）五十年前抨击卡普勒的那些人的后人现在也对普里布克大加挞伐。"他，埃里希·普里布克，参与过那场大屠杀的最后一名纳粹分子，现在才被送去审判，他明白他们的愤怒和痛苦。"[81] 他对受害者亲属表示自己与他们 "命运与共"，表明了他有多理解："在战争中，我失去了两名亲人，一个表兄和我妻子的一个兄弟。" 他仍然没有意识到这二者是不同的。

阿德里亚娜·蒙泰泽莫洛　当然，在过去的这一年里，我非常紧张地经历了整个普里布克审判的是是非非。我的意思是，这让我想起了很多事，然后感到很难过，因为你发现你并没有忘记，虽然毫无疑问，已经过去了五十年……我也不是不会回想起阿尔帖亭，想得还不少，但不会在夜里因为梦见它而醒来。而现在这整件事，普里布克这个事，又让一切活了过来，就好像……

朱莉娅·斯皮齐基诺　只要我一直还在关注普里布克这个事，每晚我准会醒来，仿佛有一只手在某个时刻摇晃我，说："你今晚在搞什么呀？你没有想到我们吗？你一点也不记得我们吗？" 然后我的眼前出现了所有的人——我敢保证，所有的人，二十九个人，一个不落——

　　像一支游行队伍从我面前走过。在席卷而来的痛苦中，
　　我无法继续入睡。

　　"与此同时，警察在外面拦住了几个暴徒，他们由黑
手党头目毛里齐奥·博卡奇［纳粹光头党的领导人］带头，
打着一条横幅，上面写着：'不要豺狼要正义，释放普里布
克！'""在下面的德莱米利齐亚大道上，［极左的］'工人自治'
派正在游行。我们当然期待他们的到来。他们高呼着'打倒
普里布克'，并带着咬牙切齿的怀旧情绪喊道，'法西斯、法
西斯，你们是没有明天的／新的游击队员正在到来'。"[82]曾
经，"怀旧者"这个标签指的是那些梦想着法西斯主义回归
的人；在1990年代颠倒的世界里，反法西斯主义者成了怀
旧者、与历史脱节的人。

　　考虑到年龄和健康状况，法院将普里布克的终身监禁减
为软禁。2001年，他起诉萝塞塔·斯塔梅（他的一个受害
者的女儿）和里卡尔多·帕奇菲奇（罗马犹太青年组织主席），
要求赔偿十万美元，理由是他们称他为实施酷刑者，损害了
他的好名声。他败诉了；最终判决于2002年10月16日宣布，
这天正好是罗马犹太人被驱逐出境的周年纪念日。

10. 正义再次失败

　　"对普里布克的审判是意大利游击队国家犯下的又一恶
行；因为战争就是战争，命令就是命令。普里布克只是在执

行命令，真正的凶手是本蒂韦尼亚。"（马西莫·C.）围绕审判的争议，为常识的磨盘提供了新的磨料："普里布克在意大利进进出出的，从来也不见人阻止他。如果他们真的关心这件事，之前干什么去了？"（法布里齐奥·切拉沃洛）"都过去这么多年了，在我看来，把他关进监狱，而且是终身监禁，毫无意义，因为他只是在恪守自己的理念，而且这都是多少年前的事了。"（弗兰切斯卡·西利吉尼）

利亚娜·吉廖齐和西尔维奥·吉廖齐兄妹，以及其他一些受害者亲属反对这场审判，或者拒绝与受害方站在一起：安东尼奥·帕帕加洛在给法院的一封信中写道："这场审判正日益沦为无意义的独白，迫害的是一个因不得不服从上级命令而有罪的人。"安娜·玛丽亚·卡纳奇写道："正因为我遭受了如此多的痛苦，出于对我殉难的兄弟的尊重，我认为我们有责任宽恕他"；阿德里亚娜·蒙泰泽莫洛说："普里布克作为一名年轻的上尉，很难说有什么分量，他不过是履行了士兵的职责；他们让他开枪，他照做了。"[83] 然而，绝大多数人都支持审判并积极参与，有时过于投入，往往把自己搞得身心俱疲："家务还得照样料理；每天得坐两三辆公交车去雷比比亚……但你知道是什么支撑着我吗？每当我回家时，大家会拦住我、拥抱我，并说：'那个懦夫，你们还在等什么，为什么不杀了他……'"（朱莉娅·斯皮齐基诺）第一次，平民受害方——意大利解放烈士家属联合会、罗马市——被允许站在军事法庭上。

"*法院似乎很想快点结案［……］他们担心对盖世太保官员的审判会泛化为对抵抗运动、对报复权、对梵蒂冈的角色的判决……"奎斯泰利法官削减了控方证人的数量，并限制了他们的证词范围。一名受害者的侄女，同时也是律师的伊丽莎白·阿尼尼说："这场审判从一开始就被切断了双腿。"

历史学家恩佐·科洛蒂写道："事实证明，军事法庭在技术和文化上都不足以评判像阿尔帖亭洞窟大屠杀这样重大的历史事件。"[84]然而，法庭在历史文化和历史意识方面的缺乏，只是反映了一种更为广泛的空白：历史的记忆本应由知识分子、政治家、媒体、学校来维护和阐述，他们却未能做到。问题不仅在于法院不能替他们做这件事，更在于这个任务一开始被硬性摊派给法院这一事实。

"媒体在来到庭审现场前，没有做任何准备。我们［意大利解放烈士家属联合会的成员］分发了数百本书——记者们什么都不知道。"（妮科莱塔·莱奥尼）媒体也略去了很多背景性的东西，并将审判戏剧化和私人化。于是，他们在时事版详细报道第一次审判时，着迷的是德国人的"冷冰冰"跟受害者亲属和犹太人情绪化行为之间的强烈反差。同时，他们在文化版和社论版很少或根本没有介绍整个事情的来龙去脉，也没有提供任何分析。他们对受害方表示出适当的和有礼貌的同情，但几乎没有任何直接的关切，好像这并不是一

---

* 意大利文版此处还有：不管你喜不喜欢，这次审判都不可能是一次对军人的'技术性的审判'，而会是一次象征性的审判。

件与我们所有人都有关的事。事实上，媒体越来越多地将整个法西斯／反法西斯的争论表现为相反的和极端的意识形态之间的对骂，而它们之间广泛的和不断扩大的灰色地带，使得媒体可以假装选择哪一边都是平等的。

媒体与该案保持距离的一种方式是，仅从受害者代表的眼睛来看普里布克，"就好像他们认识到他与他们不同，是另一种人。一个外星人。"记者米诺·富奇洛在描述首席拉比埃利奥·托夫对普里布克的态度时写道："历史和血液让他们永远处于两个遥远的宇宙中，无法交流。即使他们能相互交谈，他们也会用对方陌生的语言表达自己。"然而，犹太随笔作家斯特凡诺·德拉托雷反对道："将'他们'和'我们'之间的距离归为两个不同物种之间的距离，就好像纳粹主义是一种'外来'现象，只是一种自我安慰的驱魔术。"[85]

事实上，普里布克和托夫确实有一种共同的语言：他们都是人，都说意大利语。因此，缺乏共同语言，只是一种对道德选择的隐喻：没错，托夫不会和普里布克说话。媒体却暗示了一种物质性的、生物学的障碍：人们无法与普里布克交谈，因为他超出了人类的范畴，进而也超出了语言的范畴。富奇洛写道："托夫并不把普里布克称为'人'，而总是说'这个个体'［……］，就好像他无法从这位党卫军军官身上看到人性一样。"[86]对于受害者和他们的代表来说，这可能是一种必要的或者可以理解的防御性态度，但是其他人采用的话，就会成为一种廉价的托词。

事实上，如果普里布克不是人，他的所作所为就不会对我们构成挑战，不会与我们有关。但普里布克既不是野兽，也不是机器——他是一个人，和我们一样。把他比作野蛮人或无生命的东西之所以有意义，正因为他不是。被他在塔索路拷打过的里卡尔多·曼奇尼从不提他的名字（他在法庭作证时只说"这个存在"）；然而，他也说过，"普里布克现在是一个像我一样的老人了"。[87]认识到这一点，并不是要以我们共同的人性为名替他开脱，而是为了帮助他所属的人类意识到自己的能力，以便已经发生的以及仍然可能会发生的永远不再发生。

> 薇拉·西莫尼　他确实有责任，所以必须被谴责。为了拯救其他人，必须对他进行声讨，这样也可以为南斯拉夫做一个示范，即使在四十年后、六十年后，他们仍将会被起诉。瞧，必须给他判刑。我是带着激情说这话的。不过一旦他被定罪，我会是那个去请求赦免他的人，他已经老了，就让他在自己的家中离开这个世界吧——除了他亲自实施了杀人和拷打的行为，而且从未忏悔过——除了这些，他一直是作为象征而存在，他是唯一的幸存者，从而让世人知道，让意大利知道，让法国知道，他们受到了惩罚。

当惩罚起初没能到来时，痛苦是无法忍受的。第一份判决书给普里布克定了罪，但下令释放他。在宣读判决书的时候，"受害者亲属的愤怒在法庭上爆发了。随着时间的推移，抗议演变成了对军事法庭大楼的长时间围攻，示威者和宪兵之间起了冲突"。[88] 在天使与殉教者圣母大殿的抗议活动过去了半个世纪和两代人之后，他们再次对着紧闭的大门和障碍物发起"暴乱"，高呼着他们有权进入法院，将法官、律师和被告堵在里面。

犹太青年组织和左翼活动人士赶到了现场："在等待判决的时候，我们一直保持着密切的电话联系。判决结果一出来，我就召集街头领袖，让他们通知所有其他人，然后他们就陆续赶过来了。"（维托里奥·帕翁切洛）"我给其他人打了电话，'工人自治'派的人在那里，还有一些我们认识的人。"（安杰洛·皮尼奥蒂）亲属们也相继到来："有人打电话给我说，'看，判决出来了，一桩丑闻'。我知道我的叔叔在现场，便试着给他的家人打电话，因为我听说那里发生了相当大的骚乱。"（伊丽莎白·阿尼尼）"那里的一些人以第一人称经历了阿尔帖亭洞窟的悲剧、被驱逐的悲剧、成为孤儿的悲剧，没想到五十年后再次遭受不公，愤怒强烈到丝毫无法忍受。于是我们被困在法院里面，如同置身于地狱的炼炉，气温高到至少得有110华氏度［约合43.3摄氏度］，也没有水可喝。"（维托里奥·帕翁切洛）[89]

妮科莱塔·莱奥尼　我的眼前出现了三幅画面：朱莉娅·斯皮齐基诺在角落里绝望地哭泣；我母亲在法院的楼梯上像鬣狗一样吠叫；安东尼奥·马尔焦尼的儿子躲在厕所里哭，因为他是个男人，不好意思被人看见。

而我的姨妈，我不知道她是怎么找到了一把椅子，她便坐在椅子上发愣……对她们来说，这样的判决意味着她们的父亲正［再次］被杀害。

安杰洛·皮尼奥蒂　当时我们其实不知道自己要做什么。我的意思是，我们只是感到有某种东西在推动我们……最后出现了一片混乱，我们突破了阻碍，我们中的两三个人甚至设法进到里面找到普里布克，想把他扔到窗外去，但这是不可能的，因为窗户被封住了。你无法想象有那么多人聚集在一起，就好像所有的人都在那里。然后检察官就出来说："你们围在这里也没用，现在你们还想怎么着？"于是她们分开了，有些人带着眼泪去了塔索路，有些人去了阿尔帖亭洞窟。

到达阿尔帖亭洞窟时，天色已晚，他们发现了另一扇紧闭的大门。"钥匙在看门人那里，但他们削减了成本，所以不再有人夜间值班。"（乔瓦尼·吉廖齐）最终，亲属们找到了钥匙，得以进到里面哀泣和祈祷。犹太社区主席图利娅·泽维说："他们一直告诉我们，说我们应该原谅那个可怜的老人。但我在这里想请求这些可怜的受害者原谅我们。""这是正义的胜利"，普里布克的律师说。德国历史学家恩斯特·诺尔特也表示认可："凭借着客观而仁慈的表现，罗马法庭为自己赢得了巨大的荣誉。"但即便是对民族联盟党的詹弗兰科·菲尼来说，这一判决"在道德上也是不公正的，冒犯了全体意

大利人的公民良知"。罗马市长弗朗切斯科·鲁泰利下令熄
灭全市所有纪念建筑的灯,以示哀悼。总理罗马诺·普罗迪
前往阿尔帖亭洞窟,说"国家在这里"。[90]但国家也在——
或许主要在——军事法庭遭到围困的大厅和楼梯。

1996 年 8 月 1 日这一天,新的一代挑起了责任和记忆
的重担:"在那些障碍面前,我们这些孙辈结成了一条战线。
这不仅仅是为了外祖父,我对外祖母也有所亏欠。"(妮科莱
塔·莱奥尼)二三十岁的他们从未见过在阿尔帖亭洞窟遇害的
祖父／外祖父,他们是在父母和祖母／外祖母的痛苦中长大的:
"出于对你的后代的爱,你得把这痛苦继承下来。"(马尔科·斯
巴里尼)是他们阻止了新的不公正,是他们在坚守防线,直到
重新逮捕普里布克的命令下来。"我很感激,从心底里感激
这些勇于反抗的年轻人;如果我可以去亲吻他们的手,我一
定会这么做的,因为他们太出色了;那些在现场的年轻男女,
喊出了我们所有人的心声:不,我们不接受。他们拥有我所
有的感激之情。"(薇拉·西莫尼)

*

朱莉娅·斯皮齐基诺   一切始于我被叫去参加［电
视节目］《战斗电影》这件事。[91]我不知道［在节目的
主题曲部分］他们总是展现我的母亲,面容憔悴,一袭
黑衣,［在阿尔帖亭洞窟］将一个晕倒的女人抱在怀里。
有一天,我堂哥给我打电话说:"你知道吗,每天晚上

你母亲都会出现在电视中，他们在打听有没有谁认识这些人？"我给节目组打了电话，告诉他们："那个女人是我母亲。"一个星期过去了，我都已经把这件事忘在脑后，这时接到［主持人］德梅特里奥·沃尔奇克给我回的电话："女士，您愿意来一趟［演播室］吗？我派车去接您。"我穿好衣服就去了。他把我领到一个大房间，所有的嘉宾都在那里；所有的摄像机，而我坐在中间的椅子上。他说："女士，我们现在要开始直播了。"我一下子傻了，因为根本没想到会这样。但这一切又是那么自然、容易；如果他让我做好准备，或许事情就不会进展得这么顺利。

（摘自《战斗电影》，1994 年 4 月）

德梅特里奥·沃尔奇克　朱莉娅·斯皮齐基诺女士。我们刚才看到的那位女人是谁？

朱莉娅·斯皮齐基诺　我母亲，她是我的母亲。我有七个亲人被杀。他们都是在我外祖父的房子里被带走的，带走了好多人，然后其中的七个一道被枪杀：我外祖父、他的儿子们，以及他儿子的儿子们。等于一次就消灭了三代人。至于女人和孩子，包括一名十五天大的婴儿，则被驱逐到德国，到奥斯维幸，被送进毒气室。没有一个人回来。

沃尔奇克　有多少人？他们都是一家子？

斯皮齐基诺　对，一家子，二十九个人。

沃尔奇克　女士，那是半个世纪前的事了。如果您不愿意，您可以拒绝回答。[我想问]您对两件事的看法：重新打开这些伤口是不是个错误？［……］以及，最重要的——请原谅我这么问，请您务必包涵：您忘记了吗？

斯皮齐基诺　没有，从来没有。

沃尔奇克　那您原谅了吗？

斯皮齐基诺　从未。我既没有忘记，也不会原谅。很抱歉：绝不会。只要我在，这种痛苦就会在，只有在我死后它才会消失。它是如此鲜活而灼热，以至于我觉得它仿佛此刻正在发生。才过去几个小时。我不会说复仇；但原谅，不，我做不到。我外祖父是……是一个雅致而贴心的人。我外祖母当时已经六十三岁，她一直陪在自己的丈夫身边，两人此前从未分开过，从未。还有那个十五天大的婴儿，一个十五天大的婴儿能有什么危害？

沃尔奇克　他们犯了什么罪……

斯皮齐基诺　他们是犹太人。

沃尔奇克　……这些受害者？

斯皮齐基诺　他们是犹太人。这就是全部原因。

　　有一天，我接到了一个从阿根廷打来的电话："听着，夫人，您知道那个手上沾了血的埃里希·普里布克正在阿根廷自由自在地生活吗？"我甚至不知道埃里希·普里布克是谁，我们总是在谈论卡普勒。他说："您愿意和律师一起来一趟阿根廷吗？因为我们在引渡他的问题上遇到了困难。"我说:"好的。"顺便说一下,我的西班牙语很流利。我一到那里,就发现有几十台摄像机在等着我——一场新闻发布会,肯定有一百多家电台和电视台。这引起了很大的反响:在大学里,像埃内斯托·萨瓦托*这样伟大的知识分子,真的有很大的影响力。我开始在各个部门和大使馆之间奔走,要求引渡这个人。但这很难。

当我抵达时,我发现犹太人互助协会的总部已经被摧毁。协会的负责人告诉我:"朱莉娅,见到你我就像见到了我妹妹,因为我的妹妹死在了那颗炸弹下,她才三十五岁。"看到那栋楼坍塌成那个样子,我不由得感到害怕。我在那里和失踪者的母亲们成了朋友。有一天晚上,我本来要做一次演讲;然而,就在演讲前几分钟,我遇到了一位母亲,她告诉我,她和她的女儿曾一起被捕,他们给她女儿套上了头罩。这时女儿问她:"妈妈,我的肚子不舒服,你能从我的包里给我拿一片药吗?"母亲天真地取出药片;女儿说:"把它从头套下喂给我吧。"那是氰化物;她死在了她的怀里。因此,到了演讲的时候,我就说:"我来这里本来是为了讲述我的悲伤,

---

* 埃内斯托·萨瓦托(Ernesto Sabato,1911—2011),阿根廷作家,因受超现实主义影响,从物理转投文学,因为喜欢焚烧自己的稿件,作品不是很多,其代表作《隧道》受到托马斯·曼和加缪盛赞。曾领导阿根廷全国失踪人口调查委员会,调查"肮脏战争"时期因政见不同而遭军政府逮捕杀害的3万余名"失踪人口"。

但我做不到；我无法在你们面前谈论我的痛苦。"这个
女人的两个儿子都遇害了，他们被从飞机上扔了下去，
脚上还拴着石头。这是一个让人非常动容的时刻，因为
我看到许多人哭了。我说："我们所剩的只有正义的希
望；我来这里是为了要求得到正义的，我希望你们也能
得到。"

……翁贝托·斯卡托尼、达蒂洛·希温纳克、菲奥伦佐·塞
米尼、乔瓦尼·塞内西、加埃塔诺·塞佩、杰拉尔多·塞尔吉、
贝内代托·塞尔莫内塔、塞巴斯蒂亚诺·西尔韦斯特里、西
莫内·西莫尼、安杰洛·松尼诺、加布里埃莱·松尼诺、莫塞·松
尼诺、帕奇菲科·松尼诺、安东尼诺·斯蓬蒂基亚、尼古拉·乌
戈·斯塔梅、曼弗雷迪·塔拉莫……

第九章
后浪

……马里奥·塔帕雷利、切萨雷·泰代斯科、塞尔焦·泰拉奇纳、塞蒂米奥·泰斯塔、朱利奥·特伦蒂尼、欧塞比奥·特罗亚尼、彼得罗·特罗亚尼、尼诺·乌戈利尼、安东尼奥·乌盖蒂、奥泰洛·瓦莱萨尼、乔瓦尼·韦尔奇洛、雷纳托·维洛雷西、彼得罗·维奥蒂、安杰洛·维万蒂、贾科莫·维万蒂、真纳罗·维文齐奥……

"时间的流逝"这一范畴似乎促进了一种特殊的法律主义心态（legalistic mentality），即问题会随着直接肇事者的消亡而消亡。随着犯罪者的离世，问题也进入了"历史"的范围，失去了它的另一个维度，即作为确定人类事物衡量标准的事件之一……在我看来，种族灭绝是一个事实，在这个事实面前，无罪的人和后来人都有责任，也即，都被要求审问自己，并作出回应。

——斯特凡诺·莱维·德拉托雷[1]

卢恰诺·基奥利 因此，在普里布克的一审结束之后，我们组织了这次会议。正好意大利解放烈士家属联合会在阿尔帖亭洞窟有一个摄影展，我们想着可以利用一下。那是一个类似帐篷的地方，里面挤满了人，来自附近的人、证人和游击队员，一大群；展览持续了好几天，我们认为它可以充当学校的教学工具，于是从中小学带来了近五百名男孩和女孩。我和一些朋友负责解释展品，并讲述了背后的故事；但在这中间，我们突然想到，对孩子们来说，如果他们能听到一些见证者的声音，可能这段历史在他们心中更有意义。

阿达·皮尼奥蒂女士和朱塞佩·博尔贾就住在附近。我们觉得可以让他们过来讲一讲，我认为这是一个非常好的主意。孩子们也听得着迷：人在看展览的时候，不免感到疲惫或无聊，但现在这里有一位祖母和一位祖父讲亲身经历的故事。朱塞佩讲述了自己在十三岁，也就是这些孩子现在的年龄，被一场巨大的悲剧推入成年。他先是在空袭中失去了母亲，然后又失去了父亲。他都不知道发生了什么，就被他们在7月叫过去，认领一堆不成样子的东西。他，一个孩子，不得不说这些东西是父亲的：铁路表、地址簿……那些学生的印象非常深刻。

但最重要的是，我必须说，他们被阿达的故事打动了，因为阿达是一个温柔可亲，却又很坚毅的女性。在她的记忆中，在她的悲伤中，没有一丝怨恨：仇恨从未改变她的声音，她总是那样平静，非常静穆。这是她一直让我印象深刻的地方。当她说到她的婚姻生活如何才开始几个月，就因丈夫的遇害而被粉碎，讲到她如何绝望地在罗马四处找人翻译那张用德语写的死亡通知单，如何在令人窒息的痛苦中意识到悲剧的发生时，所有的师生都哭了。我认为，这是一段非凡的历史记忆。

1. 运动

波尔泰利　我想让你就阿尔帖亭洞窟这个词展开自由联想。

拉法埃拉·费拉罗　联想？我想起了我父亲的一段记忆。因为我父亲的办公室碰巧就在他们逮捕后来被屠杀的人的那个地方，也就是拉塞拉路的对面。他清晰地记得那声轰响。他正要往那边走，被他的一个同事拦住了，这一幕他回忆起来就像发生在昨日——"你疯了吗？他们正在围捕，遇到人就抓，快跑，否则他们也会把你逮起来。"我父亲连忙掉头离开了，然后发生了一些什么。他和他的朋友们认为这是一场可怕的报复，而触发报复的罪犯已经逃走。这是一个事实，他心有余悸。因为，我的意思是，他离死亡就差十分钟。所以他很少谈论这些事。

1968 年，第四区爱国行动组的前军事指挥官马里奥·莱波拉蒂，担任罗马名校维吉尔高中的校长。因此，他成了学生抗议的天然目标——直到另一位前爱国行动组成员马里萨·穆苏，用报纸的两个版面发表了一篇关于他的文章："同学们，你们不知道马里奥·莱波拉蒂是谁。""维吉尔高中的抗议活动就此中断，学生运动不会要求打倒'游击队员校长'。"[2]

1970 年代，我在罗马大学文哲学院就读时，也有一个"游击队员院长*"：卡洛·萨利纳里。当时我隐约知道他领导过拉塞拉路的行动，而这似乎与他在机构中担任反对我们的激进工会主义和学生抗议活动的角色有点不协调。但我不记得自己是否曾细想过这个问题。这一切似乎都是过去的事了，甚至连当事人也无暇考虑。

> 马里萨·穆苏　　不，不是和我的孩子们；我从没有和我的孩子们谈过这个事。他们是奇怪的一代人，因为他们是在 1952 年或 1953 年出生的，都经历过 1968 年；我想他们是在十八岁左右才发现我曾是一名游击队员。因为那九个月结束后，我再也没有想过这个问题。我的意思是，我还有好多别的事情要做——当然，我和我的孩子们交谈和争论过：学生运动、集会、基层委员会，

---

* 此处的"游击队员院长"和上一段"游击队员校长"英文是一样的，即 partisan principal。

然后是越南，在我去过越南之后。但那是过去的事了，
而且是一个基本上再也不被提起的过去。

1960 年代初，新左翼的思想文化季刊《皮亚琴察手册》
在第一期就宣布："抵抗运动不再可怕；它已经死了，被仪
式和官方讲话扼杀了"，甚至变成了"现有秩序的道具"。[3]
当学生运动在 1968 年爆发时，抵抗运动并没有参与它的愿
景和关切。对于一场自己不了解的运动，植根于抵抗运动
的老左翼在很大程度上保持着敌视的态度；而学生运动反
过来又受制于代际冲突，受制于它面向现在的定位，以及
它的国际主义视野。说维吉尔高中的抗议活动"多亏"一
名游击队员校长才得以平息可能用词不当，但这可能也反
映了抵抗运动的传统和新的青年运动之间缺乏更深层次的
交流。

1968 年，马里萨·穆苏写道："我感到自己正在见证一
项重要的新进展，尽管我很难把握它的特质和程度。3 月，
我参加了［学生与警察在］朱利亚山谷*的冲突[4]，我有一
种切身的感受——我从 1944 年起就参加过所有大型的群众
示威，目睹过警察开枪和民众死亡的场面——一场革命正
在酝酿之中。"[5] 其他的前爱国行动组成员则有不同的看法：
卡洛·萨利纳里"坚信，如果说他在年轻的时候，是因为现

---

* 朱利亚山谷是罗马大学建筑学院的所在地，意大利学生运动与警察在这里
首次发生暴力冲突，史称"朱利亚山谷战役"。

实的逼迫，才作出某些激进的选择，那么，在 1968 年的运动中，学生的一些激进要求基本上是年轻一代的小资产阶级表达，他们有上大学的特权，是富裕中产阶级家庭的孩子，于是它就像一场反叛的爆发，主要是对父母的反叛……"（阿基莱·塔尔塔罗）罗萨里奥·本蒂韦尼亚后来写道，萨利纳里反对"1968 年的民粹主义和无政府—个人主义的堕落，这在某种程度上为恐怖主义的谋杀和反革命行为提供了温床"。[6]

　　1969 年 4 月 25 日，正逢 1945 年意大利北部起义和解放的纪念日，学生们在由官方组织的庆祝抵抗运动的活动上进行了示威。这是一个变化：学生运动认识到了抵抗运动的相关性，但没有选择忽视它，而是批评官方对它的利用和阐释。同年 12 月，法西斯分子对米兰的一家银行发动炸弹袭击，造成十四人死亡（随后又发生了多次恐怖袭击，基本上没有受到惩罚），学生运动意识到，反法西斯斗争并不是过去的事，因为法西斯分子仍然不容小觑。因此，新左翼的团体开始寻求与这段历史，至少与代表这段历史的一些人建立联系。在罗马，许多人记得劳拉·加罗尼这位爱国行动组的爆炸专家，在远离政治数十年之后，1970 年代她在一个新左翼团体中再次活跃起来。

　　　　安娜·科尔蒂尼　我母亲一度加入了"工人先锋队"*。对他们来说，她代表着"游击队员"。所以他们会

---

*　工人先锋队（Avanguardia Operaia），1968 年成立于米兰，1975 开始放

邀请她在集会上发言，[而] 她一直是一个害羞的人。
她甚至代表无产阶级民主党去参加选举，并获得了很多
票，你还有印象吧？我记得她会 [用演说家的语气] 说：
"基督教民主党已经剥削了我们二十年……" 当她说出
这句大家的心声时，人人拍手称快，脸上洋溢着喜悦和
兴奋。母亲和我还参加了罗马城市交通运输公司（ATAC）
的政治活动小组。那时，这意味着在黎明时分派发传单，
意味着早上 5 点就要到那里。我还记得一直很害羞的她
如何凌晨在那些电车司机中间发传单，记得他们中的一
个人如何怒气冲冲地攻击我们，而她自始至终没有提高
过嗓门。你难以想象她在黎明前的黑暗中，拿着这些传
单，与工会代表争论的情形……工人先锋队的年轻人非
常爱戴她；我们的同志，也是年轻人，遇到什么事情都
会向她请教；她看问题看得很透，但又非常务实，始终
不离常识。

1970 年代中期，一个与在阿尔帖亭洞窟大屠杀中遇难
的叔叔同名的年轻人 "不得不逃到法国，因为他与 [秘密恐
怖组织] '红色旅' 有瓜葛"。这是一个孤例，但它表明了在
那些年里，带着那样的包袱成长，是多么困难的一件事。一
位前游击队员回忆道："我的儿子在念高中时，是学生运动的

弃议会外路线，加入 "无产阶级民主" 选举联盟。1978 年，该选举联盟
改组为政党，直到 1991 年解散。

挑头者。他在论文中写道，'我的祖父被枪杀，我的父亲是
一名游击队员'，他必须做得更多。每天凌晨 4 点钟，他就
会起床，去一位前游击队员开的'重生'（Rinascita）俱乐
部上空手道课，为的是可以与宪兵和警察搏斗。然而，他的
天性非常温和；为了突破自己，他不得不对自己施暴；他就
这样浪费了十年的光阴。"前爱国行动组成员弗兰科·巴尔
托利尼加入了"工人先锋队"，与他的妻子和儿子一起被捕，
指控的罪名是恐怖主义（后被驳回）："在这场我们称之为革
命的运动中，有一个原始的基体，那就是来自抵抗运动的教
导，是对共产主义的乌托邦，真正的乌托邦的梦想。"

　　运动中出现了一个新的口号："抵抗运动是红色的，而非
基督教民主党的/工人和游击队员的斗争万岁。"对许多积
极分子来说，"激进的"（militant）反法西斯主义意味着与
法西斯分子进行身体对抗。抵抗运动主要被看作阶级斗争的
一个时刻，是武装斗争的先声：斯特凡尼娅·娜塔莱回忆起
抵抗运动历史学家、前游击队员克劳迪奥·帕沃内与被监禁
的"红色旅"成员之间的一场讨论，后者坚持从抵抗运动的
先例中为他们的行为寻求"某种合法化"。"红色旅"的领导
人马里奥·莫雷蒂声称，他们的恐怖行为堪比游击队员"将
半磅铅灌进一个可能在巴伐利亚有妻子和五个孩子的德国人
的肚子里"。[7]

　　　　达尼埃莱·皮法诺　所以，抵抗运动是对作为游击
队斗争而存在的武装斗争的真正合法化。在 1970 年代，

并不是说你要把武装斗争合法化，而是说，不管武装斗争如何可能被认为是一个错误，是不充分的、不合时宜的以及不符合目标的，但那些采取行动的同志背后有一种解放的精神，一种平等的精神。

1979 年，随着前总理阿尔多·莫罗被"红色旅"绑架并杀害，意大利的恐怖主义季节达到高潮。但这也是一个转折点，而有些人还没有认识到。

妮科莱塔·莱奥尼　我们是在学校听说这件事的……我承认，在消息传来时，我是那些互相拥抱[庆祝]的人之一。但你瞧，这针对的不是莫罗这个人，而是他所代表的东西。莫罗属于基督教民主党，当时我们把基督教民主党看作老板。这是很本能的反应；你知道，在我们十五六岁那会儿，"红色旅"是在地下活动的，你无法把他们与具体的面孔联系起来，这反而赋予他们某种魔力……某种程度上像佐罗。但后来，当他被关押时，你会好奇，"他们到底想做什么？"还有这样一个事实是，他是一个男人，也有家庭和孩子……然后，当你成年以后回过头去看这些事情，情况又不一样了……那么多十七八岁的人[被埋葬]在阿尔帖亭洞窟——我经常在想："这些年轻人，他们是如何……他们的那种热情……也许他们都不知道自己要面对的是什么……"发生了一场战争，要把你征召过去，你不得不成长。然后，

在十七八岁的时候，我们都认为自己可以改变世界；对
我们这一代来说，抵抗运动依然是一个神话……在高中
的四年里，我们的大门外每天都有警察在巡逻，因为我
们学校被宣布为加富尔广场一个黑色街区的红色学校 *，
每周平均会有三次炸弹威胁……［然而］，即使是那些
比我更激进的人，对他们来说最糟糕的事情是，他们
可能被警察拦住和逮捕，但他们不能说自己被带到了
塔索路。

当然，正如抵抗运动可以被用来使恐怖主义合法化，恐
怖主义也可以被用来使抵抗运动非法化——从拉塞拉路开
始。一本右翼小册子解释说："拉塞拉路树立了榜样，1944
年 3 月 23 日的袭击被冷战时期活跃在东边的恐怖主义中心
当成了典范。"[8] 另一方面，自由社会主义哲学家诺贝托·博
比奥将拉塞拉路行动称为恐怖主义行径，理由是"手段的选
择与目的不相称"。[9]

一位前爱国行动组成员拉着我的胳膊前往拉塞拉路，自
豪地描述起这次行动：这是一次精心策划的袭击。他说，就
军事上的完美程度而言，唯一可以与之相提并论的是"红色
旅"绑架阿尔多·莫罗的行动。"嗯，是的。事实上，我对
莫罗绑架案的印象很深刻，这是一次完美的行动，堪称完美
的行动。"（马里萨·穆苏）然而，这种类似仅限于军事方面。

———————————

*   此处的"黑色"和"红色"分别指代法西斯主义和共产主义。

除此以外，参加拉塞拉路行动的老兵们对自己的经历和最近的政治暴力形式的态度表明，极端形式的斗争跟激进的或革命的意识形态之间没有必然的联系。

事实上，前爱国行动组的成员坚持认为，他们选择武装斗争的背景有其特殊性，与当今的情况没有可比性。战争、威权的法西斯政权、纳粹的占领，使得那些在民主背景下——不管这种民主多么令人失望——不可接受的选择变得正当，甚至是强加给他们这样的选择。"在我看来，与其说他们［地下武装组织］是'犯错的同志'，不如说他们悲剧性地误解了我们。我痛恨他们，因为他们破坏了正在进行的斗争，打断了民主的进程。"（马里萨·穆苏）"［1943 年］我们并没有宣战，我们是发现自己身处战争之中。相反，这些人自己宣布了战争。我们的暴力是对一种暴力的回应——这种暴力并不是跨国的公司国家（corporate state）暴力，而是逮捕你并让你蹲二十年监狱的暴力。或者被枪杀。用暴力来回应这种暴力完全是另一码事，完全不是一回事。"（瓦伦蒂诺·杰拉塔纳）

罗萨里奥·本蒂韦尼亚　与［莫罗绑架案］相提并论会让我感到被冒犯。两者完全没有可比性：你可以用枪自卫，也可以持枪抢劫。是的，使用的武器是一样的。但是，在战争中用它来对抗军队是一回事，这时你得冒风险，在和平时期采取这样的行动是另一回事，你所针对的目标并没有特别警惕，而且你也知道自己并没有冒着生命危险。在这里我们遇到的，充其量是一群低能儿；

在某些情况下，是一群嗜血的杀人犯，他们用反动的恐怖主义武器来对付一个民主国家。

　　来到拉塞拉路的尽头后，沿着四喷泉路往下走，可以看到右边的墙上有一幅涂鸦，上面写着："1、10、100拉塞拉路。"1998年4月25日，为庆祝从法西斯的统治下解放出来的周年纪念日，"社会中心"举行了从圣保罗门到拉塞拉路的游行。"当那个法官试图给本蒂韦尼亚定罪时，我们在拉塞拉路举行示威。我们是以社会中心的身份去到的那里，以反对将抵抗运动视为犯罪的企图。我们把这与1970年代其他同志、政治犯的释放联系在一起。与游击队斗争一样：到最后，你会意识到，所有超出某些准则的斗争都会被视为犯罪。"（达尼埃莱·皮法诺）

　　尽管经常声称与1970年代的记忆有联系，但社会中心——1990年代以来最具创新精神和最受欢迎的激进青年聚集地——对记忆抱有不同的态度。他们更感兴趣的是社会交往的形式，而非斗争的形式。他们认同的与其说是一条政治路线，不如说是一个空间——被占领的、自我管理的空间，但也是他们周围的城市碎片空间，他们经常必须与法西斯分子争夺在其中生存和行动的权利。问题不再是武装斗争，而是他们必须生活在什么样的城市。

　　杜乔·埃莱罗　1993年，我们在加尔巴泰拉建立了社会中心。加尔巴泰拉绝对是一个工人阶级街区，与抵抗运动有很深的渊源，许多居民都参加过圣保罗门之战，还曾两度遭到［纳粹党人的］袭击。由于在地理位置上与阿尔帖亭相邻，这个街区也就被卷入了那些事件中——事实上，一些被杀的人或多或少都来自这里，或者有亲属在那里。从直线距离上看，加尔巴泰拉离阿尔帖亭不到两百米；他们看到过德国人的卡车，然后也能闻到恶臭，属于第一批赶到那里的人。重要的是，我们的认识要早于普里布克案；我们让整个街区都参与到这个主题当中；此外，我们中的一些人在大学里，那时的大学与今天的情况完全不同，能发酵出很多东西。正是在这样的气氛中，1994 年阿尔帖亭洞窟大屠杀周年纪念日那天，我们一百号人去了那里，打着横幅，画着涂鸦（现在还能看到），要求还受害者以公道。

　　西比拉·德里萨尔迪　普里布克案开审时，社会中心进行了讨论；大家对记忆的恢复以及一些与之相关的活动和项目很感兴趣。一些社会中心开始关注抵抗运动、阿尔帖亭洞窟大屠杀等事件。也许也是作为一种回应，你可能还记得，当那个男孩，一个移民男孩被杀时，他们放火烧了"短路"*。在那个街区，这个社会中心是法

---

* 　短路（Corto Circuito）社会中心于 1990 年 4 月 21 日成立于罗马南郊的拉马罗，2016 年遭查封。这次纵火袭击发生在 1991 年 5 月 19 日，被杀的男孩叫奥罗·布鲁尼（Auro Bruni），来自厄立特里亚，年仅 19 岁，在头部中弹后，被浇上汽油焚烧。

西斯分子和当地毒贩的攻击目标，当地所有的黑帮分子都与那里的右翼有来往。而作为对这一悲惨事件的回应，社会中心决定将恢复记忆作为该街区反法西斯活动的一部分。

　　杜乔·埃莱罗　去年 4 月 25 日，罗马的极右翼势力举行示威，他们不仅弄脏了阿尔帖亭洞窟和圣保罗门所有的牌匾，还摘下了我们中心的招牌，并把它丢在我们为解放战争的所有烈士建立的纪念碑前。他们是在从阿尔帖亭回来，路过加尔巴泰拉时，做的这些事。

　　我在罗马大学的一个学生说，"人们仍在为"阿尔帖亭洞窟发生的"糟糕邪恶的故事"而"互殴"。达尼埃莱·皮法诺是 Snia Viscosa 社会中心的积极分子，讲述了这样一个故事："他们总是喜欢在普雷内斯蒂诺〔该中心所在的工人阶级街区〕发动法西斯攻击。这里的人没有法西斯主义传统，但〔法西斯分子〕总是和赌博窝点、轻型犯罪、下层阶级、骗子扯上关系，现在又和足球迷……所以，有一天晚上，他们在学校门口张贴海报，要求释放普里布克，并把游击队员作为杀人犯抓起来。我们会定期清理这种海报，所以看到后，我当然应该把它们撕下来，而正当我这么做的时候，约莫十几个人出来围住了我……"他们让我倒在了血泊当中。社会中心、街区协会和市政府以游行、集会和动议来对此进行回应："然后我们在广场上与斯尼亚舞蹈学校一起举办了一场音乐会，一次公众集会，效果还不错；一些阿尔帖亭洞窟受害者的亲属，还有一些游击队的同志都发了言。"

　　杜乔·埃莱罗　然后，就是普里布克那档子事。一审判决出来后，加尔巴泰拉人非常气愤；他们纷纷找到我们说：这太恶心了，这不可能……学生们，年轻人，都气疯了；他们说，还待在学校里干什么，让我们去打碎这个世界，让它翻天覆地。在我们所有的涂鸦中，唯独关于阿尔帖亭洞窟大屠杀的涂鸦没有被房主、商人和酒吧老板抹除，这不是偶然。当你从加尔巴泰拉地铁站出来，你可以看到墙上的几个大字："打倒普里布克"。这是一个依然存在的文化事实。

2. 碎片

　　波尔泰利　如果我说阿尔帖亭洞窟，你会想到什么？

　　埃马努埃莱·达莫雷　阿尔帖亭洞窟？我想不起任何东西。

　　西莫内·贝内代蒂　几乎什么都想不起，因为这种东西，你只是在学校里稍微接触过一点，如果你自己不深入研究，就会忘掉。

　　安东尼奥·圭迪　幸运的是，我不会想起什么，因为我没有亲人牵涉其中。

　　根据抵抗运动五十周年之际进行的一项调查，"与拉塞拉路袭击相关的报复行动（阿尔帖亭洞窟大屠杀）"是1943—1944年意大利高中生印象最深的事件：回答问题的正确率为47.7%，略高于墨索里尼在米兰被处决。[10]统计数据证实了我基于经验得来的印象：在以阿尔帖亭洞窟大屠杀受害者命名的曼弗雷迪·阿扎里塔高中，大约一半的学生知道他是谁。在加罗内技术学院，当我问他们是否听说过阿尔帖亭洞窟或者拉塞拉路的事情时，有一半的学生举起了手。

　　主持这次调查的达尼埃莱·梅扎纳的判断可能是正确的：尽管"关于抵抗运动存在一个信息差"，但情况可能更糟。当然，与所有的定量调查一样，问题在于数值数据的实际意味。例如，该问题的措辞是有些成问题的，它将拉塞拉路袭击和阿尔帖亭洞窟大屠杀视为一个事件，好像后者是前者的必然结果。此外，我们也没有被告知"正确"答案是什么：仅仅听说阿尔帖亭洞窟是对拉塞拉路的报复就够了，还是说，我们还应该调查一下年轻人认为在拉塞拉路和阿尔帖亭洞窟到底发生了什么？

　　达尼埃莱·布鲁诺　游击队员在那条街上发动了一次袭击，我想针对的是党卫军。其中有两名游击队员，我想是两名，乔装成了扫街工，把炸弹留在那里后，就离开了。但除了党卫军，还死了一些意大利人。然后希特勒就决定开枪，可以这么说，每死一名德国士兵，就用十个意大利人来偿命……

　　年轻人的描述普遍模糊不清。许多人有某种回忆，但几乎没有人掌握了准确的信息。另一方面：他们为什么应该知道，为什么想要知道？半个世纪过去了，"意识形态"已经消亡，它不再是活生生的记忆，但又还没有成为历史——至少没有在学校课程中占据相关位置："嗯，是的，我可能在中学的书本上了解过一些，因为我们在八年级时会涉及第二次世界大战。我现在上十一年级，我们还在学习 15 世纪的历史；之后，也许在十三年级——我们不学习 19 世纪，19 世纪和古代让我们感到无聊透顶——而我们最关心的 20 世纪，我们几乎不涉及。"（加布里埃莱·托马西尼）

　　　　罗萨·卡斯特拉　你知道一些日期，但它们完全脱离你自己所处的历史现实。对你来说，埃及人和法国大革命差不多，我的意思是，日期可能不同，但就情感内容而言……因此，关于阿尔帖亭洞窟，我只能说我在学校里听说过，但从没觉得它是一种境况，是一桩在现实中发生的事实。给我影响更大的，是电视上看到的一些纪录片，尤其是一些电影；而更触动我的，是后来我们被带到阿尔帖亭洞窟时看到的雕像的形象。

　　所有的年轻人都提到家庭、学校和电视是他们的信息来源，但我几乎没有听到过他们将来源具体到学校的课本、家庭的故事（除非家庭有直接或间接卷入），更不用说特定的电视节目。似乎他们总是通过飘浮在空气中的互不相连的片段得知的。比起职业学校和郊区的学校，较为精英的高中和市中心的学校的学生要了解得更多，但这与其说是由于教育差异（所有的孩子在义务教育阶段都会学到阿尔帖亭洞窟大屠杀），不如说是由于地理差异。在郊区的学校和职业学校中，有更高比例的学生的家庭，是战后很久才移民到罗马的，所以他们很少有机会通过环境和城市空间来接收故事。而且，毕竟老一辈人知道或理解的东西并不比他们多，他们了解这些前尘往事的理由也更少。

然而，历史记忆不一定以线性的形式从一代传到下一代：历史记忆从父母到子女的传递不过是一个神话。事实上，记忆往往是跳跃式的，会像跳马一样跳过一代人，从祖辈来到孙辈（皮诺·洛韦泰雷说："因为这一代人经历过战争，拥有关于战争的记忆，而且战争在他们的身上打下了烙印，所以他们不可避免地会谈及"）；或者会在同一代的不同群体之间横向移动：弗兰切斯卡·皮卡是从她的一个哥哥那里听说的，安东尼娅·比安基从一个姨妈那里听说后，又把它讲给一个表妹听。记忆的横向或侧向传递意味着更深的个人参与，因为它代表着与父母传递的去政治化态度的背离："我姨妈很了不起，但她已经过世了。在我小的时候，她常向我解释一些事情；而这些事在我家里从未传下来过，因为我家是一个资产阶级家庭，我祖父在海军服役，是一名法西斯分子，我另一位祖父也是。"（安东尼娅·比安基）另一方面，祖父母的故事让事件变得更为遥远；与其说是人们想听这些故事，不如说是老人们坚持要讲。

　　斯特凡诺·卡佩利　所有关于战争的信息，我都是
从我祖母那里了解到的。她曾在领袖［即墨索里尼］家
里工作，既当裁缝，也当厨师，领袖的妻子和孩子她都
很熟。但她还是和一名游击队员订了婚，后来他被枪毙
了——我不知道，他甚至出现在了历史书中。

　　波尔泰利　你还能想起他的名字吗？

　　卡佩利　不，我不记得了……我是在八年级时读到
的。实际上，我并不知道他是在哪里被处决的，因为我
祖母有很多种说法。好像他本来是要被枪毙的；但游击
队员与士兵们合谋，于是那天早上，有人把子弹换成空
包弹；他们朝他开枪，但他没有死。不过后来一名德国
军官向他的头部开了一枪。我不记得他的名字了。关于
游击队员，关于我祖母的未婚夫，这就是我知道的全部；
后来，当德国人发动突袭时，他们都跑了；关于阿尔帖
亭洞窟，我就知道这些。我知道她有一些朋友死了，但
我知道得不是很清楚，不过我知道他是个大人物，因为
他们曾试图营救他……

　　正如我们已经看到的，年轻人跟他们的长辈一样，受到
流行的反游击队陈词滥调的影响，（支持抵抗运动的陈词滥
调就不那么常见了）。在我的印象中，极少数深入思考过这
个问题或者收集过一些相关信息的人是右翼青年：一部分原
因是右翼作为一个整体，一直对这个问题很着迷，一部分原
因是在 1990 年代，年轻人的政治激进主义往往是向右翼发

展。除了这些人，普遍存在的是一种波动的记忆，在这种记忆的表面，漂浮着从常识中胡乱抓来的套话：十个意大利人偿还一个德国人，额外的五个人，无处不在的扫街车——"那辆著名的手推车装着炸弹从那里路过，他们杀死了十个德国人。十个——他们后来说实际上死了更多。"（皮耶路易吉·马蒂诺）"他们用一辆小车堵住了路，我不知道，他们把那些德国人堵在里面，然后不知怎么的，一枚炸弹爆炸了……"（基娅拉·高迪奥）——还有受害者的身份："他们中的大多数是犹太人，不是吗？"（法比奥·福尔蒂诺）

　　"阿尔帖亭洞窟——我没什么印象了……是的，我确实在学校里学过。驱逐出境，然后是集中营、焚尸炉和《辛德勒的名单》……"（法比奥·福尔蒂诺）"我看过一部纪录片；另外，我听说过——是的，在学校里也听说过，大概是在八年级的时候；历史老师去年也讲过。还有电视上的纪录片。"（恩里科·贝尔托奇）学校、电影和电视是关键的信息源，但它们也加剧了阿尔帖亭洞窟和灭绝营之间的混淆：在学校里，同样的道德基调将阿尔帖亭洞窟、纳粹主义和种族灭绝黏合在一起；在电视上，年轻人带着模糊的恐惧，或者只是例行公事地随意观看，只会让他们的认知混乱。

　　"是的，我确实有在关注，不过作为被媒体轰炸的人，不管愿不愿意，都会知道普里布克的事。最后，就像人们翻阅当日的菜单一样：又是普里布克，他们还在谈论这个。"（弗朗切斯科·博尼尼）如果我们考虑到这些纪录片和电影，包括《辛德勒的名单》（或者，对更早的几代人来说，是《罗马，不设防的城市》），通常是在学校或在学校的支持下观看的，那么就会发现，这个过程周而复始。

因此，年轻人把通常意义上的残酷场景归到阿尔帖亭洞窟："我看过一部纪录片，里面有一些画面，你可以看到［普里布克］枪杀一名妇女和一个孩子。"（西尔瓦诺·莱奥尼）"有一部纪录片是这样的：他们光着身子，一排挨着一排，下面有一条沟，德国人从背后朝他们开枪——一、二、三、四。"（安东尼奥·圭迪）这种混淆使得人们更加相信死者都是犹太人（"这是纳粹对犹太公民实施的大屠杀——我现在不记得是哪一年了"，埃马努埃莱·卢纳代伊说）。

> 亚历山德罗·C. 在电视新闻中——是的，只是在电视新闻中，因为我想说的是，在我上中学的时候，我们几乎没有谈论过它。我们谈得更多的是有关战争的概念，而不是阿尔帖亭洞窟大屠杀。然而，他们实际上都是集中营的受害者，我指的是德国人专门为那些他们所说的犹太人建造的集中营。最让我感兴趣的是，里面也有一些意大利人。

就像许多在足球比赛中高呼反犹口号的年轻人，亚历山德罗·C.并不知道"犹太人"这个词是什么意思。当我问到他们信仰什么宗教时，他回答说，"他们当然是天主教徒"。

普里布克射杀一名妇女和一名儿童的画面表明，阿尔帖亭洞窟不仅与灭绝营，还和其他大屠杀中的场景交织在一

起——比如在越南、马尔扎博托和南斯拉夫大屠杀中，正如
安东尼娅·比安基所说，他们杀人"不分性别"。"许多十八
岁的年轻人在 24 日这天来到 [阿尔帖亭洞窟]，我陪他们进
去，他们认为死者里面也有女人。"（安杰洛·皮尼奥蒂）

　　我觉得我们不需要以一种惊恐的眼光来看待这一切。记
忆的缺乏会导致感受和知识的丧失，但也为想象力和重新阐
述开辟了空间。年轻人没有听说过这件事，在某种程度上意
味着他们可以幸免于反游击队常识中充斥的错误叙述和陈词
滥调，能够尝试着根据他们所了解的情况去创造自己的叙述
和解释。

　　在这个意义上，年轻人的记忆中最吸引人的地方或许在
于，阿尔帖亭洞窟和拉塞拉路之间关系的弱化。正如我试图
表明的，这两个事件之间的自动关联是常识性叙事的一个来
源，它将阿尔帖亭洞窟大屠杀解释为游击队的一次不负责
任的行动的必然结果。现在，出于无知或不同的认知（往
往两者兼具），年轻人削弱了这种自动的因果顺序，他们就
可以看清阿尔帖亭洞窟大屠杀的本质，并赋予其新的象征
力量。

　　当然，在很大程度上，两个事件之间联系的丧失，仅仅
是缺乏历史信息的结果。

　　　费代里科·盖拉尔迪尼　我知道这是纳粹的报复行
　为，但更多的我就不知道了，也就是说，我不知道它确
　切地指什么……我不知道他们要报复什么，只知道他们

随意地抓了一些人，三百……二十，或许还不止，他们被杀了，至于原因，我不知道。

　　波尔泰利　你听说过拉塞拉路上的游击队袭击事件吗？

　　盖拉尔迪尼　嗯，我听说过，但也只是听说而已。

　　波尔泰利　它与阿尔帖亭洞窟大屠杀没有关系吗？

　　盖拉尔迪尼　我不知道，也许有吧，既然你这么问的话……

　　波尔泰利　据说他们贴出布告，说如果袭击者自首，我们就不实施报复？你听到的故事是这样的吗？

　　罗伯托·巴基奥基　我隐约地记得……这也有可能是我的一个幻觉……我是说，我确实有好几次问过自己这个问题……但我无法肯定。

　　这种缺漏的记忆，使得记忆的主体能够摆脱常识性的叙事，不致将阿尔帖亭洞窟大屠杀的责任归于游击队员："我从来没有听说过这个，我不记得有人说过，如果他们自首的话……"（托马索·马纳科尔达）"不，我从不过多谈论这块——我更多是在谈论命令和处决本身。"（达尼埃莱·帕罗塔）

　　正如我们看到的，将阿尔帖亭洞窟大屠杀作为拉塞拉路袭击行动的一个自动的、不可避免的结果，不过是一种转移视线、驱除大屠杀或至少减弱其影响的方式，以使其合理化，或通过解释它来消解它。多亏年轻的无知，以及与过去隔着距离，许多年轻人无法做到这一点，或者对这样做不感兴趣。

这样，他们就可以把注意力集中在事件本身，而非环境和原因之上。哪怕将阿尔帖亭洞窟与灭绝营错误地联系起来，也有助于他们把它视为一场毫无意义的屠杀，想象其中赤裸裸的荒谬（"就处决本身而言"）。"我可能不太关心具体死了多少人或者准确的日期；我想说的是这种行为的荒谬性，你知道吗？它所使用的暴力，以及它所执行的战争法则的荒谬性，什么每有一个德国人被杀就要杀掉一定数量的人。这才有这么多人被杀。"（罗萨·卡斯特拉）"我更关心的是——我之前说过他只是个小男孩，曼弗雷迪·阿扎里塔——人们的感受。因为我们清楚事实，知道遇难者人数多五个或少五个并不重要，问题不是有没有算错五个——问题是：人。"（米里亚姆·蒙达蒂）

　　马泰奥·扎帕罗利　说实话，我不记得这段历史了，记不太清了。但这个名字让我想到——我不知道——它让我想到……阿尔帖亭洞窟……我想说，我有这样的印象，他们被丢进一个大沟里——我是说，这是我想象的——他们被扔在那里，被残害，被屠杀……

　　波尔泰利　被当作垃圾扔掉？

　　扎帕罗利　对对，就像垃圾一样，没错。就是说，就好像他们是，我不知道，一袋石头或者那一类的东西——你知道我在想什么？我在想人的生命价值的毁灭，这就是我在想的，人被当作东西，当作一块，怎么说呢，当作一块破布……

这一代人跟上一代人相比（但与经历过战争的那一代人相比并无不同），更能密切地感受到自己有可能突然地、毫无意义地、提早地死去。而阿尔帖亭洞窟正是一个生命被突然地、野蛮地切断的地方，人们在那里遭到荒谬的屠杀并被埋葬在一起。当被要求对"阿尔帖亭洞窟"一词进行联想时，许多人回答说："死人"（朱莉娅·塞勒尔）；"死亡，也就是说，它让我想到了有关死亡的场景"（达尼埃菜·帕罗塔）；"废墟，一片干涸的土地"（罗米纳·科梅蒂）；"纳粹"，以及"类似于火葬柴堆那样的东西"（妮古拉·琴蒂）。

　　阿菜西娅·萨尔瓦托里　我记得我被带到了那里；当时我还很小，只见眼前有一排又一排的坟墓，这种可怕的场面让我感到震撼。可能是因为我还小，坟墓看起来似乎是无穷无尽的。而且我对集体死亡这一点也感到不安。因为对一个孩子来说，即使是单数的死亡本身，也是一个很难理解的概念。而现在放眼望去，那么多的死，密密麻麻的死——如此看不到边的死，让我透不过气来。有人问：为什么？这时你会把它与奥斯维辛，与犹太人的死，还有集中营联系起来……如果我现在去那里，我很可能会有不同的看法，因为你可能会带着一个历史判断，这个判断甚至会很严苛；但作为一个孩子去经历它，你可以拥有更为强烈的痛苦。

在回忆前往阿尔帖亭洞窟和塔索路的班级旅行时，这种阐述达到了顶点。即使参观是由老师们精心准备的，但它打破了课堂的常规，再加上这个地方所具有的视觉和触觉冲击，便会使得人主要以情感和象征的方式去感知历史。塔索路"是我与法西斯主义和纳粹主义的第一次直接接触。它让我错愕不已，因为我之前并不认为他们会达到如此残暴的程度"。（马尔齐亚·圣蒂利）

　　托马索·马纳科尔达　我们那次去［塔索路］，我记得见到过一间禁闭室，墙上刻着各种话，从爱国到爱情，从感伤到政治。让我印象深刻的是，他们会想到用他们的指甲或者别的一些东西在黑暗中写字。

　　伊雷妮·西尔基亚　当我们去［阿尔帖亭洞窟］的时候，我受到的冲击相当大，因为我进去后看到了墓碑，后来才知道它们是双层的，所以真的是很震撼。令我诧异的是，当我上楼去看一些文件和报纸时，我的许多同学却是一副满不在乎的样子，有的甚至出去喝东西了。但我真的很震撼，当然我在家中和老师那里［已经听到过］这些故事，我的老师是一个很有想法的人，当我的一些同学对此漠不关心时，他真的很沮丧。

　　米凯莱·马纳科尔达　但真正让我印象深刻的事是，上小学时我们被带去参观阿尔帖亭洞窟。我恐怕没法准确告诉你我当时有多大，我想大概是八九岁，也就是上三四年级的样子。他们把我们带到阿尔帖亭洞窟，我的记忆有些乱。那是一种非常奇特的心情，儿童中很少会有，因为我完全记得，我在心态上非常分裂，一种是作为孩子对旅行的享受，另一种是压迫感，是在那些白色柱子之间深深感到的恐惧，如果我没记错的话。当然，那种觉得自己与此事无关，面对这样的事情还能笑出来的僭越感让我震惊。现在回想起来（我已好多年没有这样回想），震惊依然。总之，我认为我们无法完全理解——因为毕竟，对一个孩子来说，死十个人和死一千个人、一万个人几乎没什么两样。我知道终有一天我也会死去，我萌生出这种念头是在我祖父去世时，那时我才八岁。但这是另一种死亡的概念，因为至少在我十一二岁之前，阿尔帖亭洞窟大屠杀的死者对我来说，就像电影中的死者，而不是现实生活中的人。

在这里，记忆也发生了内部分裂，一边是在学校旅行的游玩心态，一边是这个地方所带来的冲击。我也既见过明显受到触动的年轻游客，同时见过开展实地考察旅行的班级团体，用十分钟内完成拍照，离开时表现出的情感，就像他们刚刚参观的是斗兽场。经常带着学生来阿尔帖亭洞窟的萝塞塔·斯塔梅回忆说，他们在参观的过程中既活跃又专注，偶尔也会与右翼学生发生冲突。一位经常带学生去那里的历史老师斯特凡尼娅·娜塔莱说，这个地方的力量是在情感层面上深深影响着他们，超越了意识形态的藩篱。

　　万达·佩雷塔　两年前，我带了一个班的学生去那里，他们都上过我开设的关于种族灭绝和最终解决方案后德语抒情诗的课程。在写有名字的书旁边，我让人大声朗读保罗·策兰的《死亡赋格》。这段经历在我和他们身上都留下了印记。有一个年轻的女孩带来了一束花——妇女和女孩们都带来了花——因为她有一个远房叔叔，是在阿尔帖亭洞窟遇害的宪兵之一。这个宪兵的墓旁是一位无名氏的坟墓，上面没有鲜花。于是女孩先把花放在了叔叔的墓上，在看了看旁边后，便从这束花中抽出了一些，分给所有的无名氏。

3. 尾声：拉斯托尔塔

　　1988年6月4日，罗马最北端的朱斯蒂尼亚纳，一场纪念活动正在举行，纪念碑上刻着的是党卫军在占领的最后一天撤出罗马时杀害的十四名囚犯的名字。他们被冷血地枪杀。当时没有游击队员的攻击。

　　沿着狭窄而蜿蜒的小路来到底部，便是惨案的现场。在这里，来自民族联盟党的区长马尔科·达妮埃莱·克拉克发表了官方讲话：具有讽刺意味的是，这些反法西斯"自由殉道者"的记忆，是由他们敌人的继承人来重新讲述的。克拉克和其他官方发言人赞扬了那些为"民族理想"而"牺牲"的受害者（一个是波兰人，一个是英国人），却没有提及谁杀了他们、怎么杀的、为什么杀，以及他们并没有选择死亡。

"抵抗运动"这个词只出现过一次，由一位陆军将军在纪念陆军军官、世界著名骑手、抵抗运动成员彼得罗·多迪时提到。只有当受害者的儿子卡洛·卡斯泰拉尼和社会党游击队员里卡尔多·曼奇尼起身发言时，修女们带来的学童们才会听到关于事件的不那么一般的叙述。

> 菲拉代尔福·费通蒂　我当时正从朱斯蒂尼亚内拉的农舍下来，准备给我父母送吃的，两人在他们遇害地的正对面劳作，离拉布兰卡路有一段距离。德国人在那个地方的周围布设了六七名武装人员，[这样]就没有人可以靠近了。"你要去哪里？让我看看那里面是什么！"其中一人拦住我。我掀开盖子，里面是一些我在家里做的意大利面；我给了他一盘。"但你现在还是得待在这里，不准动。"那时我大概十七岁。
>
> 我看到他们被带下来，很平静地，一个接着一个走过来。他们被关在上面一个被称作羊圈的牛棚里，关了两三天，我猜他们一定渴了；德国人答应带他们出来喝水。下面有个喷泉，那里的水很清凉；而他们，你知道的，在羊圈里被关了三天，天气很热……
>
> 他们被带到有树荫的地方，按照命令排成一排。等他们一排好队，德国人就开始用机枪扫射，他们都倒下了。然后我看到一位军官挨个抓着他们的头发，把脑袋提起来，再来个致命一击。在确保他们都死了之后，他们才离开。

两天过去后，仍然没有人知道他们在那里；所以我走上那条路，一条乡间小路，拦下一辆美国军官开的吉普车。我说，"那里有十四个人被枪毙了——天气热，惹来了好多苍蝇，他们可不是动物"。一小时后，也可能不到一小时，来了一辆卡车，那种美国贝德福德卡车，带着一张大被单；他们把尸体用被单裹起来，装上车拖走了。

本书的写作缘起于为这些人建造的纪念碑。因此，在书的最后几页，我想谈一谈所有这些故事进入我生命的方式所引发的联想——我希望这种联想不是任意的，而是非常个人化的。我就住在这座纪念碑的正对面；但是，就像人们惯常做的一样，我走路或者开车从它旁边经过时，并不会留意到它："这是一件很日常的事，一种很普通的心理联想——我的意思是，我回到家，看到花环，看到名字……但现在它实际上只是在潜意识中流动，我不再需要注意它了。"（弗朗切斯科·博尼尼）是法西斯分子让我注意到这座纪念碑的。那是1994年8月，我刚从阿雷佐参加完一场关于纳粹大屠杀的会议回来，右翼已经上台，而报纸上报道了关于引渡普里布克的争议。一天早上，我在纪念碑上看到了一个时代的标志：一个漆成黑色的纳粹党徽。

卡洛·卡斯泰拉尼　他们留下了自己的签名。他们认为自己玷污了石碑，但他们所做的只是签上自己的名字：“我们做的。”这是可憎而可怕的。在圣保罗门外，他们每隔一段时间就会烧掉牌匾上的花环；他们会往［特雷莎·］古拉切的牌匾上涂抹粪便……做出这些行为的人也配不上成为我们的对手：去糟蹋死者……

朱斯蒂尼亚纳位于罗马两条历史悠久的道路，即特里翁法莱路和卡西亚路的交叉口。在我看来，它是一个卧室社区，事实上它也确实是——这里的居民对此地并无明显的认同，也没什么社交生活。但在纳粹党徽出现的第二天，当我带着一丝害羞地走过去，把花放在纪念碑下面时，我发现周围有人。他们并不年轻，看起来像是工匠、机械师，一些很边缘的人。他们正在讨论该如何用最好的技术手段来清理它。我觉得，即使是在资产阶级街区的下方，在旧贫民窟和以前的乡村上面，可能仍然有记忆的矿脉。

布鲁诺·阿方西　德国人撤退期间，就在卡西亚路和特里翁法莱路的十字路口，一枚美国飞机投掷的炸弹落在路口正中央，炸开了一个大坑。有几辆从维泰博开过来的卡车，载着水果之类的货物在售卖。而德国人为了加速撤退，把所有剩下的东西都装上了卡车，甚至是人体材料，可以这么说，然后把卡车上所有的东西，包括司机，都埋进了坑里。这就是事实；他们在朱斯蒂尼亚内拉挖下水道时，发现了德国士兵的遗体。如果再往下挖，很有可能会发现一些人体的遗骸。

　　这是一种令人回味的考古学：卡车、大炮、持枪的士兵被埋在这个充满历史厚重感的十字路口的下面，就像古代战车上的战士。1996 年，整个街区被迫疏散：在卡西亚路和毛里齐奥·吉利奥路（以一位阿尔帖亭洞窟大屠杀受害者命名）尽头的农田之间，消防部门挖出了一枚巨大的还未引爆的炸弹。

　　安杰洛·卡佩奇　我们这里的房子［在 1944 年 9 月 8 日］被炮火摧毁了。［意大利掷弹兵］向一边开火，德国人向另一边开火，炮弹呼啸着炸毁了一切，我们的房子也在其中。幸亏房子是空的，因为我们在空袭期间躲到了维乌姆附近的伊索拉—法尔内塞，所有人都躲到了那里的山洞里。

　　万达·拉沃内　在拉斯托尔塔通往伊索拉—法尔内塞的岔路口附近，我们有自己的房子，但我们在山洞里睡觉和做其他的事。美国人的飞机每天都会在天空出现，轰炸铁路和卡西亚路。你朝奥尔贾塔和拉斯托尔塔望去，可以看到烟雾弥漫，到处都在燃烧，巨大的黑色烟柱升起——当他们撤退时，你可以听到他们的喊叫声，而我们害怕地缩成一团。那里什么都没有，除了峡谷里有一处泉水，可能还有零散的几座房子——人们听到了枪声，看到载着这些人的卡车开过；他们说"他们杀了人"，说"他们杀了一些意大利人"。

　　我居住的那条街上还有其他不显眼的纪念碑，在我开始寻找之前，我从未注意到它们。献给拉斯托尔塔大屠杀受害者的纪念碑，便安设在另外两个不那么明显的死亡标志之间。往北走约一百米，可以看到人行道边的矮墙上，用水泥砌着一块小石碑，上面有一个十字架、一个波兰人的名字和一个日期："Piotr Warcholzt 93.03.13"：这个叫彼得·瓦尔霍尔茨的人是在从一间酒吧出来时被一辆汽车撞死的，而经常光顾那间酒吧的，都是些失业和未充分就业的移民工人。往南走五十米，离地面几英寸高的地方，我发现一个被切割成两半的美式足球，用麻绳绑在铁丝网上，旁边放着一个从中间切开的可口可乐塑料瓶，里面插着一些枯萎的花。"那个男孩就是在那里死的。他的名字叫 D，死于一场车祸。他是我们学校的，会弹吉他，我们曾和他一起在音乐会上演出过。我经常从那里路过，值得欣慰的是，这么多年过去了，那里依然有鲜花，他们依然会带礼物给他。"（弗朗切斯科·博尼尼）

　　里卡尔多·曼奇尼　战争结束后，我在意大利无产阶级团结社会党（PSIUP）*——当时是这个名字——的办公室工作，他们派我去调查拉斯托尔塔大屠杀。当时我二十岁。于是我去到那里，那里有一个农舍，农夫名叫维吉利。我遇到了他的妻子，一位已经上了年纪的女

---

* 　这里指的是意大利社会党 (PSI)，该党在 1943—1947 年间使用的是这个名字，而非 1964 年由该党的左翼组建的新的 PSIUP。

士。"夫人，您能告诉我当时发生了什么？"她说："嗯，当然可以。德国人把那些年轻人交给了我，让我把他们关在我们的牛棚里。因为他们饿了，我给了他们一些牛奶，他们是从塔索路来的。"这里位于卡西亚路的第十四公里处，卡车抛锚了；所以他们把这些人带到这间农舍，但他们不知道接下来该怎么办。第二天早上，一名德国人骑着摩托车过来了。"我们该拿这些囚犯怎么办呢？"他们问他。"杀了。"他说。于是他们把这些人带出去枪毙了。

从拉斯托尔塔延伸到罗马的卡西亚路，布满了死亡的痕迹。在与布拉恰内塞路相交而成的十字路口，可以看到护栏上缠着一个铁丝制成的十字架。在郊区贫民窟的尽头，朝向罗马的方向，可以看到一块精心制作的大理石碑，交叉刻着字母 X 和 P*，还放着盛放鲜花的容器，卷轴状的石头上印有一个男孩和一个女孩的照片和名字："谨此纪念。他们的朋友。"在我的住处和那里之间，曾经还有两处纪念在事故中丧生的年轻人的标志。菲拉代尔福·费托尼觉得这些东西看起来太瘆人，于是劝说家属把它们移走。在卡西亚路与环城公路交叉的地方，立着一个用树枝搭成的长方形的小围栏，里面放着花瓶和鲜花。

拉斯托尔塔大屠杀受害者的纪念碑后面，就是卡佩奇一

---

* 代表基督。

家居住的农舍。他的两个儿子，马里奥和阿尔弗雷多，分别死于布拉韦塔堡和阿尔帖亭洞窟。1926 年，马里奥·卡佩奇在街对面遭到了法西斯分子的袭击："在［社会党议员］贾科莫·马泰奥蒂［被法西斯分子］杀害的那天，他被重重撞了一下，掉到排水沟里，满身是血……撞他的是三个暴徒，他们在杀害我们的同志贾科莫·马泰奥蒂之后开车疯狂逃窜……他保有着社会主义信仰，他敬佩以这样的方式死去的人。"（安杰洛·卡佩奇）

　　古时，城墙外的卡西亚路，就像罗马所有的主干道一样，立着许多重要人物的墓。其中一个名叫维博·马里亚诺的人的墓碑依然清晰可见，他生活在公元 2 世纪；该墓在中世纪时被神话为尼禄之墓（Tomba di Nerone），并成为其所在地区的名字。在路的对面，是一座战争死难者纪念碑（"献给所有在战争中光荣牺牲的人"），一个以城市的名义敬献的花环，以及喷泉两侧新法西斯主义者的黑色涂鸦。沿着这条路继续往前走，就到了格拉多利路，阿尔多·莫罗曾被"红色旅"囚禁在这里。"我们献出了自己的生命""光荣牺牲"……负责维护公共死亡的机构颂扬烈士和英雄，为这些死亡赋予事后的意义（自由、爱国主义），似乎在告诉我们，人不会白白地死去，死具有重大意义（这就是为什么那座罗马的坟墓得属于一位著名的皇帝，而不是听都没听说过的人）。然而，新的"纪念碑"，却属于人生还没怎么开始的年轻人（托马索·马纳科尔达说："人在青春期会遭遇到生命实际的短暂和脆弱"）或者人生早已结束的社会弃儿（比如那位波兰移民，我看到两个拉美妇女为了到事故现场留下一些花，不惜爬上危险弯道旁的护栏）。它们并非在缅怀公共的死亡，而是对朋友、家人或同龄人的私人的哀悼。

　　马尔科·达妮埃莱·克拉克　拉布兰卡路很不幸，维护得很差，没有护栏，路灯差不多都坏了。在这条路的尽头，是拉斯托尔塔烈士公园。那里有一座更大的纪念碑，树也很多。每棵树上都挂着一个小牌子，上面写着一个牺牲者的名字，也就是拉斯托尔塔十四位烈士中的一位。这些牌子是新的。旧的因为雨水和天气从树上掉下来，被捡起来后装进一个箱子里，保存在区办公室。

　　卡拉·卡波尼　在蒙特罗通多［位于罗马东北部］流传着一个被俘的［游击队员的］故事，说他是在一棵樱桃树下被枪杀的。因为受到过酷刑，他获得了金质奖章。两年后我去参加纪念他的活动，这棵树又开花了。我告诉市长，这是一座纪念碑，请不要让任何人碰它。那位游击队员死了，但这棵树借由他的血液活了下来。几年来它一直长得不错，长成了一棵美丽的树。但之后，来了一位现代派市长，把这一切都推倒，铺上混凝土，取代樱桃树的是一个平台，类似一个小祭坛……听到这个消息后，我气得不行——我说："不要再给我打电话，我不会再来这里了。"在托斯卡纳，我却看到了一桩美好的事情，我不记得那个村子的名字了；他们为每个被枪毙的游击队员种了一株柏树，每个名字都有一个牌子。我建议他们在拉斯托尔塔也这样做。他们在树上挂上了姓名牌；那里种着和拉斯托尔塔的死者同等数量的柏树，每株柏树上都挂着一个姓名牌。

树木是生命的象征，但也是一些青少年撞向死亡的地方。在拉斯托尔塔以南几英里处，道路的右侧有一棵树，树干上用绿丝带绑着一个破旧的陶罐，里面放着用玻璃纸裹着的白菊。1998 年 7 月的一个深夜，我看到一群悲伤的男孩和女孩在另一棵树旁放下了第一束花：事故刚刚发生。第二天，树旁又出现了卡片、班级照片和轻便摩托车的碎片；之后的几个星期，总有男孩骑在轻便摩托车上，在一旁看着。"他死在了树上。一个司机在车里睡着了，撞到了这个骑轻便摩托车的男孩。"（安东尼奥·内里）

　　弗朗切斯科·博尼尼　说实话，我对这事知道得不多；我只知道我住的街上［拉布兰卡路］，有些人，我想是游击队员，被枪杀了，之所以选择那个地方是迫不得已，或者说偶然，这是我对拉斯托尔塔大屠杀模糊的记忆。我对烈士公园唯一的印象是它有点被神秘化了，因为它是街上最阴暗的角落，所以大人们会说"别去那里，那里有大灰狼"。那里一年四季都很冷清，只有 6 月 4 日到来的时候，市政工人会过来打扫一下，摆点花什么的，以迎接政客们的到来。

在另一个十字路口，距离一家超市前的人行道几英寸的地方，有一个插着一束鲜花的陶制花瓶。"她的名字叫 B，我对她了解不多，但她可以称得上是一个神话，因为她特别漂亮，她的名声更在于，即便那么漂亮，她还是很谦虚，非常安静，一点也不装腔作势。但就是这样一个女孩，竟以那样血腥的方式死去。我听到过很多说法，那些在她后面的车里的人说他们看到她失去了控制，试图按喇叭唤醒她，她最后撞到了一根柱子上。当然，我经常能看到献给 B 的鲜花。"
（米凯莱·马纳科尔达）

当我开始注意到这些标识时，我对阿尔帖亭洞窟在许多年轻人的叙述中的象征作用有了更好的理解——也正是从对阿尔帖亭洞窟的思考中，我对自己居住的那条路有了更充分的了解。这些年轻人的故事帮助我在游击队员的经历中，除了看到勇气、危险、思想和价值观之外，还发现一种坚硬的本质：与死亡的不断对抗。

露西娅·奥托布里尼　我一度……还不是抑郁，比这更糟糕，因为无法接受我儿子的死。一辆汽车在隧道里逆行，而他骑着摩托车……［他们试图］安慰我，而我开始说话，说啊说……我记得我一定说了好几个钟头——有意思的是，我谈到了抵抗运动。我不知道自己怎么会谈到这上面去，这是我的癖好或者弱点——因为我想到了我的儿子：你为什么会死？他们在街上杀了他，我的孩子——我问：这怎么可能？

对战争一代和现在这一代人而言，死亡的能见度是不同的，两者之间存在着差距。大人们牵着孩子的手去阿尔帖亭洞窟，让他们在棺材边玩耍，这是传统文化通过让人熟悉死亡来"驯化"死亡的最后尝试。正如菲利普·阿利埃斯所写的："直到 18 世纪，所有表现人垂死挣扎的图像中，房间里都至少有一个孩子。仔细想想，今天我们是多么小心翼翼地让儿童远离死亡！"[11] 自"二战"以来，死亡的定义已被城市和资产阶级主导，死亡既不可见，也不可提起；生与死之间并无关联，死亡是难以忍受的，"野蛮的"，死者必须被藏起来，特别是要远离孩子——反正也不关他们什么事。但慢慢地，死亡的确离他们越来越近了，而且死的是同龄人——和他们一样的年轻人，和他们生活在共同的环境和空间里（"就我个人而言，我经历了四次……"弗朗切斯科·博尼尼说）。它几乎总是以暴力的形式突然出现：不是因为得了什么病，经过一个漫长的过程后死去；不是死在医院或家里，而是死在街上或学校，死于事故、毒品或自杀："我想不起我那些死去的朋友里有谁是死于疾病的。"（米凯莱·马纳科尔达）一种空间和时间上的被撕裂。年轻人必须找到他们自己的方式来"驯化"这种死亡，他们必须自己去面对，没有成年人来牵着他们的手。在这座没有记忆和"没有地点的城市"（city without places），他们开始标记这些地点和记忆。[12]

　　　　拉法埃拉·费拉罗　玛尔塔·鲁索［的死］是我的心结。我记得法学院的一位女教授曾在课上开过一个糟糕的玩笑，她说："我希望不是你们中的一个"。经过玛尔塔·鲁索被杀的地方时，我会感到心痛；有一种非常简单的认同——被杀的人也有可能是我。我很少经过那个地方，总是躲得远远的，这或许是一种驱魔。

玛尔塔·鲁索是罗马大学法学院的一名学生，她在大学主校区被从法学院的窗户里射出的子弹打死。根据法院的判决，是一名助理教授在玩枪时意外击中了她。*

　　　斯特凡诺·波尔泰利　我当时在文哲学院的台阶上聊天，没有听到枪声或任何声响，但消息传开后我们就去了，我们必须去看看发生了什么。当然，我把事情弄得有点玄幻，所以现在我记得，当时我身上的光线都发生了变化，天空竟然变成了白色，我周围的每个人都像是我的幻觉——我现在的印象是，当我听到这个消息时，世界就变了，什么都没有了，我们不能只是站在那里袖手旁观。

　　　我不知道，但这种事发生过很多次，别人的死会带走一部分的我——我认识他们的面孔，他们做着与我或多或少相同的事情——你很清楚［我所在的学院的］水

---

*　玛尔塔·鲁索谋杀案发生在 1997 年 5 月 9 日。关于犯罪动机充满着各种猜测，尤其是"完美罪行"说。2003 年基于有争议的证词，罗马大学法哲学助理教授乔瓦尼·斯卡托内被判严重过失杀人罪。该案被视为现代意大利第一起媒体审判的案件。

准，所以——再次发生这样的事让你感到沉重，我不知道，每次我都觉得世界好像已经停止了运转，或者应该停止。我的意思是，你终于开始想到自己的一个朋友，你身边的一个人也随时可能死去——不仅是发生意外而死，还有自杀身亡！我的意思是——你知道什么呢？我是说，这太荒谬了，每次都是这样，你会感觉到——一切皆有可能。你可能会说，事情会恢复正常的，可既然这个人已经死了，事情怎么可能恢复正常？

一个男孩把街道上的鲜花和小牌匾称为"陵墓"，这个词经常被用来形容阿尔帖亭洞窟。另一位帮我誊写部分采访内容的年轻人说："受害者亲属说起阿尔帖亭洞窟这个地方时，很平静；但我们一想到它，就会觉得肚子仿佛挨了一拳，喘不过气来。"既然阿尔帖亭洞窟与历史、背景、因果关系、传记的关联已经变得越来越弱，在我看来，许多年轻人看到它或者想到它时，是将之作为对一种大规模死亡的形式化和放大化的表达，这种死亡就像他们同龄人的死亡一样不公和荒谬（"被不公正地从我们身边夺走"，玛尔塔·鲁索的死亡现场留下的一张字条写道）。这也许是一种去历史化的死亡，但也因此具有强大的象征力量。词语和意象都回来了："荒谬"，死者像垃圾一样被扔掉，有时很难将那些小牌匾、枯萎的花和破损的花瓶跟路边的垃圾区分开来。

我意识到，拉斯托尔塔可以回答困扰着阿尔帖亭洞窟记忆的许多问题和争论。这里没有"非法的战争行为"，没有"懦弱的游击队员的伏击"，但大屠杀还是发生了（而且也有人编造故事指责游击队员）。一个男孩在谈到死于交通事故的同龄人时告诉我，"为他们一生中做过的唯一的蠢事而纪念他们是没有意义的"：这既表达了一种内在的愧疚感，也是拒绝将没有理由和没有"荣耀"的死亡进行合理化（一位阿尔帖亭洞窟大屠杀受害者的儿子在谈到他父亲时说了同样的话："那是一种愚蠢的死亡"。而薇拉·西莫尼称她的哥哥在阿拉曼战役中的死亡是"无用且愚蠢的"。不是因为这些亲人"愚蠢"，而是因为人不应该以那样的方式死去）。我没有听到任何年轻人试图将这些死亡合理化，寻找可以怪罪的对象和集体的责任，就像我们这一代人可能会做的。[13] 不，他们是一个一个死去的，而且就像在拉斯托尔塔、阿尔帖亭洞窟以及战争中死去的人，他们是突然死去的，死在错误的地方，不公正地死去。"无辜者"和"受害者"如此，"殉道者"和"英雄"亦是如此：即使是他们自豪而自觉的死亡，也仍有无法被吸收的无意义的残余，比起公共纪念碑，年轻人的私人且不起眼的标志，更好地表达和彰显了这种无意义。不过，人们也可以独自去阿尔帖亭洞窟，独自一人。

*

　　莫德斯托·德安杰利斯　我［在仪式上］感到不自在，即使可以只是默默地待在人群中；我不会走上前去，站在那个他们为亲属们准备的舞台上，但还是会有人认出我，"他是一名受害者的儿子"。然而，那些空洞的话语，听起来是那么让人疲乏。于是有一次——后来我一直这样做——我在一个春天的早晨出发，9点钟，那里刚刚开放，没有一个人。[坟墓的上方]有块石头，边缘处略微松动。春天，时有一只小鸟坐在那里叽叽喳喳。我有时会去那里，为那些死者祈祷，对他们说话——轻柔地，即使周围没有一个人——我总是称他们为我的孩子。如果说有什么遗憾的话，那就是，这么多年来，我从未能有把握地告诉他们："我们赢了——你们赢了。"

……圭多·沃尔波尼、保罗·瓦尔德·佩萨克、施拉·瓦尔德、卡洛·扎卡尼尼、伊拉里奥·赞贝利、亚历山德罗·扎尔法蒂、拉法埃莱·齐科尼、奥古斯托·齐罗尼、不明身份者、不明身份者、不明身份者、不明身份者、不明身份者、不明身份者、不明身份者、不明身份者、不明身份者、不明身份者、不明身份者……

叙述者

本书由许多声音组成，叙述者是它的共同作者。本名单包括他们每个人的基本资料，按如下顺序排列：

名字，姓氏，出生年份（如有死亡日期则加上），职业，政治资历（如有），与阿尔帖亭洞窟事件和抵抗运动的关系，采访的地点和日期。除非另有说明，所有采访都是作者在罗马录下的，街区只有当其与历史相关时才列出，或者采访是在罗马以外的地方录下的，会在括号内标明省份。

阿尔帖亭洞窟大屠杀受害者的亲属为楷体。前游击队员为粗体。

所有的原始磁带和文字誊录都保存在罗马詹尼·博西奥俱乐部的"弗兰科·科焦拉档案"中，可供查阅。

伊丽莎白·阿尼尼（1932年生），律师；费迪南多·阿

尼尼（在阿尔帖亭洞窟遇害）的侄女；1998 年 2 月 2 日。

西尔瓦娜·阿约·卡利（1927 年生），犹太书店老板；1998 年 2 月 6 日。

布鲁诺·阿方西（1942 年生），木匠；朱斯蒂尼亚那，1998 年 7 月 10 日。

罗贝托·巴基奥基（1976 年生），计算机技术员；民族联盟党支部，博洛尼亚广场，1998 年 2 月 13 日。

阿尔贝托·巴尔达齐（1923 年生），办公室职员；琴乔·巴尔达齐（"人民敢死队"创始人；行动党游击队员，在阿尔帖亭洞窟遇害的许多游击队员的朋友和同志）的侄子；特里翁法莱，1998 年 5 月 5 日。

帕斯夸莱·巴尔萨莫（1924 年生），记者，中央爱国行动组的游击队员，参加过拉塞拉路行动；1998 年 5 月 26 日。

弗兰科·巴尔托利尼（1920 年生），清漆工；中央爱国行动组和"红旗"成员；国家手工业委员会前官员；加尔巴泰拉，1998 年 5 月 14 日和 25 日。

西莫内·贝内代蒂（1975 年生），职校毕业生；依良心拒服兵役者；托尔贝拉莫纳卡，1998 年 5 月 5 日。

罗萨里奥·本蒂韦尼亚（1922 年生），医生；中央爱国行动组的游击队员，参加过拉塞拉路行动；1998 年 2 月 6 日和 5 月 11 日。

恩里科·贝尔托奇（1982 年生），高中生；1997 年 7 月 28 日。

安东尼娅·比安基［化名］（1976 年生），英国文学学生；

1997 年 11 月 13 日。

莱奥纳尔多·博卡莱（约 1930 年生），葡萄酒农；真扎诺（罗马），1975 年 1 月 26 日。

朱塞佩·博尔贾（1931 年生），办公室职员；其母在 1943 年 7 月 19 日的空袭中丧生；其父米凯莱·博尔贾在阿尔帖亭洞窟遇害；1998 年 3 月 13 日。

弗朗切斯科·博尼尼（1976 年生），社会学学生；1998 年 4 月 13 日。

加埃塔诺·博尔多尼（未注明出生年份），理发师；接受阿尔弗雷多·马丁尼的采访，圣洛伦佐，1976 年 4 月 8 日。

西莫内·博瓦（1982 年生），高中生；1997 年 9 月 12 日。

安东内洛·布兰卡（1936—2002），电影制片人；1997 年 7 月 31 日。

达妮埃拉·布鲁诺（1982 年生），高中生；1998 年 2 月 17 日。

卢乔·布鲁斯科利（1926 年生），承包商；游击队员；1997 年 11 月 6 日。

马西莫·C.［应要求隐去姓氏］（1982 年生），高中生；1998 年 4 月 28 日。

维尔吉尼娅·卡兰卡（1925 年生），糖果商；特拉斯泰韦雷，1998 年 5 月 15 日。

安杰洛·卡佩奇（1922 年生），城市雇员；马里奥·卡佩奇和阿尔弗雷多·卡佩奇（分别在布拉韦塔堡和阿尔帖亭洞窟遇害）的兄弟；伊索拉—法尔内塞，1998 年 9 月 6 日。

詹弗兰科·卡波齐奥（1938年生），经济史教授；奥塔维奥·卡波齐奥和多梅尼科·卡波齐奥（在阿尔帖亭洞窟遇害）的侄子；1998年1月16日。

戈弗雷多·卡佩莱蒂（1930年生），建筑工人；阿尔贝托·贾基尼和乔瓦尼·塞内西（在阿尔帖亭洞窟遇害）的外甥；1997年11月18日。

斯特凡诺·卡佩利（1981年生），高中生；1998年4月6日。

卡拉·卡波尼（1919—2000），共产党官员，中央爱国行动组成员，拉塞拉路行动的参与者；1997年5月28日和1998年8月14日。

卢坎·卡佩特（1928年生），画家；1998年3月18日，泰斯塔乔。

卡洛·卡斯泰拉尼（1928年生），内政部雇员；路易吉·卡斯泰拉尼（在拉斯托尔塔遇害）的儿子；1998年3月6日。

罗莎·卡斯特拉（1967年生），医生；托尔贝拉莫纳卡社会融合中心，1998年5月5日。

路易吉·卡泰马里奥（1967年生），遗产管理人；蒂托尼家族的后代，位于拉塞拉路的蒂托尼宫的所有者；拉塞拉路，1998年10月7日。

达妮埃拉·琴蒂（1953年生），高中教师；1997年10月11日。

毛罗·琴蒂（1945年生），经理；1997年10月11日。

妮古拉·琴蒂（1978年生），工程系学生；1997年10

月 11 日。

法布里奇奥·切拉沃洛（1982 年生），高中生；1998 年 2 月 17 日。

卢恰诺·基奥利（1949 年生），铁路工人；朱塞佩·奇梅利和弗朗切斯科·奇梅利（在阿尔帖亭洞窟遇害）的外甥；戈尔迪亚尼别墅，1998 年 5 月 23 日。

莉娜·恰瓦雷拉（1915 年生），弗朗切斯科·恰瓦雷拉（在阿尔帖亭洞窟遇害）的妹妹；米兰，1999 年 1 月 9 日。

马尔科·达妮埃莱·克拉克（1951 年生），民族联盟党政客，第二十区区长；1997 年 9 月 21 日。

罗米娜·科梅蒂（1974 年生），外语系学生；1997 年 6 月。

安娜·科尔蒂尼（1947 年生），图书管理员；中央爱国行动组游击队员劳拉·加罗尼和朱利奥·科尔蒂尼的女儿；1997 年 11 月 19 日。

埃马努埃莱·达莫雷（1980 年生），失业者；托尔贝拉莫纳卡，1998 年 5 月 5 日。

莫德斯托·德安杰利斯（1931 年生），电视特效技术员；杰拉尔多·德安杰利斯（在阿尔帖亭洞窟遇害）的儿子；1998 年 12 月 11 日。

保罗·德卡罗利斯（1938 年生），公务员主管；乌戈·德卡罗利斯(在阿尔帖亭洞窟遇害)的儿子；1998 年 3 月和 5 月。

里娜·德尔皮奥（1923 年生），女裁缝；特拉斯泰韦雷，1998 年 5 月 11 日。

乔瓦尼·迪鲁肖（1974 年生），大学生；民族联盟党活动分子；1998 年 2 月 13 日。

西比拉·德里萨尔迪（1967 年生），音乐家，英语系学生；
1997 年 12 月 12 日。

蒂贝里奥·杜奇（1899—1978），屠夫，共产党地方官员；
真扎诺（罗马），1975 年 4 月 29 日。

杜乔·埃莱罗（1973 年生），历史系学生；加尔巴泰拉，
1997 年 12 月 20 日。

布鲁诺·埃卢伊西（1918 年生），办公室职员；阿尔
多·埃卢伊西（在阿尔帖亭洞窟遇害）的兄弟；特拉斯泰韦雷，
1998 年 5 月 7 日。

塔玛拉·埃卢伊西（1947 年生），阿尔多·埃卢伊西
的侄女；特拉斯泰韦雷，1998 年 5 月 7 日。

乔瓦尼·法焦洛（1913—2000），慈幼会神父；大屠杀
后首批进入阿尔帖亭洞窟的人；1998 年 1 月 16 日。

克劳迪奥·法诺（1935 年生），律师，罗马犹太社区前
主席；乔治·法诺（在阿尔帖亭洞窟遇害）的儿子；1997 年
12 月 16 日。

埃斯特尔·法诺（1936 年生），经济史教授；乔治·法
诺的女儿；1998 年 1 月 6 日。

阿道夫·凡蒂尼（1927 年生），合作社运动的官员；里
齐耶罗·凡蒂尼（1943 年 12 月在布拉韦塔堡遭处决）的儿子；
热那亚（热那亚省），1998 年 3 月 17 日。

菲拉代尔福·费托尼（1927 年生），退休宪兵；朱斯蒂
尼亚那，1997 年 7 月 30 日。

阿妮塔·费罗拉（1940 年生），女裁缝；恩里科·费罗拉（在阿尔帖亭洞窟遇害）的女儿；1998 年 9 月 22 日。

朱塞平娜·费罗拉（1932 年生），医院工作人员；恩里科·费罗拉的女儿；1998 年 11 月 22 日。

拉法埃拉·费拉罗（1971 年生），英语系学生；1998 年 5 月 3 日。

詹弗兰科·菲尼（1952 年生），民族联盟党书记；1997 年 12 月 1 日。

马里奥·菲奥伦蒂尼（1918 年生），数学教授；中央爱国行动组成员，参与策划拉塞拉路行动；1997 年 7 月 15 日、7 月 29 日和 11 月 1 日，1998 年 1 月 5 日、3 月 2 日和 11 月 7 日。

菲奥里诺·菲奥里尼（1910 年生），建筑工人；游击队员；1997 年 12 月 8 日。

法比奥·福尔蒂诺（1978 年），电子技术员；托尔贝拉莫纳卡，1998 年 5 月 5 日。

布鲁诺·弗拉斯卡（1942），邮局职员；切莱斯蒂诺·弗拉斯卡（在阿尔帖亭洞窟遇害）的儿子；拉塞拉路，1998 年 1 月 5 日。

乔瓦尼·弗拉特，圣洛伦佐游击队协会秘书；接受阿尔弗雷多·马丁尼的采访，圣洛伦佐，1975 年 11 月 17 日。

阿尔贝托·富纳罗（1953 年生），拉比，教师；阿尔贝托·富纳罗（在阿尔帖亭洞窟遇害）的侄子；1998 年 6 月 2 日。

卡拉·加布里埃利（1952 年生），英国文学研究者；

1997 年 11 月 20 日。

维托里奥·加布里埃利（1917 年生），英国文学教授；行动党游击队员；1998 年 2 月 17 日。

温琴扎·加蒂（1935 年生），位于拉塞拉路的蒂托尼宫的门房；1998 年 10 月 14 日。

基娅拉·高迪诺（1979 年生），高中生；1998 年 3 月 25 日

瓦伦蒂诺·杰拉塔纳（1919—2000），哲学教授；中央爱国行动组成员；1997 年 7 月 19 日。

费代里科·盖拉尔迪尼（1982 年生），高中生；1997 年 8 月 21 日。

乔瓦尼·吉廖齐（1919 年生），记者；意大利解放烈士家属联合会（ANFIM）主席；罗莫洛·吉廖齐（在阿尔帖亭洞窟遇害）的堂弟；1998 年 2 月 24 日。

利亚娜·吉廖齐（1941 年生），罗莫洛·吉廖齐之女；1998 年 12 月 29 日。

西尔维奥·吉廖齐（1937 年生），机场雇员；罗莫洛·吉廖齐之子；奥斯蒂亚，1998 年 1 月 2 日。

西格蒙德·法戈·戈尔法雷利（1913 年生），国家旅游局总负责人；曾任掷弹兵队队长，因保卫罗马被授予金质奖章；1998 年 5 月 22 日。

弗拉维奥·戈沃尼（1964 年生），医生；阿拉迪诺·戈沃尼（在阿尔帖亭洞窟遇害）的侄子；1998 年 4 月 21 日。

安东尼奥·圭迪（1982 年生），高中生；1998 年 4 月 6 日。

罗伯托·**古佐**（1915 年生），作家；意大利共产主义运动（红旗）领导层成员；1998 年 12 月 14 日。

妮科莱塔·莱奥尼（1962 年生），ANFIM 的秘书，尼古拉·乌戈·斯塔梅（在阿尔帖亭洞窟遇害）的外孙女；1998 年 2 月 24 日。

萨拉·莱奥尼（1972 年生），英语系学生；1997 年 9 月 12 日。

西尔瓦诺·莱奥尼（1982 年生），高中生；1998 年 4 月 6 日。

阿尔曼迪诺·利贝蒂（1924 年生），搬运工；共产党活动分子，词曲作者；特里翁法莱，1973 年 11 月 21 日。

达尼埃莱·林皮多（1982 年生），高中生；1998 年 2 月 17 日。

皮诺·洛韦泰雷（1967 年生），文化合作社工作者；扎加罗洛，1997 年 8 月 25 日。

杰玛·卢齐（1942 年生），历史学家，高中教师；1998 年 11 月 23 日。

马尔科·马切罗尼（1980 年生），高中生；1998 年 4 月 22 日。

米凯莱·马纳科尔达（1971 年生），法学学生；1997 年 8 月 17 日。

托马索·马纳科尔达（1976 年生），人类学学生；1997 年 8 月 21 日。

里卡尔多·**曼奇尼**，社会党马泰奥蒂旅游击队员；在塔索路遭刑讯；拉斯托尔塔，1998 年 6 月 4 日。

伊娃·马涅里（1907年生），九个孩子的母亲；1920年代与安东尼奥·葛兰西一起在乌斯蒂卡政治流亡；梅拉伊纳谷，1998年1月24日。

玛丽亚·马尔切利（1913年生），陶器艺术家；1998年1月22日。

皮耶路易吉·马蒂诺（1980年生），高中生；1998年4月22日。

安娜·梅尼凯蒂（1940年生），马里奥·梅尼凯蒂（1920年代的政治流亡者）的女儿；梅拉伊纳谷，1998年4月21日。

瓦尔泰拉·梅尼凯蒂（1926年），办公室职员；马里奥·梅尼凯蒂的女儿；梅拉伊纳谷，1998年4月15日。

玛丽亚·米凯蒂（1922年生），社会学教授；游击队员，罗马市议会和省议会的共产党员；1997年9月4日。

米里亚姆·蒙达蒂（1991年生），高中生；1998年4月22日。

阿德里亚娜·科尔代罗·兰扎·蒙泰泽莫洛（1931年生），农民；朱塞佩·科尔代罗·兰扎·蒙泰泽莫洛（在阿尔帖亭洞窟遇害）的女儿；1998年4月17日。

阿德里亚诺·莫尔登蒂（1946年生），记者、摄影师、音乐家；1998年3月11日。

埃马努埃莱·莫里科尼（1982年生），高中生；1998年2月27日。

奥尔费奥·穆奇（1911—1998），木匠；"红旗"的政委，该运动有许多活跃分子，在阿尔帖亭洞窟和布拉韦塔堡遇害，都是他的朋友和同志；1997年12月8日。

特雷莎·穆索尼（1926年生），十七岁时与阿尔贝托·科齐（在阿尔帖亭洞窟遇害）订婚；奥雷利亚谷，1998年2月24日。

马里萨·穆苏（1925—2002），记者；中央爱国行动组的游击队员；1997年7月24日。

阿尔多·纳托利（1913生），共产党领导人；1998年2月13日，1987年2月17日（与妮古拉·加莱拉诺一起）。

安东尼奥·内里(1980年生)，高中生；1997年7月18日。

安东尼奥·尼科拉尔迪（1921年生），农场工人；阿莱萨诺（莱切省，普利亚区），1999年9月25日。

卢怡·奥托布里尼（1924年生），中央爱国行动组的游击队员；1997年7月15日和27日。

安东尼奥·帕帕加洛（1917年生），办公室职员；彼得罗·帕帕加洛神父（在阿尔帖亭洞窟遇害）的侄子；1998年5月26日。

达尼埃莱·帕罗塔（1979年生），工程学学生；1997年10月11日。

维托里奥·帕翁切洛（1954年生），商人；1998年5月16日。

万达·佩雷塔（1937年生），德语文学教授；1999年2月4日。

普奇·德耶基·彼得罗尼（1920年生），作家古列尔莫·彼得罗尼（在塔索路遭受酷刑）的妻子；1997年12月20日。

玛丽亚·格拉齐娅·彼得里尼（1935年生），办公室职员；1997年10月15日。

富尔维奥·皮亚斯科（1931年生），伦佐·皮亚斯科（在阿尔帖亭洞窟遇害）的兄弟；圣安杰洛罗马诺，1998年9月7日。

卡泰丽娜·皮耶兰托尼（1915—2002），路易吉·皮耶兰托尼（在阿尔帖亭洞窟遇害）的妹妹；1998年5月29日。

达尼埃莱·皮法诺（约1950年生），医院工作人员；"工人自治"领导人；1998年5月14日。

阿达·皮尼奥蒂（1920年生），退休的办公室职员；她的丈夫翁贝托·皮尼奥蒂，她的夫兄安杰洛·皮尼奥蒂，她丈夫的表哥安东尼奥·普罗斯佩里，以及她夫兄的外甥富尔维奥·马斯特兰杰利，都在阿尔帖亭洞窟遇害；1998年2月23日。

安杰洛·皮尼奥蒂（1949年生），办公室职员，安杰洛·皮尼奥蒂和翁贝托·皮尼奥蒂的侄子；1998年4月29日。

卢恰诺·皮佐利（1937年生），城市交通工人；1997年7月4日。

加布丽埃拉·波利（1943年生），邮局工作人员，多梅尼科·波利（在阿尔帖亭洞窟遇害）的女儿和奥塔维奥·卡波齐奥（在阿尔帖亭洞窟遇害）的外甥女；阿拉特里（弗罗西诺内省），1998年5月18日。

斯特凡诺·波尔泰利（1976年生），人类学学生；1998年7月25日。

万达·普罗斯佩里（1929 年生），家庭主妇；夸德拉罗区的一位被驱逐者的女儿；夸德拉罗，1998 年 9 月 28 日。

万达·拉沃内（1933 年生），皮草制造商；朱斯蒂尼亚那，1998 年 6 月 4 日。

玛丽亚·特雷莎·雷加德（1924—2000），记者；中央爱国行动组的游击队员，曾囚禁于塔索路；1998 年 4 月 20 日。

阿尔弗雷多·龙科尼（1927 年生），餐馆老板；埃托雷·龙科尼（在阿尔帖亭洞窟遇害）的儿子；真扎诺（罗马），1998 年 12 月 12 日。

焦万娜·罗西（未注明出生年份），一位不愿透露姓名的前游击队员的笔名；1997 年 9 月 4 日。

玛丽亚·安东涅塔·萨拉奇诺（1950 年生），英国文学研究者；1998 年 5 月 22 日。

阿莱西娅·萨尔瓦托里（1971 年生），英语系学生；1997 年 12 月 12 日。

马尔齐亚·圣蒂利（1981 年生），高中生；1998 年 2 月 17 日。

马尔科·斯巴里尼（1974 年生），工程师，朱莉娅·斯皮齐基诺的儿子；他母亲有七个亲戚（迪孔西利奥家族）在阿尔帖亭洞窟遇害，十九个进了灭绝营；1998 年 1 月 14 日。

乌戈·斯卡托尼（1934 年生），学校看门人；翁贝托·斯卡托尼（在阿尔帖亭洞窟遇害）的儿子；1997 年 9 月 2 日。

朱莉娅·塞勒（1979 年生），高中生；1997 年 8 月 21 日。

弗朗切斯卡·西利吉尼（1983 年生），高中生；1997 年

10 月 14 日。

薇拉·西莫尼（1922 年生），西莫内·西莫尼（在阿尔帖亭洞窟遇害）的女儿；1998 年 5 月 4 日。

伊雷妮·西尔基亚（1982 年生），高中生；扎加罗洛（罗马），1997 年 8 月 25 日。

朱莉娅·斯皮齐基诺（1926 年生），商人；她有七个亲戚（迪孔西利奥家族）在阿尔帖亭洞窟遇害，十九个进了灭绝营；1998 年 1 月 14 日。

塞蒂米亚·斯皮齐基诺（1919—2001），办公室职员；被驱逐到卑尔根–贝尔森——她的母亲、两个兄弟、三个侄子和侄女死于灭绝营；加尔巴泰拉，1997 年 11 月 22 日。

瓦莱里娅·斯皮齐基诺（1935 年生），希伯来语教师；她有七个亲戚（迪孔西利奥家族）在阿尔帖亭洞窟遇害，十九个进了灭绝营；1997 年 12 月 30 日。

尼兰·斯里瓦斯塔瓦（1972 年生），英语学生；1997 年 9 月 25 日。

萝塞塔·斯塔梅（1937 年生），教师；尼古拉·乌戈·斯塔姆（在阿尔帖亭洞窟遇害）的女儿；1998 年 2 月 28 日。

阿基莱·塔尔塔罗（1936 年生），意大利文学教授；1998 年 11 月 6 日。

保罗·埃米利奥·塔维亚尼（1912—2001），基督教民主党参议员，前内阁成员；游击队员；1998 年 12 月 10 日。

阿梅代奥·泰代斯科（1943 年生），推销员；切萨雷·泰代斯科（在阿尔帖亭洞窟遇害）的儿子；1998 年 5 月 22 日。

福尔图娜塔·泰代斯科（1912 年生），切萨雷·泰代斯科的妻子。她有八个亲戚遭到驱逐并在灭绝营中遇害；泰斯塔乔，1998 年 6 月 3 日。

奥尔内拉·泰代斯科（1939 年生），切萨雷·泰代斯科的女儿；1998 年 6 月 3 日。

皮耶罗·泰拉奇纳（1928 年生），经理；被驱逐到奥斯维辛——他的父母、祖父、两个叔叔和四个兄弟姐妹都死在了灭绝营里；1998 年 2 月 8 日。

加布里埃莱·托马西尼（1981 年生），高中生；1978 年 5 月 5 日。

彼得·汤普金斯（罗马，1919 年生），记者和作家；1944 年盟军在罗马的特工；1998 年 4 月 26 日。

翁贝托·图尔科（1928 年生），电影布景设计师和制作人；游击队员，奥尔内洛·莱奥纳尔迪（在阿尔帖亭洞窟遇害）妹妹的前夫；1997 年 11 月 12 日。

马西莫·乌弗雷杜齐（1925 年生），记者；"意大利社会共和国"的激进分子；1998 年 5 月 15 日和 8 月 3 日。

来自蒂沃利的身份不明的女性（约 1925 年生）；阿尔帖亭洞窟，1997 年 11 月 8 日。

不明身份的发言者（应要求隐去姓名），阿尔帖亭洞窟纪念碑的看守人；1997 年 11 月 8 日。

弗朗切斯科·温琴蒂，门房，民间诗人；巴夏诺（罗马），1977 年 7 月 18 日。

塞尔焦·沃尔波尼（1934 年生），办公室经理；圭多·沃尔波尼（在阿尔帖亭洞窟遇害）的儿子；1998 年 5 月 25 日。

薇拉·亚里亚（未注明出生年份），高中教师；在拉塞拉路出生并长大；1998 年 4 月 6 日。

马泰奥·扎帕罗利（1977 年生），大学生；1997 年 9 月 6 日。

玛丽亚·**泽维**（1917—1999），建筑学教授；游击队员；1997 年 11 月 19 日。

乔瓦尼·祖凯雷蒂（1931 年生），屠夫；皮耶罗·祖凯雷蒂（在拉塞拉路被炸弹炸死）的孪生兄弟；1997 年 12 月 15 日。

注 释

导 言

[1] Egidio Cristini, "Il massacro dei trecentoventi," recorded in Rome in 1957 by Roberto Leydi, in the CD *Avanti Popolo—6—Fischia il vento,* Istituto Ernesto de Martino— Hobby&Work, 1998. 埃吉迪奥·克里斯蒂尼是一名建筑工人，也是传统的民谣诗歌八行体（ottava rima）的即兴创作者，这种诗体也为文艺复兴时期的诗人，如阿里奥斯托和塔索所用。

[2] 从来没有什么"巴多利奥–共产主义者"。在墨索里尼被推翻、国王及其内阁前往意大利南部的布林迪西之后，彼得罗·巴多利奥将军成为国王政府的首相；留下来并积极参与抵抗运动的人被称为巴多利奥分子。他们是君主派和保守派。

[3] 阿尔帖亭洞窟是废弃的洞穴，里面有火山灰（一种"磨成细粉的硅质或硅铝质材料，在常温和有水分的情况下，与熟石灰发生化学反应，形成硬化水泥"，《韦伯斯特大学词典》），在 1880 年代罗马的建筑热潮中，被用于制造水泥和混凝土。

[4] Carlo Galante Garrone, "Via Rasella davanti ai giudici," in *Priebke e*

il massacro delle Ardeatine, Istituto Romano per la Storia d'Italia dal Fascismo alla Resistenza, supplement to *l'Unità,* August 1996.

［5］ Leonardo Paggi, ed., *Storia e memoria di un massacro ordinario,* Rome, Manifestolibri, 1996; Giovanni Contini, *La memoria divisa,* Milan, Rizzoli, 1996; Paolo Pezzino, *Anatomia di un massacro,* Bologne, Il Mulino, 1997.

［6］ 3 月 23 日是"周年纪念日"，纪念法西斯党的前身"意大利战斗者法西斯"(Fasci di combattimento) 的成立。

［7］ Vittorio Foa, "Introduzione" to Mario Avagliano, *Il partigiano Tevere. Il generale Sabato Martelli Castaldi dalle vie dell'aria alle Fosse Ardeatine,* Cava dei Tirreni, Avagliano, 1996, p. 7.

［8］ Claudio Pavone, *Una guerra civile. Saggio sulla moralità nella Resistenza,* Turin, Bollati Boringhieri, 1991.

［9］ See http://www.nerone.cc/nerone/archivio/arch19.htm. Sergio Gaggia and Paul Gwynne, "The Anniversary of the Fosse Ardeatine—24 March," March 1996. Copyright © Nerone, *The Insider's Guide to Rome.*

［10］ Bruce Jackson, "What People Like Us Are Saying," in Disorderly Conduct, Urbana and Chicago, University of Illinois Press, 1992, p. 243.

［11］ Maxine Hong Kingston, *The Woman Warrior* (1975), Vintage, New York, 1989, p. 53.

［12］ Washington Irving, *Diedrich Knickerbocker's A History of New York,* Putman, New York, 1963, p. 118.

第一章　地点和时间

［1］ Amos Oz, "Il Big Bang di ogni storia," *la Repubblica,* December 3, 1997, p. 40.

［ 2 ］ Erich Priebke, affidavit to Rome military tribunal, June 3, 1966.

［ 3 ］ Federica Barozzi, "I percorsi della sopravvivenza (8 settembre 1943—4 giugno 1944). Gliaiuti agli ebrei romani nella memoria di salvatori e salvati," dissertation, University of Rome "La Sapienza," Dipartimento di Studi Storici, 1995–96, p. viii.

［ 4 ］ Giuliano Friz, *La popolazione di Roma dal 1770 al 1900,* Archivio economico dell'unificazione italiana, s. II, vol. XIX, 1974, pp. 133–134; Italo Insolera, *Roma moderna,* Turin, Einaudi, ninth edition, 1993, pp. 63.

［ 5 ］ Sergio Torsello, "A Roma un giorno di primavera," *Apulia. Rassegna trimestrale della Banca Popolare Pugliese,* 4, December 1996, pp. 141–147.

［ 6 ］ I. Insolera, *Roma moderna,* 62.

［ 7 ］ 卡洛·皮萨卡内是一名激进的爱国者，1856 年举事，远征萨勒诺南部的萨普里，失败后被杀。抵抗运动期间，本蒂韦尼亚参加的地下游击队就是以他的名字命名的。1856 年在巴勒莫发生的叛乱，应该是为了支持皮萨卡内的远征，弗朗切斯科·本蒂韦尼亚因此被判死刑。本蒂韦尼亚的外曾祖父也因参与 1830 年的巴勒莫叛乱而被处决。

［ 8 ］ G. Giordano, "Condizioni topografiche e fisiche di Roma e Campagna romana," in Ministero di Agricoltura, Industria e Commercio. Direzione della Statistica Generale, *Monografia della Città di Roma e della Campagna Romana,* 1881, p. xxxi.

［ 9 ］ Alberto Caracciolo, *Roma capitale. Dal Risorgimento alla crisi dello Stato liberale,* Turin, Einaudi, third edition,1984, pp. 190.

［10］ 罗马手工业联合会五十周年纪念（1996 年 11 月 17 日）的小册子，列出了在阿尔帖亭洞窟遇害的 44 名手工业者。

［11］ Ugo Pesci, *I primi anni di Roma capitale* (Florence 1907), quoted. in A. Caracciolo, *Roma capitale,* pp. 66–67.

［12］ Pietro Ingrao, "I nostri martiri alle Ardeatine," speech given at

Terlizzi, March 24, 1968, in Antonio Lisi, *L'altro martire di Terlizzi. Gioacchino Gesmundo,* Terlizzi, Associazione Turistica Pro Loco, 1993, p. 22.

[13]　Rosario Bentivegna, *Achtung Banditen! Roma 1944,* Milan, Mursia, 1983, pp. 92–93.

[14]　A. Caracciolo, *Roma capitale,* p. 64.

[15]　*24 Marzo 1944. I caduti del Partito d'Azione,* Rome, 1945, "Et Ultra," p. 13.

[16]　Gianni [Ricci], "Azioni del Partito d'Azione," *Mercurio,* I, 4, 1944, p. 259; Francesco Motto, "Gli sfollati e i rifugiati nelle catacombe di S. Callisto durante l'occupazione nazifascista di Roma. I salesiani e la scoperta delle Fosse Ardeatine," *Ricerche Storiche Salesiane,* 24, XIII, 1 (January–June1994), pp. 77–142.

[17]　Ada Alessandrini, "Carlo Zaccagnini e Monsignor Pappagallo," *Mercurio,* I, 4, 1944, pp. 185–188.

[18]　I. Insolera, *Roma moderna,* p. 106.

[19]　关于罗马山区的抵抗，see Pino Levi Cavaglione, *Guerriglia nei Castelli Romani,* Florence, Nuova Italia, 1971。

[20]　Salvatore Capogrossi, *Storia di antagonismo e resistenza,* Rome, Odradek, 1997, p. 4.

[21]　Lidia Piccioni, *I Castelli Romani,* Bari, Laterza, 1993, p. 9.

[22]　*"Cencio" (Vincenzo Baldazzi) combattente per la libertà,* ed. Giovanni Ferro, Rome, Fondazione Cesira Fiori, 1985.

[23]　*I caduti del Partito d'Azione,* p. 20.

[24]　I. Insolera, *Roma moderna,* pp. 67–68.

第二章　二十年：法西斯主义及其不满

[1]　Lidia Piccioni, *San Lorenzo. Un quartiere romano durante il fascismo,*

Rome, Storia e Letteratura, 1984, p. 40.

［2］ E. Talamo, *La casa moderna nell'opera dell'Istituto romano dei beni stabili* (1910), quoted in L. Piccioni, *San Lorenzo,* p. 19.

［3］ L. Piccioni, *San Lorenzo,* pp. 27–37, 引用当地反法西斯人士的话。

［4］ Vincenzo Baldazzi, quoted in L. Piccioni, *San Lorenzo,* p. 31.

［5］ Montage of two interviews, recorded by Claudio Del Bello, October 11, 1996 and Alessandro Portelli, December 8, 1997.

［6］ "Aldo Eluisi. Martire delle Fosse Ardeatine," unpublished paper courtesy of his brother Bruno Eluisi; Vincenzo Baldazzi, "Prova generale della marcia su Roma," in *Il prezzo della libertà,* published by ANPI (National Partisan Association), Rome, 1958, pp. 45–46.

［7］ Circolo Gianni Bosio, *I Giorni Cantati,* Milan, Mazzotta, 1978, pp. 49–50.

［8］ Paola Bertelli, "Valle dell'inferno. Fine di un borgo operaio," *I Giorni Cantati* I, 2 (Spring 1987), pp. 16–18.

［9］ Maria I. Macioti, *La disgregazione di una comunità urbana. Il caso di Valle Aurelia a Roma,* Siares, Studi e Ricerche, Rome, 1988; Roberto Cipriani et al., *La comunità fittizia. Differenziazione e integrazione nella borgata romana di Valle Aurelia,* Rome, La Goliardica, 1988.

［10］ Italo Insolera, *Roma moderna,* Turin, Einaudi, 1993, p. 71.

［11］ Cesare De Simone, *Roma città prigioniera,* Milan, Mursia, 1994, p. 211.

［12］ De Simone, *Roma città prigioniera,* pp. 212–13; Luca Canali, *In memoria senza più odio,* Florence, Ponte alle Grazie, 1995, pp. 103–113, 152–161; Annamaria Greci, "Uno dei 335. Umberto Scattoni," *Il contemporaneo* 73, (June 1964), pp. 79–85.

［13］ R. Bentivegna, *Achtung Banditen!,* Milan, Mursia, 1981, pp. 48–49.

［14］ Maria Lea Cavarra, "Presentazione," in Enrica Filippini Lera and M. L. Cavarra, *. . . i fiori di lillà quel , giorno . . ." una storia piccola,*

Rome, Nuovagrafica, 1995, p. 17.

［15］ Carlo Lizzani, quoted in C. De Simone, *Roma città prigioniera,* p. 183.

［16］ Marisa Musu, *La ragazza di via Orazio,* Milan, Mursia, 1997, p. 30.

［17］ Giaime Pintor, *Doppio Diario,* Turin, Einaudi, 1945, letter of November 28, 1943.

［18］ M. Musu, *La ragazza di via Orazio,* p. 39.

［19］ Italo Insolera, *Roma moderna,* p. 107; Giovanni Berlinguer and Piero Della Seta, *Borgate di Roma,* Rome, Editori Riuniti, 1976, pp. 163–165.

［20］ Quoted in Aldo Tozzetti, *La casa e non solo. Lotte popolari a Roma dal dopoguerra ad oggi,* Rome, Editori Riuniti, 1989, pp. 8, 9.

［21］ Quoted in A. Tozzetti, *La casa e non solo,* p. 8.

［22］ *Montesacro Valmelaina 1943–1944,* ed. Antonio D'Ettorre et al., Rome, Circolo Culturale Montesacro, 1997, p. 20.

［23］ Anna Balzarro, "Il rastrellamento del quartiere Quadraro in Roma," in Nicola Gallerano, ed., *La resistenza fra storia e memoria,* Milan, Franco Angeli, 1999; Eitel Friedrich Möllhausen, *La carta perdente. Memorie diplomatiche. 25 luglio 1943—2 maggio 1944,* Roma, Sestante, 1948, pp. 148–49; C. De Simone, *Roma città prigioniera,* pp. 141–149.

［24］ Roberto Gremmo, *I partigiani di Bandiera Rossa,* Biella, Elf, 1996, p. 178. 吉廖齐的妻子在为解放烈士家属联合会的档案填写表格时，将他列为社会党地下组织成员。

第三章　战争行为

［1］ Fausto Coen, *Italiani ed ebrei: come eravamo. Le leggi razziali del 1938,* Genoa, Marietti, 1988; Susanna Nirenstein, "I cattivi ragazzi di Salò," *La Repubblica,* August 13, 1998;Paolo Ferrari and Mimmo Franzinelli, "A scuola di razzismo. Il corso allievi ufficiali della Gnr di Fontanellato," *Italia contemporanea,* June 1998, pp. 417–444. 截至 1943 年 7 月 25 日，意大利的犹太人数量为 4 0157：Liliana Picciotto Fargion, *Il libro della memoria,* Mursia, Milan, 1991, p. 793。

[2] Renzo De Felice, *Storia degli ebrei italiani sotto il fascismo,* Turin, Einaudi, 1993, p. 15.

[3] R. De Felice, *Storia degli ebrei italiani durante il fascismo,* p. 15, 76.

[4] Circolo Gianni Bosio, *I Giorni Cantati,* Milan, Mazzotta, 1983, p. 139.

[5] Mario Avagliano, *Il partigiano Tevere. Il generale Sabato Martelli Castaldi dalle vie dell'aria alle Fosse Ardeatine,* Cava dei Tirreni, Avagliano, pp. 37–38, 125–140.

[6] Otello Montanari—Antonio Zambonelli, *Gen. Dardano Fenulli (R.E. 1889—Fosse Ardeatine 1943). Biografia e Testimonianze,* Amministrazione Comunale di Reggio Emilia, 1978, p. 9–10.

[7] Giorgio Rochat, "L'attentato a Graziani e la repressione italiana in Europa nel 1936–37," *Italia contemporanea,* 26, 1975, p. 33–37; Franco Bandini, *Gli italiani in Africa. Storia delle guerre coloniali (1882–1943),* Milan, Longanesi, 1971, pp. 44–45, 48.

[8] Margherita Borisavjevic, letter to the National Journalism Council, April 4,1976, ANFIM archives.

[9] O. Montanari—A. Zambonelli, *Gen. Dardano Fenulli,* pp. 8–9.

[10] Francesca Manacorda, *L'Italia lacerata,* Rome, SEAM, 1998, p. 100; Circolo Gianni Bosio, *I giorni cantati,* p. 110.

[11] 第一次世界大战结束后，在德国当俘虏的西莫尼将军曾见过未来的教皇庇护十二世，后者时为梵蒂冈驻德特使。

[12] Cesare De Simone, *Venti angeli sopra Roma. I bombardamenti aerei sulla Città Eterna,* Milan, Mursia, 1993, p. 179.

[13] Quoted in C. De Simone, *Venti angeli sopra Roma,* pp. 192–93.

［14］ C. De Simone, *Venti angeli sopra Roma,* p. 11.

［15］ Paolo Monelli, *Roma 1943* (1945), Turin, Einaudi, 1993, p. 68.

［16］ Enzo Castaldi, "La difesa di Roma," in *La difesa di Roma e i Granatieri di Sardegna nel settembre 1943,* Rome, Stato Maggiore dell'Esercito, 1993, p. 132.

［17］ Gen. Arnaldo Ferrara, ed., *I Carabinieri nella Resistenza e nella guerra di liberazione,* Rome, Ente Editoriale per l'Arma dei Carabinieri, 1978, pp. 9–13, 21–22.

［18］ C. De Simone, *Roma città prigioniera,* pp. 15–18; Maria Teresa Regard, in *Donne a Roma 1943–1944,* ed. Simona Lunadei, Comune di Roma, Ufficio Progetti Donna, 1996, pp. 44–49.

［19］ C. De Simone, *Roma città prigioniera,* Milan, Mursia, 1994 p. 183.

［20］ Vincenzo Baldazzi, "L'8 settembre a Roma," in AA. VV., *Trent'anni di storia italiana (1915—1945),* Turin, Einaudi, 1975, p. 319.

［21］ Luigi Franceschini, *50 anni dopo. Rievocazione dei combattimenti ingaggiati dai «Granatieri di Sardegna» alle porte di Roma l'8, il 9 e il 10 settembre 1943,* Rome, Museo Storico dei Granatieri, 1993, p. 84.

［22］ Luca Canali, *In memoria senza più odio,* Florence, Ponte alle Grazie, 1995, pp. 53–60.

［23］ Renzo De Felice, *Rosso e nero,* Milan, Baldini e Castoldi, 965; Ernesto Galli Della Loggia, *La morte della patria,* Bari, Laterza,1996; Francesco Traniello, *Sulla definizione della Resistenza come "Secondo Risorgimento,"* in Aa.Vv., *Le idee costituzionali della Resistenza,* ed. Claudia Franceschini, Sandro Guerrieri e Giancarlo Monina, Presidenza del Consiglio dei Ministri, Rome 1996, pp. 17–25.

［24］ R. De Felice, *Storia degli ebrei italiani,* p. 468.

［25］ Herbert Kappler, 1948 trial testimony, *l'Unità,* June 2, 1948.

［26］ R. De Felice, *Storia degli ebrei italiani,* pp. 478–479.

［27］ R. De Felice, *Storia degli ebrei italiani,* pp. 628–632.

［28］ 参见卡普勒在艾希曼的耶路撒冷审判中的证词，引自 R. De Felice, *Storia degli ebrei italiani,* p. 461。

［29］ Lorenzo D'Agostini—Roberto Forti, *Il sole è sorto a Roma,* Rome Anpi, 1965, p. 233. 塞莱斯特·迪波尔托是作为犹太区的"黑豹""犹太广场的间谍"而被记住的：Franco Monicelli, "Pantera Nera uccideva con un saluto," *L'Espresso,* April 17, 1960; a fictionalized account, Giuseppe Pederiali, *Stella di Piazza Giudia,* Florence, Giunti, 1995。

第四章 抵抗运动

［1］ At his trial, Herbert Kappler listed fourteen attacks (*L'Unità,* April 6, 1948). 据玛丽亚·特雷莎·雷加德说，她丈夫弗兰科·卡拉曼德雷伊列举过拉塞拉路事件之前的至少 42 次武装行动。

［2］ Riccardo Neri, *Nuovo progetto storia,* vol. 3, Florence, La Nuova Italia, 1994, p. 333; A. Giardina, G. Sabbatucci, V. Vidotto, *Manuale di storia* vol.3—*L'età contemporanea,* Bari, Laterza, 1992: p. 333; italics in texts.

［3］ Pierangelo Maurizio, *Via Rasella, cinquant'anni di menzogne,* Rome, Maurizio Edizioni, 1996, p. 16.

［4］ Giovanni Contini, *La memoria divisa,* Milan, Rizzoli, 1997; A. Portelli, "The Massacre at Civitella Val di Chiana (Tuscany, June 29, 1944): Myth and Politics, Mourning and Common Sense," in *The Battle of Valle Giulia. Oral History and the Art of Dialogue,* Madison, University of Wisconsin Press, 1997, pp.129–139.

［5］ Enzo Piscitelli, *Storia della Resistenza romana,* Bari, Laterza, 1965, pp. 61–62.

［6］ Cesare De Simone, *Roma città prigioniera,* Milan, Mursia, 1994, pp.

　　　　　24–26.

［ 7 ］　C. De Simone, *Roma città prigioniera,* pp. 79–84.

［ 8 ］　Interview with Franco Debenedetti, *la Repubblica,* March 8, 1996.

［ 9 ］　Enzo Piscitelli, *Storia della Resistenza romana,* pp.109–110.

［ 10 ］　共产党在抵抗运动中的武装部队被命名为加里波第旅，其成员被称
　　　　　为加里波第分子（garibaldini），就像意大利统一运动中加里波第的
　　　　　追随者。

［ 11 ］　Roberto Forti, Lorenzo D'Agostini, *Il sole è sorto a Roma,* Rome,
　　　　　ANPI, 1965, pp. 85–86.

［ 12 ］　每个囚犯都被递上一根点燃的火柴，并被告知火柴最先熄灭的人将
　　　　　被杀死。第一个受害者是费鲁乔·福马洛里。游戏再次重复，然后
　　　　　德国人把另外四个人杀掉：C. De Simone, *Roma città prigioniera,*
　　　　　p. 31。关于萨尔沃·达奎斯托之死，围绕其记忆的诸神话以及它们
　　　　　作为阿尔帖亭洞窟的反叙事的功能，详尽的阐述见 *L'ordine è già
　　　　　stato eseguito,* Rome, Donzelli 1999, pp. 318–322。

［ 13 ］　C. De Simone, *Roma città prigioniera,* p. 36.

［ 14 ］　R. Forti e L. De Agostini, *Il sole è sorto a Roma,* pp.117–125.

［ 15 ］　Gianni［Ricci］, "Azioni del Partito d'Azione," *Mercurio,* I, 4, 1944,
　　　　　p. 259.

［ 16 ］　Rosario Bentivegna, *Achtung Banditen! Roma 1944,* Milan, Mursia,
　　　　　1983, p. 79.

［ 17 ］　Paolo Petrucci, *Andavano in bicicletta,* in "Avvenimenti," March 8,
　　　　　1995; C. De Simone, *Roma città prigioniera,* pp. 43–45.

［ 18 ］　Franco Calamandrei, *La vita indivisibile. Diario 1941–1947,* Giunti,
　　　　　Florence 1998, pp. 155–157.

［ 19 ］　C. De Simone, *Roma città prigioniera,* p. 45.

［ 20 ］　Claudio Pavone, *Una guerra civile. Saggio sulla moralità nella
　　　　　Resistenza,* Milan, Boringhieri, 1991, pp. 25 ff., 38 ff.

［ 21 ］　Rosario Bentivegna, *Achtung Banditen!,* p. 82–83.

［22］ F. Calamandrei, *La vita indivisibile,* p. 21.

［23］ F. Calamandrei, *La vita indivisibile,* p. 234.

［24］ M. Musu, *La ragazza di via Orazio. Vita di una comunista irrequieta,* Milan, Mursia, 1997, p. 68.

［25］ 卡波尼一定是把不同的时刻混在一起了。德国军官在威尼托路被杀发生在 1943 年 12 月，而杰斯蒙多和拉博则是在 1944 年 2 月被捕的。

［26］ C. De Simone, *Roma città prigioniera,* pp. 256–257.

［27］ M. Musu, *La ragazza di via Orazio,* p. 61.

［28］ M. Musu, *La ragazza di via Orazio,* p. 78.

［29］ Angelo Joppi, *Non ho parlato,* Rome 1949, pp. 26–27.

［30］ Fronte Militare di Resistenza di Roma e del suo territorio, *L'arma dei Carabinieri Reali in Roma durante l'occupazione tedesca (8 settembre 1943—4 giugno 1944),* Rome, Istituto Poligrafico dello Stato, 1946, p. 23.

［31］ Gabrio Lombardi, *Montezemolo e il Fronte militare clandestino di Roma,* Rome, Edizioni del Lavoro, 1947, p. 13–14.

［32］ G. Lombardi, *Montezemolo e il Fronte militare clandestino di Roma,* p. 52, 30–31.

［33］ *L'arma dei Reali Carabinieri,* p. 22.

［34］ G. Lombardi, *Montezemolo e il Fronte militare clandestino di Roma,* p. 34.

［35］ Mario Avagliano, ed., *Roma alla macchia. Personaggi e vicende della Resistenza,* Cava dei Tirreni, Avagliano, 1997, p. 69; *L'arma dei Reali Carabinieri,* p. 27.

［36］ Mario Avagliano, *Il partigiano Tevere. Il generale Sabato Martelli Castaldi dalle vie dell'aria alle Fosse Ardeatine,* Cava dei Tirreni, Avagliano, 1996, p. 41; Georges de Canino, "Martelli e Lordi: due amici, due eroi," in M. Avagliano, ed., *Roma alla macchia,* p. 129.

［37］ "La guerra dei cento fronti," in Arrigo Paladini, *Via Tasso,*

Rome, Istituto Poligrafico dello Stato, 1994, p. 118; G. Lombardi, *Montezemolo e il Fronte militare clandestino,* pp.11 e 22; Filippo Caruso, *L'arma dei carabinieri in Roma,* State Printing Office, Rome, 1949, p. 13.

[38]   G. Lombardi, *Montezemolo e il Fronte militare clandestino,* p. 35, 43.

[39]   G. Lombardi, *Montezemolo e il Fronte militare clandestino,* p. 35.

[40]   E. Piscitelli, *Storia della Resistenza romana,* p. 260.

[41]   Giorgio Amendola, *Lettere a Milano,* Rome, Editori Riuniti, 1973, p. 228.

[42]   Otello Montanari and Antonio Zambonelli, *Gen. Dardano Fenulli (R.E. 1889—Fosse Ardeatine 1943). Biografia e Testimonianze,* Amministrazione Comunale di Reggio Emilia, 1978, p. 17, testimony of Pompilio Molinari.

[43]   G. Amendola, *Lettere a Milano,* p. 274; E. Piscitelli, *Storia della Resistenza romana,* pp. 258–261.

[44]   Felice Chilanti, "Fece applaudire i carabinieri partigiani," *Rinascita,* August 28,1965.

[45]   "Lotta partigiana," video and pamphlet, *Archivi di guerra,* Milan, Hobby & Work, September 1998. 这一论点最有力的传播者是法西斯主义历史学家乔治·皮萨诺的《以血还血》(*Sangue chiama sangue*, 1962), CDL, Rome, 1994, p. 92. 对此的回应, see P. Balsamo, R. Bentivegna, C. Capponi, G. Cortini, M. Musu, "'Storici' che non sanno leggere," *Liberazione,* September 18, 1998。

[46]   Giulio Cortini, letter to the preliminary inquest judge Maurizio Pacioni, who in 1997 opened proceedings against Bentivegna, Balsamo, and Capponi, July 13, 1997. 科尔蒂尼为拉塞拉路行动准备了爆炸物。他经他的女儿安娜·科尔蒂尼之手把这封信给了我。

[47]   Maurizio Pacioni, preliminary inquest judge, Rome Tribunal, court order of June 27, 1997; Roberto Gremmo, *I partigiani di Bandiera*

Rossa. Il "Movimento Comunista d'Italia" nella Resistenza Romana, Biella, Elf, 1996.

[48] 帕乔尼法官在结束调查时承认,起诉方的证据 "仅仅是怀疑和推测" : court order of April 16, 1998。

[49] Silverio Corvisieri, *"Bandiera Rossa" nella resistenza romana*, Rome, Samonà e Savelli, 1968, p. 102.

[50] R. Gremmo, *I partigiani di Bandiera Rossa*, pp. 92–93.

[51] Gianni [Ricci] , "Azioni del Partito d'Azione," *Mercurio*, I, 4, 1944, p. 259; Francesco Motto, "Gli sfollati e i rifugiati nelle catacombe di S. Callisto durante l'occupazione nazifascista di Roma. I salesiani e la scoperta delle Fosse Ardeatine," *Ricerche Storiche Salesiane*, 24, XIII, 1 (Januery-June 1994), p. 77–142; Lorenzo D'Agostini e Roberto Forti, *Il sole è sorto a Roma*, Roma, ANPI, 1965, p. 425.

[52] A. D'Ettorre et al., eds., *Montesacro—Valmelaina 1943—1944*, Rome, Circolo Culturale Montesacro, 1997, p. 75–76.

[53] E. Piscitelli, *Storia della Resistenza romana*, pp. 84–85.

[54] S. Corvisieri, *"Bandiera Rossa" nella resistenza romana*, pp. 20–21.

[55] Gianni Bosio, "Iniziative e correnti negli studi di storia del movimento operaio 1945–1962" (1963), *L'intellettuale rovesciato*, Milan, Jaca Book, 1998, p. 31–56.

[56] Trial testimony, June 3,1948

[57] Natalia Ginzburg, *Lessico famigliare*, Turin, Einaudi, 1963, p. 186.

[58] Luigi Pintor, *La signora Kirchgessner*, Turin, Bollati Boringhieri, 1998, p. 54.

[59] E. Piscitelli, *Storia della Resistenza romana, p.* 259.

[60] G. Amendola, *Lettere a Milano*, p. 269.

[61] E. Piscitelli, *Storia della Resistenza romana*, pp. 262–63, 281; R. Forti e L. D'Agostini, *Il sole è sorto a Roma*, pp. 202–203; Maria Teresa Regard, testimony, in *Nazi! La II guerra mondiale. Il caso*

Priebke e le Fosse Ardeatine, CD-Rom, Carte Segrete—*il manifesto,* Rome, 1998.

［62］Franca and Giorgio Caputo, *La speranza ardente,* Rome, privately published, pp. 128–140; Marisa Gizzio, testimony in C. De Simone, *Roma città prigioniera,* pp. 77–78. 向吉齐奥开枪的法西斯青年团团长马西莫·乌弗雷杜齐，在战后的审判中先是被判处 30 年徒刑，但在后来的上诉中被宣告无罪：他说，检方"认为无法想象大学生、受过教育的年轻人可能去开枪杀人"。

［63］R. Forti e L. D'Agostini, *Il sole è sorto a Roma,* pp. 198–99.

［64］C. De Simone, *Roma città prigioniera,* pp. 79–82; R. Forti—L. D'Agostini, *Il sole è sorto a Roma,* p. 203; E. Piscitelli, *Storia della Resistenza romana,* pp. 267–268.

［65］*Il Tempo,* June 4,1948.

［66］O. Montanari—A. Zambonelli, *Gen. Dardano Fenulli,* affidavit of Capt. cap. 埃齐奥·邦凡蒂（Ezio Bonfanti）是塔索路的囚犯；*Lettere di condannati a morte della Resistenza italiana* (1952), ed. Piero Malvezzi and Giovanni Pirelli, Turin, Einaudi, 2002, p. 193.

［67］*Lettere di condannati a morte della Resistenza italiana,* p. 185.

［68］"Da via Tasso alle Fosse Ardeatine," *Il Tempo,* February 2, 1945; Angelo Fumarola, *Essinon sono morti,* Rome, Magi-Spinetti, 1945, pp. 280–281.

［69］*L'arma dei Reali Carabinieri in Roma,* p. 26.

［70］A［ntonello］T［rombadori］, "Un eroe: Giorgio Labò," *l'Unità,* October 6, 1944.

［71］Curatola［Luigi Solinas］, *La morte ha bussato tre volte,* Rome, De Luigi, 1944, pp. 33, 40–41. 普里布克的名字在文中拼错了。

［72］Riccardo Mancini, Felice Di Napoli, trial testimony, *Processo Priebke. Le testimonianze, il memoriale,* a cura di Cinzia Dal Maso and Simona Micheli, Rome, Mondo3, 1993, pp. 72, 90.

[73]   Teresa Mattei, trial testimony, *Processo Priebke,* p. 46.

[74]   Carlo Trabucco, *La prigionia di Roma. Diario dei 268 giorni di occupazione tedesca,* Turin, Borla, 1954 [1945] , p. 207.

[75]   See Guglielmo Petroni, *Il mondo è una prigione,* Florence, Giunti, 1995.

[76]   Pietro Koch's report to General Mältzer, in R. Forti—L. D'Agostini, *Il sole è sorto a Roma,* pp. 351–353. See Peter Tompkins, *A Spy in Rome,* New York, Simon & Schuster, 1962; P Tompkins, "Come i partigiani operanti con l'O.S.S. contribuirono a salvare la testa di ponte di Anzio," in AA. VV. *Gli americani e la guerra di liberazione in Italia,* Rome, Presidenza del Consiglio dei Ministri, 1995, pp. 140–147.

[77]   C. De Simone, *Roma città prigioniera,* p. 94 segg.; E. Piscitelli, *Storia della Resistenza romana,* p. 286. 罗伯托·罗西里尼的经典电影《罗马，不设防的城市》重现（略有改动）了特雷莎·古拉切（Teresa Gullace）的遇害。

[78]   G. Amendola, *Lettere a Milano,* p. 566; R. Bentivegna, in R. Bentivegna—Carlo Mazzantini, *C'eravamo tanto odiati,* ed. Dino Messina, Milan, Baldini & Castoldi, 1997, p. 203.

[79]   C. De Simone, *Roma città prigioniera,* p. 103.

[80]   M. Musu, *La ragazza di via Orazio,* pp. 76–80.

[81]   R. Forti—L. D'Agostini, *Il sole è sorto a Roma,* pp. 241–47; C. De Simone, *Roma città prigioniera,* p. 127.

[82]   C. De Simone, *Roma città prigioniera,* pp. 130, 196; De Simone, *Donne senza nome,* Milan, Mursia, 1998 (a fictionalized reconstruction of the women's massacre at the Tesei mill).

[83]   Silverio Corvisieri, *"Bandiera Rossa" nella resistenza romana,* p. 165

[84]   R. Bentivegna, *Achtung Banditen,* pp. 230–233; 巴尔巴里西女儿阿德

里亚娜·塞萨的证词，see AA. VV., *Giustizia e verità a confronto,*
Rome, Associazione Uomo e Libertà, 1997, p. 149。

［85］ 因为是劳工运动中和社会党党内举国闻名的人物，布鲁诺·博齐在
纪念活动中往往会吸引所有的注意力。

第五章 拉塞拉路

［1］ Giorgio Amendola, *Lettere a Milano,* Rome, Editori Riuniti, 1973, p.
290.

［2］ Quoted in Umberto Gandini, *Quelli di via Rasella,* supplement to *Alto
Adige,* 1979, 1, p. 1.

［3］ U. Gandini, *Quelli di via Rasella,* p. 13.

［4］ Rosario Bentivegna, *Achtung Banditen. Roma 1944,* Milan, Mursia
1983, pp. 157–167; R. Bentivegna and Cesare De Simone, *Operazione
via Rasella,* Editori Riuniti, Rome1996, pp. 19–28.

［5］ 这首诗写于行动发生后不久，引自 Robert Katz, *Morte a Roma* (1967),
Rome, Editori Riuniti, 1996, pp. 65–66n。

［6］ Enzo Cicchino, "Via Rasella. L'altra faccia delle Ardeatine," 1994,
http://w.w.w.agora.stm.it/archivio/rasella.htm.

［7］ Liana Gigliozzi, quoted in Pierangelo Maurizio, *Via Rasella.
Cinquant'anni di menzogne,* Rome, Maurizio, 1996, p. 22. 实际上，只
有一人穿着扫街工的衣服。

［8］ P. Maurizio, *Via Rasella,* p. 23.

［9］ Attilio Ascarelli, *Le Fosse Ardeatine,* Rome, ANFIM, 1992, p. 123.

［10］ U. Gandini, *Quelli di via Rasella,* p. 16.

［11］ U. Gandini, *Quelli di via Rasella,* p. 16.

［12］ U. Gandini, *Quelli di via Rasella,* p. 17; P. Maurizio, *Via Rasella,* pp.
25–26.

［13］ C. De Simone, *Roma città prigioniera,* Milan, Mursia, 1994, p. 113.

［14］ Eugen Dollman, *Roma nazista,* Milan, Longanesi, 1949, p. 241.

［15］ "Evidence by SS Lt Colonel Herbert Kappler," August 4, 1945, PRO WO 310\317 (statement to the United Nations War Crimes Commission, August 4.1945. 德国人的名字拼写在官方文件中前后并不一致，我予以了规范。

［16］ Trial testimony, in *Processo Priebke. Le testimonianze, il memoriale,* ed. by Cinzia Dal Maso and Simona Micheli, Rome, Mondo 3, 1996, p. 102.

［17］ P. Maurizio, *Via Rasella,* p. 26.

［18］ Silverio Corvisieri, *"Bandiera Rossa" nella resistenza Romana,* Rome, Samonà e Savelli, 1968, p. 112; Roberto Gremmo, *I partigiani di Bandiera Rossa. Il "Movimento Comunista d'Italia" nella Resistenza Romana,* Biella, Edizioni Elf, 1996, p. 178–180; P. Maurizio, *Via Rasella,* pp. 57–61, 71–74.

［19］ Franco Scotti, "L'attentato di via Rasella," *Cosmopolita,* September 23,1944; Giancarlo Perna, "L'ultimo dei Bozen: mi rifiutai di sparare alle Fosse Ardeatine," *Il Giornale,* June 16,1997. 阿茨关于在阿尔帖亭洞窟处决的 16 个人的故事是伪记忆。

［20］ Trail testimony, *Processo Priebke,* pp. 106–107.

［21］ Testimony at the Kappler trial, July 8,1948.

［22］ Herbert Kappler, trial testimony, June 3, 1948. 除非另有说明，所有对卡普勒的引用都来自审判记录中的证词。

［23］ Hans Plack, quoted in U. Gandini, *Quelli di via Rasella.* 英语中的 comrade 在意大利语中有两种不同的表达：左翼说 *compagno*（同志），右翼则使用更具有军事色彩的 *camerata*（战友）。吉廖齐没有携带手榴弹。

［24］ P. Maurizio, *Via Rasella,* p. 26.

［25］ Aldo Zargani, *Per violino solo,* Bologna, il Mulino, 1995, p. 91.

［26］ Cristoph Franceschini, "Il trauma di Roma. L'attentato di via Rasella è ancora, dopo 50 anni, una ferita aperta," *Sudtirol Profil,* March 1994, pp. 8–12. 在罗马，博岑团隶属于德国第十四军，受梅尔策将军指挥：Walter Leszl, *Priebke. Anatomia di un processo,* Rome, Editori Riuniti, 1997, p. 143。

［27］ Franco Calamandrei, *La vita indivisibile,* Firenze, Giunti, 1998, p. 195.

［28］ R. Bentivegna, *Achtung banditen,* p. 164.

［29］ 在后来的采访中，阿茨声称他被要求参加报复行动，但他拒绝了：Giancarlo Perna, "L'ultimo dei Bozen: mi rifiutai di sparare alle Fosse Ardeatine," *Il Giornale,* 9.16, 1997。

［30］ Statement of August 4, 1945—PRO WO 310/137; my italics.

［31］ Kappler's testimony at the Military Court trial of Albert Kesselring, February 19, 1947 and at his own trial, 1948.

［32］ Quoted in Alessandro Portelli, "Lutto, senso comune, mito e politica," in Leonardo Paggi, ed., *Storia ememoria di un massacro ordinario,* Rome, Manifestolibri, 1996, p. 95. 只用了首字母，因为在出版时，采访并没有公开。

［33］ Herman Melville, *Moby Dick,* Oxford University Press, 1988, p. 167.

［34］ Corrado Govoni, *La fossa carnaia ardeatina,* Rome, Movimento Comunista d'Italia, 1944, IX, p. 8.

［35］ A. Giardina, G. Sabbatucci, V. Vidotto, *Manuale di storia*—3．*L'età contemporanea,* Laterza, 1992: p. 333.

［36］ Michele Battini and Paolo Pezzino, *Guerra ai civili. Occupazione tedesca e politica del massacro. Toscana 1944,* Venezia, Marsilio, 1997, pp. 223 ff.

［37］ Erich Priebke, statement to the United Nations War Crimes Commission, Afragola P.O.W. Camp, August 28, PRO WO 310/137; my italics.

［38］ *Il Messaggero,* February 1 and 9, 1944.

[39] Giorgio Amendola, *Lettere a Milano,* p. 292.

[40] 这一重构是基于：M. Battini and P. Pezzino, *Guerra ai civili;*
        Lutz Klinkhammer, *Stragi naziste in Italia,* Rome, Donzelli, 1997;
        Giorgio Angelozzi Gariboldi, *Pio XII, Hitler e Mussolini,* Milan,
        Mursia, 1988; Walter Leszl, *Priebke. Anatomia di un processo;*
        M.Battini, "Il testimone inescusso del processo Priebke e l'eredità di
        Norimberga," in *Priebke e il massacro delle Ardeatine,* supplement
        to *l'Unità,* August 1996, pp. 61–78; the 1948 Kappler trial records;
        statements to the United Nations War Crimes Commission by Kurt
        Mältzer (October 1, 1946), Eberhard von Mackensen (June 27,
        1946), Diedrich Beelitz (September 8, 1946), Karl Wolff (August
        5,1945), Erich Priebke (August 28,1946); statement of Diedrich
        Beelitz, Dortmund, November 30. 1995, quoted in *Processo Priebke,*
        pp. 198–201。

[41] "Evidence by SS Lt Herbert Kappler," United Nations War Crimes
        Commission, August 4, 1945.

[42] Albert Kesselring, statement to the United National War Crimes
        Commission, September 25.1946, in M. Battini and P. Pezzino,
        Guerra ai civili, p. 443.

[43] 马肯森还说，十比一的决定是在"满意地确定党卫军关押的人肯定
        要多于无论如何要被清算的人的十倍"之后才作出的。他的结论是：
        "最后，我对如下几点深信不疑：1.那些被清算的人无论如何都会
        被党卫军清算，不管有没有炸弹袭击［……］；6.我的解决方案是
        为意大利人民服务的，希望他们不要因为我无法阻止的清算而遭受
        比实际落到他们肩上的更大的痛苦。我相信我找到了一种方法，不
        必用手无寸铁者的鲜血来污染我的双手［……］。"

[44] L. Klinkhammer, *Stragi naziste in Italia,* p. 9.

[45] Albert Kesselring, testimony at the von Mackensen and Mältzer trial,
        November 15.1946.

[46]　*l' Unità,* May 6.1948. 在向战争罪委员会的供述中，在凯塞林的审判
　　　　以及他自己的审判中，他从未提及寻找袭击者。

[47]　Rome Military Tribunal, verdict of July 20, 1948.

[48]　Carlo Trabucco, *La prigionia di Roma. Diario dei 268 giorni di
　　　　occupazione tedesca,* Turin, Borla, 1954 (1945), pp. 203–4; 在卡普勒
　　　　审判中，默尔豪森将军证实，没有进行过无线电广播。

[49]　《罗马教廷官方行为》公布的一份文件称，罗马总督办公室的一位
　　　　官员费雷罗先生于 3 月 24 日上午 10 点半打电话给教皇陛下的国
　　　　务秘书办公室，告知他们有报复行为 (*Actes et documents du Saint
　　　　Siège relatifs à la seconde guerre mondiale,* Rome, Libreria Editrice
　　　　Vaticana, 1980, vol. 10, doc. 115)。这证实了梵蒂冈在报复实施之
　　　　前就已经知道。

[50]　Statement of Rpt. St. fr. Erich Priebke," taken in the Afragola P.O.W.
　　　　camp, August 28, 1946; PRO WO 310/137.

[51]　这些数字是 1945 年 8 月卡普勒向盟军当局供述的。在审判中，他
　　　　对数字做了一些手脚，总体上不那么准确。

[52]　Statement of August 28, 1946.

[53]　"Statement of Amonn Guenter, Male, 2nd Lieut.," 'U' POW Camp,
　　　　October 13, 1945; Statement of Erich Priebke, August 28, 1946.

[54]　Giorgio Agamben, *Quel che resta di Auschwitz,* Milan, Bollati
　　　　Boringhieri, 1998, p. 16; 对普里布克审判的法律分析，see Walter
　　　　Leszl, *Priebke. Anatomia di un processo*。

[55]　L. Klinkhammer, *Stragi naziste in Italia,* p. 13.

[56]　Gerhard Schreiber, testimony at the Priebke trial, *Processo Priebke,*
　　　　pp.135 ff.; Alessandro Portelli, "Rappresentazioni del processo
　　　　Priebke," in *Priebke e il massacro delle Ardeatine,* pp. 83–105.

[57]　Erich Priebke, statement of August 28, 1946; "Memoriale" (affidavit)
　　　　to Rome's Military Tribunal, June 3, 1996, in *Processo Priebke,*
　　　　p. 216; Kappler, trial testimony, 1948; Kappler, interviewed by

Giuseppe Crescimbeni of the *Tempo* newspaper, in *Processo Priebke*, p. 197. 1946 年，普里布克称，卡普勒说这个命令来自凯塞林。在执行处决者中，只有汉斯·克莱门斯（1947 年 1 月 10 日）作证说，卡普勒曾威胁要将任何拒绝参与屠杀的人送上军事法庭（"Statement of Hans Clemens, Hauptsturmfuehrer," PROI WO 310/137）。然而他是在很晚的时候才发表这一声明的，当时 "Befehlsnotstand"（意为 "被迫执行命令的苦衷"）的辩护思路已经形成。

［58］ Priebke, statement to the Military Court of Appeals, 1998; Kappler, trial testimony, 1948.

［59］ *la Repubblica,* June13.1996.

［60］ W. Leszl, *Priebke,* p. 218.

［61］ Statement to the Military Court of Appeals, March 1998; W. Leszl, *Priebke,* pp. 128–130.

［62］ Statement to the Military Court of Appeals, March 1998.

［63］ 墨索里尼可能是在报复发生后才知情的；他很愤怒，但即使有能力做什么，也为时已晚：Claudio Schwarzenberg, *Kappler e le Fosse Ardeatine,* Palermo, Celebes, 1977, pp. 54–55。

［64］ 收入判决文书的出版物有 Attilio Ascarelli, *Le Fosse Ardeatine;* C. Schwarzenberg, *Kappler e le Fosse Ardeatine;* and Wladimiro Settimelli, *Herbert Kappler. La verità sulle Fosse Ardeatine,* supplement to *l'Unità,* April 27 and 30,1994。

［65］ *Italia Nuova,* July 30,1944; *Il Tempo,* August 1,1944 and June 7,1948 (the contradiction is noted in *l'Unità,* June 8, 1948.

［66］ Tommaso Smith, "Ignominia," *Il Paese,* March 26.1948; *Il Tempo,* March 27,1948.

［67］ *Il Tempo,* December 17,1996.

［68］ *Il Giornale,* April 7 and 10, 1996, quoted in M. Spataro, *Rappresaglia,* p. 52.

［69］ Quoted in the verdict of Rome's Civil Tribunal, June 9.1950.

［70］ Francobaldo Chiocci, "Priebke non parla, scrive," *Il Giornale,* June 4,1996.

［71］ Court order of April 16,1998.

［72］ G. Amendola, *Lettere a Milano,* pp. 293, 294.

［73］ *l'Unità,* June 13,1948.

［74］ Interview with Lietta Tornabuoni, *L'Europeo,* April 12,1964, pp. 32–42.

［75］ R. Bentivegna, *Achtung Banditen!,* p. 169; panel discussion, Rome, *il manifesto* bookstore, July 4,1997.

［76］ Quoted in Edouard Boeglin, « Une Moulhousienne, héroine de la Résistance italienne,» *L'Alsace,* Moulhouse, France, June 10,1996, p. 25.

［77］ F. Calamandrei, *La vita indivisibile,* p. 195.

［78］ Aurelio Lepre, *Via Rasella. Leggenda e realtà della Resistenza a Roma,* Laterza, Bari 1997, pp. 64–68.

［79］ Enzo Erra, preface to M. Spataro, *Rappresaglia,* p. viii.

［80］ 阿尔伯特·凯塞林写道，意大利人民的敌意如此之大，以至于德军一直生活在威胁之中，并假定所有的平民都是潜在的敌人：*Memorie di guerra,* Milan, Garzanti, 1954, p. 256。

［81］ 在伦敦公共记录办公室的档案中，我发现的调查记录至少涉及 145 起纳粹在意大利的屠杀事件。这份名单并不包括最严重和最臭名昭著的屠杀。普里布克审判期间，在军事法庭的地下室里发现了 600 多起从未被起诉的屠杀的档案：Mimmo Franzinelli, *Le stragi nascoste,* Boringhieri, Milan 2002.。关于纳粹在没有游击队行动的意大利南部的屠杀，参见 Gabriella Gribaudi, ed., *Terra bruciata,* Naples, Liguori, 2003。

［82］ Gianni Bisiach, *Pertini racconta,* Milan, Mondadori, 1983, p. 130.

［83］ G. Amendola, *Lettere a Milano,* pp. 295–296.

［84］ Enzo Forcella, "La storia di via Rasella. Partigiani e penne rosse,"

Corriere della Sera, March 10,1998.

[85] Claudio Pavone, "Note sulla Resistenza armata, le rappresaglie naziste e alcune attuali confusioni," in *Priebke e il massacro delle Ardeatine,* pp. 39–50.

[86] 括号里的段落引自祖凯雷蒂接受 P. Maurizio 的采访, *Via Rasella,* p. 18。

[87] 乔瓦尼·祖凯雷蒂仍然认为他兄弟当时坐在本蒂韦尼亚的手推车上。从他的法律顾问和医学顾问的说法来看，并不存在证据。如果他兄弟像本蒂尼亚声称的那样，只是在几码之外转弯，后果也会一样。

[88] 阿尔帖亭洞窟的另一位受害者的女儿、普里布克审判中的辩方证人利亚娜·吉廖齐也说，普里布克的律师知道她手头拮据，曾对她说，"我会帮你一把，包括经济上，然后把 40 万里拉［200 美元］放到我手里。在那一刻我们接受了，因为说实话，我们不知道第二天该怎么解决吃饭的问题"。

第六章 大屠杀

[1] Egidio Cristini, "Il massacro dei trecentoventi," in the CD *Avanti Popolo—6—Fischia il vento*—Istituto Ernesto de Martino—Hobby & Work, Rome 1998.

[2] Remo Pellegrini, trial testimony, *Processo Priebke. Le testimonianze, il memoriale,* ed. Cinzia Dal Maso and Simona Micheli, Rome, Il Mondo 3, 1996, p. 31.

[3] Eleonora Lavagnino, statement to the United Nations War Crimes Commission, August 31,1945; Enrica Filippini Lera e Maria Lea Cavarra, . . *i fiori di lillà quel giorno* . . . *,* Rome, Nuovagrafica, 1995, p. 46; Andrea De Gasperis, quoted in Robert Katz, *Morte a Roma,* Rome, Editori Riuniti, 1996, p. 126; Giorgio Fiordelli, quoted in the periodical *Città aperta,* March1995, p. 5; Statement of Nicola

D'Annibale, Rome, Sept. 9,1945, PRO WO 310/137; Riccardo Mancini, 1998 年 6 月 4 日纪念拉斯托尔塔大屠杀时的讲话。

[4] Kappler trial verdict, in Attilio Ascarelli, *Le Fosse Ardeatine,* Rome, ANFIM, 1992, p. 128.

[5] Curatola [Luigi Solinas] , *La morte ha bussato tre volte,* Rome, Donatello De Luigi, 1944, p. 175.

[6] 这段叙述来自 1998 年 6 月 4 日纪念拉斯托尔塔大屠杀受害者时的讲话，坐在听众席上的是一群学童。

[7] Statement of Guenter Amonn, Second Lieutenant, 'U' POW Camp, October 13, 1945, PRO WO 310/137; Joseph Raider, quoted in Luciano Morpurgo, *Caccia all'uomo!* (1946), now in Arrigo Paladini, *Via Tasso. Museo storico della Liberazione di Rome,* Rome, Istituto Poligrafico dello Stato, 1994, p. 84. 约瑟夫 · 雷德是一名奥地利逃兵，被当作间谍，关在塔索路。

[8] *Città aperta,* March 1995, p. 5

[9] "Da via Tasso alle Fosse della morte," *Il Tempo,* February 2,1945.

[10] Cesare De Simone, *Roma città prigioniera,* Milan, Mursia, 1994, p. 121.

[11] Karl Hass, trial testimony, in *Processo Priebke,* cit., p. 172.

[12] Raider, trial testimony, *Processo Priebke,* p. 84.

[13] *Il Messaggero,* June 6.1944.

[14] Cardinal Nasalli Rocca, 1974, quoted in Giorgio Angelozzi Gariboldi, *Pio XII, Hitler e Mussolini,* Milan, Mursia, 1988, p. 246.

[15] A. Ascarelli, *Le Fosse Ardeatine,* p. 41

[16] Statement of Hpt. St. fr. Erich Priebke, Afragola POW Camp, Aug. 28, 1946.

[17] "Da via Tasso alle Fosse della morte," *Il Tempo,* February 2.1945.

[18] "好德国人的神话" 经常与大屠杀叙事关联起来，关于这方面，see Nuto Revelli, *Il disperso di Marburg,* Turin, Einaudi, 1994;

Alessandro Portelli, "The Massacre at Civitella Val di Chiana (Tuscany, June 29, 1944. Myth and Politics, Mourning and Common Sense," *The Battle of Valle Giulia. Oral History and the Art of Dialogue,* Madison, University of Wisconsin Press, 1997, pp. 140–160。

［19］ A. Ascarelli, *Le Fosse Ardeatine,* pp. 63, 66.

［20］ A. Ascarelli, *Le Fosse Ardeatine,* p. 65.

［21］ Erich Priebke, affidavit to Rome's Military Tribunal, June 3,1996, in *Processo Priebke,* p. 217.

［22］ 塔索路前囚犯 Maria Stella Bové 供述，1945 年 10 月 9 日。另一名囚犯 Bona DePanizza 说他们中的一个人告诉她，"杀了平民之后，他很长时间都无法入睡 " (1945 年 9 月 17 日供述): PRO WO 310/137。

［23］ Ernesto de Martino, *Morte e pianto rituale,* Turin, Boringhieri, 1975 (1958), p. 128。

［24］ Lia Albertelli, "La prima volta alle Fosse Ardeatine," in *Giorno di pioggia alle Fosse,* Rome, 1945, pp. 21–22.

［25］ 梵蒂冈境内的圣卡利斯托地下墓穴是数百名难民的避难所，也是 Don Michele Valentini、Don Ferdinando Giorgi 等游击队神父的基地 : Francesco Motto, "Gli sfollati e i rifugiati nelle catacombe di S. Callisto durante l'occupazione nazifascista di Rome. I salesiani e la scoperta delle Fosse Ardeatine," *Ricerche storiche salesiane,* 24, XIII, 1 (January-June1994), pp. 77–142。

［26］ F. Motto, "Gli sfollati e i rifugiati" ;［Michele Valentini］, "La scoperta delle vittime trucidate dai tedeschi," *Risorgimento liberale,* June 5, 1944, appendix to Motto, and in Arrigo Paladini, *Via Tasso,* p. 79–83.

［27］ M. Valentini, "La scoperta delle vittime."

［28］ Silverio Corvisieri, *Bandiera Rossa nella Resistenza Romana,* Rome,

Samonà e Savelli, 1968, p. 124.

[29] Don Valentini, "La scoperta delle vittime," p. 81; Col. John R. Pollock, "Relazione sull'eccidio di via Rasella e sulla conseguente esecuzione sommaria per rappresaglia di un numero imprecisato di italiani detenuti politici," in A. Ascarelli, *Le Fosse Ardeatine,* pp. 69–71.

[30] Quoted in Umberto Gandini, "Quelli di via Rasella," supplement to *Alto Adige,* 1, 1979, p. 23.

[31] E. De Martino, *Morte e pianto rituale,* pp. 4–5.

[32] A. Ascarelli, *Le Fosse Ardeatine,* p. 33.

[33] A. Ascarelli, *Le Fosse Ardeatine,* p. 42.

[34] A. Ascarelli, *Le Fosse Ardeatine,* p. 41, 48.

[35] *l'Unità,* 15.6.1944.

[36] A. Ascarelli, *Le Fosse Ardeatine,* p. 50.

[37] F. G., "Fosse Ardeatine," *Mercurio,* 1, 1944, p. 190.

[38] R. Katz, *Morte a Roma,* p. 171.

[39] Giuseppe Cambareri, "Tre eroi," Mercurio, 1, 1944, p. 197.

[40] *Il Messaggero,* June 5,1944.

[41] F. G., "Fosse Ardeatine."

[42] Don M. Valentini, "La scoperta delle vittime," p. 82.

[43] Rosetta Stame and Sergio Volponi, trial testimony, *Processo Priebke,* pp. 77, 104.

[44] Giulia Spizzichino, trial testimony, *Processo Priebke,* p. 96.

第七章 奇怪的悲怆

[1] Corrado Govoni, *Aladino. Lamento per mio figlio morto,* Milan, Mondadori, 1946, p. 20. 所有引文来自这个版本。

[2] Giovanni Contini, *La memoria divisa,* Milan, Rizzoli, 1977.

［ 3 ］ Corrado Govoni, *La fossa carnaia ardeatina,* Rome, Movimento Comunista d'Italia, 1944, pp. 23–24.

［ 4 ］ Philippe Ariès, *Storia della morte in Occidente,* Milan, Rizzoli, 1997, p. 57.

［ 5 ］ R. M. De Angelis, "Nelle cupe grotte ove già regnava la morte," *Il Tempo,* March 24,1945.

［ 6 ］ Roberto D'Agostini and Roberto Forti, *Il sole è sorto a Roma,* Roma, ANPI, 1965, p. 275.

［ 7 ］ Ph. Ariès, *Storia della morte in Occidente,* p. 190.

［ 8 ］ Giorgio Agamben, *Quel che resta di Auschwitz,* Turin, Bollati Boringhieri, 1998, p. 64.

［ 9 ］ G. Agamben, *Quel che resta di Auschwitz,* p. 74.

［ 10 ］ Ernesto de Martino, *Morte e pianto rituale,* Turin, Boringhieri, 1975, p. 77.

［ 11 ］ Mario Serandrei and Giuseppe De Santis, *Giorni di gloria,* 1945; 这部电影的部分内容也包含在视频 *Le Fosse Ardeatine,* Roma, Hobby & Work, 1998。

［ 12 ］ R. M. De Angelis, "Nelle cupe grotte ove già regnava la morte."

［ 13 ］ E. de Martino, *Morte e pianto rituale,* p. 96.

［ 14 ］ P. Ariès, *Storia della morte,* p. 25.

［ 15 ］ Panel discussion, Circolo Culturale Montesacro, Rome, May 22,1998.

［ 16 ］ 我让一句引文匿名，因为它太私密。

［ 17 ］ "Breve storia dell'ANFIM," in Attilio Ascarelli, *Le Fosse Ardeatine,* Rome, ANFIM, 1992, p. 97.

［ 18 ］ Ph. Ariès, *Storia della morte,* p. 72, 69.

［ 19 ］ *Il Messaggero,* May 9, 1996.

［ 20 ］ Giovanni Contini, *La memoria divisa,* Milano, Rizzoli, 1997; Paolo Pezzino, *Anatomia diun massacro. Controversia sopra una strage tedesca,* Bologna, Il Mulino, 1997

［21］ *l'Unità,* June 15,1944.

［22］ 直到最近，一只母狼还被关在卡比托利欧山的笼子里，以纪念这个
传说：被遗弃在森林里的双胞胎罗慕路斯和雷慕斯被一只母狼喂养，
长大后成为罗马的创始人。

第八章　记忆的政治

［1］ Circolo Gianni Bosio, *I giorni cantati,* Milan, Mazzotta, 1978, p. 142.

［2］ Recorded December 12, 1969; see Circolo Gianni Bosio, *I giorni
cantati,* pp. 16–18.

［3］ Silverio Corvisieri, *Il re, Togliatti e il gobbo,* Rome, Odradek, 1998,
pp. 217–229.

［4］ Aldo Tozzetti, *La casa e non solo,* Roma, Editori Riuniti, 1989, pp.17–
18.

［5］ Fiorenza Fiorentino, *La Roma di Charles Poletti (giugno 1944-aprile
1945)* Rome, Bonacci, pp.5, 28, 74–75.

［6］ "Il sacrificio dei 335 martiri in una luce di apoteosi popolare,"
Momento, March 25,1945, p. 1.

［7］ "Il sacrificio dei 335 martiri."

［8］ Gabriele Ranzato, *Il linciaggio di Carretta. Roma 1944,* Milan, Il
Saggiatore, 1997, pp. 24–25, 35

［9］ *Il Tempo,* July 3,1945; S., *Il Re, Togliatti e il Gobbo,* pp. 267–268.

［10］ In the l.p. record *Roma, la borgata e la lotta per la* casa, ed. by
Alessandro Portelli, Istituto Ernesto de Martino / Archivi Sonori,
SdL/AS/10, 1970.

［11］ A. Tozzetti, *La casa e non solo,* pp. 41–42; 关于 1955 年 3 月 26 日
与警察发生冲突后堕胎的那个女人，see pp. 79–80。

［12］ Composed and sung by Armandino Liberti (1924), porter; in Circolo

Bosio, *I giorni can tati,* pp. 161–63.

［13］ 对仪式的描述，以及演讲和祝词的文本，每年都会在 ANFIM 的小册子中报道。以下段落中的所有引文皆源于此。

［14］ Claudia Garofalo, letter to the magazine *Avvenimenti,* October 11, 1995.

［15］ Claudio Pavone, "I giovani e la Resistenza. Apriamo un dibattito," *Resistenza* 7, 1968.

［16］ Stefano Levi Della Torre, *Mosaico. Attualità e inattualità degli ebrei,* Torino, Rosenberg & Sellier, 1994, pp. 57–9.

［17］ Edoardo D'Onofrio, "Relazione del segretario della Federazione comunista romana al Congresso provinciale del Pci di Roma, ottobre 1945," in *Per Roma,* ed. Giovanni Gozzini, Rome, Vangelista, 1983, pp. 63–85.

［18］ Marisa Musu, *La ragazza di via Orazio. Vita di una comunista irrequieta,* Milan, Mursia, 1997.

［19］ *Le idee costituzionali della Resistenza,* Rome, Presidenza del Consiglio dei Ministri, 1997.

［20］ *Il Giornale,* June 4,1996. 切萨雷·西莫内和罗萨里奥·本蒂韦尼亚 (*Operazione via Rasella,* Rome, Editori Riuniti, 1996, p. 118) 暗示该照片可能是假的。

［21］ Rosario Bentivegna, *Achtung Banditen!,* Milan, Mursia, 1983, p. 172n. 本蒂韦尼亚纠正了这一疏漏，see *Operazione via Rasella,* written with Cesare De Simone, pp. 29–30。

［22］ *Giornale d'Italia,* March 24,1994.

［23］ Giorgio Pisanò, *Sangue chiama sangue* (1962), Milan, C.D.L., 1994; *Storia Giustizia e verità a confronto,* Rome, Associazione Uomo e Libertà, 1997; Pierangelo Maurizio, *Via Rasella, cinquant'anni di menzogne,* Rome, Maurizio, 1996. See also Aurelio Lepre, *Via Rasella. Leggenda e realtà della Resistenza,* Bari, Laterza, 1996.

[24] 罗萨里奥·本蒂韦尼亚和切萨雷·西莫内煞费苦心地讨论了乔治·皮
       萨诺和其他人的作品中的错误和歪曲，see *Operazione via Rasella,*
       pp. 111–117。

[25] *il Giornale,* May 8 and 9, 1996; *Il Messaggero,* September 16,1997.

[26] M. Spataro, *Rappresaglia. Via Rasella e le Ardeatine alla luce del*
       caso Priebke, Rome, Settimo Sigillo, 1997, p. 11.

[27] M. Spataro, *Rappresaglia,* p. 97, 136, 21; Marcella Monaco,
       testimony, in C. De Simone, *Roma città prigioniera,* p. 64.

[28] *Panorama,* July 1, 1999.

[29] Luciano Garibaldi, "Via Rasella: ombra comunista sulla resistenza,"
       in *Storia, giustizia e verità a confronto,* p.133.

[30] *il manifesto,* August 14,1997. 极右翼团体"革命行动法西斯"（Fasci
       di azione rivoluzionaria）声称对这次行动负责。

[31] *la Repubblica,* May 12, 1998.

[32] Francesca Koch, Simona Lunadei, "Il 16 ottobre nella memoria
       cittadina," in Nicola Gallerano, ed., *La resistenza fra storia e*
       memoria, Milan, Franco Angeli, 1999.

[33] Otto Klineberg et al., *Religione e pregiudizio. Analisi di contenuto*
       dei libri cattolici di in segnamento religioso in Italia e in Spagna,
       Bologna, Cappelli, 1968; Alfonso Di Nola, *Antisemitismo in Italia.*
       1962–1972, Florence, Vallecchi, 1973.

[34] F. Koch e S. Lunadei, "Il 16 ottobre nella memoria cittadina";
       Rudolf Aschenauer, *Der Fall Herbert Kappler,* München, Damm
       Verlag, 1968.

[35] *la Repubblica,* July 23.1997.

[36] 普里布克声称，对他的审判是"由洛杉矶的西蒙·维森塔尔中心决
       定的"；Mario Spataro 声称，其目的是"掌握希特勒从犹太人那里
       没收的巨额财富"：*Rappresaglia,* pp. 142–143。

[37] *Corriere della Sera,* May 4,1948.

[38] Giorgio Agamben, *Quel che resta di Auschwitz,* Milan, Bollati Boringhieri, 1998, p. 17.

[39] Carlo Ginzburg, *Il giudice e lo storico. Considerazioni in margine al processo Sofri,* Turin, Einaudi, 1991; A. Portelli, "The Oral Shape of the Law: The 'April 7' Case," in *The Death of Luigi Trastulli and other Stories. Form and Meaning in Oral History,* Albany, NY State of New York University Press, 1991, pp. 241–269.

[40] Carlo Ginzburg, *Il giudice e lo storico,* pp. 8–15.

[41] *la Repubblica,* April 6, 1996.

[42] Walter Leszl, *Priebke. Anatomia di un processo,* Rome, Editori Riuniti, 1997, pp. 72–86.

[43] L. Klinkhammer, *Stragi naziste in Italia,* p. 14; W. Leszl, *Priebke.,* pp. 72–92.

[44] *Il Messaggero,* July 21.1948; *la Repubblica,* May 11.1996.

[45] 罗马军事法庭的最终判决书转载于 A. Ascarelli, *Le Fosse Ardeatine,* pp. 109–156 (我是从这里引用的) and Claudio Schwarzenberg, *Kappler e le Fosse Ardeatine,* Palermo, Celebes, 1977。

[46] L. Klinkhammer, *Stragi naziste in Italia,* 13); Gerhard Schreiber, "La Wehrmacht e la guerra ai partigiani in Italia 'anche contro donne e bambini,'" *Studi piacentini,* 15, 1994, pp. 97–120; Helmut Goetz, "Das Attentat im Rom und die Fosse Ardeatine (1944). Eine vorläufige Bilanz," *Innsbrücker Historische Studien,* 6, 1983, pp. 161–78).

[47] Carlo Galante Garrone, "Via Rasella davanti ai giudici," in *Priebke e il massacro delle Ardeatine,* supplement to *l'Unità,* August 1996, pp. 51–60.

[48] Rome Civil Tribunal, verdict of June 26,1950.

[49] Rome Penal Tribunal, court order of April 16.1998. 1944 年的两项法令宣布，爱国者为反对德国占领和法西斯独裁而采取的所有非法

行为和战争行为免于制裁。然而，帕乔尼法官认为 1906 年海牙公
约应被视为意大利法律的一部分，并基于这一假定进行审理。

[50] Augusto Parboni, "Nessun colpevole per la strage di via Rasella," *Il
Tempo,* April 17,1998 写道，游击队因 "杀害 30 名德国士兵和一些
平民" 而被判有罪。

[51] Pasquale Balsamo, "Da via Rasella ad Alfonsine," in *Roma
alla Macchia. Personaggi e vicende della Resistenza,* ed. Mario
Avagliano, Cava dei Tirreni, Avagliano, 1997, p. 100.

[52] 这种不平衡的原因部分在于，虽然德国受害者是二等兵，但报复对
象中包括将军和上校。军事法庭不至于声称军官的生命比二等兵的
更有价值，但它说，"对战争行动的损害" 因此要更大。

[53] 事实上，如果不是命令处决 320 名人质，而是命令为每一名德军
伤亡人员处决 10 名人质，可以说，卡普勒仍会认为自己的行为是
合法的。See the verdict of Rome's Military Court of Appeals in the
Priebke and Hass case, April 15.1998.

[54] 这一结论的得出是基于卡普勒后来所说的他已和手下商定的虚假
证词：Kappler's interview with Giuseppe Crescimbeni in C. Dal
Maso and S. Micheli, eds., *Processo Priebke. Le testimonianze, il
memoriale,* Roma, Mondo 3, 1996, p. 197。

[55] Robert Katz, *Dossier Priebke. Anatomia di un processo,* Milan,
Rizzoli, 1996; C. Dal Maso and S. Micheli, eds., *Processo Priebke.*

[56] "总之，哈斯和普里布克这些年白活了"：罗马军事上诉法院的判决
书，1998 年 4 月 15 日。

[57] Quoted in Giorgio Angelozzi Gariboldi, *Pio XII, Hitler e Mussolini,*
Milan, Mursia 1988, p. 229.

[58] *l'Unità,* May 29.1948; *Il Tempo,* June 2,1948.

[59] Annelise Kappler, *Ti porterò a casa,* Rome, Ardini, p.198; *Corriere
della Sera,* January 5,1948; *Panorama,* May 17,1998.

[60] Trial testimony, May 31.1948; *Il Tempo,* June 1, 1948.

［61］ Herbert Kappler, *Lettere dal carcere 1948–1950,* Rome, Maurizio, 1997, pp. 73, 75, 87, 79, 131–139, 143–150.

［62］ H. Kappler, *Lettere dal carcere,* pp. 15, 23, 15, 45, 102. 50.

［63］ Interview in C. Dal Maso and S. Micheli, *Processo Priebke,* p. 197.

［64］ 弗朗切斯科·温琴蒂，民谣诗人和歌手，in Circolo Gianni Bosio, *I Giorni Cantati,* p. 179。

［65］ 加布丽埃拉·波利 (1943)，邮局职员，她的父亲多梅尼科·波利和舅舅奥塔维奥·卡波齐奥在阿尔帖亭洞窟被杀；1998 年 5 月 18 日。

［66］ 普里布克的采访在 1994 年 5 月 5 日的 *Prime Time Live* 播出。美国广播公司的 Harry Phillips 和 Sam Donaldson 确认了前纳粹分子莱茵哈德·科普斯（Reinhard Kopps）的身份，他曾参与梵蒂冈为帮助纳粹罪犯逃往拉丁美洲而设立的所谓的"鼠线"（ratline）；为了转移对自己的注意力，科普斯带着调查人员找到了普里布克：R. Katz, *Dossier Priebke,* pp. 18–27；关于引渡的法律问题，参见 pp. 83–87。

［67］ Erich Priebke, affidavit to Rome's Military Tribunal, June 3.1996, in C. Dal Maso and S. Micheli, eds., *Processo Priebke,* p. 214.

［68］ R. Katz, *Dossier Priebke,* pp. 74–75.

［69］ Verdict, Rome Military Tribunal, August 1,1996.

［70］ *Clarín,* Buenos Aires, quoted in R. Katz, *Dossier Priebke,* p. 76. 在 1996 年的宣誓口供中，普里布克说他没有得到来自梵蒂冈的帮助。

［71］ Ronald C. Newton, *The "Nazi Menace" in Argentina, 1931–1947,* Stanford, CA., Stanford University Press, 1992, pp. 374–380.

［72］ *Hoy,* Bariloche, Argentina, August 22–28,1995; Ermanno Amicucci, "Un cameriere di Buenos Aires racconta la fuga di Ciano," *Tempo,* January 25–30,1950.

［73］ Julie K. L. Dam, "Hidden in Plain Sight," *Time,* September 4,1995; *Hoy,* August 22–28,1995; Erich Priebke, interviews by Sergio De Gregorio, *Oggi,* May 22,1996.

〔74〕 Priebke affidavit, June 3.1996, in C. Dal Maso and S. Micheli, eds., *Processo Priebke*, p. 218.

〔75〕 R. Katz, *Dossier Priebke*, p.19.

〔76〕 De Gregorio interview, *Oggi*, May 22.1996.

〔77〕 Quoted in R. Katz, *Dossier Priebke*, p. 89.

〔78〕 Statement at the pre-trial audience, April 3.1996.

〔79〕 Erich Priebke, Statement to the Military Court of Appeal, March 1998; Channel 1 News interview, January 12, 1999.

〔80〕 De Gregorio interview, *Oggi*, May 22.1996.

〔81〕 De Gregorio interview, *Oggi*, May 22.1996.

〔82〕 *Il Giornale*, June 4 and May 9, 1996.

〔83〕 Cristina Conti, letter to *Il Giornale*, July 12, 1997; Liana Gigliozzi, interviewed by Sandro Provvisionato, *Sette / Corriere della Sera*, January 16,1997; Antonio Pappagallo and Anna Maria Canacci's letters to the president of the Military Court of Appeals, January 1,1998 and no date (letters courtesy of Associazione Uomo e Libertà).

〔84〕 *il manifesto*, August 3,1996.

〔85〕 *Corriere della Sera*, May 9, 1996; *la Repubblica*, May 9, 1996; S. Levi Della Torre, *Mosaico*, p. 73.

〔86〕 我联系了埃里希·普里布克的律师，想为了本书做一次采访。他们从来没有说不，但总是推迟会面，直到我最终放弃。他的第一次接受媒体采访成了个灾难，之后他的律师确保他只与同情他的采访者交谈。

〔87〕 *l'Unità*, April 5,1996; on Priebke's "miserable senility," Igor Mann, *La Stampa*, June13 and 18,1996.

〔88〕 *la Repubblica*, August 2,1996.

〔89〕 Wladimiro Settimelli, "Memoria, lacrime e rabbia nell'aula del Tribunale," in *Priebke e il massacro delle Ardeatine*, pp. 7–38.

［90］ *la Repubblica, il manifesto, Il Giornale,* August 2, 1996.

［91］《战斗电影》（*Combat Film*）是根据"二战"中隶属于盟军的电影
制片人拍摄的镜头而创作的电视系列片。

第九章 后浪

［1］ Stefano Levi Della Torre, *Mosaico. Attualità e inattualità degli ebrei,*
Turin, Rosenberg & Sellier, 1994, p. 56.

［2］ Cesare De Simone, *Roma città prigioniera,* Milan, Mursia, 1994, p.
260.

［3］ Editorial, *Quaderni Piacentini,* I, April1962; Paola Ghione, "La
Resistenza e il '68," in Nicola Gallerano, ed., *La resistenza fra storia
e memoria,* Milan, Franco Angeli, 1999; Claudio Pavone, "I giovani e
la Resistenza. Apriamo un dibattito," *Resistenza,* 7, 1968.

［4］ Alessandro Portelli, *The Battle of Valle Giulia. Oral History and the
Art of Dialogue,* Madison, University of Wisconsin Press, 1997.

［5］ Marisa Musu, *La ragazza di via Orazio. Vita di una comunista
irrequieta,* Milan, Mursia, 1997, p. 141.

［6］ Rosario Bentivegna, "Via Rasella come via Fani?," *Rinascita,*
February 2,1985.

［7］ Mario Moretti, *Brigate Rosse. Una storia italiana,* Milan, Anabasi,
1994, p. 48. 他使用的语言本身就证明他的说法是错的：游击队员从
未如此随意地、讥诮地谈论杀人。

［8］ Pierangelo Maurizio, *Via Rasella. Cinquant' anni di menzogne,* Rome,
Maurizio, 1996, p. 101.

［9］ Giampiero Mughini, "Giustizia e libertà: il nodo è ancora qua,"
L'Europeo, October 10,1985; R. Bentivegna, "Via Rasella come via
Fani?"

［10］ Daniele Mezzana, *La memoria storica delle Resistenza nelle nuove generazioni,* Milan, Mursia, 1997, p. 34.

［11］ Philippe Arì es, *Storia della morte in occidente,* Milano, Rizzoli, 1997, p. 25.

［12］ Franco La Cecla, "Sacralità del guard-rail," in *Mente locale. Per un'antropologia dell'abitare,* Milan, Elèuthera, 1993, pp. 115–124.

［13］ 据官方统计，在过去十年里，罗马有 11.4 万名青少年因遭遇交通事故住院，死亡人数为 111 人。高等卫生研究所（Higher Institute of Health）的一位官员说，"［事故的］远因往往是创伤或者其他性质的问题"：*la Repubblica,* Rome edition, March 10。

fore Troopers End Rampage

Brothers on North Babylon Dairy Farm
Found Mangled by Enraged Animal

North Babylon, June 5—Less than a mile from where early-morning picnickers were settling down for the at Belmont Lake State Park an enraged bull killed dairy farm operators and gored a third man yesterday State troopers killed the animal a voice of the bull's companions were George Ames and his brother, Harley, 35 who ran the Ames Dairy Farm on State. The injured man was Meier, 29 of Belmont Road, who tried to get the animal to the farm after he found it walking near the road. His injuries by the bull's stab was not serious.

According to State troopers of Babylon barracks, the Ames were apparently had just concluded the morning milking and getting the cows out to pasture the bull broke loose. In their to round him up they chased

going to a far corner of the pasture. George Ames' wife, seeing the loaded milk truck and standing in the driveway and realizing should have been gone made a quick dash out door, not told her husband and brother-in-law. She telephoned the police and Trooper Stanley Warne responded. He found the trampled, mangled bodies of the two men in the pasture and later located the bull, bringing it back to the farm.

While he was talking to Mrs. Ames, however, the animal broke loose again and four more troopers were called. They found the animal in Phelps Lane and killed it.

PO COP BAGS CHARGED IN ROBBERY

Pro Officer, Expert Catching Crooks, hoots One Suspect

Brooklyn policeman, scheduled bear in County Court today to against a man accused of to rob his home, distinguished If for the fourth time early morning in Manhattan when not one man and subdued another charged with assaulting a an on the street.

patrolman is Harry Rodgers, 319 55th St., who has been on rce for 18 years. In 1939 he mmended for catching a burg-ngle-handed, and in 1941 he one of two robbers and cap-the other. Last month he ed and arrested Eugene New-when, police said, he found han in his home.

rtly after 3 a.m. today, ers found Henry Marvin ning, 26-year-old seaman of W. 87th St. Manhattan, living h Ave. near 16th St. with several gashes in his side. He Rodgers two men who followed from the Gloria Bar and Grill 9th Ave. had attacked him had taken $29 from him.

arning demanded to be taken to the bar, and as he and ers entered the injured sea-pointed to two men leaving g. "That's them" gers chased the men and a shot in the air. but they not stop. He found them a minutes later in a doorway on Ave. and when they leaped on he fired his gun at Amando 25 a seaman of 434 W. 29th and subdued his brother, Hum-s, 26, of 423 W. 28th St. ando, with three bullet ds, was taken to St. Vincent's tal in serious condition, ning went to the same hospital critical condition.

URE THIS ONE FOR YOURSELF

neola, June 5—Sign on a gas-machine in the lunch wagon

1,250 U. S. PLANES BATTER FRENCH INVASION COAST

Mighty Blitz Seen Swelling to Climax Asked by Eisenhower

By PHILIP AULT

London, June 5 (UP)—Up to 1,250 American heavy bombers and fight-ers raked the French invasion coast with bombs and gunfire today, car-rying forward the bombardment that in four days and nights has rained more than 13,000 tons of ex-plosives across Germany's west wall fortifications.

The American daylight blow fol-lowed a night of almost ceaseless activity across the English Channel during which swarms of the R.A.F.'s heaviest raiders blasted the same invasion-marked area and ranged on into the Rhineland to drop their blockbusters on Cologne.

Other British planes laid mines in enemy waters. Not a single plane was lost in the night-long opera-tions.

Yanks Launch Daylight Blow

Some 750 U.S. Flying Fortresses and Liberators, accompanied by about 500 Thunderbolt and Mus-tang fighters, launched the daylight blow at the West Wall this morn-ing, their third attack on that shat-tered strip of coast in the past 24 hours and their sixth since the latest chain of pre-invasion bomb-ing began Friday.

U.S. 8th Air Force headquarters

Continued on Page 7

Shifts Tons of Coal In Vain Hunt for Missing Clock

The head of a small Brooklyn coal company shoveled tons of coal around in the basement of Ange-lina Russo's home at 938 McDonald Ave. after the woman reported to him a clock was missing following delivery of the coal. The clock valued at $35, had been attached to a temperature regulator on the

---

BOUQUET FOR A CONQUEROR—Gratitude of the peo Allied forces was expressed by this Italian youth, who p weary and apparently wounded Yank whose tank halte

BEFORE THEY TOOK ROME—Lt. Col. Bogardus C of Georgia, left, and Maj. Harold Blodgett of